믿음의 깊은 샘 히브리서 4

선진들의 믿음의 행로

아더 W. 펑크

An Exposition of Hebrews

믿음의 깊은 샘
히브리서

4

선 진 들 의 믿 음 의 행 로

: 히브리서 11장 4절-11장 40절 강해

서문 강 옮김

청교도신앙사

차례

Authur W. Pink

이렇게 제 4권을 내도록 섭리하시고 그에 필요한 모든 은혜를 주신 하나님 아버지께 그리스도 우리 주님의 이름으로 감사와 찬미를 올리나이다.

이 제 4권은 바로 그 믿음의 선진들의 동일한 믿음의 원리와 능력을 구속사적인 관점에서 능란하게 풀어 제시한 능력의 책입니다. 역자는 이 책을 내는 과정 속에서 어째서 이 강해서가 시대의 변화에도 관계없이 주님 다시 오시기까지 반포되고 읽혀져야 할지 그 절대적 이유를 발견하였습니다. 성령께서 이 '발견'을 독자들과 공유하고 싶은 간절함을 역자와 출판사에 주시어 이 책을 내는 열심의 동력이 되게 하셨습니다.

하나님의 말씀인 성경은 참 기이합니다. 은혜를 받으면 어린아이도 받을 수 있을 정도로 '단순하면서도,' 은혜를 받지 못하면 세상에서 소위 '석학(碩學)'이라는 영예로운 칭호를 얻은 사람도 어렵기 한량없으니 말입니다. 그래서 소위 세상에서는 석학이라 불리는 이들 중에 성경에 대해 말하는 것을 들어보면 가히 성경의 기본에도 눈을 뜨지 못한 유치하기 그지없는 수준에 머물러 있음을 봅니다. 우리 주 예수님께서 권능을 가장 많이 베푼 고을에서도 회개하지 않는 것을 인하여 탄식하시다가 아버지께 이렇게 기도하셨습니다. "그 때에 예수께서 대답하여 이르시되 천지의 주재이신 아버지여 이것을 지혜롭고 슬기 있는 자들에게는 숨기시고 어린 아이들에게는 나타내심을 감사하나이다 옳소이다 이렇게 된 것이 아버지의 뜻이니이다 내 아버지께서 모든 것을 내게 주셨으니 아버지 외에는 아들을 아는 자가 없고 아들과 또 아들의 소원대로 계시를 받는 자 외에는 아버지를 아는 자가 없느니라."(마 11:25-27) 사도 바울도 말하였습니다. "육에 속한 사람은 하나님의 성령의 일들을 받지 아니하나니 이는 그것들이 그에게는 어리석게 보임이요, 또 그는 그것들을 알 수도 없나니 그러한 일은 영적으로 분별되기 때문이라."(고전 2:14)

근대 교회사를 살펴보면 바로 그 요점을 견지하려는 참된 '개혁주의'와 그것을 무시하려는 세력의 싸움이 치열하였습니다. 18세기 후반부터 세력을 부리기 시작한 계몽주의 사상, 또는 '이성과 자연의 빛'을 강조한 합리주의로 둔갑하여 인간 삶의 제반에 영향을 미쳐왔습니다. 성경이 말하는 바에 복종하는 개혁주의의 정통에 반기를 든 현대주의, 또는 자유주의 신학(Liberalism)의 중심에 바로 그 합리주의적인 계몽사상이 자리하고 있습니다. 그래서 성경으로 말씀하시는 하나님의 가르침에 귀를 막고 오로지 '이성'을 주(主)로 삼는 '합리주의'가 하나님의 은혜의 방식을 무시하였습니다. 물론 종교와 신앙을 빙자하여 하나님께서 인간에게 주신 참으로 고귀한 '이성'의 기능과 역할을 무시하는 반지성주의(Anti-intellectualism), 또는 감성주의(emotionalism)의 경향도 지극히 경계해야 합니다. 그런데 오늘날 교회가 이성주의와 반지성주의, 또는 감성주의의 '태풍'의 공격을 심하게 받아 크게 훼손되고 있습니다. 둘 다 성경이 말하는 하나님의 '은혜의 방식'은 아닙니다. 성경이 말하는 '믿음'은 이성주의나 반지성적인 감성주의(정서주의), 또는 인격의 내면적 의식(意識)보다는 외부 조건에 대한 반사작용으로서의 행동의 습관에 주목하는 행동주의(行動主義, behaviorism)도 아닙니다.

시대적으로 '종교개혁'과 거의 동반하여 일어난 '문예부흥(Renaissance)'이 종교개혁의 성공을 위해 필수적인 도구 역할을 하였음은 주지의 사실입니다. 문예부흥으로 인해 인생의 의미와 존재와 삶의 가치에 대한 기존의 관점을 전복하고 새로운 관망을 제시하려는 열심과 함께 인문학의 기본으로 돌아가려는 시도가 쓰나미 같았습니다. 그래서 '문예부흥'을 '문예적(文藝的) 복고주의(復古主義)'로 명명하기도 합니다. 종교개혁은 기존의 종교 전통과 관습의 진정성 여부를 성찰하여 주후 1세기 이전에 기록된 성경의 표준으로 돌아가는 큰 움직임이었습니다. 그러니 당시 외형적으로는 종교개혁과 문예부흥의 사조(思潮)가 힘을 합하여 기존의 권위 체계와 가치관을 전복시키고 새로운 것을 세우기 위한 터를 만든 셈입니다. 그러나 종교개혁과 문예부흥은 그 기본 전제와 중심과 방향에서 전혀 달랐습니다. 종교개혁은 '하나님과 그 계시의 말씀인 정확무류(正確無謬)의 성경의 절대 권위'에로의 회귀인 반면에, 문예부흥은 하나님을 부인하는 인문주의(humanism, 또는 人本主義)에로의 회귀였습니다.

칼빈은 「기독교 강요」나 주석이나 설교들 속에서 인문학의 도구를 사용은 하였으나 그 내용이나 정신을 채용하지 않았습니다. 인용이 있더라도 비판을 위해서 있을 뿐입니다. 오로지 성경의 독특한 메시지를 인문학의 도구를 통해서 나타내고 있을 뿐입니다. 바울 사도는 세속 철학의 각종 사조들을 다 알고 있었음에도 그것들을 하나님의 복음의 영광과 차별되게 '세상의 지혜, 또는 세상의 초등학문'으로 명명하였습니다(고전 2:6-8 ; 골 2:8).

오늘 현대 교회가 이 점에 있어서 큰 오류를 범하고 있습니다. 신학과 설교가 인문학의 도구를 지혜롭게 사용하는 데 멈추지 않고, 그 무신론적이고 진화론적인 전제 위에 있는 합리주의와 인문주의의 정신과 내용까지를 빌려와 성경의 메시지와 '혼합'하고도 그것이 사람들에게 복음을 '지혜롭게 전달하는 묘안'으로 착각하고 있습니다. 그러나 그런 묘안으로 '만들어낸 신자'는 '성부께서 택하시고 그리스도로 구속하시고 성령님으로 말미암아 말씀으로 낳으신 신자'는 아닙니다. 그런 사람으로 가득하고 그런 사람들이 주도하는 교회에서 하나님의 영광이 거하겠습니까? 지금 우리는 현대적인 최첨단을 갖춘 교회당이 필요한 것이 아닙니다. 곧이곧대로 강단과 회중석 모두 성경을 강론하여 '하나님의 성령의 나타남'을 사모하는 '간절한 열심'이 절실함니다. 그래서 교회사 중에서 하나님의 영광이 찬란하게 빛나던 시대가 맛보았던 '영적 각성과 부흥'의 영광을 우리 시대와 우리 후대가 누리기를 원해야 합니다. 주님 다시 오실 때까지 말입니다.

성령께서는 히브리서 11장에 나오는 '믿음의 선진들'을 통해 그것을 바라지도 구하지도 않는 현대 교회의 어리석음을 크게 책망하고 있습니다. "이 사람들은 다 믿음을 따라 죽었으며 약속을 받지 못하였으되 그것들을 멀리서 보고 환영하며 또 땅에서는 외국인과 나그네임을 증언하였으니 그들이 이같이 말하는 것은 자기들이 본향 찾는 자임을 나타냄이라."(히 11:13,14) 그들 선진들은 자기들이 사는 시대의 인본주의와 '죄와 허물로 죽어 있는 인생들의 악한 풍조'를 거스르고, 구원받은 하나님의 자녀로 말씀과 성령의 인도하심을 따라 '순전한 믿음의 기치' 아래 하늘 본향을 향해 진군하였습니다. 그로 인해 그들은 세상에서 미움과 조롱과 박해와 죽임을 당하였습니다. 그럼에도 오직 그들은 믿음의 비밀을 포기하지 않았습니다. "믿음은 바라는 것들의 실상이요 보지 못하는 것들의 증거니 선진들이 이로써 증거를 얻었느니라…그가 죽었으나 그 믿음으로써 지금도 말하느니라."

이 책을 만드는 데 수고한 모든 종들과, 이 책을 읽는 이들과, 이 책의 출판을 위해서 은밀하게 후원하며 다른 이들에게 선물하거나 적극 권유하여 읽게 하는 이들과, 청교도신앙사의 책들이 더 빛나게 만들어지도록 충고와 격려와 도전을 아끼지 않는 모든 이들에게 하나님 우리 아버지께서 복주시기를 주님의 이름으로 기원하나이다. 제 5,6권도 연달아 나오게 하실 하나님 우리 아버지께 주 예수님의 이름으로 감사하며 찬미하나이다. 아멘.

2015년 얼굴에 스치는 바람결에
새 봄의 기운이 진하게 느껴지는 3월 중순 어느 날, 역자 아룀

57강

아벨의
믿음

11:4 믿음으로 아벨은 가인보다 더 나은 제사를 하나님께 드림으로 의로운 자라 하시는 증거를 얻었으니 하나님이 그 예물에 대하여 증언하심이라 그가 죽었으나 그 믿음으로써 지금도 말하느니라

히브리서 11장은 세 부분으로 나눠집니다. 첫째 부분은 1-3절로서 서론으로 믿음의 '탁월성'을 밝히고 있습니다. 둘째 부분은 4-7절로서 믿음의 '삶'을 개괄적으로 그려줍니다. 셋째 부분은 8절에서 나머지 부분으로 믿음의 '삶'의 개요를 보충 설명합니다. 더 나아가 믿음의 '성취들'을 묘사합니다. 우리는 지난 강론에서 첫째 부분을 끝마쳤습니다. 우리는 거기서 네 요점들로 증거되는 믿음의 탁월성을 살펴보았습니다. 믿음은 하나님의 말씀이 우리로 하여금 바라게 하고 보증하는 것들의 실상과 실체를 보여 줍니다(1절). 믿음은 우리의 육신적인 감각으로써는 발견될 수 없는 영적인 것들을 마음에 증거합니다(1절). 믿음은 구약의 성도들에게 좋은 증거(좋은 기록)를 얻게 하였습니다(2절). 믿음은 그 믿음의 은총을 소유한 사람들로 하여금 단순한 이성으로써는 이해되지 않는 것을 이해하도록 합니다. 철학자들이나 과학자들이 알지 못했던 지식을 믿음은 나누어 줍니다(3절). 그렇게 함으로써 믿음의 엄청난 중요성과 측량할 수 없는 가치가 단번에 확연히 드러난 셈입니다.

히브리서 11장의 둘째 부분을 이렇게 개괄적으로 설명할 수 있습니다. 4절은 믿음 생활의 시작을, 5절은 믿음의 내용에 무엇이 들어있는지를 보여 주는 믿음의 삶의 성격을 나타냅니다. 6절은 믿음을 위한 경계와 격려를 제시합니다. 그리고 7절은 믿음 생활의 목적, 또는 믿음으로 말미암아 도달하려는 목표점을 보여줍니다. 그러니 성령께서는 구약의 가치 있는 인물들을 열거하거나 지나간 시대의 성도들의 초상을 축소판으로 제시하는 것 이상의 의미있는 일을 하고 계십니다.

하나님으로부터 잘 받아들이는 마음과 기름부음 받은 눈을 허락받은 사람들에게 있어서 정말 깊고 교훈적인 가르침을 우리는 여기서 만나게 됩니다. 뿐만 아니라 가장 복된 실천적인 교훈을 만나게 됩니다. 히브리서 11장의 내용은 우리의 영원한 평안에 관한 것입니다. 우리는 그 내용들을 참으로 기도하는 심정으로 부지런히 주목하는 것이 합당합니다. 구절구절을 살펴 나갈 때마다 진리의 성령께서 우리의 안내자로 역사하시기를 바랍니다.

히브리서 11:4
"믿음으로 아벨은 가인보다 더 나은 제사를 하나님께 드림으로
의로운 자라 하시는 증거를 얻었으니
하나님이 그 예물에 대하여 증언하심이라
그가 죽었으나 그 믿음으로써 오히려 말하느니라."

이 구절을 바르게 이해하면 믿음 생활의 '시작'을 묘사하고 있음을 알게 됩니다. 이 구절의 각 표현을 세심하게 가늠해 보기로 합니다.

"믿음으로 아벨은…" 아벨이 하나님께 제사드릴 때 "믿음으로" 드렸습니다. 거룩한 성경의 기록에 따르면 하나님께 제사 드리기는 그가 처음입니다. 그는 자기가 본받아야 할 어떤 기존 인물이 없었습니다. 또한 따라야 할 실례나 자극을 받을 외적인 격려도 전혀 갖고 있지 않았습니다. 그래서 그의 행실은 대중적인 습관을 통해서 암시받은 것이 아닙니다. 그리고 '상식'의 통제를 받은 것도 아닙니다. 아벨의 육신적인 이성이나 개인적인 성향이 하나님께 가납될 만하게 어린양의 피 있는 제사를 드리게 부추긴 것도 아닙니다. 그러면 그의 행보(行步)를 어떻게 설명할 수 있을까요? 본문이 그 질문에 대한 답을 줍니다. 그는 "믿음으로" 행동하였습니다. 어떤 공상(空想)을 따라서 행한 것이 아니라 "믿음으로" 행동하였습니다. 어떤 느낌으로 행동한 것도 아닙니다. "믿음으로"라는 이 단순한 표현이 많은 이들에게 익숙하기는 하나, 그 표현의 참된 요지를 이해하는 사람은 많지 않습니다. 그에 대하여 수많은 사람들이 가지고 있는 개념들은 실로 모호하고 환각적입니다. 그러니 우리는 그 말을 당연히 다 알고 있는 것으로 취급하지 않아야 합니다. 오히려 천천히 주의 깊게 살펴봄으로 우리가 취할 입장을 분명하게 찾도록 힘써야 합니다.

"아벨은 믿음으로…" 여기 히브리서 11장에서 자주 만나는 이 표현의 의미를 가장 잘 풀게하는 성구는 로마서 10:17의 말씀일 것입니다. "그러므로 믿음은 들음에서 나며 들음은 그리스도의 말씀으로 말미암았느니라." 믿음은 의지할 터를 가지고 있어야 하고, 그 터는 거짓말하실 수 없는 하나님의 말씀임에 틀림없어야 합니다. 하나님께서 말씀하시고, 마음이 그 말씀을 받고, 그 말씀하신 바에 따라서 믿고 행동해야 합니다. 참으로 "믿음"에도 두 종류가 있듯이, '듣는 데도' 두 종류가 있습니다. '겉으로만' 듣는 것이 있고, '마음으로' 듣는 것이 있습니다. 겉으로 듣는 것은 단순히 정보(情報)를 전달받는 것이고, 마음으로 듣는 것은 감화(感化)를 받는 것입니다. 겉으로 외면적으로만 듣는 경우에는 이지(理智)의 차원에서만 가르침 받고, 내면적으로 듣는 경우에는 마음이 움직이고 조정을 받습니다. 그와 같이 "하나님의 말씀"이라는 어구도 이중적인 의미를 가지고 있습니다(앞의 강론에서 11:3에 대하여 우리가 살펴 본 것을 참조하시라). 곧, '기록된 말씀'과 하나님께서 살아 있는 권능으로 영혼에게 말씀하실 때 '역사(役事)하는 말씀'입니다. 그래서 "믿음"도 두 가지입니다. 그저 하나님께서 계시하신 것을 지적으로 찬동하는 경우와, "사랑으로 역사하는" 믿음의 경우입니다(갈 5:6). 후자의 경우는 초자연적이고 살아있는 원리로서 행함을 산출하는 믿음입니다.

두 말할 필요도 없이, 여기 히브리서 11:4에서와 히브리서 11장 전체에서 주목하는 '믿음'이 바로 그 '사랑으로 역사하는 믿음'입니다. 그러나 우리는 한 발짝 한 발짝 조심스럽게 진행하여 나갑시다. 아벨이 하나님께 가납되는 제사를 드린 것은 "믿음으로" 말미암았습니다. 로마서 10:17이 "믿음은 들음에서 나며 들음은 그리스도의 말씀으로 말미암았느니라." 한 것과 같습니다. 하나님께서 그의 뜻을 분명하게 계시(啓示)해 주셨음이 틀림없습니다. 그리고 아벨이 그 계시를 믿었고 그 계시에 따라서 행동했음이 틀림없습니다. 구약시대에 하나님께서는 사람들에게 때로는 직접적으로 말씀하기도 하셨고, 다른 사람을 통해서 말씀하시기도 하였습니다. 이 경우는 하나님께서 아담과 하와에게 말씀하셨던 것을 가리킵니다. 저도 그렇게 믿고 있습니다. 아담과 하와는 하나님께 들었던 말씀을 가인과 아벨에게 전파하였습니다. 우리가 창세기 3장으로 돌아가 보면 여호와께서 아벨의 부모들에게 말씀하신 것이 무엇임을 발견합니다.

"또 여자에게 이르시되 내가 네게 임신하는 고통을 크게 더하리니 네가 수고하고 자식을 낳을 것이며 너는 남편을 원하고 남편은 너를 다스릴 것이니라 하시고 아담에게 이르시되 네가 네 아내의 말을 듣고 내가 네게 먹지 말라한 나무의 열매를 먹었은즉 땅은 너로 말미암아 저주를 받고 너는 네 평생에 수고하여야 그 소산을 먹으리라 땅이 네게 가시덤불과 엉겅퀴를 낼 것이라 네가 먹을 것은 밭의 채소인즉 네가 흙으로 돌아갈 때까지 얼굴에 땀을 흘려야 먹을 것을 먹으리니 네가 그것에서 취함을 입었음이라 너는 흙이니 흙으로 돌아갈 것이니라 하시니라."(창 3:16-19) 그러나 더 나아가 보세요. "여호와 하나님이 아담과 그 아내를 위하여 가죽옷을 지어 입히시니라."(21절) 여기서 여호와께서는 행동으로 아담과 하와에게 말씀하셨습니다. 그 일을 통해서 네 가지 요점이 분명히 암시되었습니다.

첫째, 죄인이 거룩하신 성삼위 하나님 앞에 서기 위하여 그를 덮어 가리는 '가리개'(covering)가 필요하였다는 점입니다. 둘째, 인간이 만든 것은 "쓸모없다"는 점입니다(창 3:7). 셋째, 하나님께서 친히 죄인을 위해서 그 '가리개'를 예비하셨다는 점입니다. 넷째, 그 필요한 가리개는 '피 흘림(죽음으로써)'을 통해서만 얻을 수 있다는 것입니다.

창세기 3:15, 21에는 하나님께서 지상에 있는 사람에게 처음으로 하신 설교(說敎)가 기록되어 있습니다. 여호와 하나님께서 친히 하신 설교였습니다. '생명'이 '죽음'에서 나와야 한다고 말씀하신 것입니다. 가인과 아벨, 전 인류는 아담 안에서 죄를 지었습니다(롬 5:12, 18, 19). 죄의 삯은 '사망'이요, 그 사망은 형벌적인 죽음입니다. 내가 직접 그 삯을 지불하기 위하여 그 죽음을 당하든지, 아니면 죽을 필요가 없는 다른 어느 누군가가 내 대신 죽어 그 삯을 지불하든지 해야 합니다. 내가 나 대신 그 죄의 삯을 지불하는 대속주(代贖主)의 긍휼의 은총을 받으려면 나와 그 사이를 연결하는 끈이 있어야 합니다. 그리스도와 나를 연결하는 끈이 바로 그 "믿음"입니다. 그러니 가장 단순한 형태의 '구원 얻는 믿음(saving faith)'은 죄책을 지고 있는 나 자신과 죄를 미워하는 하나님 사이에 서 계신 대속주를 의뢰합니다.

지금 우리가 알아본 그것이 가인과 아벨에게 알려졌습니다(아마 그들이 아담을 통해서 들었을 것이다). 우리가 그것을 어떻게 아는가요? 우리가 보았듯이 아벨이 "믿음으로 말미암아" 하나님께 그 제사를 드렸기 때문입니다. 또한 로마서 10:17에서 "믿음"은 하나님의 계시(啓示)의 말씀을 분명하게 전제하기 때문입니다. 이에 대한 또 다른 확증이 창세기 4:6,7에서 발견됩니다. 가인이 자기 제사가 하나님께 거절당하는 것을 보고 안색이 변하였습니다. 그때 주 하나님께서는 말씀하셨습니다. "네가 분하여 함은 어찌 됨이며 안색이 변함은 어찌 됨이냐." 그 일은 제사에 대한 하나님의 규례가 분명하게 알려졌음을 함축적으로 시사합니다. 마치 하나님께서 가인에게 이렇게 말씀하시는 것과 같습니다. "내가 제시한 대로 드리는 예물이 아닌 것을 내가 받겠다고 약속한 적이 있느냐?"

"믿음으로 아벨은 가인보다 더 나은 제사를 하나님께 드림으로 의로운 자라 하시는 증거를 얻었으니." 여기서 두 요점들이 우리의 주목을 요구합니다. 아벨의 행동의 샘으로서의 '믿음,' 그가 드린 제물의 성격 - 바로 그 두 요점에서 아벨의 것이 가인의 것보다 탁월하였습니다. 이것들 중 첫 번째 요점을 이미 생각해 보았습니다. 이제 두 번째 요점을 검토해 보겠습니다. 이 히브리서 11:4의 어투는 창세기 4장을 되돌아보게 합니다. 창세기 4장에서 이런 말씀을 읽습니다. "아벨은 자기도 양의 첫 새끼와 그 기름으로 드렸더니."(4절) 이 말씀이 말하는바 그가 하나님께 제사를 "드렸다(brought)"는 행동은, 창세기 3:8이 말하는 대로 "여호와 하나님의 낯을 피하여 숨었다."는 그의 부모들의 행동과는 확실한 대조를 이룹니다. 그 대조의 의미가 매우 깊습니다. 아담과 하와는 죄책감에 사로잡혀 도망쳤습니다. 그러나 아벨은 궁핍감(窮

乏感, sense of need)을 가지고 하나님을 찾았습니다. 그 둘 사이의 차이는 양심과 믿음이 각각 가진 그 존숭한 작용으로 말미암아 생긴 것으로 보아야 할 것입니다. 불안한 양심 자체로는 그리스도께 나아가는 일이 절대 없습니다. "그들이 이 말씀을 듣고 양심의 가책을 느껴 어른으로 시작하여 젊은 이까지 '하나씩 하나씩' 나가고 오직 예수와 그 가운데 섰는 여자만 남았더라."(요 8:9).

"아벨은 자기도 양의 첫 새끼와 그 기름으로 드렸더니."(창 4:4) 여기서 "기름"이라고 따로 언급한 것은 어린 양이 살해되었음을 가리키기 위함입니다. 어린 양을 살해(殺害)하여 그것을 하나님께 드렸습니다. 그 일로써 아벨은 최소한 다섯 가지 사항을 인정한 것입니다. 첫째, 하나님께서 에덴동산에서 타락한 사람을 쫓아내신 일이 의로웠음을 인정했습니다(창 3:24). 둘째, 그는 자기가 범죄한 죄인이라 마땅히 죽어야 할 자임을 인정했습니다. 셋째, 하나님은 거룩하며 죄를 심판하셔야 함을 인정했습니다. 넷째, 하나님께서 긍휼에 풍성하사 자기 대신 무죄(無罪)한 대속자의 죽음을 기꺼이 받아들였음을 인정했습니다. 다섯째, 어린 양 되신 그리스도 안에서 자기가 하나님께 가납될 것을 내다보았음을 인정한 것입니다. 그러므로 "믿음으로" 그는 자기 양떼의 첫 새끼들(만물의 '장자,' 또는 머리 되시는 분의 모형 - 골 1:15)의 피를 자기 죄와 진노하시는 하나님의 공의(公義) 사이에 놓았던 것입니다.

바로 여기서 믿음의 삶이 시작되는 것입니다. 먼저 나는 죄인으로 하나님의 거룩한 율법을 범한 자라, 그러므로 마땅히 율법의 '저주' 아래 있어야 하고 사형선고를 받아야 함을 인정해야 합니다. 그리고 재판장이신 하나님의 의로운 선고를 공손히 인정해야 합니다. 나는 핑계 댈 것이 없으며, 내보일 공로가 없으며, 정당하게 형벌(刑罰)을 감해 달라고 요구할 권리가 없습니다. 내가 아무리 선하게 행한다 할지라도, 그 선행은 자기 사랑에서 나온 것입니다. 하나님의 영광보다는 나의 이익을 촉진시킬 목적으로 행해졌음을 아시는 하나님 앞에서는 그 선행이 더러운 넝마조각에 불과합니다. 나는 죄인임을 솔직히 고백하고 수치로 내 얼굴을 가리울 뿐입니다. 은혜의 복음이 성령의 권능으로 말미암아 내 상한 양심에 적용될 때 소망이 생겨납니다. 성령께서 내게 다음과 같은 놀라운 사실을 알리실 때에 소망이 생기는 것입니다. 곧 하나님의 어린 양이 하나님의 선고에 순복하며 자신이 잃어버린 자임을 자인하고 자기 죄 때문에 자신을 미워하는 자들로 하여금 살게 하시려고 하나님의 어린 양이 죽으셨다는 사실을 알게 하실 때에 소망이 있습니다. 그 때에 믿음이 떨리는 손을 뻗어 대속자(代贖者)를 부여잡습니다. 그 때에 그 범죄자가 용서받으며, 하나님께서 그 사람을 받으시는 것입니다.

아벨의 제사의 성격을 숙고하였으니 이제는 어떤 점에서 아벨의 제사가 가인의 제사보다 얼마나 '더 탁월한가'를 생각해 봅시다. 창세기 4:3에는 "세월이 지난 후에 가인은 땅의 소산으로 제물을 삼아 여호와께 드렸다."고 하였습니다. 가인은 아주 불신앙자(infidel)는 아니었습니다. 왜냐하면 그는 하나님의 존재를 인정했기 때문입니다. 그리고 그는 비종교적인(irreligious) 사람도 아니었습니다. 왜냐하면 그는 예배자로서 하나님 앞에 나왔기 때문입니다. 그러나 그는 하나님의 정하심을 따르기를 거부했습니다. 우리는 그의 제사의 성격을 면밀하게 살피면 네 가지 사항을 관찰할 수 있습니다. 첫째, 그 제사는 피없는 제사였습니다. "피 흘림이 없은즉 죄사함이 없느니라."(히 9:22) 둘째, 그것은 땅의 열매로 그가 수고한 소산에 불과하였습니다. 셋째, 그는 의도적으로 창세기 3:17의 "땅은 저주를 받았다."는 하나님의 선고를 무시했습니다. 넷째, 그는 창세기 3:21에서 알려진 은혜를 멸시했습니다.

"여호와 하나님이 아담과 그의 아내를 위하여 가죽옷을 지어 입히시니라."

그래서 가인은 믿음의 첫 '위선자(hypocrite)'가 됩니다. 그는 하나님의 계시된 뜻에 부합하기를 싫어했습니다. 그러면서 하나님 앞에 예배자로 나타남으로써 자기의 배역(背逆)을 숨기려 하였습니다. 그는 하나님께서 정하신 것에 순종하지 않았습니다. 그러면서도 그는 주 하나님께 제물을 드렸습니다. 자기의 경우가 너무 절망적인 나머지 마땅히 자기가 죽어야 하며, 다른 자가 대신 그 죽음을 당함으로써만 죄로 인한 죽음을 피할 수 있음을 믿지 않았습니다. 그럼에도 불구하고 그는 하나님 앞에 나아가기를 추구했고 하나님께 선심(善心)을 쓰는 체 했습니다. 바로 그것이 사도 유다가 말한 "가인의 방식"이었습니다. "화 있을진저 이 사람들이여, 가인의 길에 행하였으며."(유 11) 그것은 '자기 의지'의 방식이요, 불신앙과 불순종과 종교적 위선의 방식입니다. 아벨과 얼마나 대조를 이룹니까! 우리는 이로써 지상에 있는 교회가 곡식과 가라지가 '섞여 있는 회중(會衆)'이라는 결정적인 예표를 인간 역사 초기부터 보게 되는 것입니다.

가인과 아벨은 두 대표자로서 우리 앞에 서 있습니다. 그들은 두 머리입니다. 신앙세계에서는 바로 그 두 부류의 사람들만이 발견됩니다. 그들은 기독교회의 두 부류를 아주 그럴듯하게 모형화시키고 있습니다. 가인은 창세기 4장에서 처음 언급된 장로(長老)로서 탁월한 지위를 나타냅니다. 가인은 자기 입술로는 하나님을 위하면서도 그 마음은 하나님으로부터 먼 큰 무리들을 보여 줍니다. 그런 이들은 예배자의 자리에 앉아 있으나 하나님의 요구들에 부응하기는 거절하고 자기들을 기쁘게 하는 삶을 사는 이들입니다. 반면에 가인의 미움을 샀던 아벨은 '적은 무리들'을 대표합니다. 곧 그들은 자기들의 죄인됨을 인식하고 하나님의 뜻에 복종하고 하나님의 계명들을 순응합니다. 그리고 피난처로 그리스도께로 날래게 나아가 하나님께 가납되어 하나님의 자녀의 반열에 선 자들입니다.

가인과 아벨은 '하나님의 은혜의 주권'에 대한 두 자세를 아주 엄숙하고 두드러지게 보여주는 실례입니다. 그 둘 다 "불의(不義) 가운데 조성되고 죄 가운데 잉태된" 자들입니다. 왜냐하면 둘 다 타락한 부모들의 타락한 아들들이었고, 에덴동산 밖에서 태어난 사람들이었기 때문입니다. 그럼에도 불구하고 한 사람은 악인(惡人)에 속하고(요일 3:12) 다른 한 사람은 하나님의 택하신 백성의 수에 들어 있습니다. 여기서 우리는 주권적 은혜에 대한 매우 복되고 중요한 요점을 발견합니다. 주권적으로 은혜를 베푸시는 하나님께서는 사람 같이 외모를 보시지 않으시며, 정말 그럴 것 같지 않아 보이는 사람에게 은혜를 베푸신다는 것입니다. 두 사람 중 더 어린 아벨은 그 존영에 있어서는 열등하였습니다. 하나님께서 가인에게 "너는 그를 다스리라."(창 4:7) 말씀하셨습니다. 그러나 영적인 복락은 외면적 특권들의 차서(次序)를 따르지 않습니다. 셈은 야벳보다 앞세움을 받았습니다(창 5:32 ; 10:2,21). 이스마엘보다 이삭이, 에서보다 야곱이 은총을 받았습니다.

"믿음으로 아벨은 가인보다 더 나은 제사를 하나님께 드림으로 의로운 자라 하시는 증거를 얻었으니." 여기서 "믿음"은 하나님께서 주시고 하나님께서 역사하게 하신 믿음입니다. "아벨이 가인보다 더 나은 제사를 드렸다."는 것은 다음과 같은 국면에서입니다.

첫째, 그 제사(예배)는 하나님의 계시된 뜻에 '순종'하여 드려진 것입니다. 바로 이 점은 하나님께 가납되는 모든 행동들의 기초가 되는 것입니다. 하나님께서 미리 정해주지 않으신 어떤 것도 하나님을 기쁘게 할 수 없습니다. 그 밖에 다른 모든 것은 '자의적 숭배'일 따름입니다(골 2:23).

둘째, 아벨은 "믿음으로" 그 제사를 드렸습니다. 이 점은 아벨의 제사에는 외적 의무를 묵묵히 수행하는 것 이상의 의미를 지니고 있었음을 말해 줍니다. 하나님께서는 믿음의 원리에서 나온, 곧 성령님의 감동으로 뜨거운 마음에서 우러나오는 것만을 인정하십니다. 참된 순종과 믿음은 결코 떨어지지 않습니다. 그러므로 '믿어 순종하는 것'에 대한 말씀이 있는 것입니다. "그로 말미암아 우리가 은혜와 사도의 직분을 받아 그의 이름을 위하여 모든 이방인 중에서 믿어 순종하게 하나니."(롬 1:5) 그러나 믿음과 순종이 서로 불가분의 관계이지만 여전히 서로 구별됩니다. 믿음은 '약속'의 말씀을 향한 자세이며, 순종은 '명령'의 말씀을 향한 자세입니다. 왜냐하면 약속과 훈계가 서로 손을 잡고 있기 때문입니다. 여러 의무들을 수행하라 촉구하시는 하나님의 명령이 우리 생각과 마음에서 최상의 자리를 차지할 때 '순종'하게 됩니다. 약속을 바라보고 그 약속에 따라 상 받을 것을 생각할 때 '믿음'으로 행동합니다.

셋째, 아벨은 '자원하는 마음'으로 하나님께 예배하였습니다. "할 마음만 있으면 있는 대로 받으실 터이요 없는 것은 받지 아니하시리라."(고후 8:12) 믿음은 '사랑'으로 역사합니다. "그리스도 예수 안에서는 할례나 무할례나 효력이 없으되 사랑으로써 역사하는 믿음뿐이니라."(갈 5:6) 이 모든 것을 감안할 때 아벨은 자기에게 있어서 가장 좋은 것을 잡아 하나님께 제사를 드린 것입니다. 그래서 그는 하나님께서 자신의 몫으로 정하여 맡겨 주신 "양 떼들 가운데 첫 새끼"로 제사를 드린 것입니다(출 13:12). 그 양의 첫 새끼를 죽여 그 '기름'을 가지고 하나님께 드렸습니다. 후에 하나님께서는 역시 그것을 자기의 것이라고 선언하셨습니다(레 3:16 ; 7:25). 그래서 아벨이 하나님께 잡아 바친 것은 지상에서 가장 보배롭고 가치 있는 것들에 속하였습니다. 그처럼 하나님께서는 우리에게서 가장 좋은 것을 요구하십니다. "아들아, 네 마음을 내게 주라."(잠 23:26) "사람이 마음으로 믿어 의(義)에 이르고."(롬 10:10)

넷째, 그의 희생제물은 세상 죄를 지고 가는 하나님의 어린 양의 저 위대한 희생제사를 예표하였습니다.

이 네 가지의 모든 요점에서 아벨은 가인보다 나았습니다. 가인은 순종으로 행동하지 않았습니다. 왜냐하면 그는 하나님의 지정해주신 것을 무시하였기 때문입니다. 그는 믿음으로 드리지 않았습니다. 그가 농사지은 것 가운데 가장 좋은 것을 드렸다는 언급이 전혀 없습니다. 마치 손에 잡히는 대로 아무 것이나 드린 셈입니다. 그의 제물에는 그리스도를 예표하는 것이 하나도 없습니다.

앞으로 나아가기 전에, 우리가 여기서 취하여 '실천하고 적용할' 교훈을 간추려 보기로 합시다.

(1) 하나님께 가납되기 위하여 사람의 생각으로 한 모든 것들을 의지하지 말아야 한다는 것입니다. 사람이 궁리한 것들 모두를 무시하고 우리 자신의 이해나 상황을 의지하지 말아야 합니다. 엄격하게 하나님께서 자기 뜻을 알리신 계시(啓示)의 말씀에 집착해야 합니다.

(2) 모든 순종과 예배와 섬김은 믿음으로부터 나온 것이어야 합니다. 왜냐하면 "믿음이 없이는 하나님을 기쁘시게 할 수 없기" 때문입니다(히 11:6). 믿음이 없이는 우리가 아무리 정확하게 무엇을 해낸다 해도 하나님께는 가납되지 않습니다.

(3) 우리가 가진 것 중에서 가장 좋은 것으로 하나님을 섬겨야 합니다. 우리의 재능들 가운데 가장 좋은 것으로, 우리의 가진 것 중에서 가장 좋은 것으로 섬겨야 합니다. '사랑'이 우리를 강권할 때만이 그 일을 "마음을 다하여 주께" 하게 될 것입니다.

(4) 우리가 행하는 신앙의 모든 행사에 있어서 그리스도를 앞세워야 합니

다. 왜냐하면 그 모든 행사들이 그리스도의 공덕을 풍겨낼 때만 하나님께 마땅히 가납될 수 있기 때문입니다.

"의로운 자라 하시는 증거를 얻었으니." 흠정역(KJV)에서 'by which' he obtained witness(그것으로써 그가 증거를 얻었으니)라고 되어 있습니다. 여기서 which가 무엇을 가리키는지 좀 애매해 보일 수 있습니다. 아벨의 '믿음' 자체를 가리키는지, 아니면 "그가 드린 더 나은 제사"를 가리키는지에 대하여 약간 애매해 보입니다. 그 관계대명사의 가장 가까운 선행사는 '더 나은 제사를 드린 일'로 보이는데, 우리는 존 오웬(John Owen)과 가우지(Gouge)나 토마스 맨튼(Thomas Manton)과 같은 입장을 취합니다. 그들은 다 "믿음"을 그 관계대명사의 선행사로 보고 있습니다. 그 이유는 다음과 같습니다. 첫째, 사도가 이 히브리서 11장에서 하나님께 가납되었던 제사들의 종류를 나열하려는 의도를 보이지 않습니다. 둘째, 사도의 명백한 목적은 '믿음의 효력'을 예증하고 증거하려는 데 있습니다. 셋째, 사도가 여기서 구약성도들에 대하여 방금 말한 것을 실증하고 있습니다. "선진들이 이로써(믿음으로써) 증거를 얻었느니라."(2절) 넷째, 믿음으로 미루어 보건대 그렇게 보는 것이 더 타당해 보입니다. 그리스도의 한 번의 완전한 제사가 그리스도인으로 하여금 하나님 앞에 '의로운 자로 여기심을 받게' 만들었습니다. 그러나 그리스도인이 그 증거를 마음에 얻는 것은 믿음으로 말미암습니다.

"의로운 자라 하시는 증거를 얻었으니." 여기서 우리는 사무엘상 2:30의 말씀의 예증을 받습니다. "나를 존중히 여기는 자를 내가 존중히 여기고 나를 멸시하는 자를 내가 경멸하리라."(삼상 2:30) 하나님의 훈계를 지키면 '큰 상'이 있습니다(시 19:10). 하나님께서는 절대로 사람에게 빚을 지시는 분이 아닙니다. 하나님께서 지시한 것을 순종하는 마음으로 겸손하게, 신실하게, 사랑하는 마음으로 존중히 여기며 하나님의 계명을 순종하는 사람이 그 공로의 보상을 받지는 않습니다. 그러나 그 사람이 하나님께 합당히 여기심을 받고 은혜의 상급의 보상을 받을 것입니다. 하나님께서는 아벨을 불확실한 상태로 내버려 두지 않으셨습니다. 곧, 아벨이 드린 제사를 하나님께서 인정하셨는지의 여부를 모른 채 있게 하지 않으셨다는 것입니다. 주 하나님께서는 아벨이 드린 그 제사가 가납되었으며 하나님 앞에서 의로 여겨졌다는 것을 기쁘게 확신시켜 주셨습니다. 여기 4절에서 "증거를 얻었다."는 것과 2절에서 "증거를 얻었다."의 헬라어 표현이 동일합니다.

"의로운 자라 하시는 증거를 얻었으니." 이 구절 역시 우리를 가르치고 위안을 주기 위하여 기록되었습니다. 이 말씀 속에서 우리가 무엇을 배웁니까? 하나님께서는 순종하며 믿음을 가진 자녀들로 하여금 자기들을 향하신 당신의 생각이 무엇인지 알게 하시기를 기뻐하신다는 사실입니다. 의롭다 하심을 받기에 합당한 믿음을 그리스도 안에서 가지면, 그 믿음은 그리스도인을 움직여 하나님의 훈계를 따라 행하게 합니다. 그런 경우에 하나님께서는 그런 믿음을 소유한 자에게 확신을 허락하시는 것입니다. 우리가 믿음으로 말미암아 가장 놀라운 제사인 그리스도의 제사를 의지하여 하나님의 긍휼을 구하며 하나님께 합당한 예배를 드린다 합시다. 그 때에 우리는 하나님의 말씀과 성령님을 통하여 우리 인격과 섬김이 하나님께 가납되었다는 증거를 얻습니다. 아벨의 경우가 그런 경우입니다. 그는 하나님으로부터 외적(外的) 인증을 받았습니다. "우리가 세상에서 특별히 너희에 대하여 하나님의 거룩함과 진실함으로 행하되 육체의 지혜로 하지 아니하고 하나님의 은혜로 행함은 우리 양심이 증언하는 바니 이것이 우리의 자랑이라."(고후 1:12) 오늘날 그리스도인의 경우에는 그의 양심의 내적(內的)인 인증을 받습니다. 성령께서는 그 양심의 내적 인증에다가 확증을 더하여 주십니다. "성령이 친히 우리의 영과 더불어 우리가 하나님의 자녀인 것을 중언하시나니."(롬 8:16)

"하나님이 그 예물에 대하여 중언하심이라." 우리는 창세기 4장에서 하나님께서 그 예물에 대하여 증거하시는 것을 언급하는 말이 많지 않습니다. 그러나 믿음의 유추(Analogy of Faith)로는 조금도 의심할 문제가 아닙니다. 다른 성경 구절들을 비교함으로써 이렇게 이해할 수도 있습니다. 곧, 하나님께서 하늘에서 불을 내려 그 예물을 태워 향기로운 냄새가 나게 하심을 통하여 그 일을 확증하셨을 수도 있습니다. 또는 그런 방식으로 아벨이 '의로운 자라'고 선언하셨을 수도 있습니다. 레위기 9:24의 말씀을 보십시오. "불이 여호와 앞에서 나와 단 위의 번제물과 기름을 사른지라." 또한 열왕기상의 말씀도 보세요. "이에 여호와의 불이 내려서 번제불과 나무와 돌과 흙을 태우고 또 도랑의 물을 핥은지라."(왕상 18:38) 또한 사사기 6:21 ; 13:19, 20 ; 역대상 21:26 ; 시편 20:3 등도 참조해 보십시오. 그럼에도 그 정황을 확정하여 단정할 수는 없습니다.

"믿음으로 아벨은 가인보다 더 나은 제사를 하나님께 드림으로 의로운 자라 하시는 증거를 얻었으니 하나님이 그 예물에 대하여 중언하심이라." 두 번째 소절이 첫 번째 소절을 설명하고 있습니다. 창세기 4:4이 그 병행 구절입니다. "여호와께서 아벨과 그의 제물은 받으셨으나." 존 오웬(John Owen)은 이에 대하여 다음과 같이 주해하였습니다.

"여호와께서 그 제물을 인정하심으로써 그의 사람됨을 받으셨음을 증거하셨다. 곧 여호와께서 그를 의로운 자라 판단하시고 평가하시고 헤아리셨음을 증거하신 것이다. 왜냐하면 그런 경우가 아니라면 하나님께서는 그 누구도 받지 않으시기 때문이다. 하나님께서 받으시거나 인정하시는 자가 누구이든지간에 하나님은 그 사람을 의롭다고 증거하신다. 곧 그런 사람은 하나님으로부터 '의롭다고 여기심'을 받되, 순전히 은혜로 값없이 하나님께 그렇게 여기심을 받았다. 아벨은 그 제물에 앞서 믿음으로 의롭다 함을 받았다. 그가 '의롭게 되었다.'는 말이 아니다. 또한 그의 제사로 말미암아 의롭다 하심을 받은 것도 아니다. 그 '제사'를 드림으로 말미암아 그 믿음을 실증한 것이다. 그리고 하나님께서는 그의 순종의 행위를 인정하시고 그를 의롭다 하셨다. 아브라함이 행함으로 의롭다 함을 받은 것과 같다. 곧 하나님께서 '선언적으로' 아브라함이 의롭다고 선포하신 것이다. 우리의 순종의 행위가 하나님께 가납되려면 먼저 우리의 인격이 의롭다 하심을 받아야 한다. 왜냐하면 하나님께서는 우리의 순종의 행위를 기쁘게 받으심으로써 우리가 의로운 자임을 증거하시기 때문이다."

"그가 죽었으나 그 믿음으로써 지금도 말하느니라." 하나님의 말씀들은 기이함으로 가득합니다. 하나님의 계명은 "지극히 넓습니다."(시 119:96) 성경의 모든 구절마다 우리의 이지만으로는 깨닫거나 이해할 수 없는 깊이와 넓이를 가지고 있습니다. 말씀을 영감하시어 우리에게 주신 성령께서 우리를 '인도하실' 의향이 있을 때(요 16:13), 또한 이 구절과 저 구절을 비교하여 "하나님의 광명(光明) 안에서 광명을 보도록" 우리를 가르치실 때에만(시 36:9), 각 구절이나 소절들이 더 충만한 분량으로 우리에게 다가와 그 아름다움과 그 의미와 그 다국면성이 드러나 보이게 됩니다. 지금 우리가 살펴보고 있는 문장이 그 경우입니다. 우리는 이 문장 속에 세 가지 의미와 세 가지 요점이 들어 있다고 확신합니다. 간략하게 그 요점들을 생각해 보기로 합니다.

"저가 죽었으나 그 믿음으로써 지금도 말하느니라." 이 말씀의 첫째되는 가장 명백한 의미는 이러합니다. '아벨은 창세기 4장과 히브리서 11장에 기록된 대로의 믿음의 순종으로 말미암아 지금도 우리에게 가장 중요한 설교를 하고 있다.' 그의 예배와 그 예배의 열매들은 성령님의 영구한 기록인 성경 속에 보존되어 있습니다. 그럼으로써 그는 마치 지금 우리들에게 직접 말하듯이 말하고 있습니다. 저 먼 과거, 홍수 저편에서 들려오는 소리가 있습니다. "타락한 인생은 무죄한 대속주의 죽음으로 말미암아서만 하나님께 나아갈 수 있다. 그러나 하나님의 선택한 백성들 외에는 어느 누구도 그러할 필요성을 느끼지 못할 것이다. 하나님의 선택받은 백성들만이 자기 자신들의 성향을 버리고 하나님의 계시된 뜻에 순복하며 하나님의 정해 주신 뜻을 복종할 것이다. 오직 그렇게 하는 자만이 '의로운 자라' 하시는 증거를 얻는다."

"밭은 세상이요 좋은 씨는 천국의 아들들이요 가라지는 악한 자의 아들들이요."(마 13:38) 또한 그렇게 하나님의 계시하신 뜻에 순복하는 믿음의 사람들만이 그 사랑하시는 자 안에서 가납하신다는 하나님의 확증을 우리는 여기서 받습니다. 그리고 그들의 순종(그 자체로는 불완전하지만 그를 온전히 기쁘시게 하려고 소원하는 마음에서 우러나온)이 그의 이름으로 말미암아 인정받았음을 확증받습니다.

"그가 죽었으나 그 믿음으로써 지금도 말하느니라." 그가 '어떻게' 죽었습니까? 그를 미워하는 종교적 외식자요 살인마인 가인의 손에 죽임을 당하였습니다. 사도가 아직도 계속해서 확증하고 있는 그 일이 그때 시작되었던 것입니다. "그러나 그때에 육체를 따라 난 자가 성령을 따라 난 자를 핍박한 것같이 이제도 그러하도다."(갈 4:29) 여기서 여자의 (신비한) 후손과 뱀의 (신비한) 후손 사이의 적대감이 처음으로 눈에 보이게 노출되었습니다. 그러므로 아벨의 죽음은 종교적인 세계에 의해서 죽임을 당하셨던 그리스도의 죽음에 대한 하나의 엄숙한 서약과 표증이었습니다. 하나님께서 인정하시는 자들은 사람들로부터 인정받지 못할 것을 각오해야 합니다. 특히 자칭 그리스도인이라 고백하는 무리들로부터 비난받을 것을 각오해야 합니다. 그러나 상황이 바뀔 때가 옵니다. 창세기 4:10에서 하나님께서는 가인에게 말씀하셨습니다. "네 아우의 핏소리가 땅에서부터 내게 호소하느니라." 아벨의 피가 "말합니다." '나의 억울함을 풀어 주십시오.'라고 하나님께 부르짖습니다.

"그가 죽었으나 그 믿음으로써 오히려 말하느니라." 아벨이 자기 형에게 무참하게 살해당했지만, 아벨의 영혼은 분리된 상태에서 생존하며 외치며 말할 수 있는 상태에 있습니다. 그는 요한 사도가 묘사한 부류들 속에 들어 있습니다. "다섯째 인을 떼실 때에 내가 보니 하나님의 말씀과 그들이 가진 증거로 말미암아 죽임을 당한 영혼들이 제단 아래에 있어 큰 소리로 불러 이르되 거룩하고 참되신 대주재여 땅에 거하는 자들을 심판하여 우리 피를 갚아 주지 아니하시기를 어느 때까지 하시려 하나이까."(계 6:9,10) 그래서 아벨은 경건한 자의 핍박과 고난의 모형입니다. 그 뿐 아니라, 하나님께서 때가 되면 그들을 압제했던 자들에게 시행하실 확실한 복수에 대한 하나의 보증을 아벨이 제시합니다. 하나님께서는 밤낮 자기들의 억울함을 신원하여 달라고 부르짖는 선택한 백성들의 청을 들어 신원하여 주실 것입니다. 하나님께서는 땅에 있는 그의 백성들이나 하늘에 있는 백성들의 부르짖음을 들으십니다(눅 18:7,8). 그러니 우리는 영혼이 인내할 은혜를 구해야 합니다. 오래지 않아 하나님께서 의인에게 상주시며 악인을 징벌하심을 알 수 있는 은혜를 주십사 구하십시오.

58강

에녹의
믿음

11:5 믿음으로 에녹은 죽음을 보지 않고 옮겨졌으니 하나님이 그를 옮기심으로 다시 보이지 아니하였느니라 그는 옮겨지기 전에 하나님을 기쁘시게 하는 자라 하는 증거를 받았느니 라 11:6 믿음이 없이는 하나님을 기쁘시게 하지 못하나니 하나님께 나아가는 자는 반드시 그 가 계신 것과 또한 그가 자기를 찾는 자들에게 상 주시는 이심을 믿어야 할지니라

사도는 이 히브리서 11장에서 '구원 받을 만한 믿음'의 본질과 중요성과 효력을 히브리 사람들에게 확신시켜 주는 것을 가장 주요한 의도로 삼고 있습니다. 그 의도를 실행해 나가면서 먼저 믿음의 본질적인 활동들을 묘사했습니다(1절). 그 다음에 따라오는 모든 묘사들 가운데서는 믿음의 효과들과 열매들과 성취들을 다룹니다. 다시 한 번 사도가 성경에 호소하고 있는 모습을 보는 것은 복됩니다. 그는 추상적인 논증이나 단순한 역설을 통해서 그들을 확신시키고 있지 않습니다. 오히려 성경이 제공하고 있는 많은 실례들과 증거들을 제시함으로써 설득하고 있습니다. 사도는 그들에게 아벨의 믿음의 순종이 어떤 결과를 낳았는지를 생각하게 하였습니다. 곧, 그가 '의로운 자'라는 증거를 하나님께 얻었음을 생각하게 하였습니다. 이제 사도는 믿음의 또 다른 국면과 귀추를 예증하기 위하여 에녹의 경우를 인용합니다.

히브리서 11장에서 성령께서는 '역사적(歷史的) 순서'를 따라서 말씀하지는 않습니다. 히브리서 11장의 내용을 자세히 읽어 보면 그 점이 명백해질 것입니다. 예를 들어서 11절에서는 사라를 말하는데 사라보다 늦은 이삭과 야곱을 9절에서 이미 언급하고 있습니다. 그리고 여리고 성벽이 무너진 것을 (30절) 라합의 믿음보다 먼저 말하고 있습니다(31절). 또한 32절에서는 바락보다 기드온을, 입다보다 삼손을, 사무엘보다 다윗을 먼저 언급합니다. 그래서 우리가 좀 더 깊은 무엇을 탐구해야 함은 명백합니다. 연대적인 순서가 거듭 무시되는 것으로 보아 여기서 구약의 성도들을 언급하는 방식에 무언가 영적인 의미가 있음에 틀림없지 않을까 합니다. 의심의 여지없이 그러할 것임에 틀림없습니다. 그 이유를 먼데서 찾을 필요가 없습니다. 이 히브리서 11장에서 취하는 순서는 믿음 생활의 '체험적' 순서입니다. 만일 주께서 허락하시면, 한 구절 한 구절 살펴나갈 때 그 점은 더욱 명백해질 것입니다.

4절과 7절에서 세 가지 실례가 제시되어 있습니다. 그것은 믿음 생활의 개요를 보여 줍니다. 아벨이 먼저 언급된 이유가 에녹이나 노아보다 그가 먼저 태어났다는데 있는 것이 아닙니다. 창세기 4장에 나오는 아벨에 대한 기록이 믿음 생활의 시작점을 예증하고 있다는데 그 이유가 있습니다. 같은 방식으로 에녹이 그 다음에 언급된 것은 그가 창세기에서 노아보다 먼저 언급되었기 때문이 아닙니다. 오히려 그 안에서 발견되는 것(하나님의 은혜가 그 안에서 이룬 것)이 방주를 만든 노아를 통하여 모형적으로 보여주려는 것 보다 반드시 앞서기 때문입니다. 이 세 사람은 각각 믿음 생활의 독특한 특징과 그 국면을 그려줍니다. 그리고 그 세 사람의 순서는 바꿀 수 없는 것입니다. 그들을 통해서 우리 믿음 생활의 주요한 특징을 발견합니다. 아벨을 통해서는 믿음의 예배, 에녹을 통해서는 믿음의 행실, 노아를 통해서는 믿음의 증거를 발견한다는 말입니다. 우리가 믿기로 이것이야 말로 그 믿음 생활을 진술하는 정확한 방식입니다. 숙고해 보면 볼수록 믿음의 삶의 아름다움과 복됨이 더욱더 잘 깨달아질 것입니다.

　그러나 사람은 언제나 하나님의 순서를 뒤바꿉니다. 기름부음 받은 자의 눈에는 우리가 살고 있는 이 차원 낮은 세대에서보다 이 사실이 더 명백하게 나타나는 때가 없습니다. 오늘날 '증거하고 일하는 것'(섬김)을 얼마나 지나치게 강조하고 있습니까! 사랑하는 독자들이여, 그러나 히브리서 11장은 노아의 경우부터 출발하지 않습니다. 노아는 에녹 뒤에 소개됩니다. 그 이유는 이렇습니다. 하나님이 동행하지 않으시면 '증거하고 일하는 것'은 그것이 무엇이라 하여도 하나님께 인정받지 못한다는 것입니다! 에녹이 하나님과 동행한 것이 하나님을 기쁘시게 해드리려 봉사하는 것보다 더 앞서야 합니다. 안타깝게도 오늘날 이 점을 너무 많이 망각하고 있습니다. 정말 안타까운 일입니다. 젊은 사람들이 그리스도인이 되겠다고 고백하자마자 즉각적으로 어떤 형태의 '기독교 활동'에 참여하려고 뛰어드는 일이 보편화되었습니다. 곧 노방전도와 개인적인 사역과 주일학교 학생들을 가르치는 일 등. 그러나 하나님의 말씀은 명백하게 말하고 있습니다. "새로 입교한 자도 말지니 교만하여져서 마귀를 정죄하는 그 정죄에 빠질까 함이요."(딤전 3:6) (여기서 '새로 입교한 자'는 '믿음을 처음 가지게 된 사람'을 가리킵니다)

　하나님의 말씀의 '순서'를 면밀히 주목하지 못함으로 손해보거나 놓쳐버리는 것들이 얼마나 많은지요! 우리는 이 책에서 그 사실을 자주 강조해 왔습니다. 그러나 그 사실을 아무리 강조한다 할지라도 지나치지 않습니다. 하나님은 질서의 하나님이십니다. 우리가 하나님의 정해놓은 순서를 떠나는 순간 혼란에 빠지게 되고, 그 혼란이 가져오는 여러 가지 모든 수반하는 악을 대번에 직면하게 됩니다. 성경에서 일들을 배열하고 있는 순서에 아무리 엄격한 주의를 기울인다 할지라도 지나칠 수 없습니다. 왜냐하면 그렇게 할 때만 그것이 가져다주는 가장 좋은 교훈을 배우게 될 것이고 그것이 보여 주는 하늘의 지혜를 감탄할 것이기 때문입니다. 여기서도 그러합니다. 에녹의 믿음의 행위는 믿음으로 말미암아 노아가 증거한 것보다 앞서야 합니다. 바꾸어 말하면 노아의 믿음의 증거는 아벨의 믿음의 예배보다 뒤에 와야 합니다. 하나님과 진정으로 동행하려면 먼저 우리 자신의 선입견과 우리 자신의 방식을 제쳐놓고 하나님의 뜻에 굴복하며, 하나님의 정하심에 복종하고 하나님의 요구에 순종해야 합니다. 하나님께 순종하는 것 다음에 하나님과 동행하는 것이 오고, 그 다음으로 하나님을 증거하는 것이 옵니다. 그것이 '하늘의 불변하는 질서'입니다.

히브리서 11:5

"믿음으로 에녹은 죽음을 보지 않고 옮겨졌으니
하나님이 그를 옮기심으로 다시 보이지 아니하였느니라
그는 옮겨지기 전에
하나님을 기쁘시게 하는 자라 하는 증거를 받았느니라."

아벨의 경우는 믿음 생활이 어디서 시작되어야 함을 보여주었습니다. 에녹의 경우는 믿음 생활의 내용이 어떠해야 함을 보여줍니다. 히브리서 11:4의 말씀을 이해하기 위해 창세기 4장으로 거슬러 올라갔듯이, 이 본문이 비추는 등불을 발견하기 위해서 창세기 5장으로 되돌아 가야합니다.

"에녹이 하나님과 동행하더니 하나님이 그를 데려가시므로 세상에 있지 아니하였더라."(창 5:24) 여기서 우리는 신자의 새 생활은 '하나님과 동행하는 삶'임을 발견합니다. 에녹은 그 전에는 '이 세상 풍속을 따라' 행하였습니다(엡 2:2). 그 '자신의 방식'으로 행하여 '자신을 기쁘게' 하였습니다. "우리는 다 양 같아서 그릇 행하며 각기 제 길로 갔거늘."(사 53:6) 또한 당시 에녹은 내세에 대하여 전혀 관심을 두지 않았습니다. 오직 현세만 생각했습니다. 그러나 이제 그는 '하나님과 화해' 하였습니다(고후 5:20). "두 사람이 뜻이 같지 않은데 어찌 동행하겠으며(Can two walk together, except they be agreed?-KJV)." 여기서 '행하다'(walk)라는 어휘는 자원하여 행동하여 영적인 일에 있어서 꾸준히 진보하고 진행함을 의미합니다. '하나님과 함께 행하다 (walk with God)'는 것은 하나님께 복종하는 것을 삶의 핵심으로 삼는 것을 가리킵니다. 그 삶은 하나님께 통제를 받는 삶이요, 하나님을 위하여 영위되는 삶입니다. 우리가 지금 다루고 있는 구절이 바로 그 점을 가리킵니다.

"믿음으로 에녹은 죽음을 보지 않고 옮겨졌으니 하나님이 그를 옮기심으로 다시 보이지 아니하였느니라 그는 옮겨지기 전에 하나님을 기쁘시게 하는 자라 하는 증거를 받았느니라." 성령님의 가르침을 받은 자는 누구든지 성경구절의 '영적 원리'를 발견하여 그것을 자신에게 적용시키는 은혜를 구해야 합니다. 그러자면 겉에 나타난 것보다 더 깊은 이면을 바라보아야 합니다. 성경의 진술들이 단순한 역사적인 사실을 말하고 있다는 것 자체만 가지고도 매우 흥미롭다는 것은 확실합니다. 그럼에도 불구하고 역사적인 사실로만 국한시켜 말한다면, 내 궁금한 영혼에 하등의 힘을 주지 못합니다. 수 천 년 전에 살았던 어떤 사람이 '죽음을 보지 않았다.'는 사실만 가지고도 놀라움을 일으킵니다. 그러나 그 사실 자체만으로는 우리의 실제적인 영적인 유익은 전혀 주지 못합니다. 우리는 독자에게 강조하고 싶습니다. 성경을 읽는 사람은 읽는 각 부분에 대하여 이러한 질문을 던져야 합니다. '여기에 내가 이 지상에 있는 동안 무슨 도움을 얻을까? 나를 위한 실천적 교훈은 무엇인가?' 그러나 그 답이 성경 구절을 읽는 순간 발견되는 것이 아닙니다. 기도와 인내와 묵상이 필요합니다.

지금 우리가 다루는 본문이 오늘날 우리에게 어떤 의미에서 실질적인 메시지인지를 확인하려는 목적으로 이 본문을 '연구하여' 나갑니다. 그 일을 위하여 사려(思慮) 깊은 숙고자로서 주목할 첫 번째 요점은 "옮겼느니라."는 말이 되풀이되고 있다는 사실입니다. 그 말이 한 구절에서 세 번이나 사용되고 있습니다. 이 점이 이 구절을 푸는 열쇠입니다. 어원학적인 의미에서 '옮기다'는 것은 '나르다, 옮기다, 이곳에서 저곳으로 자리를 바꾸다.'는 의미입니다. 이 점은 대번에(그리스도의 말씀이 우리 속에서 풍성하게 거하고 있으면) 골로새서의 말씀을 생각나게 합니다. "그가 우리를 흑암의 권세에서 건져내사 그의 사랑의 아들의 나라로 옮기셨으니."(골 1:13) 이것은 그리스도인이 현재 하나님 앞에 어떤 지위인지를 묘사하는 장엄한 진술입니다. 그는 "사망에서 생명으로 옮겨진 사람"입니다(요 5:24).

이제 이 사실을 힘입고 사는 것이 그리스도인의 특권이요 의무입니다. 그리고 그 자신의 실제적인 경우와 체험에서 그것을 활용하는 것이 그리스도인의 특권이며 의무입니다. 그리고 '믿음'으로 살고 행한 것에 비례하여 그러한 역사가 나타날 것입니다.

"믿음으로 에녹은 죽음을 보지 않고 옮겨졌으니." 여기서 "보지 않고"에서 '보다'는 말은 '맛보거나 체험하다'는 의미를 가집니다. 에녹은 죽음에 지지 않았습니다. 그러나 이 사실을 들어 육체의 죽음에 대한 우리의 사상을 조정하지는 말아야 합니다. 에녹이 땅에서 하늘로 '옮겨진' 사실은 육신적인 차원보다 더 깊은 의미를 가지고 있습니다. 그래서 그가 "죽음을 보지 않았다"는 말이 무덤에 들어가지 않았다는 것보다 더 많은 것을 의미합니다. '죽음'은 죄의 삯이요, 율법을 어긴 것에 대한 저주입니다. 우리는 하나님의 의로운 저주 아래 있는 세상에서 살아가고 있습니다. 죽음은 세상에 있는 모든 것에 뚜렷하게 찍혀 있는 인장(印章)과 같습니다. 그러나 믿음이 역사할 때 영혼은 이 세상 장막보다 더 높이 들림을 받고, 그 은총을 입은 자는 '새 생명 가운데서 행할' 능력을 받게 됩니다. 히브리서 11:1의 말씀을 숙고하면서 우리가 알았듯이, 장래 일들을 가까이 실감하게 하고 육신의 눈으로 볼 수 없는 일들의 증거를 얻고 누리는 것, 그것이 바로 믿음의 본질입니다. 믿음으로 행하는 것만큼, 마음은 이 가련한 세상보다 높이 '옮겨집니다.' 그 때 우리는 "그리스도의 부활의 능력"을 맛보게 됩니다. "내가 그리스도와 그 부활의 권능과 그 고난에 참여함을 알고자 하여 그의 죽으심을 본받아 어떻게 해서든지 죽은 자 가운데서 부활에 이르려 하노니."(빌 3:10)

이제 우리는 4절과 5절을 함께 연결하여 '교리적' 교훈을 듣기로 합니다. 죄인이 하나님께 복종하여 그리스도의 제사를 믿음으로 말미암아 만물을 재판하는 심판장되신 하나님께 '의롭다'는 선고를 받을 때, 그 사람은 영생의 상속자(후사)가 되며 죄와 사망은 더 이상 그를 주관하지 못합니다. 다시 말하면 죄와 사망이 더 이상 그에게 어떤 법적 요구를 할 수 없다는 말입니다. 바로 여기서 그 점을 예증하고 있습니다. 아벨 뒤에 언급된 에녹이란 성도는 "죽지 않고 하늘로 옮겼습니다." 그럼으로써 그리스도인에게는 '죽음'의 권능이 더 이상 힘을 쓰지 못함이 증거된 것입니다. 어린 양의 피로 말미암아 첫 번째로 구원받은 죄인(아벨)과 땅에서 하늘로 옮겨진 구원받은 죄인(에녹) 사이에는 아무런 차이가 없습니다. 그 점은 정말 말로 다 형용할 수 없이 복된 모습입니다. 우리는 그 말씀을 보면 어안이 벙벙합니다. 그저 침묵하며 놀라움으로 경배할 뿐입니다. 하나님의 구원은 얼마나 위대합니까!

이제 기독교 교리의 사실은 그리스도인의 체험의 사실이 될 필요가 있습니다. 우리는 날마다 우리 영혼 가운데서 그 교리의 유익과 능력과 복됨을 누릴 필요가 있습니다. 이것은 초자연적인 믿음이 행사될 때에만 가능합니다. 교리를 단순하게 머리로만 아는 것 그 자체로는 아무 쓸모가 없습니다. 마음으로 그 교리를 실제 삶 속에서 적용하여 달라고 하나님께 간구하지 않으면 전혀 쓸모가 없습니다. 내가 법정적(法廷的)으로 사망에서 생명으로 옮겨졌다는 것을 믿는 것과, 내가 실제적으로 '생명'의 영역에서 살고 있다는 것과는 전혀 별개의 문제입니다. 그러나 '믿음의 삶'은 정확히 바로 그 생명의 영역에서 실제로 살아가는 것을 의미합니다. 그것은 눈에 보이는 것들보다 눈에 보이지 아니하는 높은 것들에 사로잡힌 삶입니다. 그것은 더이상 땅에 있는 것들을 생각지 않고 하늘에 있는 것들을 생각하며 바라보는 것입니다.

아마 독자는 이렇게 말하고 싶을 것입니다. '당신이 우리 앞에 제시하는 이상은 참으로 아름답소. 그러나 혈육을 가진 우리로서는 그것에 도달하는 것이 불가능하단 말이오.' 사랑하는 친구여, 정말로 그 사실을 충분히 인정합니다. 그리스도인 스스로는 부활의 권능에 입각하여 실제적으로 살 수가 없습니다. 만일 그러하다면 에녹이 스스로 하늘에 올라갔다고 해야 할 판입니다. 그러나 히브리서 11:5의 그 다음 나타나는 놀라운 말씀을 면밀히 주목해 보십시오. "'하나님이' 그를 옮기심으로 다시 보이지 아니하였느니라." 우리는 이 말씀을 육신적인 차원에서 이해하지 않게 해주십사고 간청해야 합니다. 이 말씀이 에녹의 몸이 하늘로 옮겨졌다는 것만을 가리킨다고 생각하지 마십시오. 그렇다고 '휴거(Rapture)'의 모형이나 표증은 하나도 없다고 생각하지도 마십시오. 휴거는 데살로니가전서 4:16, 17의 예표적 성취입니다. 에녹의 경우는 예언적인 의미를 가집니다. 여기에는 영적인 의미와 실천적인 적용의 의미도 있습니다. 신령한 독자에게 명백하게 해주고 싶은 간절한 마음을 가진 것이 바로 그것입니다.

에녹이 하늘로 옮겨졌다는 것은 하나의 이적입니다. 영적으로 상징화시켜 표현한 그것은 초자연적인 체험입니다. 모든 그리스도인의 삶은 처음부터 끝까지 '초자연적'입니다. 중생(重生)도 은혜의 이적입니다. 왜냐하면 죄와 허물로 죽은 사람이 자신을 거듭나게 하는 일은 스스로 세상을 창조할 수 없는 것과 같이 불가능하기 때문입니다. 영적인 회개와 영적 믿음은 '하나님의 역사'로 말미암아 주어집니다(골 2:12). 왜냐하면 타락한 존재는 자신을 스스로 존재하게 할 수 없듯이 그런 회개와 믿음도 스스로 일으킬 수 없기 때문입니다. 마음을 세상에서 떼어 전에 사랑하였던 것들을 미워하고, 전에 미워하던 것을 사랑하게 되는 것은 성령님의 전능하신 역사로 말미암아서만 맺혀지는 열매입니다. 이 죽음의 장막에서 살면서 부활 생명의 영역 속에서 사는 것 같은 마음을 가지려면, 하나님의 초자연적인 은혜의 견지를 받는 초자연적 믿음을 행사함으로 말미암습니다. 그럴 때만 그러한 일이 가능하며 실제적인 일이 될 수 있습니다. 하나님께서만이 매일 이 죽음에 속한 세상에 있는 것들에서 우리 마음을 떼어내어 생명의 왕 되신 분과 진실한 교제를 나누게 하실 수 있습니다.

여기서 주의(主意)할 요점을 하나 말해야겠습니다. 하나님께서 우리의 팔을 운명론적으로 묶어 놓고 '내가 옮겨진' 삶을 살아가게 정해 놓으신 것으로 알면 아주 잘못입니다. 물론 하나님은 주권자이시고 하나님께서 기뻐하시는 대로 은총을 베푸십니다. 또한 하나님의 백성들 가운데서도 어떤 사람들에게는 다른 사람들에게서보다 더 많은 은혜를 허락하십니다. 그러나 성경에 "너희가 얻지 못함은 구하지 아니함이라."고 기록되어 있음을 기억하십시오(약 4:2). 더 나아가 본문에 나타나 있는 다음의 말씀을 잘 관찰해 보세요. "그는 옮겨지기 전에 하나님을 기쁘시게 하는 자라 하는 증거를 받았느니라." 우리 믿음이 어째서 그처럼 약하며, 세상에 있는 것들이 우리의 마음에 그처럼 강한 사슬로 역사하는지요? 여기서 그 점을 잘 설명해 주지 않습니까? 우리가 하나님의 기뻐하심에 아주 냉담한 상태로 있으면 하나님께서는 우리 믿음을 강하게 하거나 크게 하지 않으실 것입니다. 먼저 매일 모든 범사에 하나님을 기쁘시게 하려고 부지런히 기도하면서 추구해야 합니다. '옮겨진 삶'을 체험하려면 이 점은 절대적인 진수입니다.

우리는 이 요점에 대하여 제기될 수 있는 반론을 예기합니다. '옮겨진 삶 - 이 세상의 음침한 무덤 가운데서 마음을 자유하게 하는 지속적인 믿음의 역사 - 은 오늘과 같은 시대에는 너무 어렵다.' 그러나 에녹이 살던 시대가 어떤 시대였을지 생각해 보세요. 그 시대는 홍수 바로 이전의 시대였습니다. 그때는 지금보다 훨씬 더 악한 상황이었을 것입니다. "아담의 칠대 손 에녹이 이 사람들에 대하여도 예언하여 이르되 보라 주께서 그 수만의 거룩한 자와 함께 임하셨나니 이는 뭇 사람을 심판하사 모든 경건하지 않은 자가 경건하지 않게 행한 모든 경건하지 않은 일과 또 경건하지 않은 죄인들이 주를 거슬러 한 모든 완악한 말로 말미암아 그들을 정죄하려 하심이라."(유 14,15) 이 말씀은 예언적 성격을 지니고 있을 뿐 아니라 역사적인 성격도 지니고 있음을 기억해야 합니다. 그러니 하나님을 기쁘시게 하는 삶, 하나님과 동행하는 삶, 마음이 세상보다 위엣 것을 바라보는 삶은 그때가 지금보다 더 쉽지 않았습니다. 그럼에도 불구하고 하나님의 은혜는 에녹으로 하여금 그 일을 해내게 했습니다. 그때와 같이 오늘날도 그 은혜는 능력이 있습니다.

때로 한 구절을 구성하는 여러 소절들의 순서를 뒤바꾸어 보는 것이 그 소절들 간의 관계를 더 명확하게 깨닫게 하는데 도움을 줍니다. 이 점을 예증하기 위해서, 또 독자로 하여금 히브리서 11:5의 사활적으로 중대한 교훈을 포착하게 하려는 우리의 간절한 열심 때문에 그렇게 해보려 합니다. "그가 하나님을 기쁘시게 하는 자라 하는 증거를 옮겨지기 전에 받았느니라." 나와 여러분은 그 증거를 받았습니까? 그것이야말로 가장 때에 맞는 질문입니다. 만일 우리가 "하나님을 기쁘시게 하는" 사람들이 아니라면, 하나님의 진리를 아는 지식을 가지면 가질수록 우리에게 더 나쁠 것입니다. "주인의 뜻을 알고도 예비하지 아니하고 뜻대로 행하지 아니한 종은 많이 맞을 것이요.”(눅 12:47) 하나님께서는 조롱을 받지 않으십니다. 아름다운 말과 그럴 듯한 모습으로 하나님을 속일 수는 없습니다. 내가 얼마나 많은 빛을 가졌느냐가 문제가 아니라, 내가 어느 정도까지 철저하게 주님께 복종하였느냐가 문제입니다.

“하나님이 그를 옮기심으로.” 하나님께서는 언제나 자기를 존중히 여기는 자들을 존중히 여기십니다. 그러나 그 진리를 말하는 사무엘상 2:30에서 여전히 “나를 멸시하는 자를 내가… 경멸하리라.”고 말씀하셨습니다. 하나님께서는 너무나 거룩하셔서 우리가 자신을 기쁘게 하는 것을 격려하시거나 상을 주실 수 없습니다. 우리가 육체를 만족시킬 때에 성령님의 복락은 물러 갈 것입니다. 우리 마음이 세상에 있는 것들에 너무 과도하게 집착해 있으면, 하나님께서는 하늘에 속한 것들을 우리에게 실감나고 효력있게 느끼게 하지 않으실 것입니다. 오, 이 책을 읽는 독자들이여, 만일 하나님께서 여러분의 삶과 나의 삶 속에서 강하게 역사하지 않으시거나 우리를 위해서 당신 자신의 강하심을 보여주지 않으시면(대하 16:9), 무언가 우리에게 심각한 잘못이 있는 것입니다.

“믿음으로 에녹은 죽음을 보지 않고 옮겨졌으니.” 우리가 앞의 강론에서 생각했던 것을 기억하십시오. “그러므로 믿음은 들음에서 나며 들음은 하나님의 말씀으로 말미암았느니라.”(롬 10:17) 믿음은 언제나 하나님의 계시(啓示)의 말씀을 전제합니다. 믿음은 의지할 터가 있어야 합니다. 그리고 그 터는 거짓말하실 수 없으신 하나님의 말씀임에 틀림없습니다. 하나님께서는 말씀하셨고 에녹은 믿었습니다. 이 얼마나 놀라운 믿음의 시금석입니까! 하나님께서는 에녹이 죽음의 관문을 통과하지 않고 땅에서 하늘로 옮겨질 것이라고 선언하셨습니다. 백 년, 이백 년, 삼백 년의 세월이 흘러갔습니다. 그러나 에녹은 하나님을 믿었습니다. 사백 년이 채 되기 전에 하나님의 약속은 성취되었습니다. "그가 죽음을 보지 않는 것"이 하나님을 기쁘시게 한 것의 상급이었습니다. 하나님께서는 변하지 않으십니다. 하나님을 진정으로 "기쁘시게" 하며, 하나님과 진정으로 동행하는 곳에서는 마음을 이 세상의 장막보다 더 높여 생명과 빛과 자유의 영역으로 들어가게 고양시키십니다.

다음 구절로 나아가기 전에, 이 구절에 들어있는 다른 여러 유익한 요점들과 가치있는 요점들을 열거해 보기로 합니다. 물론 지면이 허락지 않아 그것들을 단순하게 언급하는 일만을 해야겠습니다.

(1) 하나님께서는 자연 질서에 매이지 않으시는 분입니다. 창세기 3:19는 "너는 흙이니 흙으로 돌아갈 것이니라."고 정하신 하나님의 질서를 보여줍니다. 그러나 그 질서가 에녹과 엘리야의 경우에는 제외되었습니다.

(2) 하나님께서 동일하게 받으신 사람들 각 자의 외적인 섭리는 다양하게 차이를 두십니다. 아벨과 에녹을 비교하면 그러합니다.

(3) 하나님께서는 당신을 대적하는 세상의 적의(敵意)를 드러내시려고 아벨의 순교를 허용하셨습니다. 하나님의 백성들을 위로하시려고 에녹을 보존하셨습니다.

(4) 하나님께서 에녹을 위해서 해놓으신 일을 여전히 전세대(全世代)의 성도들을 위해서 행하실 수 있으며, 또 행하실 것입니다(고전 15:51).

(5) 신자들에게 장래의 삶이 있습니다. 에녹이 하늘로 옮겨진 일이 그 점을 명백히 시사합니다.

(6) 영생에 몸도 영혼과 함께 참예합니다. 에녹의 몸과 영혼이 함께 옮겨졌다는 사실이 그 점을 보여 주었습니다.

(7) 가장 경건한 자라 해서 언제나 가장 오래 사는 것은 아닙니다. 창세기

5장에 언급된 모든 사람들이 이 지상에서는 에녹보다 훨씬 더 긴 시간을 머물렀습니다.

(8) 내세에서 하나님과 함께 살 사람들은 이 세상을 떠나기 전에 하나님을 기쁘시게 하는 법을 배워야 합니다.

(9) 하나님과 동행하는 자들이 하나님을 기쁘시게 합니다.

(10) 하나님을 기쁘시게 하는 자들은 하나님을 기쁘시게 하는 자라는 증거를 반드시 얻게 될 것입니다.

히브리서 11:6

"(그러나) 믿음이 없이는 하나님을 기쁘시게 하지 못하나니

하나님께 나아가는 자는 반드시 그가 계신 것과

또한 그가 자기를 찾는 자들에게

상주시는 이심을 믿어야 할지니라."

사도는 방금 에녹이 하나님을 기쁘시게 한 결과로 옮겨진 것을 말하였습니다. 이제는 그가 하나님을 기쁘시게 했다는 사실로부터 그의 믿음을 증거합니다. 여기 6절 처음에 '그러나'라는 반의(反意) 접속사를 사용하여 삼단 논법적 추론(syllogism)을 도입하고 있습니다.[1] 논증은 이렇게 구성됩니다. '하나님께서 친히 에녹을 옮기셨다. 에녹은 옮겨지기 전에 하나님을 기쁘시게 하는 자였다(옮겨진 일로 확증되듯이). 그러나 믿음이 없이 하나님을 기쁘시게 하는 것은 불가능하다. 그러므로 에녹은 믿음으로 말미암아 옮겨진 것이다.' 그래서 6절의 선언은 5절의 마지막 소절, "하나님을 기쁘시게 하는 자라 하는 증거를 받았느니라."는 말씀을 특별하게 가리키고 있습니다. 그래

---

1) 우리말 개역개정이나 개역한글에서는 이 접속사가 생략되었다. 그러나 KJV에서는 But로 NIV, NAS 등에서는 And로 표기하여 놓았다. 필자는 KJV 역본의 읽기를 중심하여 강해한다. - 역자 주

서 6절의 논증은 어떤 반론을 제기할 수 없을 정도로 완벽한 추론입니다. 믿음 없이 하나님을 기쁘시게 하는 일이 불가능하고, 또 에녹이 하나님을 기쁘시게 하는 자라는 증거를 받았으니 그가 믿음을 가졌음에 틀림없습니다. 곧 그는 '하나님께 의롭다 하심을 얻고 거룩하게 하심을 입는 믿음'을 가졌다는 말입니다.

6절과 5절 사이에 친밀한 관계가 있습니다. 우리가 앞으로 알게 되겠지만 (주께서 허락하시면) 6절은 7절의 노아의 경우와도 긴밀하게 연관되어 있습니다. 그럼에도 불구하고 사도가 여기서 전개시키고 있는 주제에 대하여 각 구절 나름의 특징을 가지고 있습니다. 각 구절마다 엄숙한 경고와 복된 격려를 담고 있습니다. 성령께서는 여전히 요동하고 흔들리는 히브리 그리스도인들에게 무엇이 필요한지를 생각하고 계십니다. 그래서 성령께서 강조하시는 것은 이러합니다. '하나님께서 요구하시는 큰 것은 외적 규례들을 지켜나가는 것 자체가 아니라 온 마음을 다하여 믿음으로 하나님을 열심히 구하는 것이다.' 믿음이 없는 곳에서는 그 어떠한 것도 하나님께 인정받지 못합니다. 그러나 믿음이 실제로 존재하고 행사하는 곳에서는 풍성한 상급을 받을 것입니다. 이 원리는 변하지 않았습니다. 그러므로 6절의 중심 메시지는 오늘날도 우리에게 큰 소리로 외치며 우리 각자의 마음을 탐사할 것입니다.

"그러나 믿음이 없이는 하나님을 기쁘시게 하지 못하나니." 이 말씀은 사람의 전적 부패를 가장 엄숙하게 증언합니다. 타락한 사람의 영혼과 몸이 가진 모든 힘과 요소가 어찌나 부패하였던지 그로부터 나오는 모든 것이 오염되어 있습니다. 인생은 누구나 스스로 거룩하신 하나님의 받아주실 만한 어떤 것도 행할 수 없고 행하지도 않습니다. "육신에 있는 자들은 하나님을 기쁘시게 할 수 없느니라."(롬 8:8) "육신에 있는 자들"이란 중생하지 않은 채 본성의 상태에 있는 자들입니다. '쓴 물'이 나는 샘이 '단 물'을 솟구쳐 낼 수 없습니다. 그러나 믿음은 자신에게서 시선을 떼어 그리스도를 바라보며, 그리스도의 의(義)만을 의지하며, 그리스도의 가치와 영광을 기대하며, 주 예수님의 이름으로, 주 예수님의 중보를 통해서만 모든 일들을 하나님을 위해서 행합니다. 그러니 믿음으로 말미암아 하나님을 기쁘시게 할 수 있습니다.

"믿음이 없이는 하나님을 기쁘시게 하지 못하나니." 그럼에도 모든 세대마다 믿음이 없이 하나님을 기쁘시게 하려고 시도하는 자들이 많습니다. 가인이 맨 처음 그 일을 시작했다가 참으로 비참하게 실패했습니다. 하나님께 예배드리는 모든 이들은 하나님을 기쁘시게 하는 소원을 고백하고, 또 그렇게 하기를 희망합니다. 그렇지 않다면야 그들이 그러한 시도를 무엇 때문에 하겠습니까? 그러나 사도가 다른 곳에서 선언하듯이, 많은 사람들이 하나님께 나아오나 "그들이 믿음을 의지하지 않고 행위를 의지함이라 부딪칠 돌에 부딪쳤느니라."(롬 9:32)

그러나 믿음이 없는 곳에서 사람들이 하고 싶은대로 계획하고 소원하는 대로 하도록 내버려 두십시오. 그런다 하여도 그런 것들을 하나님께서 받으실 리 없습니다. "일을 아니할지라도 경건하지 아니한 자를 의롭다 하시는 이를 믿는 자에게는 그의 믿음을 의(義)로 여기시나니."(롬 4:5) 다른 은혜가 아무리 필요하다 하더라도, 믿음만이 하나님께 가납되었다는 증거를 얻습니다.

하나님을 기쁘시게 하기 위한 네 가지 사항이 생각납니다. 그 모든 것들은 다 믿음을 수반합니다.

첫째, 하나님을 기쁘시게 하는 자의 인격이 하나님께 가납되어야 합니다 (창 4:4).

둘째, 하나님을 기쁘시게 하려고 하는 일이 하나님의 뜻과 일치되어야 합니다(히 13:20).

셋째, 그 일을 행하는 방식이 하나님을 기쁘시게 해야 합니다. 곧 그 일을 '겸손함'으로(고전 15:10), '진지함'으로(사 38:3), '기꺼움'으로 행해야 합니다 (고후 8:12 ; 9:7).

넷째, 그 행하는 목적이 하나님의 영광을 위한 것이어야 합니다(고전 10:31).

그야말로 믿음은 이 네 가지 요구들을 만족시키는 오직 유일한 방편입니다. 그리스도를 믿음으로 말미암아 사람이 하나님께 가납됩니다. 믿음은 우리로 하여금 하나님의 뜻에 자신을 복종하게 만듭니다. 믿음은 우리로 하여금 하나님을 위해서 행한 일의 방식을 시험해 보게 합니다. 믿음은 하나님의 영광을 목표로 삼습니다. 아브라함에 대하여 이렇게 기록되어 있습니다. "믿음이 없어 하나님의 약속을 의심하지 않고 믿음으로 견고하여져서 하나님께 영광을 돌리며."(롬 4:20)

우리 각자 자신을 부지런히 살피며 '믿음'이 있는지 확인하는 것은 얼마나 중요한 일인가요! 죄를 깨닫고 회개하는 죄인이 구원받는 것도 믿음으로 말미암습니다(행 16:30). 그리스도께서 마음에 거하시는 것(엡 3:17), 우리가 사는 것(갈 2:20) 모두 믿음으로 말미암습니다. 믿음으로 말미암아 우리가 서고(롬 11:20 ; 고후 1:24), 믿음으로 말미암아 우리가 행합니다(고후 5:7). 또한 믿음으로 마귀를 성공적으로 대적할 수 있으며(벧전 5:8,9), 체험적으로 거룩함을 입을 수 있습니다(행 26:18). 믿음이 없이는 우리는 하나님께 나아가는 것(엡 3:12 ; 히 10:22), 선한 싸움을 싸우는 것(딤전 6:12) - 그 모든 것이 불가능합니다. 믿음으로 말미암아 세상을 이깁니다(요일 5:4).

독자들이여, 여러분은 "하나님의 택하신 자들의 믿음"을 가졌다고 확신합니까?(딛 1:1) 그렇지 않다면 지금 당장 그것을 확인해 보세요. 왜냐하면 "믿음이 없이는 하나님을 기쁘시게 하지 못하기" 때문입니다. 아멘.

59장

노아의
믿음

11:6 믿음이 없이는 하나님을 기쁘시게 하지 못하나니 하나님께 나아가는 자는 반드시 그가 계신 것과 또한 그가 자기를 찾는 자들에게 상주시는 이심을 믿어야 할지니라 11:7 믿음으로 노아는 아직 보이지 않는 일에 경고하심을 받아 경외함으로 방주를 준비하여 그 집을 구원하였으니 이로 말미암아 세상을 정죄하고 믿음을 따르는 의의 상속자가 되었느니라

이제 우리가 살펴보려는 구절들은 결코 쉽지 않은 부분입니다. 특히 하나님의 은혜와 의(義) 사이의 균형을 유지하지 못한 목회자들의 밑에 있는 사람들에게는 더욱 그러할 것입니다. 하나님의 값없는 은총을 강하게 강조하고 하나님의 '요구'를 크게 무시하는 곳, 특권들만 강조하고 의무들은 거의 태만히 여기는 곳에서는 성경의 여러 대목들을 바른 관점에서 보기가 참으로 어렵습니다. 피조물된 인간의 책임성을 비난하거나, 그 인간의 마땅한 도리에 대한 것을 거의 기각하는 말을 들어왔던 사람들이 히브리서 11:6,7의 어휘들을 정직하고 진지하게 대면하지 않을 수 없을 때, 그들은 자기들의 신학 체계에 그 어휘들을 조화있게 짜 맞출 수가 없습니다. 그런 경우라면 그 신학에 무언가 심각한 오류가 있다는 뚜렷한 증거가 되는 셈입니다. 흔히 교파주의적인 선입관에 조금이라도 얽매인 자들은 하나님의 진리를 자기들이 인간적으로 체계화한 정의(定義)들과 신조(信條)들의 틀에 꿰어 넣기가 너무 크고 다중적인 국면을 가지고 있음을 발견합니다.

우리 독자들 가운데 어떤 사람들은 지금 우리가 다루는 부분이 결코 쉽지 않다는 말을 들으면 '무슨 소리를 하는 거냐?'고 기이하게 생각했을 것입니다. 자, 이 구절들에 대한 몇 가지의 질문들을 제기해 보도록 합시다. 만일 믿음의 역사가 하나님을 기쁘게 하는 것이라면, 그것이 하나의 공로라는 의미입니까? "하나님은 자기를 부지런히 찾는 자들에게 상(賞) 주시는 이라."는 진술에 비추어 볼 때 그 개념을 어떻게 피할 수 있습니까? '상'이 어떻게 순전한 은혜로만 구성되는 것입니까? 그 다음 구절의 교리적 의미는 무엇입니까? 노아의 경우가 행위로 말미암은 구원을 가르칩니까? 만일 방주를 짓는 데 그처럼 많은 대가와 노고를 치르지 않았더라면, 그와 그 집이 홍수를 피했겠습니까? 그가 '의(義)의 상속자가 된 것'이 그가 순종하여 드린 땀으로써 얻어진 것이 아닙니까? 어떻게 이러한 결론을 정당하게 피할 수 있습니까? 우리가 강해해 나가면서 바로 이 질문들을 염두에 두어야 할 것입니다.

히브리서 11:6
"믿음이 없이는 하나님을 기쁘시게 하지 못하나니
하나님께 나아가는 자는 반드시 그가 계신 것과
또한 그가 자기를 찾는 자들에게
상주시는 이심을 믿어야 할지니라."

"하나님께 나아가는 자는…" '하나님께 나아가는 것'에는 삼중적인 요소가 있습니다. 처음 하나님께 나아가는 것, 계속하여 하나님께 나아가는 것, 궁극적으로 하나님께 나아가는 것이 바로 그것입니다. 첫 번째로 하나님께 나아가는 것은 회심을 말하는 것이고, 두 번째의 경우는 그리스도인의 삶을 통해서 거듭 하나님께 나아감입니다. 세 번째의 경우는 하나님께 나아가는 그 장본인이 죽거나 그리스도께서 재림하실 때의 일입니다. 하나님께 나아간다는 것은 '하나님과의 교제를 추구하고 누리는 것'을 의미합니다. 그것은 하나님의 은총을 입고 싶은 소원을 말하며, 이 세상에 살 때 그의 복락을 받고 오는 세상에서 하나님의 주시는 구원에 참여하는 자가 되기를 바란다는 뜻입니다. 그것은 그리스도 안에서, 그리스도로 말미암아 그 마음이 하나님께 가까이 하는 것입니다(요 14:6 ; 히 7:25). 그러나 의식적(意識的)으로 하나님께 나아가는 일을 위해서는 먼저 하나님을 부지런히 찾아야 합니다. 어떠한 사람도 자기들의 타락한 조건을 의식하지 않고는 하나님께 나아가지 않습니다. 또한 진정으로 하나님을 추구하지도 않습니다. 성령께서는 먼저 그 영혼 속에서 죄의 극악성을 인식하게 하십니다. 우리로 '하나님의 생명에서 떠나게 한 것이 죄라.'는 사실을 인식하게 합니다. "그들의 총명이 어두워지고 그들 가운데 있는 무지함과 그들의 마음이 굳어짐으로 말미암아 하나님의 생명에서 떠나 있도다."(엡 4:18) 탕자처럼 스스로 돌이켜 "내가 일어나 아버지께 가서 이르기를 아버지여 내가 하늘과 아버지께 죄를 얻었나이다."(눅 15:18)라고 진정으로 말하기 위해서는 우리 자신의 상태를 인식해야 합니다. 자신이 하나님에게서 떠나 그의 은총 밖에 있음과, 하나님의 공의의 정죄를 받고 있음을 인식해야 합니다. 같은 원리가 그리스도인이 '하나님께 나아가는 것'과 관련해서도 작용합니다. "사람에게는 버린 바가 되었으나 하나님께는 택하심을 입은 보배로운 산 돌이신 예수께 나아가."(벧전 2:4) 우리로 하여금 모든 선함과 완전한 은사의 주이신 예수님을 구하게 만드는 것은 우리 자신의 궁핍함에 대한 의식입니다. 또한 거룩한 의무를 수행하면서 하나님과 계속적인 교제를 행합니다. 모든 경건의 실천 속에서 우리는 그리스도 안에서 다시 새롭게 하나님께 거듭 나아갑니다. 하나님의 말씀을 듣거나 읽거나 하는 일을 통해서 교사(敎師)로서의 하나님께 나아갑니다. 기도를 통해서는 은혜 베푸시는 분으로서의 하나님께 나아갑니다.

그러나 하나님을 바르게 찾으려면 믿음으로 찾아야 합니다. 왜냐하면 "믿음이 없이는 하나님을 기쁘시게 못하기" 때문입니다. 그러므로 "하나님께 나아가는 자는 '반드시' 그가 계신 것과 자기를 찾는 자들에게 상주시는 이심을 믿어야" 합니다. 첫째로, 하나님의 존재에 대한 확고한 확신이 있어야 합니다. 둘째로, 하나님의 풍성함에 대한 확신이 있어야 합니다. "그가 계신 것을 믿는다." 함은 단순하게 하나님께서 '만물의 근본'이 되신다는 사실을 인정하는 정도가 아닙니다. 그보다 더 큰 무엇을 의미합니다. 또는 '하나님께서 최상의 존재로서 계시다.'는 것을 인정하는 것보다 더 큰 무엇입니다. 그것은 하나님의 행사와 말씀, 곧 그리스도 안에서 자신을 계시하신 대로의 하나님의 성품을 믿는다는 의미입니다. 그 하나님을 바르게 생각해야 합니다. 그렇지 않으면 우리는 우리 자신이 상상하는 허상을 추구하고 있을 뿐입니다. 그래서 '하나님이 계심을 믿는다.'는 것은 하나님의 말씀의 선언대로 하나님을 믿는 것을 의미합니다. 말씀은 하나님이 최고의 주권자이시며, 흠 없이 거룩하시며, 전능하시며, 조금도 하자없이 의로우시며, 그러면서도 그리스도로 말미암아 불쌍한 죄인들을 향하여 풍성하신 긍휼과 은혜를 베푸심을 선언합니다.

믿음은 성경에 계시된 하나님의 존재와 그 성품에 따라 그분께 나아갈 뿐 아니라 특별하게 그분의 의로우심을 붙잡는 것입니다. 곧 그분은 "상주시는 이시라."는 사실을 포착해야 합니다. 하나님을 "상주시는 이"로 믿는 일은 하나님께서는 궁핍한 죄인에게 풍성한 방식으로 자신을 드러내실 의향을 기꺼이 가지고 계심을 마음으로 포용하고 예기하는 것입니다. 다시 말하면, 하나님께서는 복음을 통해서 스스로 제안하신 대로 죄인들을 향하여 모든 일을 행사하실 것임을 마음으로 이해하고 믿는 것입니다. 탕자로 하여금 아버지께 그런 행동을 하게 촉구한 것은 아버지의 그 의향에 대한 인식(자기의 궁핍에 대한 인식에 더하여)이었습니다. 하나님께서 들으시고 그 기도에 응답하신다는 기대가 없으면 기도하는 것은 전혀 소용이 없습니다. 그렇듯이 마음속에서 하나님께서 자기를 긍휼의 풍성으로 영접하시리라는 기대감이 우러나지 않는다면, 어떤 죄인도 하나님을 진정으로 구하지 않을 것입니다. 하나님의 약속을 붙잡는 것이 바로 그러한 믿음으로 나아가는 것입니다.

성경에 있는 특권들을 누리려면 그 나름의 필요한 제약 조건들이 있습니다. 의무(義務) 조건에서 보상(報償)을 분리시켜 버리면 진리의 전 체제가 망가지는 결과를 맞습니다. 우리 편에서 행해야 할 일이 있습니다. 하나님께서는 '상주시는 이'라는 것입니다. 그러면 누구에게 상 주시는가요? '열심히 하나님을 찾는 자들에게' 상을 주십니다. "악인들이 스올(음부)로 돌아감이여 하나님을 잊어버린 모든 이방 나라들이 그리하리로다."(시 9:17) 악인은 하나님을 두기 싫어합니다. 그러니 하나님께서도 그들을 면전에서 추방하실 것입니다. "부지런히 자기를 찾는다." 함은 무엇을 의미합니까? 하나님을 찾는 것은 자신을 잊어버리고 부인하고, 자기의 굴레에서 빠져나와 우리의 통치자로서 하나님만을 인정하는 것입니다. 그리고 그 하나님을 만족스런 우리의 분깃(몫)으로 여기는 것입니다. 하나님을 "부지런히" 찾는다는 것은 하나님을 간절하게 찾는다 함입니다. 하나님을 '간절하게'(잠 8:17), '전심으로'(시 119:10), 열심히(시 27:4), 지치지 않고(눅 11:8) 찾는 것입니다. 갈증을 느낀 사람이 물을 어떻게 찾습니까? "너희가 전심으로 나를 찾고 찾으면 나를 만나리라."는 것이 하나님의 약속입니다(렘 29:13). "온 유다가 이 맹세를 기뻐한지라 무리가 마음을 다하여 맹세하고 뜻을 다하여 여호와를 찾았으므로 여호와께서도 그들을 만나 주시고 그들의 사방에 평안을 주셨더라."(대하 15:15)

"그가 자기를 찾는 자들에게 상주시는 이심을 믿어야 할지니라." 하나님께서는 부지런히 찾는 자들에게 '어떻게' 상 주십니까? 하나님께서 세우신 중보자를 통하여 인내하면서 간절하고 신실하게 당신 자신께 나아오는 자들에게 자신의 모습을 은혜롭게 드러내시는 상을 주십니다. 또한 하나님의 은혜안에 들어오게 허락하십니다. 가인에게는 그렇게 하지 않으셨습니다. 왜냐하면 그릇된 방식으로 하나님을 찾았기 때문입니다. 또 하나님께서는 진실로 하나님을 찾는 자들에게 은총을 주심으로써 상을 베푸시는 것입니다. 마치 아버지가 그 탕자에게 하듯이 말입니다. 또한 그들의 죄를 용서하시고 그들의 불의를 도말(塗抹)하심으로써 상을 주십니다(사 55:7). 또한 그들의 마음에 당신의 법을 기록하사 모든 우상을 버리고 하나님만 섬길 마음의 소원과 결심을 주시는 상을 베푸십니다. 또한 하나님의 사랑하시는 아들 그리스도 안에서 양자로 그들을 받으셨다는 확신을 주십니다. 하늘에서 그들을 기다리고 있는 안식과 복락의 달콤한 첫 열매의 맛을 허락하십니다. 또한 영적인 것이나 세상에서 살아가는 데 필요한 것을 공급해 주시는 상을 베푸십니다. 끝으로 그들을 하늘로 데려가시는 상을 베푸십니다. 그들은 거기서 하나님의 은혜의 기이한 부요(富饒)를 거침없이 영원토록 누릴 것입니다.

그러나 "하나님께서 상(賞) 주시는 이라."는 말이 율법주의자들을 옹호합니까? 바르게 이해하면 절대 그렇지 않습니다. "우리가 부지런히 하나님을 찾는다."는 것이 하나님께 인정받을 권리를 얻게 하는 공로(功勞)와 같은 것이 아닙니까? 물론 그렇지 않습니다. 그러면 그 말은 무엇입니까? 그 점을 바르게 이해하기 위하여 우선 존 오웬(John Owen)의 주해를 인용하겠습니다.

"사도가 이 말을 통해서 설명하고 있는 것과, 여기서 요구하는 믿음의 터가 하나님께서 아브라함에게 주신 계시(啓示)에 내포되어 있다. '아브람아 두려워말라 나는 너의 방패요 너의 지극히 큰 상급이니라.'(창 15:1) 하나님께서는 자기를 찾는 자들에게 상주시는 이시면서 아울러 하나님 자신이 그들의 상급이시다. 바로 그 점은 그렇게 상을 받은 어떤 사람들의 생각 속에 공로 개념이 영원토록 들어오지 못하게 한다. 누가 하나님께 드려 하나님의 상을 받을 만한 공로를 행할 수 있는가? 하나님께서 상을 주시는 것, 특히 하나님께서 친히 상급이심도 무한한 은혜의 풍성함의 발로다. 그리고 이 점은 여기서 가리키는 믿음의 대상에게 우리의 온 시선을 집중하게 한다. 곧 약속으로 계시되셨으며 무한한 선하심과 풍성함으로 믿는 자들에게 친히 상급이 되신(그들의 하나님이 되신) 그리스도 안에서 하나님께 온전한 시선을 집중케 한다. 사도가 여기서 선언하고자 하는 제안은 '하나님께 나아오도록 용기를 북돋아 주기 위한 것'에 지나지 않는다."

"일하는 자에게는 그 삯이 은혜로 여겨지지 아니하고 보수로 여겨지거니와."(롬 4:4) 이 말씀이 '은혜' 자체가 '상급'도 된다고 분명하게 암시하지 않습니까? 은혜와 상은 결코 모순되지 않습니다. 만일 모순된다면 하나님의 높으신 주권과 인간의 진정한 책임 사이에도 모순이 존재한다는 이야기가 됩니다. 또한 그리스도가 '종'이시라는 사실(사 42:1)과 그리스도가 '주'가 되신다는 사실(요 13:13) 사이에도 모순이 존재하게 될 판입니다. 골로새서 3:24의 어투는 태양 광선처럼 이 점을 명백하게 밝혀 줍니다. "이는 기업의 상을 주께 받을 줄 아나니 너희는 주 그리스도를 섬기느니라." "기업"은 하늘 자체입니다. 곧 구원의 완성을 의미합니다. 그러나 구원이 값없는 은혜가 아닌가? 당연히 값없는 은혜입니다. 그럼에도 불구하고 그 값없는 은혜의 구원을 받는 사람들은 그 구원을 '사야' 합니다. 그것도 '값없이' 사야 합니다. "오호라 너희 모든 목마른 자들아 물로 나아오라 돈 없는 자도 오라 너희는 와서 사 먹되 돈 없이, 값 없이 와서 포도주와 젖을 사라."(사 55:1) 구원은 그렇게 '은혜'이면서 '상급'입니다.

하늘을 죄인이 공로로 벌어들일 수 없다는 것은 사실이면서도, 게으른 자들과 방종에 빠진 자들에게 하늘이 주어지지 않는다는 것도 동등하게 사실입니다. 하나님은 "부지런히 찾아야 하는" 분입니다. 영혼이 '좁은 문'으로 들어가기 위해서는 고뇌해야 합니다. "좁은 문으로 들어가기를 힘쓰라 내가 너희에게 이르노니 들어가기를 구하여도 못하는 자가 많으리라."(눅 13:24) 우리는 영생하도록 있는 양식을 위하여 '수고하도록' 부르심을 받았으며(요 6:27), 하늘의 안식에 들어가도록 부르심 받은 자들입니다. "그러므로 우리가 저 안식에 들어가기를 힘쓸지니 이는 누구든지 저 순종하지 아니하는 본에 빠지지 않게 하려 함이라."(히 4:11) 그렇게 노력하는 자들에게 하나님께서는 상 주십니다. 그 노력이 공로가 되어서가 아니라, 하나님께서 그 노력을 인정하시고 그 노력을 가상(嘉尚)히 여기사 상주시는 것이 마땅하다고 여기시기 때문입니다. 하나님을 섬길 때 '상 받을 것'을 전혀 생각하지 말아야 한다고 가르치는 이들이 있습니다. 그러나 들어 보십시오. "그리스도를 위하여 받는 수모를 애굽의 모든 보화보다 더 큰 재물로 여겼으니 이는 상 주심을 바라봄이라."(히 11:26) 그러나 이 구절은 그런 가르침을 논박하고 있습니다. 사도는 노골적으로 우리가 하나님을 기쁘시게 하려면 반드시 믿어야 할 진리의 부분이 무엇인가를 선언하고 있습니다.

하늘, 또는 완성된 구원을 '상급'으로 언급하는 첫째 이유는, 가장 우선적으로 그 구원을 받을 사람들의 성품을 암시하기 위함입니다. 즉, 부지런히 애쓰는 자들임을 드러내기 위한 것입니다. 둘째로, 우리의 일을 끝마치기 전에는 그 완성된 구원이 부여되지 않기 때문입니다(딤후 4:7,8). 셋째로, 그 구원의 확실성을 암시하기 위하여 그렇게 언급하고 있는 것입니다. 정직한 상전에게 고용된 일꾼이 수고의 상급을 기대하는 것 같이 그 구원을 확실하게 기대할 수 있게 하신 것입니다. "시험을 참는 자는 복이 있나니 이는 시련을 견디어 낸 자가 주께서 자기를 사랑하는 자들에게 약속하신 생명의 면류관을 얻을 것이기 때문이라."(약 1:12) 이 '상급'은 주도적으로 내세에서 주어집니다(히 11:16 ; 고후 4:17). 모든 참된 경건이 부요하게 보상 받는 것은 내세에서입니다(막 10:29,30). 그렇게 보면, 하나님께서 '상'을 주시는 '근거'는 그리스도의 무한한 공로이며, 하나님 자신의 약속에 입각해서 상을 주시는 것입니다. 그 말을 더하지 않을 수 없습니다. 하나님께서 '주시는 상'은 우리 속에서 역사하시는 성령님의 역사의 결과입니다. 그러므로 우리가 조금도 자신을 자랑할 수 없습니다.

히브리서 11:7

"믿음으로 노아는 아직 보이지 않는 일에 경고하심을 받아 경외함으로
방주를 준비하여 그 집을 구원하였으니 이로 말미암아
세상을 정죄하고 믿음을 따르는 의의 상속자가 되었느니라."

사도는 이제 6절에서 말한 것을 예증하는 구체적인 실례를 제시합니다. 하나님께서 노아와 그 시대를 다루신 방식은 모든 시대의 세상을 어떻게 다루실지를 보여주는 하나의 표본과 표징이었습니다. 특히 세상의 역사가 끝나게 될 때에 어떻게 다루실지를 보여줍니다. 하나님은 부지런히 자기를 찾는 자들에게 상주시는 분이십니다. 그 사실은 역시 자기를 멸시하는 모든 자들에게 복수하시는 분이라는 것은 필연적인 요점을 반증합니다. 하나님께서는 옛 세상을 멸하실 때에 죄를 불쾌하게 여기심을 보여 주셨습니다. "네가 악

인이 밟던 옛적 길을 지키려느냐 그들은 때가 이르기 전에 끊겨 버렸고 그들의 터는 강물로 말미암아 함몰되었느니라."(욥 22:15,16) 노아를 보전하심을 통해서는 자신의 백성들의 특권들을 명백하게 나타내셨습니다(벧후 2:9). 베드로후서 3:6,7은 그 모든 것이 하나의 '서약'과 '모형'임을 분명하게 알게 해 줍니다. "이로 말미암아 그 때에 세상은 물이 넘침으로 멸망하였으되 이제 하늘과 땅은 그 동일한 말씀으로 불사르기 위하여 보호하신 바 되어 경건하지 아니한 사람들의 심판과 멸망의 날까지 보존하여 두신 것이니라."

우리가 다루고 있는 이 구절 속에 우리가 주목할 세 가지 요점이 들어 있습니다. 첫째, 노아의 믿음과 그 믿음이 의지하던 '터'가 무엇임이 드러나 있습니다. 하나님께서 주신 경고를 믿음의 '터'로 삼았습니다. 둘째, 그의 믿음의 효과들이 나타나 있습니다. 그 경고하심에 대하여 내면적으로는 '두려움'이 일었고 외적으로는 하나님의 지시를 따라 방주를 만드는 '순종'의 행동을 행한 것입니다. 셋째, 그의 믿음의 귀추들이 이 구절 속에 들어 있습니다. 그 믿음으로 말미암아 그의 집이 구원받았고 세상이 정죄를 당하였습니다. 그리고 그가 믿음으로 말미암는 '의(義)의 상속자'가 되었습니다.

그러나 이 요점들을 거론하기 전에 이 구절을 보고 난제를 제기할 이들을 예기하고 그 난제를 해결하여야 합니다. 제기될 수 있는 난제는 이러합니다. '노아가 자신의 행위로 구원받았는가?' 우리는 이 질문에 대하여 '예'와 '아니오'라는 대답을 함께 준비할 수 있다고 믿습니다. 독자들은 부디 인내하면서 기도하는 심정으로 숙고하며 들어 주기를 바랍니다. 제발 필자의 말을 '이단의 소리'라고 일축해 버리며 '더 이상 읽을 필요가 없다.'는 식의 결론을 내리지 않기를 바랍니다.

만일 노아가 하나님의 명령대로 순종하여 방주를 예비하는 일을 하지 않았다면, 홍수를 만났을 때에 멸망당하지 않았겠습니까? 그러니 그를 그 큰 홍수에서 지켜 죽지 않게 한 것이 자신의 노력이 아닙니까? 결코 아닙니다. 하나님의 보전하시는 능력이 노아를 지켰습니다. 그 방주는 돛이나 닻이나 조타기도 없었습니다. 오직 주님의 은혜로운 손이 그 부서지기 쉬운 나무 조각으로 만든 배가 바위나 산에 부딪혀 부서지지 않게 보존하였던 것입니다. 그러면 이 둘 사이의 관계는 어떠합니까? 자 이것을 생각해 보세요. 노아는 하나님께서 지정하신 '방편'을 사용하였습니다. 하나님의 은혜와 권능에 의해서 그 방편들이 그를 보존하는 효력을 내었습니다. 농부가 밭에서 땀을 흘려야 하지 않습니까? 그럼에도 불구하고 그로 하여금 많은 추수를 하게 하시는 이는 오직 하나님뿐이십니다. 내가 위생법을 지키고 건전한 식품을 먹어야 마땅하지 않습니까? 그러나 하나님께서 그러한 것들을 지키는 내게 복을 주셔야 건강을 유지할 수 있습니다. 영적인 일에도 그러합니다. 믿음으로 말미암은 구원은, 하나님께서 미리 지정해 주신 방편들을 사용할 절대적인 필요성을 결코 '배제하지' 않습니다.

노아가 홍수로부터 잠시 구원받은 것은 하나님의 선택한 백성들이 임박할 진노로부터 영원토록 구원받을 것을 표증하는 것임에 틀림없습니다. 어느 곳에서나 마찬가지로 여기서도 그 모형은 정확하고 완전합니다. 아무리 현학적인 체하면서 교묘한 말로 꾸며 말한다 할지라도, 노아가 방주를 지은 것 - 그 일은 가장 값비싼 대가를 치른 주도면밀한 일이었습니다. 그것이 자기를 보존하기 위한 하나의 방편이었습니다. 그 사실을 무시하며 당당하게 제거할 수 없습니다. 그렇다고 노아의 경우가 '행위로 구원받는 분명한 실례'를 보여주는 것입니까? 다시 우리는 담대하게 '예'와 '아니오'라는 두 대답을 모두 제시합니다. 그러나 노아가 방주를 지으라는 하나님의 명을 받기 전에 "이미 구원받은 사람"이었다는 점을 명심해 두면 그 난제는 크게 줄어들 것입니다! 창 6:8,9를 먼저 참고하세요. "그러나 노아는 여호와께 은혜를 입었더라 이것이 노아의 족보니라 노아는 의인이요 당대에 완전한 자라 그는 하나님과 동행하였으며." 그런 다음 창세기 6:14,22의 말씀을 보세요. "너는 고페르 나무로 너를 위하여 방주를 만들되 그 안에 칸들을 막고 역청을 그 안팎에 칠하라… 노아가 그와 같이하여 하나님이 자기에게 명하신 대로 다 준행 하였더라." 이 두 말씀을 보면 노아가 방주를 만들기 전에 이미 구원받았음에 분명합니다. 그러나 이 사실이 앞 문단에서 말한 모든 것을 전복시켜 버리지 않습니까? 결코 그렇지 않습니다. 그리스도인의 구원은 과거의 일일 뿐 아니라(딤후 1:9), 현재 계속 진행되고 있는 일도 되고(빌 2:12), 미래적인 일이기도 합니다(롬 13:11)!²⁾ 우리가 이 구절을 강해해 나감에 따라서 그 난제의 해결책이 더 분명하게 드러날 것이라고 믿습니다.

  우리가 전에 지적한 바와 같이, 히브리서 11장의 처음 세 구절의 의도는 믿음의 중요성과 탁월성을 드러내는데 있습니다. 그런 다음에 4-7절에는 '믿음의 삶'에 대한 개요(槪要)가 소개되어 있습니다. '믿음의 삶의 시작'이 4절에서 밝혀졌습니다. 5절에서는 '믿음의 삶의 내용과 그 성질'이 밝혀져 있습니다. 또 6절에서는 경고와 격려가 주어져 있습니다. 그리고 7절에서는 '믿음의 삶의 결국'이 어떠함을 묘사하고 있습니다. 믿음의 삶이 도달하는 영광스런 목표점에 이르기 전에 7절은 우리에게 5절에서 말한 요점의 또 다른 국면을 보여 줍니다. 거기서 우리는 믿음이 사망에 속한 세상보다 훨씬 높이 올라감을 보았습니다. 그리고 그 믿음의 은총을 입은 사람의 마음이 하늘로 승화됨을 발견하였습니다. 그러나 우리는 여전히 이 세상에 있습니다. 우리가 살고 있

---

2) "하나님이 우리를 구원하사 거룩하신 소명으로 부르심은 우리의 행위대로 하심이 아니요 오직 자기의 뜻과 영원 전부터 그리스도 예수 안에서 우리에게 주신 은혜대로 하심이라."(딤후 1:9) "그러므로 나의 사랑하는 자들아 너희가 나 있을 때뿐 아니라 더욱 지금 나 없을 때에도 항상 복종하여 두렵고 떨림으로 너희 구원을 이루라."(빌 2:11) "또한 너희가 이 시기를 알거니와 자다가 깰 때가 벌써 되었으니 이는 이제 우리의 구원이 처음 믿을 때보다 가까웠음이라."(롬 13:11)

는 이곳은 대적과 위험과 시험의 장소입니다. 그래서 7절에서는A 믿음이 어떤 것을 성취하느냐의 요점 뿐 아니라, 믿음이 "어떻게" 그것을 성취하는지도 보여 줍니다.

히브리서 11:4의 말씀을 해석하기 위해서는 창세기 3장과 4장으로 되돌아가 보아야 하고, 11:5의 의미를 파악하려면 창세기 5:24도 참조해야 합니다. 그렇듯이 지금도 우리는 여기에서 예표된 것을 발견하기 위하여 창세기 6장을 살펴보아야 합니다. 독자는 창세기 6:5-22로 돌아가 보십시오. 거기서 우리는 엄격한 하나님의 판단이 공표된 것을 발견합니다. "하나님이 노아에게 이르시되 모든 혈육 있는 자의 포악함이 땅에 가득하므로 그 끝 날이 내 앞에 이르렀으니 내가 그들을 땅과 함께 멸하리라."(창 6:13) 또한 여호와의 보시기에 "은총을 입은" 사람에게 제시된 구원의 방식은 14절에 나타나 있습니다. "너는 고페르 나무로 너를 위하여 방주를 만들되 그 안에 칸들을 막고 역청을 그 안팎에 칠하라." 심판으로부터 피하기 위해서 마땅히 필요한 방편은 15절에 묘사되어 있습니다. "네가 만들 방주는 이러하니 그 길이는 삼백 규빗, 너비는 오십 규빗, 높이는 삼십 규빗이라." 그러한 방편들을 사용함으로써 구원을 얻었습니다. 이제 같은 방식으로 다가올 심판에 대하여 가장 엄숙하게 경고하며 공표되었습니다(살후 1:7,8 ; 벧후 3:10-17). 이 두 대목의 말씀들이 전부 다 하나님의 자녀들에게 주어진 서신(書信)들에서 발견됨을 독자는 유심해야 할 것입니다.

우리가 앞에서 히브리서 11:7은 11:5에서 영적으로 밝혀진 내용의 다른 측면을 보여 준다고 말했는데, 그 말은 히브리서 11:7이 진리를 '균형 있게' 표현하고 있음을 설명한 것입니다. 이 점을 주목하는 것은 매우 중요합니다. 왜냐하면 그렇지 않을 경우 우리는 5절의 신비로운 개념에 착념하여 한쪽으로 치우치기가 너무 쉽기 때문입니다. 사탄은 히브리서 11:5의 아름다운 이상(理想)을 밝혀 주게 내버려 두지만, 그 이상은 평범한 사람들에게는 이루어질 수 없는 것이라고 말할 준비가 되어 있습니다. 그런 이상적인 경우가 설교자들을 위해서는 가능하지만 다른 사람들을 위해서는 불가능하다는 식으로 말입니다. 많은 사람들이 5절에 대한 우리의 강론을 읽고 이렇게 소리치기 쉽습니다. '우리는 언제나 하늘에 속한 것만을 생각할 수는 없다. 우리에게는 매일 이 지상에서 행할 의무들이 있다. 우리가 5절의 표준에 도달할 수 있는 오직 유일한 방편은 수도원 같은 곳으로 들어가는 것이겠지. 또는 우리 자신을 세상으로부터 완전하게 이격(離隔)시켜야 가능한 일이겠지. 하나님께서는 우리에게 그것을 요구하지 않으심은 분명하다. 아니 정말로 그렇게 해 본 이들도 있었지만 그것은 암흑시대의 큰 오류였다.'

"믿음으로 노아는 아직 보이지 않는 일에 경고하심을 받아 경외함으로 방주를 준비하여 그 집을 구원하였으니." 이 요점은 5절의 또 다른 측면을 보여 줍니다. 우리가 이 땅 위에서 행할 의무들을 가지고 있는데 '어떻게' 그것들을 감당해야 할지, 바로 그것을 시사하고 있습니다. '믿음으로,' '하나님을 두려워함으로,' '진심으로 하나님의 명령을 순종함으로' 말미암아 감당해야 한다는 것입니다. 더 나아가서 이 구절은 이 의무들을 감당하고 믿음으로 하나님께 순종하는 것은 우리의 구원에 있어서 뗄 수 없이 필요함을 강조합니다. 영혼의 '구원'은 아직 미래에 속합니다. 히브리서 10:39에서 '구원'이라는 명사형을 쓰지 않고 '구원에 이르는'이라는 동사형을 쓰고 있음을 주목하십시오. 베드로전서 1:5를 참조하십시오. 우리가 죄의 파괴적인 세력과 망하게 하는 세상의 유혹들과 게걸스럽게 삼키려는 사탄의 공략으로부터 구원받기 위해서는 '반드시' 그리스도를 순종하는 길로 나아가야 합니다(히 5:9). 왜냐하면 그 길에서만 이 무서운 화를 면할 수 있기 때문입니다. 독자는 다음의 구절들을 기도하는 심정으로 숙고하십시오.

"만일 네 손이 너를 범죄하게 하거든 찍어버리라 장애인으로 영생에 들어가는 것이 두 손을 가지고 지옥 곧 꺼지지 않는 불에 들어가는 것보다 나으니라 … 만일 네 눈이 너를 범죄하게 하거든 빼어 내버리라 한 눈으로 하나님의 나라에 들어가는 것이 두 눈을 가지고 지옥에 던져지는 것보다 나으니라 거기에서는 구더기도 죽지 않고 불도 꺼지지 아니하느니라."(막 9:43-49) "무릇 내게 오는 자가 자기 부모와 처자와 형제와 자매와 더욱이 자기 목숨까지 미워하지 아니하면 능히 내 제자가 되지 못하고… 이와 같이 너희 중의 누구든지 자기의 모든 소유를 버리지 아니하면 능히 내 제자가 되지 못하리라."(눅 14:26-27,33) "너희가 육신대로 살면 반드시 죽을 것이로되 영으로써 몸의 행실을 죽이면 살리니."(롬 8:13) "내가 내 몸을 쳐 복종하게 함은 내가 남에게 전파한 후에 자신이 도리어 버림을 당할까 두려워함이로다."(고전 9:27) "그러므로 땅에 있는 지체를 죽이라 곧 음란과 부정과 사욕과 악한 정욕과 탐심이니 탐심은 우상 숭배니라."(골 3:5) "형제들아 너희는 삼가 혹 너희 중에 누가 믿지 아니하는 악한 마음을 품고 살아 계신 하나님에게서 떨어질까 조심할 것이요… 우리가 시작할 때에 확실한 것을 끝까지 견고히 잡고 있으면 그리스도와 함께 참여한 자가 되리라."(히 3:12,14)

히브리서 11:5와 11:7은 서로 보충적인 관계입니다. 5절은 믿음을 행사함으로써 우리의 생각이 땅을 떠나 위에 있는 것들에 이르게 됨을 보여 줍니다. 7절은 지상에서의 우리의 삶이 하늘의 원리들에 의해 통제되어야 함을 가르칩니다. 참된 그리스도인은 지상에서 하늘에 있는 사람처럼 살아가는 하늘에 속한 사람입니다. 다시 말하면, 그는 영적이고 신적(神的) 원리들의 통제를 받으며 삽니다. 육신적인 동기들과 세상적인 이해관계의 조정을 받지 않습니다. 그리스도인이나 불신자들이나 하는 일들이 같다 해도 목적과 목표가 전혀 다릅니다. 내가 하는 모든 일은 하나님께 순종하여 하는 일이 되어야 하며, 하나님의 계시된 뜻에 기쁨으로 반응하는 일이 되어야 합니다. 이제 우리는 특별하고 상세한 국면으로 가보기로 합니다. 그리스도인 아내는 에베소서 5:22-24을 읽어야 하고, 남편은 5:25-31을 읽어야 합니다. 그리고 아내는 남편에게 복종하고 남편은 아내를 사랑함으로써 서로 각 자 하나님을 '순종'하는 모습을 보여야 합니다. 그리스도인이 피고용자가 되어 남의 일을 할 때에 에베소서 6:5-7을 숙고해야 합니다. 그리고 그들의 상전에게 복종함으로써 주께 복종하고 있다는 것을 생각을 하십시오. 상전들을 거스르고 불평불만을 보이면 주님을 거스르고 불평하는 것이나 마찬가지입니다.

이처럼 일상적인 삶의 관계들에서 하나님의 명령에 복종하는 것은 구원에 있어서 필요합니다. 만일 이 말에 반론을 제기하고 싶은 독자가 있다면, 그 정반대의 경우를 생각해 보도록 하세요. 그런 교훈과 명령이 하나님께서 우리에게 주신 것입니다. 그 교훈을 멸시하는 것은 반역입니다. 그런 명령을 따르지 않겠다고 하는 것은 도전적인 자세입니다. 우리의 의지가 깨어지지 않고, 우리 마음을 하나님께 복종시키지 않고 있으면, 하나님께서 우리 속에 선한 일을 '시작하셨다'는 결론을 내릴 성경적 근거가 하나도 없는 셈입니다. "너희 안에서 착한 일을 시작하신 이가 그리스도 예수의 날까지 이루실 줄을 우리는 확신하노라."(빌 1:6) "그를 아노라 하고 그의 계명을 지키지 아니하는 자는 거짓말하는 자요 진리가 그 속에 있지 아니하되."(요일 2:4) 하늘과 연결된 오직 유일한 길은 하나님의 명령에 순종하여 행하는 길입니다.

자, '영혼의 구원'은 그 길의 '맨 끝에' 놓여 있다 할 수 있습니다. 이 말을 듣고 어떤 독자는 이렇게 소리칠지도 모릅니다. '나는 그 길의 맨 처음에 영혼 구원이 있다고 생각한다. 거듭나지 않은 사람은 아무도 그 길로 행할 수 없으며 행하지도 않을 것이다.' 어떤 입장에선 그것은 참으로 진리입니다. 죄인이 진정으로 회심하였다면, 그는 자신의 죄에 대한 영원한 형벌에서 구원 받았습니다. "임박할 진노로부터 구원 받은" 것입니다. 그러나 그가 그 즉시 하늘로 옮겨지는 것입니까? 아주 드문 예외를 제외하고는 그렇지 않습니다. 오히려 하나님께서는 그를 이 세상에 더 남겨 두십니다. 이 세상은 위험한 곳입니다. 왜냐하면 '세상의 길과 세상 즐거움으로 돌아오라.'는 유혹이 사방에서 일어나고 있기 때문입니다. 더 나아가 하나님의 심판이 그 세상 위에 걸려 있고, 언젠가는 그 심판이 세상을 향하여 내려와 세상을 불살라 버릴 것입니다. 그 심판에서 누가 피할까요? 노아처럼 경외함으로 순종하게 하는 믿음을 가진 자들뿐입니다. 바로 지금이야말로 7절의 상세한 국면을 보다 세밀하게 숙고할 긴박한 시기입니다.

"믿음으로 노아는 아직 보이지 않는 일에 경고하심을 받아 경외함으로 방주를 준비하여 그 집을 구원하였으니 이로 말미암아 세상을 정죄하고 믿음을 따르는 의의 상속자가 되었느니라." 이 구절 자체 속에 이 구절을 해석할 열쇠가 있습니다. 그 열쇠는 이 구절의 현관문과 같은 위치에 걸려 있습니다. 노아는 하나님의 택하신 다른 모든 백성들과 같이 믿음으로 말미암아 은혜로 구원 받았습니다. 그러나 그 믿음이 역사(役事)하지 않는 무기력한 믿음은 아니었습니다. 에베소서 2:10의 말씀이 2:9의 말씀 뒤에 나온 것을 주목하십시오. "행위에서 난 것이 아니니 이는 누구든지 자랑하지 못하게 함이라."(엡 2:9) "우리는 그가 만드신 바라 그리스도 예수 안에서 선한 일을 위하여 지으심을 받은 자니 이 일은 하나님이 전에 예비하사 우리로 그 가운데서 행하게 하려 하심이니라."(엡 2:10) "믿음"은 그의 모든 행위의 '샘'입니다. 그 믿음은 단순한 이지적(理智的)인 승인(intellectual assent) 정도가 아니었습니다. 주권적인 은혜로 말미암아 그 안에서 역사하는 초자연적인 원리가 되는 믿음이었습니다. 하나님께서는 홍수를 보내어 악한 세상을 멸하기로 작정하셨습니다. 그러나 그렇게 하시기 전에 하나님의 목적을 노아에게 알리셨습니다. 역시 우리에게도 마찬가지의 일을 하셨습니다. "하나님의 진노가 불의로 진리를 막는 사람들의 모든 경건하지 않음과 불의에 대하여 하늘로부터 나타나나니."(롬 1:18) 하나님의 경고하심은 노아의 믿음이 서 있는 터였습니다. 그는 '그러한 일은 없다.'는 식으로 억측을 부리지도 않았고 따져 묻지도 않았습니다. 오히려 그는 하나님을 믿었습니다. 하나님의 약속뿐 아니라 '위협적인 경고'도 믿음의 대상입니다. 하나님의 긍휼뿐 아니라 하나님의 공의(公義)도 주목해야 합니다. 인간의 이성(理性)은 하나님께서 노아에게 알리신 것과 전혀 상반되었습니다. 그 때까지 전혀 비가 없었습니다(창 2:6). 그런데 어떻게 흘러넘치는 홍수를 기대하겠습니까? 하나님께서 전인류(全人類)를 멸한다는 것은 전혀 있을 법하지 않았습니다. 하나님의 보응하시는 공의로 말미암아 하나님의 긍휼이 그처럼 철저하게 삼켜진다는 것이 도저히 있을 법하지 않습니다. 그 위협적인 심판은 아주 멀리 떨어져 있었습니다(창 6:3에서 보면 백 이십 년). 그 기간 동안 세상은 얼마든지 회개하고 달라질 수도 있었습니다. 노아가 사람들에게 설교했을 때(벧후 2:5), 그 메시지를 믿는 사람은 하나도 없었습니다. 다른 모든 사람은 안일하게 있을 때, 어째서 노아는 그처럼 두려워하였습니까? 그처럼 거대한 방주를 짓는 일이 참으로 거창한 작업이었습니다. 그의 모든 이웃들에게 조롱을 받을 일이었습니다. 홍수가 온다 할지라도 그처럼 거대하고 무거운 방주가 뜰 수 있을까? 방주를 멈추어 서 있게 할 닻도 없었고, 그 배를 앞으로 나아가게 하는 돛대도 없었고, 노를 젓는 삿대도 없었고, 배의 방향을 잡을 조타기(操舵機)도 없었습니다. 정말

이지 그 일은 전혀 있을 법하지 않았습니다. 노아는 전혀 배에 대해서는 경험이 없는 사람이었습니다. 더 나아가 그와 그 가족이 무한정한 기간 동안 꽉 막힌 방주 안에서 거한다는 것이 혈과 육의 차원에서 생각하면 즐거운 전망이 아니었습니다. 그러나 믿음은 이러한 모든 육신적인 대적을 물리칠 강력한 힘을 부여했습니다. 노아는 그렇게 하나님을 믿었던 것입니다.

"믿음으로 노아는 아직 보이지 않는 일에 경고하심을 받아 경외함으로." "경외함으로" – 이 점은 그의 믿음의 실상과 능력을 확증하는 표현입니다. 왜냐하면 '구원 얻을 만한 믿음(saving faith)'은 '사랑으로 역사할' 뿐 아니라 (갈 5:6), '두렵고 떨림으로도' 역사하기 때문입니다. "그러므로 나의 사랑하는 자들아 너희가 나 있을 때뿐 아니라 더욱 지금 나 없을 때에도 항상 복종하여 '두렵고 떨림으로' 너희 구원을 이루라."(빌 2:12) 하나님을 경외하는 심정으로 두려워하는 것은 구원 얻을 만한 믿음의 확실한 열매입니다. "경외함"(fear)은 노아 속에 '건전한 열심'을 일으켰고 방주를 짓는데 강력한 '동기(動機)'를 제공했습니다. 이에 대하여 존 오웬(John Owen)은 다음과 같이 주해하였습니다.

"노아가 하나님의 말씀을 믿은 것이 이러한 효과를 가져왔다. 하나님의 경고의 말씀을 경외함으로 믿는 믿음이었다. 물론 그 두려움은 위협받는 악인이 무서워 어쩔 줄 모르는 것과 같은 두려움은 아니었다. 그는 자기에게 주어진 하나님의 경고를 통해서 하나님의 위대하심과 거룩하심과 능력을 생각했다. 아울러 하나님의 성품과 거룩한 속성들에 부합한 공의에 대해서도 생각했다. 그것으로 하나님께서는 세상을 위협하셨다. 노아는 하나님의 이런 나타나심을 믿음으로 받고 하나님을 향한 경외심 어린 두려움으로 충만하였다. 하박국 3:16의 말씀을 들으라. '내가 들었으므로 내 창자가 흔들렸고 그 목소리로 말미암아 내 입술이 떨렸도다 무리가 우리를 치러 올라오는 환난 날을 내가 기다리므로 썩이는 것이 내 뼈에 들어왔으며 내 몸은 내 처소에서 떨리는도다.' 말라기 2:5의 말씀도 참조하라. '레위와 세운 나의 언약은 생명과 평강의 언약이라 내가 이것을 그에게 준 것은 그로 경외하게 하려 함이라 그가 나를 경외하고 내 이름을 두려워하였으며.' 시 119:120의 말씀도 보라. '내 육체가 주를 두려워함으로 떨며 내가 또 주의 심판을 두려워하나이다.'"

"방주를 준비하여 그 집을 구원하였으니." 매튜 헨리(Matthew Henry)가 말한 바와 같습니다. "믿음은 먼저 우리의 생각에 영향을 주고, 그 다음에 우리의 행동에 영향을 준다." "행함이 없는 믿음은 그 자체가 죽은 것이라."(약 2:17) 특히 순종의 행함이 없는 믿음은 그러합니다. "노아가 그와 같이 하되 하나님이 자기에게 명하신 대로 다 준행하였더라."(창 6:22) 특권과 의무는 불가분의 관계를 가지고 있습니다. 믿음이 없는 곳에서는 의무를 행하는 것도 없습니다. 믿음이 노아 안에서 역사하여 그로 하여금 많은 난관과 낙담 속에서도 꾸준히 그 수고를 하게 하였습니다. 그래서 그가 방주를 짓는 일은 믿음과 인내의 역사였고, 경건한 두려움의 수고였고, 순종의 행동이었고, 그가 보호받는 방편이었습니다. - 왜냐하면 하나님께서는 그에게 주신 약속에서(창 6:18) 방편들을 부지런히 사용하는 것을 배제하지 않으셨기 때문입니다. 믿음의 순종으로 말미암아 방주를 예비하였듯이, "그의 집이 구원받은 것"도 믿음의 순종을 통해서 왔습니다. 하나님께서는 언제나 자기를 존중히 여기는 자들을 존중히 여기십니다. 노아가 이 홍수에서 구원받은 일은 우리가 나아가고 있는 영원한 구원을 예표하는 것이었습니다. 반면에 홍수를 반대하던 사람들의 멸망도 '영원함'을 반증적으로 나타내는 표증이었습니다.

왜냐하면 그들의 영이 '아직도 옥'에 있기 때문입니다(벧전 3:19)! 우리 자신의 구원과 우리에게 맡겨진 자들의 구원을 추구하는 것은 마땅한 우리의 책임임을 기억합시다. "또 여러 말로 확증하며 권하여 이르되 너희가 이 패역한 세대에서 구원을 받으라 하니."(행 2:40) "주께서 내 곁에 서서 나에게 힘을 주심은 나로 말미암아 선포된 말씀이 온전히 전파되어 모든 이방인이 듣게 하려 하심이니 내가 사자의 입에서 건짐을 받았느니라."(딤후 4:17)

"이로 말미암아 세상을 정죄하고 믿음을 따르는 의의 상속자가 되었느니라." 여기서 사도는 앞선 모든 것을 염두에 두며 말하고 있습니다. 노아가 보인 모범, 하나님의 경고를 믿는 믿음, 하나님의 거룩과 공의를 경외함, 진심으로 요동하지 않고 방주를 예비하는 것, - 이 모든 것을 통해서 자기 주위의 모든 불신자들의 무관심과 경건치 않음을 "정죄"하였습니다. 어떤 사람이 다른 사람을 '정죄한다.'고 할 때 이러한 경우입니다. 그 사람이 경건한 행동을 통해서 다른 사람이 해야 할 일이 무엇임을 보여 주는 데도 그것을 하지 않으면 그 다른 사람의 죄는 더 커지는 것입니다(마 12:41,42 참조). 주일을 지키는 자가 주일을 지키지 않는 자를 '정죄'합니다. 세속적인 교회를 버리고 영문 밖에 있는 그리스도께 나가는 자는 세상과 타협하는 자들을 '정죄'합니다. 노아의 부지런하고 값비싼 수고는 거짓된 안일에 빠져서 냉담한 사람들의 죄를 더 크게 만들었습니다. 우리가 악인들을 회심시킬 수는 없다 할지라도, 그들로 '핑계 대지' 못하게 하는 인격적 경건의 본을 그들 앞에 보여 주기를 힘써야 할 것입니다.

"믿음을 따르는 의의 상속자가 되었느니라." 여기서 언급된 "의(義)"는 하나님께서 자기 아들을 믿되 '구원 얻을 만한 믿음으로' 믿는 모든 사람들에게 전가시켜 주시는 그리스도의 완전한 순종을 가리킵니다(렘 23:6 ; 롬 5:19 ;

고후 5:21). 이 '의'는 때로 절대적으로 "하나님의 의"로 칭해지기도 합니다(롬 1:17). 때로는 "한 사람 예수 그리스도로 말미암은 의의 선물"로 표현되기도 합니다(롬 5:17). 어떤 때는 "믿음으로 하나님께로부터 난 의"로 불리기도 합니다(빌 3:9). 이 모든 경우는 '믿음으로 말미암아 그리스도의 의가 값없이 믿는 우리의 것으로 여겨지고 인정되어 은혜로 말미암아 의롭다 하심을 얻는 것'을 뜻합니다.

노아가 이 "의(義)의 상속자가 되었다."고 말할 때는 이중적인 의미를 가질 수 있습니다. 첫째, 믿음의 순종으로 말미암아 그는 자신이 '의롭다 하심을 받은 사람임'을 확증한 것입니다(창 6:9). 마치 아브라함이 이삭을 드렸을 때와 같이 말입니다(약 2:21). 둘째, 그 '의'에 대한 '그의 마땅한 권리'를 확증했습니다. 여기서 그 권리를 '상속자(후사)'란 말로 지칭하고 있습니다. 이 점은 자기의 '기업(유업, inheritance)'을 멸시했던 에서와 대조를 이룹니다. 그리스도께서 자기 백성들을 위해서 피로 사신 '의'를 여기서 "유업"이라 칭하는 것은 그것의 존영과 탁월성을 강조하기 위함입니다. 또한 그것이 값없이 주어짐을 크게 확대시켜 강조하기 위함입니다. 그리고 그것의 확실성과 요지부동함을 선언하기 위함입니다.

우리가 그 '유업'을 실제로 받는 것은 미래에 속한 일입니다. "우리로 그의 은혜를 힘입어 의롭다 하심을 얻어 영생의 소망을 따라 상속자가 되게 하려 하심이라."(딛 3:7) 우리 각자가 정립해야 하는 중대한 문제는, "내가 정말 그 유업의 상속자인가"하는 것입니다. 우리가 그 질문에 마땅한 답변을 찾으려면 이렇게 자신에게 물어야 합니다. 나는 어떤 자의 '영'을 가지고 있는가? 내 주요한 관심이 중생함으로 말미암아 믿음으로 얻은 '생득적인 권리(birthright)'에 있음을 확신하는가? 나는 다른 무엇보다도 하나님의 요구들과 그 의(義)를 위에다 놓는가?(마 6:33) 내가 그리스도 안에 있는 내 분깃의 복락을 생각하되, 다른 어떤 것도 그것을 팔도록 유혹하지 못할 정도로 생각하고 있는가?(히 12:16) 나의 마음이 그 유업에 사로잡혀 내 속에서 '양자(養子) 될 것,' 곧 '몸의 구속(救贖)'을 기다리고 있는가?(롬 8:23) 내가 하나님을 두려워하여 믿음으로 행하고, 열심히 그 계명에 주의함으로써 세상을 정죄하고 있는가? 그렇다면 나는 삼중적인 의미에서 복된 자입니다. 나는 곧 구원을 받아 '더 이상 죄를 짓지 않게' 될 것입니다. 아멘.

60강

아브라함을
부르심

11:8 믿음으로 아브라함은 부르심을 받았을 때에 순종하여 장래의 유업으로 받을 땅에 나아
갈새 갈 바를 알지 못하고 나아갔으며

청교도 토마스 맨튼(Thomas Manton)이 1660년에 저술한 그의 히브리서 주해에서 이 부분을 다음과 같이 시작하였습니다.

"사도는 이 히브리서 11장에서 믿음의 교리가 고대로부터 내려온 교리임을 중언한다. 그리고 믿음은 언제나 눈에 보이지 않는 것에 관하여 행사되어 왔으며, 감각이나 이성의 판단에 쉽게 흔들리지 않음을 사도는 증거하려 한다. 그는 홍수 이전의 조상들의 경우를 통해서 그 두 요점을 다 증거하였다. 이제는 홍수 이후에 탁월한 믿음을 가졌던 사람들의 실례를 보여줌으로써 그 두 요점을 증거하려 한다. 먼저 그는 아브라함을 제시한다. - 그것은 아주 적확한 논리이다. 그는 믿는 자들의 아버지였고, 히브리 사람들이 자랑했던 인물이었다. 그의 삶은 믿음으로 계속 실천하는 삶이었다. 그러므로 사도는 다른 어느 장보다 아브라함을 더 상세하게 다루고 있다. 성경에서 아브라함을 추천하는 첫 번째 요점은 그가 하나님께 순종하였다는 것이다. 하나님께서 그를 살던 곳에서 나오라고 부르셨을 때, 그는 하나님의 부르심에 순종하였다. 이제 사도는 이 순종이야말로 믿음의 한 효과였음을 보여준다."

히브리서 11장의 두 번째 단락은 지금 우리가 다루려는 8절로부터 시작됩니다. 앞의 여러 강론들을 통해서 지적한 바와 같이, 4-7절은 믿음의 삶에 대한 하나의 개요를 말한 것입니다. 우리는 4절에서 믿음의 삶의 '시작점'이 어디인지를 알았습니다. 양심이 각성 받아 우리 타락한 조건을 의식하게 되고, 우리 영혼이 하나님께 철저하게 굴복하고, 마음이 우리의 보증이신 그리스도께서 하나님의 요구하시는 공의에 완전한 만족을 드리신 것을 의존하게 되는 바로 그 시점이 믿음의 삶의 시작점입니다. 5절에서는 믿음의 삶의 "성격"을 알았습니다. 곧 믿음의 삶은 하나님을 기쁘시게 하는 것이고, 하나님과 동행하는 것이며, 마음이 죽음에 속한 이 세상보다 더 높이 고양되는 것입니다. 6절과 7절에서는 믿음의 삶의 "목적"을 알았습니다. 곧 믿음의 삶의 목적은 하나님을 열심히 추구하는 것이고, 하나님을 경외함으로 그 마음이 하나님께서 지정해 주시고 미리 지시해 주신 방편들을 사용하게 됨으로써 영혼을 구원함에 이르게 하는 것입니다. 그럼으로써 그 영혼이 믿음으로 말미암은 "의(義)의 상속자(후사)"가 되도록 확증하여 주는 것입니다. 이 처음 몇 구절들의 내용은 정말 놀랄 정도로 포괄적입니다. 그리고 그 구절들을 거듭해서 숙고하며 기도하는 성경 탐구자들만이 그 내용의 복락을 얻게 될 것입니다.

8절에서 시작하여 마지막 절까지 성령께서는 믿음 생활에 관한 더 상세한 국면들을 보여 주십니다. 여러 다른 시각에서 살펴보며 그 믿음 생활의 다양한 국면들을 숙고하게 하십니다. 그 믿음의 삶이 만나게 되는 여러 가지 시련들을 보여주시며, 하나님의 은혜를 힘입어 그 믿음의 삶이 얻게 되는 복된 승리들을 드러내 보여주십니다. 이 새로운 대목이 아브라함의 경우로부터 시작됨은 매우 합당한 일입니다. 아브라함 때 인간 역사에 있어서 새롭고 중요한 시기가 시작되었습니다. 그 전까지 하나님께서는 전체 인류에 대하여 보편적인 관계를 유지하셨습니다. 그러나 바벨탑 사건으로 말미암아 그 관계는 깨어졌습니다. 전 인류가 하나로 자기들의 조물주를 향하여 더 이상 나갈 수 없을 정도의 배역을 감행했던 곳이 바로 그 바벨탑에서였습니다. 그 결과 하나님께서는 그들을 버리셨습니다. '이교도국(Heathendom)'의 기원을 바로 그 시점에서 찾아야 합니다. 로마서 1:18-30은 그 관계 속에서 이해되어야 합니다. 이 시점 이후에 사람에 대한 하나님의 만남은 사실상 아브라함과 그 후손들에게만 국한되었습니다.

히브리서 11장의 새로운 단락이 8절에서 시작된다는 것은 아브라함이 "믿는 모든 자들의 조상"으로 칭해진다는 사실에서 명백해집니다(롬 4:11). 말하자면 그 칭호는 그가 은혜로 택하심을 입은 모든 이들의 지상적(地上的)인 머리임을 의미합니다. 뿐만 아니라 그의 영적인 후손들이 본받아야 할 본임도 의미합니다. 아브라함과 참된 그리스도인 사이에는 가족적인 유사성이 있습니다. 왜냐하면 우리가 그리스도의 사람들이라면 "아브라함의 후손들이요 약속대로 유업을 이을 자들이기" 때문입니다(갈 3:29). 또한 "믿음으로 말미암은 자들은 아브라함의 아들들"이기 때문입니다(갈 3:7). 그 사실은 "아브라함의 행사"를 그들이 하는 일을 통하여 확증합니다(요 8:39). 또한 그 사람들은 아브라함에 속한 자들이라는 표증을 가지고 있기 때문입니다. 같은 방식으로 그리스도께서는 바리새인들에 대하여 "너희는 너희 아비 마귀에게서 났으니 너희 아비의 욕심(소원과 탐심)을 너희도 행하고자 하느니라(행하고자 작정하였음이라)."(요 8:44) 선언하셨습니다. 악인들은 그 악한 자의 가정에 속한 유사성을 가지고 있습니다. "아브라함이 아비 됨"은 이중적인 차원에서 그러합니다. 그가 육신적인 측면에서는 혈통적 후손의 선조라는 의미이고, 영적인 면에서는 그 영적 자손들이 도덕적으로 따라야 할 본이라는 면에서 그러합니다.

히브리서 11:8

"믿음으로 아브라함은 부르심을 받았을 때에 순종하여
장래의 유업으로 받을 땅에 나아갈새 갈 바를 알지 못하고 나아갔으며."

이 구절을 연구해 나감에 있어서 가장 먼저 관심을 기울여야 하는 것은, 이 구절이 '오늘날 우리에게' 어떤 의미를 가지며 어떤 메시지를 주느냐를 확인해 보는 일입니다. 그러기 위해서 먼저 여기에 기록된 그 큰 사건을 통하여 예표한 것이 무엇인지를 아는 일부터 시작해야 합니다. 잠깐 동안만 묵상하더라도 이 구절에서 가리키는 중심적인 요점이 아브라함이 받은 '하나님의 부르심'임을 분명하게 알게 됩니다. 이 점은 창세기 12:1을 참고하면 확증됩니다. 거기에 보면 사도로 말미암아 성령이 여기서 암시하는 일에 대한 역사적인 기록을 발견합니다. 사도행전 7:2,3을 보면 그에 대한 더 뚜렷한 증거를 얻게 됩니다. 그러니 그 점을 우리의 출발점으로 삼아야 합니다.

"우리가 알거니와 하나님을 사랑하는 자 곧 그 뜻대로 '부르심을 입은 자들'에게는 모든 것이 합력하여 선을 이루느니라."(롬 8:28) 성경에 언급된 하나님의 "부르심"은 두 종류로 구별됩니다. 보편적인 부르심과 특별한 부르심, 외적(外的)인 부르심과 내적(內的)인 부르심, 효력 없는 부르심과 효력 있는 부르심 등입니다. 보편적이고, 외적이고, 효력 없는 부르심은 복음을 듣는 모든 사람들에게 다 주어집니다. 또는 말씀이 전파되는 소리를 듣는 모든 사람들은 바로 그러한 부르심을 받습니다. 바로 이 부르심은 모든 사람에게 거부당하는 부르심입니다. 다음과 같은 구절들에서 말하는 것이 바로 그것입니다. "사람들아 내가 너희를 부르며 내가 인자들에게 소리를 높이노라"(잠 8:4). "청함을 입은 자는 많되 택함을 입은 자는 적으니라."(마 22:14). "잔치할 시간에 그 청하였던 자들에게 종을 보내어 가로되 오소서 모든 것이 준비되었나이다 하매 다 일치되게 사양하여."(눅 14:17,18) "내가 부를지라도 너희가 듣기 싫어하였고 내가 손을 펼지라도 돌아보는 자가 없었고."(잠 1:24)

특별하고 내면적이고 효력있는 하나님의 부르심은 하나님의 택한 백성들에게만 임합니다. 그 부르심의 은총을 입은 모든 사람들은 다 각각 그 부르심에 반응합니다. 다음 구절들이 바로 그 점을 가리키고 있습니다. "진실로 진실로 너희에게 이르노니 죽은 자들이 하나님의 아들의 음성을 들을 때가 오나니 곧 이때라 듣는 자는 살아나리라."(요 5:25) "양은 그의 음성을 들나니 그가 자기 양의 이름을 각각 불러 인도하여 내느니라 자기 양을 다 내어 놓은 후에 앞서 가면 양들이 그의 음성을 아는 고로 따라오되… 또 이 우리에 들지 아니한 다른 양들이 내게 있어 내가 인도하여야 할 터이니 그들도 내 음성을 듣고 한 무리가 되어 한 목자에게 있으리라."(요 10:3,4,16)

"부르신 그들을 또한 의롭다 하시고."(롬 8:30) "형제들아 너희를 부르심을 보라 육체를 따라 지혜 있는 자가 많지 아니하며 능한 자가 많지 아니하며 문벌 좋은 자가 많지 아니하도다 그러나 하나님께서 세상의 미련한 것들을 택하사 지혜 있는 자들을 부끄럽게 하려 하시고."(고전 1:26,27) 이 부르심은 마태(눅 5:27,28), 삭개오(눅 19:5,6), 다소 사람 사울(행 9:4,5)의 경우를 통해서 예증되고 실증되었습니다.

이 부르심은 개별적이고 내면적이고 항거할 수 없는 하나님의 부르심으로서 허물과 죄로 죽은 자들을 살리며, 그들에게 영적 생명을 분여(分與)하는 전능성을 수반합니다. 이 신적 부르심이 중생(重生) 또는 신생(新生)입니다. 그 부르심을 받아 은총을 입은 사람은 바로 그 때 "흑암에서 그의 기이한 빛으로" 옮겨집니다(벧전 2:9). 히브리서 11:8에서 바로 이 문제를 다루고 있습니다. 그 점은 히브리서 11장의 새로운 단락이 바로 이 구절로부터 시작됨을 다시 증거해 줍니다. 성령께서 믿음 생활을 상세하게 묘사하실 때 맨 먼저 아브라함이 받은 이 부르심을 거론하신 것은 아주 필요한 일이었습니다. 왜냐하면 하나님께서 영원히 살리시기까지 어느 누구도 결코 믿음을 가질 수 없기 때문입니다. 먼저 하나님께서 아브라함을 부르시기 전에 그가 어떤 상태에 있었는지를 생각해 봅시다. 성령께서는 옛 이스라엘 사람들에게 아브라함이 중생하지 못했을 때 어떤 사람이었는지 생각해 보라고 강권하십니다. "너희를 떠낸 반석과 너희를 파낸 우묵한 구덩이를 생각하여 보라 너희 조상 아브라함과 너희를 생산한 사라를 생각하여 보라."(사 51:1,2) 여호수아 24:2로 돌아가 보면 도움을 얻을 것입니다. "여호수아가 모든 백성에게 이르되 이스라엘의 하나님 여호와께서 이같이 말씀하시기를 옛적에 너희의 조상들 곧 아브라함의 아버지, 나홀의 아버지 데라가 강 저쪽에 거주하여 다른 신들을 섬겼으나." 아브라함은 그때 이교도 가정에 속해 있었고, 70세가 되기까지 큰 도시에서 살았습니다. 그는 틀림없이 자기 동료들의 방식과 똑같은 삶을 영위했을 것입니다. 돼지가 먹는 '쥐엄 열매'로 배를 채우는 사람이었을 것이며, 내세에 대해 진지한 생각을 거의, 아니 하나도 생각지 않았을 것입니다. 하나님의 선택 받은 모든 각 사람도 하나님의 부르심이 임하기 전에는 자기 뜻에 미쳐서 멸망할 길을 부지런히 가는 상태입니다.

"우리 조상 아브라함이 하란에 있기 전 메소보다미아에 있을 때에 영광의 하나님이 그에게 보여 이르시되 네 고향과 친척을 떠나 내가 네게 보일 땅으로 가라 하시니."(행 7:2,3) 얼마나 놀라운 은혜입니까! 영광의 하나님께서 자신을 나타내시기 위하여 자신을 낮추시어 죄 가운데 빠져 우상을 섬기느라 하나님의 영예에는 전혀 관심을 가지지 않던 사람에게 가까이 오셨습니다. 아브라함 속에는 하나님께서 그를 주목할 만한 조금의 가치도 없었습니다. 하나님의 존귀를 받을 만한 공덕은 더 더욱 없었습니다. 그러나 하나님의 '은혜'가 표적적으로 나타났습니다. 하나님의 은혜의 '주권'이 그 많은 동류들 중에서 그만을 뽑아내신 데서 그 점이 드러났습니다. 이사야 51:2에서 말씀하신 바와 같습니다. "아브라함이 혼자 있을 때에 내가 부르고 그에게 복을 주어 창성하게 하였느니라."

그에 대하여 윌리엄 퍼킨스(William Perkins, 1595년)의 주해를 참조합시다.

"하나님께서 어째서 그의 아버지와 친족은 부르지 않으셨는지 그 이유는 오직 하나밖에 없다. 하나님께서 하고자 하시는 자를 긍휼히 여기신다는 사실이 그것이다(롬 9:18). 그는 이삭은 부르시고 이스마엘은 버려두셨다. 야곱은 사랑하고 에서는 미워하셨다. 아벨은 받으시고 가인은 버려두셨다. 오직 하나님께서 그렇게 하고자 하셨기 때문이다. 우리는 그 이외에는 어떠한 것도 알지 못한다."

"우리 조상 아브라함이 하란에 있기 전 메소보다미아에 있을 때에 영광의 하나님이 그에게 보여 이르시되."(행 7:2) 이 말씀 속에 내포된 의미를 우리는 다 알지 못합니다. 하나님께서 그에게 '어떻게 나타나셨는지 그 방식'에 대하여는 말할 수 없습니다. 그러나 우리는 두 가지 요점에 대하여는 확신할 수 있습니다. 첫째로, 하나님이 아브라함의 삶에 있어서 '실제 살아 계시는 분'이 되신 것입니다. 더 나아가, 그는 하나님이야말로 참으로 영광스러운 존재임을 깨달았습니다. 머지않아 하나님의 선택한 백성들 각자는 바로 그 체험을 개인적으로 하게 됩니다. 택한 백성들이 이 세상의 정신 속에서 살아가며 자기를 추구하며 자기를 기쁘게 하던 어느 날, 모호한 개념밖에는 없어 생각 속에서 지워버리려고 했던 바로 그 하나님께서 그들의 마음에 나타나시게 됩니다. - 그 때 그들의 마음은 두려워 떨며 깨어나고 무엇인가에 끌리게 됩니다. 그래서 그들이, "내가 주께 대하여 귀로 듣기만 하였사오나 이제는 눈으로 주를 뵈옵나이다."(욥 42:5)라고 말하지 않을 수 없게 됩니다.

사랑하는 독자여, 여기서 우리가 바라는 목적은 그저 한 강론을 하는데 있는 것이 아닙니다. 오히려 이 강론이 사용되어 하나님으로부터 오는 분명한 메시지가 독자들의 내밀한 심령 속에 곧바로 전달되는 데 이 강론의 목적이 있습니다. 이런 질문을 여러분에게 던져볼 수밖에 없습니다. 위의 문단에서 말한 것에 대하여 무언가 알고 있습니까? 당신들의 영혼 속에서 하나님이 살아 있는 실체가 되셨습니까? 실제로 하나님께서 여러분에게 가까이 오시어 외경심을 불러 일으킬만한 위엄으로 자신을 드러내셨습니까? 그리고 그분이 당신들의 영혼을 직접적이고 개인적으로 만나셨습니까? 아니면 '다른 사람들이' 하나님에 대해서 쓰거나 말하는 것을 통해서 밖에는 하나님을 알지 못합니까? 이 점은 사활을 좌우하는 참으로 중대한 문제입니다. 왜냐하면 하나님께서 이 세상에 있는 여러분을 은혜의 길 안에서 개인적으로 만나지 않으시면, 공의와 심판의 방식으로 내세에서 여러분을 다루실 것이기 때문입니다. 그러니 "너희는 여호와를 만날 만한 때에 찾으라 가까이 계실 때에 그를 부르라."(사 55:6) 하신 것입니다.

중생(重生)의 한 중요한 국면을 소개합니다. 곧 하나님께서는 각 사람의 영혼에게 당신 자신을 개별적으로 은혜로 계시하신다는 점입니다. 그 결과 "어두운 데서 빛이 비취리라 하시던 그 하나님께서 예수 그리스도의 얼굴에 있는 하나님의 영광을 아는 빛을 우리 마음에 비춰십니다."(고후 4:6) 이 은혜의 이적의 역사를 받은 은총 입은 사람은, 본성적으로 자기가 처해 있는 그 무서운 상태에서 빠져나오게 됩니다. "육에 속한 사람은 하나님의 성령의 일들을 받지 아니하나니 이는 그것들이 그에게는 어리석게 보임이요, 또 그는 그것들을 알 수도 없나니 그러한 일은 영적으로 분별되기 때문이라."(고전 2:14) 모든 중생치 않은 사람이 처해있는 상태가 그처럼 무섭기 때문에 그 상태를 이렇게 묘사하고 있습니다. "저희 총명이 어두워지고 저희 가운데 있는 무지함과 저희 마음이 굳어짐으로 말미암아 하나님의 생명에서 떠나 있도다."(엡 4:18) 그러나 영혼이 거듭나게 될 때에, 아담의 타락으로 말미암아 모든 후손들이 빠져들어간 죄와 부패의 무서운 흑암에서 건짐받고 하나님의 기이하고 영광스러운 빛으로 들어갑니다.

이제 우리는 아브라함이 하나님으로부터 받았던 부르심에 수반되었던 것이 무엇인지, 또는 그 부르심의 '차원'이 어떠한지 숙고하기로 합시다. 창세기 12:1에 그 부르심을 이렇게 기술하고 있습니다. "여호와께서 아브람에게 이르시되 너는 너의 고향과 친척과 아버지의 집을 떠나 내가 네게 보여 줄 땅으로 가라." 이는 얼마나 훌륭한 믿음의 시금석입니까! 그것은 혈과 육에 대하여 얼마나 큰 시련이었을까요! 아브라함은 이미 거의 팔십 고령이 되어가고 있었습니다. 그 말씀을 따라 가려면, 긴 여행을 해야 하고 옛 관계들을 청산해야 합니다. 그런 일이 나이 많은 이들에게는 별로 호감이 가지 않습니다. 그가 태어난 고향을 떠나 집과 재산을 버리고, 가족관계를 끊고 사랑하는 자를 뒤에 두고 떠난다는 것, 그리고 장래의 불확실한 것을 위하여 (인간적인 지혜로서는 그렇게 보였다) 현재의 확실한 것을 포기하는 것, 어디로 갈지 알지 못하는 것, - 그 모든 것들은 육신적인 감상으로는 틀림없이 어렵고 무모해 보였을 것입니다. 그런데 하나님께서는 어째서 그런 요구를 하셔야 했을까요? 아브라함을 증험하고 그의 본성적인 부패의 성향에 치명타를 가하시기 위해서였고, 하나님의 은혜의 능력을 과시하기 위해서였습니다. 그럼에도 우리는 보다 더 깊은 것을 보아야 합니다. 우리에게 직접적으로 적용되는 것을 살펴보아야 한다는 말입니다.

위에서 지적하였듯이 하나님께서 아브라함에게 나타나시고 아브라함을 부르신 일은, 중생할 때 영혼 속에서 일어나는 은혜의 이적을 말해 줍니다. 이제 그 중생의 증거가 '참된 회심' 속에서 드러납니다. 내면적이고 외면적인 옛 삶을 완전히 청산하는 것이야말로 그가 거듭났다는 증거입니다. 영혼이 하나님의 인격적인 나타나심을 맛보거나 은혜를 입게 될 때, 거기 생명의 움직임과 반응이 나오기 마련입니다. 새롭게 된 마음의 소유자에게는 이 점이 너무나 분명한 사실로 보일 것입니다. 거듭난 사람이 자기의 옛 생활을 계속하는 것은 결코 불가능합니다. 새로운 관계가 형성되었고, 새로운 소욕이 그의 마음을 채우게 되었으며, 새로운 책임의식이 그에게 주어졌습니다. 자기가 하나님과 관계를 맺고 있음을 진정으로 인식하는 순간 근본적인 변화가 일어남에 틀림없습니다. "그런즉 누구든지 그리스도 안에 있으면 새로운 피조물이라 이전 것은 지나갔으니 보라 새 것이 되었도다."(고후 5:17)

아브라함이 하나님께 받은 부르심은 그에게 두 가지의 반응을 요구했습니다. 그는 자기가 태어난 고향을 떠나야 했습니다. 그리고 자기 자신의 친척을 버려야 했습니다. 이러한 것들이 가진 '영적' 의미는 무엇입니까? 아브라함은 하나의 '본보기'였음을 기억하십시오. 왜냐하면 그는 모든 그리스도인들의 '아버지'이기 때문입니다. 자녀들은 함께 그 아브라함을 따라 가족의 유사성을 가져야 합니다. 아브라함은 "함께 하늘의 부르심을 받은 거룩한 형제들"(히 3:1)의 표본입니다. 하나님께서 아브라함을 부르실 때 요청하셨던 것은 우리에게 요구되는 이중적인 영적 의미로 적용됩니다. 곧, 교리적이고 실천적인 의미로 다가오며, 다르게는 법적이고 체험적인 의미를 가지고 있습니다.

우리는 간단히 그것들을 따로 떼어 생각해 보기로 합니다.

"너의 고향을 떠나라."는 것은 그리스도인에게 있어서 다음과 같은 의미를 가집니다. 곧 그리스도인은 그리스도의 구속의 은혜와 성령님의 이적적인 적용을 통해서 그의 '옛 입장'에서 건짐 받은 자라는 것입니다. 그리스도인은 본질상 '세상'의 일원이었으며, 그 세상 전체는 "악한 자 안에" 있습니다(요일 5:19). 그래서 그는 본질적으로 멸망을 향하여 나아가고 있었습니다. 그러나 하나님의 선택한 백성들은 이로부터 구원받았습니다. "그리스도께서 하나님 곧 우리 아버지의 뜻을 따라 이 악한 세대에서 우리를 건지시려고 우리 죄를 대속하기 위하여 자기 몸을 주셨으니."(갈 1:4) 그러므로 그리스도께서는 자기 백성들에게 이렇게 말씀하셨습니다. "너희가 세상에 속하였으면 세상이 자기의 것을 사랑할 것이나 너희는 세상에 속한 자가 아니요 도리어 내가 너희를 세상에서 택하였기 때문에 세상이 너희를 미워하느니라."(요 15:19)

"너의 고향을 떠나라."는 말씀은 그리스도인이 '옛 조건,' 곧 '육체'로부터 구원받음으로써 성취됩니다. "우리가 알거니와 우리 옛 사람이 예수와 함께 십자가에 못 박힌 것은 죄의 몸이 죽어 다시는 우리가 죄에게 종노릇하게 아니하려 함이니."(롬 6:6) 그는 이제 새 가족의 일원이 되었습니다. "보라 아버지께서 어떠한 사랑을 우리에게 베푸사 하나님의 자녀라 일컬음을 받게 하셨는가, 우리가 그러하도다 그러므로 세상이 우리를 알지 못함은 그를 알지 못함이라."(요일 3:1) 그는 이제 새로운 '친척들'과 연합하게 되었습니다. 왜냐하면 모든 거듭난 영혼들이 그리스도 안에 있는 형제와 자매들이기 때문입니다. "육신에 있는 자들은 하나님을 기쁘시게 할 수 없느니라 만일 너희 속에 하나님의 영이 거하시면 너희가 육신에 있지 아니하고 영에 있나니 누구든지 그리스도의 영이 없으면 그리스도의 사람이 아니라."(롬 8:8,9) 그래서 하나님의 부르심은 구별하시는 부르심입니다. 우리의 옛 위치와 상태로부터 새로운 위치와 상태로 구별하시는 부르심입니다.

방금 앞에서 지적한 것은 하나님의 측면에서 이미 성취된 사실을 살펴본 셈입니다. 하나님의 법의 입장에서 그리스도인은 더 이상 '세상'에 속해 있지도 않고, '육체' 가운데 있지도 않습니다. 그러나 이 점이 사람의 측면에서 실천으로 옮겨져야 합니다. 그리고 우리의 실천적인 체험에서 그것이 활용되어야 합니다. 우리의 "시민권은 하늘에 있기 때문에"(빌 3:20) 여기서는 "나그네와 행인처럼" 살아야 합니다. 하나님께서는 우리에게 세상과 구별되는 삶을 살라고 요구하십니다. 왜냐하면 "세상과 벗된 것이 하나님과 원수가 되기" 때문입니다(약 4:4). 그러므로 하나님께서는 이렇게 말씀하십니다. "너희는 믿지 않는 자와 멍에를 같이 하지 말라 의와 불법이 어찌 함께 하며 빛과 어두움이 어찌 사귀며… 그러므로 주께서 말씀하시기를 너희는 저희 중에서 나와서 따로 있고 부정한 것을 만지지 말라."(고후 6:14,17) 그와 같이 아직도 우리 속에 있는 '육체'에 고삐를 내주지 말아야 합니다. "그러므로 형제들아 내가 하나님의 모든 자비하심으로 너희를 권하노니 너희 몸을 하나님이 기뻐하시는 거룩한 산제사로 드리라 이는 너희의 드릴 영적 예배니라."(롬 12:1) "오직 주 예수 그리스도로 옷 입고 정욕을 위하여 육신의 일을 도모하지 말라."(롬 13:14) "그러므로 땅에 있는 지체를 죽이라."(골 3:5)

그리스도께서 자기 백성들에게 요구하시는 것들은 최고로 절대적인 것입니다. 그리스도께서 이렇게 상기시켜 주십니다. "너희 몸은 너희가 하나님께로부터 받은바 너희 가운데 계신 성령의 전인 줄을 알지 못하느냐 너희는 너희 자신의 것이 아니라 값으로 산 것이 되었으니 그런즉 너희 몸으로 하나님께 영광을 돌리라."(고전 6:19,20) 그러므로 주님은 무릇 내게 오는 자가 자기 부모와 처자와 형제와 자매와 및 자기 목숨까지 미워하지 아니하면 능히 나의 제자가 될 수 없다."(눅 14:26)고 말씀하십니다. 그들이 그 요구에 반응해야 될 것을 성경은 이렇게 선언합니다. "그리스도 예수의 사람들은 육체와 함께 그 정(情)과 욕심을 십자가에 못박았느니라."(갈 5:24) 그래서 아브라함이 하나님으로부터 받은 부르심의 요건들은 '우리의' 마음에도 해당됩니다. '옛 생활에서 철저하게 벗어나는 것'을 하나님은 우리에게 요구하십니다.

세상에서 실제로 구별되는 것은 하나님의 절대 명령입니다. 이 점은 옛적에 아브라함의 후손들의 역사 속에서 모형화되었습니다. 그들은 애굽(세상의 모형)에 정착해 있었습니다. '어린 양의 피 아래' 들어왔을 때 그들은 가나안 땅에 들어가기 전이라도(가나안은 하늘의 모형) 바로의 땅을 떠나야 했습니다. 하나님께서는 우리의 보증자 그리스도께 대하여도 역시 그렇게 말씀하십니다. "애굽에서 내 아들을 불렀다."(마 2:15) 하셨습니다. 지체들은 머리를 본받아야 합니다. '육체'[3]를 실천적으로 죽이는 일은 동등하게 필연적입니다. "(왜냐하면) 너희가 육신대로 살면 반드시 죽을 것이로되 (영혼이) 영으로써 몸의 행실을 죽이면 (영혼이) 살리니."(롬 8:13) "자기의 육체를 위하여 심는 자는 육체로부터 썩어진 것을 거두고 성령을 위하여 심는 자는 성령으로부터 영생을 거두리라."(갈 6:8)

"믿음으로 아브라함은 부르심을 받았을 때에 순종하여 장래의 유업으로 받을 땅에 나아갈새 갈 바를 알지 못하고 나아갔으며." 이 구절을 창세기 12:1

---

3) 여기서 '육체'는 우리의 살과 뼈를 가리킴이 아니고 우리가 나면서부터 가졌던 우리의 죄악적 본성을 가리킨다. - 역자 주

에 비추어 읽으면, 하나님께서는 아브라함에게 당신 자신을 최상의 애정의 대상으로 삼으실 것을 요구하셨다는 것이 분명해집니다. 아브라함은 자기 사랑이나 자기를 기쁘게 하는 것을 최상의 목적으로 삼지 말아야 합니다. 자기는 전적으로 '십자가에 못 박혀야' 했습니다. 하나님의 뜻과 말씀이 그의 범사에 그를 다스리고 지도해야 합니다. 이후부터 그는 땅에는 '본향' 없는 사람이 되어야 합니다. 도리어 하늘의 본향을 찾고, 그 본향에 이르는 길만을 걸어야 합니다.

중생, 또는 하나님의 유효한 부르심은 '이적'으로서 하늘이 땅 보다 높음 같아서 본성의 힘으로는 미칠 수 없는 일입니다. 그 점이 위에서 언급된 바로 인하여 매우 명백해졌습니다. 하나님께서 영혼에게 자신을 개별적으로 계시하실 때, 초자연적인 은혜의 교통을 수반합니다. 그것은 초자연적인 열매를 산출합니다. 아브라함이 자기 고향과 본토를 떠나 "갈 바를 알지 못하고" 나아간 것은 육신적인 차원에서 볼 때는 어긋나는 일입니다. 그리스도인이 이 세상으로부터 구별되어 육체를 십자가에 못 박는 것은 본성의 차원에서는 동등하게 위배되는 일입니다. '신적 은혜'의 이적이 그 속에서 일어나야만 진실로 자기를 부인하고 하나님께 철저하게 복종하는 삶을 영위할 수 있습니다. 그러므로 진정한 중생의 경우들은 많은 사람들이 상상하는 것보다 훨씬 드물다고 말할 수 밖에 없습니다. 아브라함의 영적인 자녀들이 굉장히 많은 수를 차지하고 있는 것은 아닙니다. 아브라함을 닮은 사람이 불과 소수에 지나지 않는다는 사실에 비추어 보면 그 점이 너무나도 명백합니다. 우리 주위에서 그리스도를 믿는다고 고백하는 수천의 사람들 속에서, 아브라함의 믿음을 유지하고 아브라함의 행사를 행하는 사람이 얼마나 됩니까?

"믿음으로 아브라함은 부르심을 받았을 때에 순종하여 장래의 유업으로 받을 땅에 나아갈새 갈 바를 알지 못하고 나아갔으며." 이 구절은 우리가 주목해 온 것에 비추어 보면 아브라함의 "순종"을 말하고 있습니다. '구원 얻을 만한 믿음'은 하나님의 명령들을 지키는 믿음입니다. 사랑하는 독자여, 이 점에 대하여 전혀 실수하지 마십시오. 그리스도는 "자기를 순종하는 모든 자들에게 영원한 구원의 주"가 되십니다(히 5:9). 아브라함은 즉시 자신을 하나님의 손에 맡기고, 그에게 주권을 이양하고, 하나님의 지혜야말로 자기를 인도하시기에 가장 적합하다고 인정했습니다. 우리도 그래야 합니다. 그렇지 않으면 우리는 "아브라함의 품"에 이끌림을 받지 못할 것입니다(눅 16:22).

아브라함은 '순종하여 나아갔습니다.' 여기에서 두 가지 요점을 주목해야 합니다. "순종했다"는 말은 그 마음의 승낙을 의미합니다. "나갔다"는 말은 그의 실제적인 외적 행동을 말합니다. 그는 말로 순종할 뿐 아니라 행실로 순종했습니다. 이 점에 있어서 그는 마태복음 21:29에서 언급된 패역한 자와 대조를 이룹니다. "아버지여 가겠나이다 하더니 가지 아니하고." 이에 대하여 존 오웬(John Owen)의 주해를 들어 봅니다.

"구원 얻을 만한 믿음의 첫 번째 행동은 하나님의 무한하신 위대함과 선하심, 그리고 하나님의 성품의 다른 탁월한 요점들을 주목하고 그에 비추어 판단하는 것으로 나타난다. 하나님의 부르심과 명령과 약속에 대해 마땅한 도리가 무엇인지 판단하고, 자신을 부인하고 모든 것을 포기하고 그의 부르심과 명령과 약속에 부합하게 행하는 것을 그 내용으로 한다."

하나님의 부르심에 그렇게 순종하며 하나님의 뜻이 나타날 때마다 그렇게 하는 것이 마땅한 도리입니다. 이성으로 따져 보거나 그렇게 행하면 어떤 어려움과 귀찮은 일들이 따라올 것인지를 미리 계산하지 않고 순전하게 하나님의 권위에 단순하게 복종하여 순종하는 것임에 틀림없습니다.

토마스 맨튼(Thomas Manton)은 1680년에 쓴 그의 주석에서 이 점에 대하여 이렇게 말하였습니다.

"믿음이 어디에 있든지 순종을 낳기 마련임을 주목하라. 믿음으로 아브라함은 부르심을 받았을 때에 하나님께 순종했다. 믿음과 순종은 서로 뗄 수 없는 관계다. 마치 태양과 그 빛을 뗄 수 없고, 불과 열을 뗄 수 없는 것과 같다. 그러므로 우리는 '믿음의 순종'(롬 1:5)에 대해서 성경에서 읽는다. 순종은 '믿음의 딸'이다. 믿음은 하나님의 은혜와 상관이 있을 뿐 아니라, 피조물 된 우리의 의무와도 관계한다. 믿음이 은혜를 맛봄으로써 의무를 행하게 한다. '사랑으로 역사하는 믿음'(갈 5:6)은 영혼으로 하여금 하나님의 사랑을 충만하게 맛보게 하며, 그 사랑의 달콤함을 활용하며 우리에게 더 큰 역사와 순종을 하도록 촉구한다. 하나님께 대한 우리의 모든 순종은 하나님을 사랑하는 데서 나오고, 우리의 사랑은 하나님께서 우리를 사랑하신다는 확신에서 나온다. 거룩함을 받은 영혼 속에 있는 논증과 논의가 그렇게 정리된다. '내가 육체 가운데 사는 것은 나를 사랑하사 나를 위하여 자기 몸을 버리신 하나님의 아들을 믿는 믿음 안에서 사는 것이라.'(갈 2:20) 그대는 그대를 사랑하신 하나님을 위해서 일하지 않겠는가? 또한 그대를 위해서 자신을 주신 예수 그리스도를 위해서 일하지 않겠는가? 믿음은 정서들에게 명령을 발하여 순종의 방향으로 역사한다."

"갈 바를 알지 못하고 나갔으며." 이 말씀은 그의 믿음의 실상과 능력을 얼마나 잘 드러내고 있습니까! 장래의 소유를 위해서 현재의 소유를 버렸으니 말입니다. 하나님께서 아브라함을 부르실 때 그가 어디로 나아가야 할 것인지, 그 목적지가 어디인지를 분명히 밝혀 주시지 않았기 때문에 아브라함이 순종하기가 더욱 어려웠습니다. 그래서 그는 '믿음으로' 나아간 것이지 '보는 것'으로 하지 않았습니다. 자기를 부르신 이에 대한 흔들리지 않는 신뢰가 아브라함 편에서 필요하였습니다. 전혀 모르는 사람이 와서 행선지도 알려주지 않고 '나를 따르라.'고 한다면 어찌 할 것인지 상상해 보십시오! 자기가 알지 못하는 땅을 향해서 어렵고 위험한 길을 그가 무작정 떠난 것은 오직 '살아계신 하나님을 진정으로 믿는 믿음' 때문에 가능하였습니다. 우리는 여기서 육체적인 거리낌을 이기는 믿음의 능력을 봅니다. 장애를 극복하고 어려운 의무들을 수행하게 하는 믿음의 힘을 봅니다. 독자여, 그대의 믿음은 이러한 성질을 가지고 있습니까? 그대의 믿음이 단순히 본성의 힘만으로는 할 수 없는 일을 합니까? 뿐만 아니라 본성의 힘을 정면으로 거스르는 일들도 산출할 수 있는 믿음입니까?

오늘날 아브라함의 믿음을 찾아보기란 힘듭니다. 그 아브라함의 믿음에 대해서 얘기하고 자랑하는 일은 많지만, 거의가 다 빈 말들입니다. 자신들을 아브라함의 자손들로 자처하는 대다수의 사람들 속에서 아브라함의 '행사'를 찾아 볼 수 없습니다. 그런 것이 있다면 금방 두드러져 나타나게 되어 있습니다. 그리스도인에게 땅엣 것을 생각하지 말고 위엣 것을 생각하라고 요구합니다(골 3:1). 그리스도인은 '믿음으로' 행하고 '보는 것으로' 해서는 안 됩니다. 하나님의 명령에 순종하는 길을 가야지 자신을 기쁘게 하지 말아야 합니다. 주께서 자기에게 명하시는 일은 무엇이든지 나아가 행해야 합니다. 하나님의 계명들이 이치에 합당하지 않게 보이거나 냉혹하게 보인다 할지라도, 그 명령들을 순종해야 합니다. "아무도 자기를 속이지 말라 너희 중에 누구든지 이 세상에서 지혜 있는 줄로 생각하거든 어리석은 자가 되어라 그리하여야 지혜로운 자가 되리라."(고전 3:18) "또 무리에게 이르시되 아무든지 나를 따라오려거든 자기를 부인하고 날마다 제 십자가를 지고 나를 따를 것이니라."(눅 9:23)

그러나 하나님께서 요구하시는 그러한 순종은 '초자연적인' 믿음으로부터만 나올 수 있습니다. 살아계신 하나님께 대한 흔들리지 아니하는 신뢰심, 하나님의 거룩한 뜻에 대한 지체 없는 복종, 우리의 삶의 매 걸음마다 하나님의 말씀의 지시를 받는 것(시 119:105) 등은 하나님께서 친히 마음속에서 행하시는 은혜의 이적적인 역사를 통해서만 나올 수 있습니다. 하나님의 백성들이라 스스로 고백하면서도 자기 자신들의 이해관계에 유익이 된다고 생각할 때만 하나님을 순종하는 사람들이 얼마나 많습니까! 몇 푼을 손해 볼까 두려워하여 주일에 장사하지 않는 일을 얼마나 꺼립니까! 알지 못하는 땅을 오랫동안 걸어서 여행하는 사람은 믿음직한 안내자를 찾아 자기를 지도해 달라고 할 것이고, 그 안내자의 지식을 온전히 믿고 언덕을 넘어 골짜기를 지나서 아무 소리 없이 그를 따라갈 것입니다. 그와 똑같이 하나님께서는 우리 자신을 온전하게 당신 자신께 맡기라고 요구하십니다. 그리고 하나님의 신실하심과 지혜와 능력을 믿고 하나님께서 우리에게 요구하시는 대로 순응하라고 말씀하십니다.

"갈 바를 알지 못하고 나아갔으며." 아마도 갈대아에 있는 아브라함의 이웃들과 친지들 중 많은 사람들이 '왜 여기를 떠나려 하며, 어디로 가려 하느냐?'고 물어보았을 것입니다. 아브라함이 '난 모른다.'고 말했을 때 그들이 얼마나 놀랐을까 생각해 보세요. '그들이' 아브라함은 '보는 것으로' 하지 않고 '믿음으로' 행하고 있다는 사실을 이해할 수 있었겠습니까? 그들이 아브라함더러 하나님의 지시를 따르라고 권장했겠습니까? 그들이 그를 보고 미친 사람이라고 하지 않았겠습니까? 사랑하는 독자여, 경건치 않은 사람들은 오늘날 하나님의 참된 자녀들을 움직이는 동기(動機)들을 이해할 수 없습니다. 만일 그들이 이해한다면 갈대아 사람들도 아브라함을 이해했을 것입니다. 중생하지 못하고도 자신이 그리스도인이라 자처하며 고백하는 이들이 우리 주위에 많이 있습니다. 그들 모두는 우리가 하나님의 명령을 엄격하게 지켜나가는 것을 이해하지 못할 것입니다. 만일 그들이 이해한다면 아브라함의 이교도 이웃들도 아브라함의 행동을 이해했을 것입니다. 세상은 '믿음'의 통제를 받지 않고 '감각'의 조정을 받습니다. 하나님을 기쁘시게 하는 삶이 아니라 자신을 기쁘게 하는 삶을 영위합니다. 만일 세상이 저와 당신들을 미치광이로 여기지 않는다면, 우리 마음과 삶에는 무언가 근본적으로 잘못된 것이 있습니다.

아직도 한 가지 더 생각해야 할 문제가 남아 있습니다. 그러면서도 지면상 마쳐야 합니다. 아브라함의 믿음의 순종은 "장래 유업(遺業)으로 받을 땅"에 이르는 순종이었습니다(8절). 문자 그대로 하면 "유업"이라는 말은 가나안을 가리킵니다. 영적으로 하면 하늘을 예표합니다. 자, 이런 것을 상정해 봅시다. 만일 아브라함이 자기의 옛 삶과 근본적으로 단절하지 아니하였고, 육체의 정을 십자가에 못 박지 않았고, 그래서 갈대아를 떠나지 않았더라면, 약속된 땅에 이르지 못하였을 것입니다. 그리스도인의 '유업'은 순전히 '은혜'에 속합니다. 어느 누가 시간 세계에서 영원한 것을 벌어들일 만한 일을 할 수 있겠습니까? 어느 유한한 피조물이 무한한 상(賞)을 받기에 합당한 일을 하는 것이 전혀 불가능합니다. 그럼에도 불구하고 하나님께서는 약속된 기업에 이르는 확실한 길을 표시해 주셨습니다. 그것이 바로 '순종의 길'입니다. 또는 "생명에 이르는 좁은 길"입니다. "생명으로 인도하는 문은 좁고 길이 협착하여 찾는 이가 적음이라."(마 7:14) 또한 그 길을 끝까지 따르는 사람들만이 하늘에 도달합니다. 이 주제에 대하여 극한 혼란이 야기되며, 많은 사람들이 정당하지 못한 침묵을 지키면서 그 점에 대하여 분명하게 말하기를 꺼려합니다. 그러니 우리는 조금 더 부연할 필요를 느낍니다. 하나님께서는 우리에게 무제한적인 순종을 요구하십니다. 그것도 하늘에 들어갈 권리를 획득하기 위한 순종이 아닙니다. 그런 권리는 '그리스도의 공로' 안에서만 발견됩니다. 우리에게 그러한 순종을 요구하시는 것은 천국에 들어가기에 합당한 자가 되는 길이 그것이기 때문도 아닙니다. 천국에 들어가기에 합당한 자가 되는 일은, 마음속에서 역사하시는 성령님의 초자연적인 역사에 의해서만 주어지는 것입니다. 오직 우리의 순종은 그 하늘나라의 순례길을 향해 나아가는 길목에서 우리를 통해서 하나님께 영광을 돌리기 위함입니다. 또 그 순종은 우리가 하나님의 은혜의 충분함을 증거하고 나타내기 위함입니다. 또 우리의 순종은 "하나님의 자녀들"이라는 증거들을 보여주기 위함입니다. 그렇게 우리가 무제한적인 순종을 통해서만 우리를 멸망시킬 것들로부터 우리가 보존될 수 있습니다. 오직 순종의 길에서만 우리를 죽이려고 하는 원수들을 피할 수 있습니다.

오, 사랑하는 독자여, 여러분이 여러분의 영혼을 평가할 때 이 강론을 모멸하지 않기를 바랍니다. 특히 마지막 몇 문단들에 대해서는 더욱 그러합니다. 왜냐하면 이 강론의 가르침은 흔히 들어왔고 읽어 왔을 것과는 근본적으로 다르기 때문입니다. 만일 여러분이 하늘에 도달하려면 순종의 길을 '반드시 밟아야 합니다.' 많은 사람들이 나아갈 '길, 그 통로'에 대해서는 잘 압니다. 그러나 그리로 행하지는 않습니다(벧후 2:20). 많은 사람들이 롯의 아내처럼 처음에는 그 길을 따라서 출발은 하지만 다시 그 길에서 돌아서 버립니다. "예수께서 이르시되 손에 쟁기를 잡고 뒤를 돌아보는 자는 하나님의 나라에 합당하지 아니하니라 하시니라."(눅 9:62) 많은 사람들이 잠간 동안 그 길을 따라갑니다. 그러다가 그 길에서 끝까지 견뎌내지를 못합니다. 옛적 이스라엘 사람들처럼 광야에서 멸망합니다. 배역자(rebel)는 한 사람도 하늘나라에 들어갈 수 없습니다. 자신 속에 휩싸여 있는 자들은 결단코 그 하늘

나라에 들어갈 수 없습니다. 또 불순종하는 영혼도 들어갈 수 없습니다. 오직 아브라함의 자손들, 그 믿음을 가진 사람들, 그의 본을 따르는 사람들, 그의 행사를 행하는 사람들만이 하늘의 '기업'에 참예하게 될 것입니다.

주님께서 이 강론에 복을 주시기를 바라나이다. 주님께 모든 찬미를 드릴지어다! 아멘.

61강

아브라함의
삶

11:9 믿음으로 그가 이방의 땅에 있는 것 같이 약속의 땅에 거류하여 동일한 약속을 유업으로 함께 받은 이삭과 야곱과 더불어 장막에 거하였으니 11:10 이는 그가 하나님이 계획하시고 지으실 터가 있는 성을 바랐음이라

우리는 지난 강론에서, 갈대아에서 우상숭배의 삶을 영위하던 아브라함에게 나타나신 주님의 부르심을 숙고하였습니다. 또한 그 때 아브라함이 그 부르심을 받고 자기 옛 삶을 온전히 청산한 일과, 그 하나님의 계시된 뜻에 철저하게 믿음으로 복종하여 갈 바를 알지 못하고 나간 일을 알아보았습니다. 우리는 그것을 중생(重生)의 본질적인 한 특징을 보여주는 모형과 상징과 예증으로 취급하여 살펴보았습니다. 하나님께서 택하신 백성들을 효력 있게 부르시어 죽음에서 생명으로, 흑암에서 하나님 자신의 기이한 빛으로 들어가게 하십니다. 그 부르심이 산출하는 여러 복된 열매들을 그들로 차지하게 하십니다. 하나님의 부르심의 그런 특징이 아브라함의 부르심을 통해서 상징적으로 드러났습니다. 지난 강론의 마지막 부분에서 보았듯이, 아브라함 속에서 강렬한 변화가 일어났습니다. 그래서 그의 삶의 방식이 철저하게 달라졌습니다. "믿음으로 아브라함은 부르심을 받았을 때 순종하여 장래 유업으로 받을 땅에 나갈새 갈 바를 알지 못하고 나갔으며."

히브리서 11장 9절과 10절을 숙고하기 전에 먼저 다음과 같은 질문을 던져 보기로 합니다. 하나님의 부르심에 대한 아브라함의 반응은 완벽한 것이었습니까? 이 순종은 흠이 없는 것이었습니까? 아, 사랑하는 독자여, 그 대답을 찾아내기가 어렵지요? 이 지상에서 살았던 사람 가운데 하나님 앞에 완전한 삶을 산 경우는 하나밖에 없습니다. 만약 아브라함의 행실에 실패가 전혀 없었다면, 그도 흠 없는 모형이 아니겠어요? 그러나 하나님의 모형들은 모든 요점들에서 예리하게 적확합니다. 성령께서는 당신의 말씀 속에서 당신의 백성들의 특성들을 그려주셨습니다. 그들은 여러 색조의 실상(實相)들을 드러냅니다. 성령께서는 성경에 묘사된 백성들을 있는 그대로 진실하게 묘사하셨습니다. 참으로 은혜의 초자연적인 역사가 아브라함 속에서 일어났습니다.

그러나 "육체"가 그로부터 완전히 제거된 것은 아니었습니다. 진실로, 초자연적인 믿음이 그에게 전달되었습니다. 그러나 불신앙의 뿌리가 그에게서 완전하게 뽑혀진 것도 아니었습니다. 두 반대되는 원리가 아브라함 속에서 역사하고 있었고(우리들 안에도 그러하다), 그 두 원리가 다 그 사람 속에서 입증되었습니다.

하나님께서는 아브라함에게 요구하신 사항들이 무엇인지 성경은 분명하게 말하고 있습니다. "너는 너의 고향과 친척과 아버지의 집을 떠나 내가 네게 보여 줄 땅으로 가라."(창 12:1) 이 요청에 대한 그의 첫 번째 반응이 어떠하였는지 창세기 11:31을 참조하면 좋습니다. "데라가 그 아들 아브람과 하란의 아들인 그의 손자 롯과 그의 며느리 아브람의 아내 사래를 데리고 갈대아인의 우르를 떠나 가나안 땅으로 가고자 하더니 하란에 이르러 거기 거류하였으며."(창 11:31) 아브라함은 갈대아를 떠났지만, 그의 "친척"과 헤어지는 대신 그의 조카 롯을 동반하였습니다. 자기 아비 집을 완전히 떠나지 않고 데라가 자기들의 앞장을 서게 하였습니다. 가나안으로 들어가는 대신 하란에서 머물러 정착했습니다. 아브라함은 미봉책을 썼습니다. 그의 순종은 부분적인 것이었으며, 머뭇거리고 더딘 것이었습니다. 그는 육체의 생각에 굴복했던 것입니다. 안타깝게도 본 강해서 저자와 독자는 여기서 우리 자신의 모습을 분명히 발견하지 않습니까! 또한 자신의 서글픈 실패의 모습을 보고 있지 않습니까? 그렇습니다. "물에 비취면 얼굴이 서로 같은 것같이 사람의 마음도 서로 비취느니라."(잠 27:19)[4]

그러나 우리는 방금 위에서 언급한 것을 "억지로 해석하여"(벧후 3:16) 손해를 보지 않게 극히 주의할 은혜를 열심히 구하도록 합시다. 만일 이러한 생각이 일어난다고 합시다. "아, 그렇구나. 아브라함은 완전하지 못했어. 하나님께서 명하신 대로 언제나 행한 것은 아니구나. 그러니 내가 그보다 더 낫게 행하기를 기대할 수는 없는거야." 그런 생각이 든다면 그것은 마귀의 시험임을 명심하십시오. 아브라함의 실패는 우리로 피하여 뒤로 물러가 숨을 자리를 마련해 주는 것이 아닙니다. 또 우리 자신의 죄악적인 실족을 가볍게 보도록 성경에 기록된 것이 아닙니다. 오히려 우리가 마음에 명심하고 기도하고 주의하게 경고하는 많은 요점들을 가지고 있다고 여겨야 할 것입니다. 그러한 경고들은 우리로 하여금 더욱 평계대지 못하게 합니다. 구약 성도들이 계속하여 실족하는 것을 발견할 때, 그것을 통해서 우리는 더 하나님 앞에 겸비해져야 합니다. 또 더 깊게 회개하며, 자신을 더 의뢰하지 않으며, '의(義)의 길'을 계속 진행하게 하시는 하나님의 은혜를 더욱 간절하고 부단하게 간구해야 합니다.

---

4) 참고로 NIV가 이 구절을 어떻게 번역하고 있는지 보라. As water reflects a face, so a man's heart reflects the man(물이 사람의 얼굴을 비취어 내는 것 같이, 사람의 마음도 그 사람을 비취내느니라). - 역자 주

아브라함은 실패하였으나 하나님께서는 결코 실수함이 없었습니다. 하나님의 오래 참으심과 흘러넘치는 은혜와 변치않는 미쁘심, 결국 그 하나님 당신 자신의 목적을 이루시는 모습을 보는 것은 참으로 복됩니다. 우리 마음의 기쁨과 영혼의 경배와 찬미를 위하여, 성령께서는 구약 성도들의 삶 속에 나타나는 '빛'만 아니라 '어둔 그늘'도 그처럼 신실하게 기록해 놓으셨습니다. 그리고 또 다른 이유가 있습니다. 구약에 나오는 성도들의 삶은 우리가 극히 조심해야 할 엄숙한 경고의 역할만 하는 것이 아닙니다. 하나님께서 당신의 자녀들의 무디고 방황하는 본성의 악을 아심에도 불구하고 그처럼 오래 참으시며 온유하게 견뎌내셨습니다. 그러니 그 하나님의 기이한 인내에 대한 많은 실증들의 역할을 하나님 자녀들의 연약과 허물이 한 셈입니다. 또한 하나님께서 당신의 백성들을 다루시는 방식이 기이합니다. 그들의 죄를 따라 다루지 않으시는 하나님의 방식을 보여주시려 하셨습니다. 하나님께서는 그들의 불의대로 그들에게 보응하지 않으셨습니다. 무한한 긍휼의 실증들의 역할을 바로 그 백성들이 하게 하셨습니다. 이 점을 인식하게 될 때 하나님 앞에 있는 우리의 마음이 녹아집니다! 또한 "모든 은혜의 하나님"에 대한 얼마나 참된 예배와 감사를 격발시킵니까! "모든 은혜의 하나님 곧 그리스도 안에서 너희를 부르사 자기의 영원한 영광에 들어가게 하신 이가 잠깐 고난을 당한 너희를 친히 온전하게 하시며 굳건하게 하시며 강하게 하시며 터를 견고하게 하시리라."(벧전 5:10) 참으로 거듭난 영혼이면 누구에게나 그 일은 반드시 일어날 것이고, 또 일어나야만 합니다. 물론 거듭나지 못한 사람들은 하나님의 은혜를 '방종'의 도구로 삼아 영원한 멸망에 이를 뿐이겠지만 말입니다(유 4).

창세기 11:31의 추이(推移)가 창세기 12:5에서 발견됩니다. "아브람이 그의 아내 사래와 조카 롯과 하란에서 모은 모든 소유와 얻은 사람들을 이끌고 가나안 땅으로 가려고 떠나서 마침내 가나안 땅에 들어갔더라." 아브라함이 하란에서 정착하였지만 하나님께서는 무한정 거기에 있게 하지 않으셨습니다. 주님께서는 그로 가나안 땅에 들어가게 하시려는 목적을 세우셨습니다. 하나님께서는 결코 그 목적을 포기하실 수 없습니다. 그러므로 하나님께서는 아브라함이 스스로 꾸민 보금자리에서 빠져나오게 그를 어지럽히셨습니다. "마치 독수리가 자기의 보금자리를 어지럽게 하며 자기의 새끼 위에 너풀거리며 그의 날개를 펴서 새끼를 받으며 그의 날개 위에 그것을 업는 것 같이…"(신 32:11) 하나님이 사용한 방편을 주목하는 것은 매우 엄숙합니다. "데라는 하란에서 죽었더라."(창 11:32 ; 행 7:4 참조) 아버지 데라가 죽은 뒤에 아브라함은 중도에 머물렀던 집을 떠났습니다. 그 죽음이 아브라함을 뒤에서 붙잡고 있는 혈육의 끈을 끊어버린 것입니다. 그러기까지 아브라함은 그 광야를 가로질러 하나님의 지시하시는 곳으로 출발하려 들지 않았습니다. 우리가 특별히 이 시점에서 주목하고자 하는 바가 있습니다. 곧 하나님께서는 실수하는 자녀들에 대해 얼마나 기이한 사랑을 베푸시는지에 대한 것입니다.

"나 여호와는 변하지 아니하나니 그러므로 야곱의 자손들아 너희가 소멸되지 아니하느니라."(말 3:6) 이 말씀은 정말 복됩니다. 비록 개들이 자녀들의 떡을 다 먹어 치워 하나님의 자녀들이 패망할 즈음에 처하는 모습을 보아도, "자녀들의 떡"이 가진 이 달콤한 부분이 완전하게 없어졌다 말하지 않아야 합니다. 하나님의 성품의 불변성은 성도의 보장입니다. 하나님의 변치 않으심은 약속들에 대한 하나님의 미쁘심을 보증하는 가장 완전한 확증입니다. 우리 속에서 일어나는 어떠한 변화도 하나님의 마음을 다르게 만들 수 없습니다. 우리 편의 어떠한 신실치 못함도 하나님으로 하여금 자기의 말씀을 취소하게 만들지 못합니다. 우리는 견고하지 못하며, 자주 시험을 받으며, 넘어지는 일들이 자주 있습니다. 그러나 하나님께서는 "너희를… 끝까지 견고케 하시리라… 하나님은 미쁘시도다."(고전 1:8,9) 사탄과 세상의 권세가 우리를 거스르고, 고난과 죽음이 우리 앞에 있고, 우리 속에 배역무도하고 두려운 마음이 있다 할지라도 하나님께서는 "끝까지 우리를 견고하게 하실" 것입니다. 아브라함에게 그리하셨습니다. 우리에게도 그리하실 것입니다. 할렐루야! 하나님을 찬미하리로다!

히브리서 11:9
"믿음으로 그가 이방의 땅에 있는 것 같이 약속의 땅에 거류하여
동일한 약속을 유업으로 함께 받은 이삭과 야곱과 더불어
장막에 거하였으니."

이 구절은 아브라함의 믿음의 두 번째 효력과 증거를 밝혀 줍니다. 8절에서 사도는 아브라함이 '어디로부터' 부르심 받았는지를 말하였습니다. 여기서는 '어디를 향하여 나아가라.'는 부르심을 받았는지를 보여 줍니다. 8절에서는 자기를 부인하고 하나님의 명령에 순종하게 한 믿음의 권능이 무엇임을 보여 주었습니다. 여기 9절에서는 그 약속이 성취되기까지 기다리는 믿음의 인내와 그 일관성을 보여주고 있습니다. 그러나 이 구절 자체만 읽으면 그렇게 많은 인상을 얻기가 쉽지 않습니다. 그러므로 우리는 이 구절의 진정한 의도를 이해할 처지에 서기 위하여 다른 성구들을 찾아보고 주의 깊게 숙고할 필요가 있습니다. 무엇보다 먼저 우리는 창세기에서 이러한 말씀을 듣습니다. "아브람이 그 땅을 지나 세겜 땅 모레 상수리나무에 이르니 그 때에 가나안 사람이 그 땅에 거주하였더라."(창 12:6) 아브라함의 마음속에 초자

연적인 은혜의 역사가 있어 그의 육신적 소원과 생각들을 제어하지 않았다면 (완전하게 그 소원을 뿌리뽑은 것은 아니지만), 그는 틀림없이 가나안에 머무르지 않았을 것입니다. 우상을 섬기는 사람들이 이미 그 땅을 차지하고 있었습니다. 다시 우리는 이러한 말씀을 듣습니다. "그러나 여기서 발붙일 만큼도 유업을 주지 아니하시고 다만 이 땅을 아직 자식도 없는 그와 그의 후손에게 소유로 주신다고 약속하셨으며."(행 7:5) 다만 양떼와 소떼를 거느리고 먹일 소유권이 없는 토지만을 이용할 수 있었을 뿐이었습니다. 그는 한 평의 땅도 갖고 있지 않았습니다. 죽은 아내 사라를 묻을 장소를 위하여 작은 넓이의 땅을 '값을 주고 사야만' 했기 때문입니다(창 23장). 이 일은 얼마나 큰 믿음의 시련이었을까요! 왜냐하면 히브리서 11:8에서 말하는 것 같이, 그 땅은 아브라함에게 "장래 유업으로 받을" 땅이었기 때문입니다. 그럼에도 불구하고 이 점이 하나의 난제를 야기하기는커녕 그 모형의 아름다움과 적확함을 돋보이게 할 뿐입니다.

그리스도인은 역시 '기업(유업)'을 받게 되어 있습니다. "썩지 않고 더럽지 않고 쇠하지 아니하는 유업을 잇게 하시나니 곧 너희를 위하여 하늘에 간직하신 것이라."(벧전 1:4) 그러나 그가 사망에서 생명으로 들어가게 하시는 부르심을 받은 순간까지는 아직 그 기업을 온전하게 차지하지는 못합니다. 오히려 그는 매우 여러 해 동안 적대적인 세상과 반대하는 마귀를 대항하여 싸우면서 그 길을 나가도록 이 세상에 남아 있습니다. 그는 그 싸움을 하는 동안 많은 좌절을 맛보게 되며, 수도 없는 상처를 받게 됩니다. 그리스도인이 하나님의 은혜로 자기에게 분여된 그 기업에 온전히 들어가려면, 먼저 어려운 의무들을 감당해야 합니다. 또 난제들을 극복해야 하며, 시련들을 견뎌내야 합니다. 하나님께서 주시고 하나님께서 유지시켜 주시는 믿음이 아니고는 이러한 일들을 족히 감내해 낼 수 없습니다. 그런 믿음만이 여러 손실과 비방을 만나도 마음을 지탱해 줄 것입니다. 그런 믿음만이 참기 힘들 정도의 시기를 견뎌내게 할 것입니다. 아브라함도 그러하였습니다. 그가 자기의 태어난 고향을 떠나 어디로 갈지 알지 못하는 여정을 시작하여 무서운 광야를 건너 낯선 땅에서 과반세기 동안 장막 생활을 했습니다. 아브라함은 그 일을 "믿음으로" 말미암아 겪어냈습니다. 청교도인 토마스 맨튼(Thomas Manton)은 다음과 같이 아주 잘 말하였습니다.

"하나님께서 아브라함을 어려운 난경에서 훈련시키는 모습을 통해서, 우리가 하늘에 가는 것이 쉽지 않음을 발견하게 된다. 신자로 하여금 안주하지 못하게 격동시키는 것이 세상에 참으로 많다. 그리고 하늘을 기대하며 마음을 고정시키지 못하게 흔들어 대는 것이 대단히 많다. 무엇보다 먼저 부르심을 받은 대로 세상에서 빠져 나오려면 반드시 자기를 부인하는 것이 있어야 한다. 우리 자신의 가슴 속에 있는 죄로부터 우리 자신을 이격시켜야 하고, 가장 큰 이해관계를 떠나야 한다. 영생을 위해서는 하나님의 긍휼을 기다리는 인내를 보여주어야 한다. 또한 하나님의 뜻을 행할 뿐 아니라 하나님의 때를 기다려야 하는 인내가 필요하다. 여기에 바로 우리의 연단의 시기가 있다. 믿는 자들의 조상인 아브라함이 그 약속을 기업으로 물려받기 전에 그처럼 훈련받았으니, 우리도 그 연단 받을 것을 각오해야 한다."

"믿음으로 그가 이방의 땅에 있는 것 같이 약속의 땅에 거류하여." 창세기에 있는 두 진술들을 함께 연결시켜 보면 이 말씀의 요지가 더욱 뚜렷하게 드러날 것입니다. "그 때에 가나안 사람이 그 땅에 거주하였더라."(창 12:6) "여호와께서 아브람에게 이르시되 너는 눈을 들어 너 있는 곳에서 북쪽과 남쪽 그리고 동쪽과 서쪽을 바라보라 보이는 땅을 내가 너와 네 자손에게 주리니 영원히 이르리라."(창 13:14,15) 바로 이것이 아브라함의 믿음이 의존했던 근거였습니다. 곧 거짓말 하실 수 없는 그분의 명백한 말씀을 아브라함은 믿었던 것입니다. 그의 마음은 그 약속을 의지하여 안돈을 찾았습니다. 그래서 그는 그 때 그 땅에 거하였던 가나안 사람들을 염두에 두지 않았습니다. 오직 그 땅을 자기에게 주시겠다고 서약하신 눈에 보이지 않으시는 여호와 하나님께만 마음을 두었습니다. 훗날 이 땅에 이스라엘 각 지파들을 대표하는 정탐꾼들이 올라왔습니다. '좋은 땅이라.'는 주님의 확증을 가지고 있던 바로 이 땅에 올라왔던 그들의 마음의 논리와 얼마나 다릅니까! 그들의 보고는 이러하였습니다. "이스라엘 자손 앞에서 그 정탐한 땅을 악평하여 이르되 우리가 두루 다니며 정탐한 땅은 그 거주민을 삼키는 땅이요 거기서 본 모든 백성은 신장이 장대한 자들이며 거기서 네피림 후손인 아낙 자손의 거인들을 보았나니 우리는 스스로 보기에도 메뚜기 같으니 그들이 보기에도 그와 같았을 것이니라."(민 13:32,33)

"믿음으로 그가 이방의 땅에 있는 것 같이 약속의 땅에 거류하여." 아브라함이 갈대아를 떠난 것도 믿음 때문이었고, 그의 본 고향을 떠나서 그 땅에 머문 것도 바로 믿음 때문입니다. 이 점은 우리에게 중요한 사실을 예증하여 줍니다. 믿음의 한 행위로 말미암아 그리스도인들이 되었다는 사실입니다 (하나님께 온 사람을 복종시키는 믿음의 행위로 말미암아). 또한 우리가 부르심을 받되 그리스도인들답게 '믿음으로 살라.'는 부르심을 받았다는 사실과, '보는 것으로' 하지 말고 '믿음으로' 행하라는 부르심을 받았다는 사실입니다 (갈 2:20 ; 고후 5:7). 지금 아브라함이 거주하고 있는 장소는 여기서 "약속의 땅"이라 표현된 바로 그곳입니다. '가나안'이라 표기해도 좋을 터인데 성령께서 그렇게 하지 못하게 하신 이유가 있습니다. 그것은 믿음의 활력을 불어넣은 것이 하나님의 약속임을 가르치시기 위함입니다. 훗날 모세와 여호수아가 바로 이것을 방편삼아 이스라엘 사람들의 믿음을 깨우치는 것을 주목해 보십시오. "이스라엘아 듣고 삼가 그것을 행하라 그리하면 네가 복을 받고 네 조상들의 하나님 여호와께서 네게 허락하심 같이 젖과 꿀이 흐르는 땅에서 네가 크게 번성하리라."(신 6:3) "너희의 하나님 여호와 그가 너희 앞에서 그들을 좇아내사 너희 목전에서 그들을 떠나게 하시리니 너희의 하나님 여호와께서 너희에게 말씀하신 대로 너희가 그 땅을 차지할 것이라."(수 23:5)

"그가 이방의 땅에 있는 것 같이." 이 표현은 아브라함이 그때 가나안 사람들이 차지하고 있던 그 땅을 어떻게 여겼는지를 말해 줍니다. 또한 그 자신이 그 땅에서 어떻게 행동하였는가도 보여 줍니다. 그는 거기서 하나의 농토(農土)도 갖지 못하였습니다. 또한 집도 짓지 않았습니다. 그리고 그 땅의 백성들과 협약을 맺지도 않았습니다. 아넬과 에스골과 마므레 사람들과 '평화 조약'을 맺은 것은 사실입니다(창 14:13). 그러나 그 조약은 외인(外人)의 입장에서 맺은 것이지 그 땅에서 자기 소유 토지를 가지고 있는 자로서 맺은 것이 아닙니다. 그는 그 땅을 자기의 땅으로 여기지 않았습니다. 그는 그 땅의 정치(政治)에 전혀 참여하지 않았으며, 그 땅의 종교와도 상관하지 않았습니다. 또 그 땅의 백성들과 조금도 사회적인 교류를 갖지도 않았습니다. 오히려 믿음으로 살았고, 주님과의 교제를 통해서 기쁨과 만족을 발견했습니다. 이 점을 통해서 우리가 배워야 할 바가 무엇입니까? 그리스도인이 여전히 이 세상에 있지만 세상에 속하지는 않으며, 세상과 우정(友情)을 계발하려고 해서도 안 된다는 것입니다(약 4:4). 그는 필요에 따라서는 세상을 사용할 수도 있습니다. 그러나 세상에 빠지지 않도록 극히 조심하면서 깨어 항상 기도하고 있어야만 합니다(고전 7:31).

"(장막에) 거류하여."[5] 이 표현은 가나안에 있을 때의 아브라함의 삶의 방식과 마음의 성향 모두를 알려 줍니다. 우리는 다음과 같이 두 가지의 관점에서 그 표현을 숙고해 보기로 합니다. 아브라함은 가나안을 차지한 사람처럼 행동하지 않았습니다. 오히려 그 땅에서 외국인과 나그네처럼 행동했습니다. 그는 헷 족속에게 "나는 당신들 중에 나그네요 우거한 자니"라고 고백했습니다(창 23:4). 그는 믿는 자들의 조상으로서 자기를 부인하고 인내한 모본을 보여 주었습니다. 그가 아무 것도 가진 것이 없어 땅을 사지 않은 것이 아닙니다. 또 근사한 주택을 지을 수 없어서도 아니었습니다. 또한 꽤 그럴듯한 위치에 거처를 마련할 수 없었던 것도 아니었습니다. 왜냐하면 창세기 13:2는 "아브람에게 가축과 은과 금이 풍부하였더라."고 말하고 있기 때문입니다. 그러나 하나님께서는 이런 일을 하라고 그를 부르신 것이 아니었습니다. 아, 나의 독자들이여, 주님의 임재를 누리지 못하는 궁궐은 텅 빈 초가에 불과합니다. 그러나 하나님과 진정한 교제를 누리는 자가 갇힌 감옥은 하늘의 현관문과 같을 수 있습니다.

악한 이교도들에 둘러싸여 외방에서 사는 아브라함이 강하게 요새화된 성을 쌓는 것이 지혜롭지 않았을까요? '장막'은 공격을 당했을 때 전혀 손을 쓸 수 없었으니 말입니다. 아, 그러나 "여호와의 천사가 주를 경외하는 자를 둘러 진 치고 그들을 건지시는도다."(시 34:7) 아브라함은 하나님을 두려워하고 신뢰하였습니다. 이 점에 대하여 존 오웬(John Owen)의 설명을 들어 봅시다.

"사람이 믿음으로 말미암아 영원한 관심의 차원에서 하나님을 위하여 살게 되면, 그는 그 믿음을 통하여 만나는 모든 난제와 위험과 이 세상의 장애물들을 극복하고 하나님을 신뢰할 수 있다. 우리가 눈에 보이지 않는 영혼에

---

5) 이 부분을 KJV에서는 dwelling in tabernacles(장막에 거하여)로 번역하고 있다. - 역자 주

속한 것들을 위하여 하나님을 신뢰하는 척하면서도 하나님의 의향대로 잠잠히 세상적인 관심을 단념하지 않으면 헛된 위선에 지나지 않는다. 우리 믿음의 지독한 시련을 그런 식으로 생각할 수 있다. 참으로 많은 사람들이 미래에 속한 영원한 것들에 대한 하나님의 약속을 믿는 체하면서 자신을 속인다. 자기들은 그렇게 믿는다고 상상한다. 자기들은 영원히 구원받았다고 상상하면서도 자기들과 관련된 세상적인 일에 어떤 시련이 오면 믿음에 부합한 것이 어떤 것인지 알지 못하여 하나님을 마땅한 방식으로 신뢰해야 하는지 전혀 모른다. 그러나 아브라함은 그렇지 않았다. 그의 믿음은 하나님의 약속뿐 아니라 하나님의 섭리에 대하여도 일관성 있는 태도를 견지하였다."

"(장막에) 거류하여." 아브라함이 "장막에 거류하였다."는 것은 그의 마음의 성향을 지시합니다. 믿음의 삶은 영적이고 영원한 것들에 관심을 두는 삶입니다. 그러므로 믿음의 삶에 속한 열매 중의 하나는 지상에서 얻는 분깃이 적음에도 만족하게 여기는 것입니다. 믿음은 하나님의 약속들을 신뢰하게 하며 기뻐하게 합니다. 그뿐 아니라 심령으로 침착하게 주의 뜻에 순복하게 만듭니다. 아브라함은 지상에서 조금만 가져도 만족하게 여겼을 것입니다. 왜냐하면 그는 하늘에 있는 많은 것을 기대했기 때문입니다. "위엣 것을 생각하고 땅엣 것을 생각지 말라."(골 3:2)는 권면에 주목하는 것보다 탐심에서 마음을 건져 줄 것이 없습니다. 시간 세계와 감각에 속한 멸망하는 것들을 향하여 부리는 욕심에서 벗어나기 위하여 그 권면은 정말 좋습니다. 또한 그 권면을 주목하는 것처럼 가련한 부자를 시기하는 마음을 막아 우리를 견지해 줄 것이 없습니다. 그러나 그 구절을 인용하는 것과 그것을 실천에 옮기는 것은 별개의 문제입니다. 만일 우리가 아브라함의 자손들이라면 아브라함의 본을 따라야 할 것입니다. 우리의 육신적인 생각들을 죽이고 있습니까? 우리는 불평 없이 순례길에서 치러야 할 것을 순순히 받습니까? 우리는 예수 그리스도의 선한 군사로서 당하는 고초를 견뎌내고 있습니까? "너는 그리스도 예수의 좋은 병사로 나와 함께 고난을 받으라."(딤후 2:3)

　족장들의 장막 생활은 그들의 순례길의 성격을 드러내 줍니다. 그들이 땅의 '표면' 위에서 살아가는 것만도 만족하게 여겼음을 뚜렷하게 보여주는 증거가 바로 그것입니다. 왜냐하면 장막은 기초가 없어 짧은 시간 내에 치고 걷을 수 있기 때문입니다. 그들은 이 세상에서 우거하면서 그 장막의 뿌리를 깊게 박지 않고 이 광야 같은 세상을 순례자로 살았습니다.

　또 그들의 장막 생활은 그들이 세상의 유혹에서 벗어났음을 말해 줍니다. 그들은 세상의 정치나 세상의 친구들이나 종교에 대하여 구별되어 있었습니다. 아브라함의 "장막"을 언급하면서 아브라함의 "제단"도 언급한 창세기의 말씀들은 의미가 깊습니다. "거기서 벧엘 동쪽 산으로 옮겨 장막을 치니 서쪽은 벧엘이요 동쪽은 아이라 그가 그 곳에서 여호와께 제단을 쌓고 여호와의 이름을 부르더니."(창 12:8) "그가 네게브에서부터 길을 떠나 벧엘에 이르며 벧엘과 아이 사이 곧 전에 장막 쳤던 곳에 이르니 그가 처음으로 제단을 쌓은 곳이라 그가 거기서 여호와의 이름을 불렀더라."(창 13:3,4) "이에 아브람이 장막을 옮겨 헤브론에 있는 마므레 상수리 수풀에 이르러 거주하며 거기서 여호와를 위하여 제단을 쌓았더라."(창 13:18) 이 구절들 속에 나타나는 '순서'를 유심히 주목해 보십시오. 거룩한 성삼위 하나님을 신령과 진정으로 예배할 수 있으려면 먼저 그 마음이 세상으로부터 '구별되어야' 함을 보여주지요.

　"동일한 약속을 유업으로 함께 받은 이삭과 야곱과 더불어 장막에 거하였으니." 이 부분의 헬라어 본문은 우리의 번역문보다 훨씬 더 강조적입니다. "장막에 거하였으니." 성령께서는 먼저 '거한' 그의 행동을 강조하지 않으시고 그가 거한 거처가 "장막"이었음을 강조하셨습니다. 이 구절에서 성령님의 인도하심을 받는 사도가 이삭과 야곱을 언급한 것은 아브라함이 거의 1세기 동안 그러한 생활을 계속했다는 부가적인 사실을 우리로 주목하게 하려 함입니다. 그가 가나안에서 산지 85년 되는 해에 야곱이 태어났기 때문입니다! 거기서 우리는 이러한 것을 배웁니다.

"우리가 일단 믿음의 방식으로 하나님께 자신을 맡겨 드렸을 때에는 거기에 다른 어떤 망설임이나 마음의 갈림 같은 것이 있을 수 없다. 오직 우리는 온전히 그분만을 전심으로 따라야 하고, 모든 일에 믿음으로 살아가야 한다."(John Owen)

우리의 지상 생애를 다 끝마치기까지 그리해야 합니다. 우리는 그 점을 여기서 배웁니다.

여기서 사도는 무엇을 강조하고 있습니까? 이삭과 야곱이 아브라함의 장막에서 함께 있었음을 믿으라는 것 보다는 그들이 가나안에서 동일한 순례자의 삶을 영위했음을 주목하라는 것입니다. 아브라함이 그 땅에 우거하면서 어떠한 소유도 갖지 않았듯이, 그들도 그러하였다는 것입니다. "더불어 장막에 거하였다."는 것은 9절 앞부분에 언급된 모든 것을 '함께 하였다.'는 함축적인 표현입니다. 아브라함의 아들과 손자가 모두 하나로 아브라함이 보여준 본을 따른 것을 말한다 할 수 있습니다. 이들의 행사가 다 "믿음으로 말미암았다."는 것을 지시하는 표현일 수도 있습니다. 그들이 "동일한 유업을 함께 받았다."는 표현이 이 점을 확증하여 줍니다. 그 표현은 실로 두드러진 표현입니다. 왜냐하면 일반적으로 아들들은 "단순하게 아버지의 후사(상속자)들"이지 자기 부모와 '함께 하는 후사들'은 아니기 때문입니다. 이 점은 이삭이 아브라함으로부터 그 약속을 물려받은 것이나, 야곱이 이삭으로부터 약속을 물려받은 것이 아님을 보여줍니다. 그들은 각기 직접 하나님으로부터 동일한 약속을 받았음을 보여줍니다. 창세기 13:15 ; 17:8 ; 26:3 ; 28:13 ; 35:12의 말씀을 참조하여 비교하면 이 점이 더욱 명백하게 드러납니다. 또한 만일 우리가 아브라함의 복락에 함께 참예하려면 그의 믿음의 자취를 따라 행해야 함을 말해 주기도 합니다.

이 9절 마지막 소절에서 확대된 원리는 매우 복되면서도 탐사적(探査的)입니다. 하나님의 성도들은 동일한 영적인 성향들을 가진 사람들입니다. 그들은 한 가족들로서 같은 그리스도와 연합하고 같은 성령님의 내주하심을 누리는 자들입니다. "믿는 무리가 한 마음과 한 뜻이 되어."(행 4:32) 그들은 같은 법으로 다스림을 받습니다. "내 법을 그들의 생각에 두고 그들의 마음에 이것을 기록하리라."(히 8:10) 그들은 이 땅 위에 살면서 한 하나님을 기쁘시게 해드리며 영화롭게 해드리려는 하나의 목적을 가지고 있습니다. 또한 그들은 동일한 부르심을 받아 같은 특권을 누리게 되었습니다. "동일하게 보배로운 믿음을 우리와 같이 받은 자들에게 편지하노니."(벧후 1:1)

히브리서 11:10

"이는 그가 하나님이 계획하시고 지으실 터가 있는 성을 바랐음이라."

이 구절이 "이는(왜냐하면)"이라는 말로 시작하는 것은 앞 절에서 말한 것을 설명함을 드러냅니다. 아브라함은 보는 것으로 하지 아니하고 믿음으로 행하고 있었습니다. 그러므로 그의 마음은 '땅엣 것'을 생각하는 것이 아니라 '위엣 것'을 생각하고 있었습니다. 하늘에 있는 것들을 믿고 소망할 때 우리의 마음은 세상적인 위안에 대하여 크게 관심 두지 않습니다. 아브라함은 자기의 분깃과 소유가 땅 위에 있지 않고 하늘에 있음을 깨달았습니다. 바로 그것이 장막에 거하면서도 만족하게 한 것입니다. 그는 가인처럼 성을 쌓지 않았습니다(창 4:17). 오히려 하나님께서 친히 계획하시고 지으실 터가 있는 성(城)을 '바라보았습니다.' 이 점은 히브리서 11:1의 말씀을 얼마나 놀랍게 예증하며 실증하고 있는가요. "믿음은 바라는 것들의 실상이요 보지 못하는 것들의 증거니."

아브라함이 바랐던 것은 '하늘 자체'였습니다. 그가 바라본 하늘은 전혀 기초가 필요 없는 "장막"과 명백한 대조를 이룹니다. 그 하늘은 견고한 기초가 있는 성에 비유되고 있기 때문입니다. 성도의 영원한 분깃을 표현하기 위해서 여러 상징들이 사용됩니다. 그 분깃을 값없이 차지하게 되었음을 의미하기 위하여 '유업(inheritance, 기업)'으로 부르기도 합니다(벧전 1:4). "내 아버지의 집에는 거할 곳들(저택들, mansions)이 많도다."(요 14:2) 그 있을 곳의 넉넉함을 나타내기 위하여 "하늘에 있는 것"이라 부르기도 합니다(히 11:16). '하늘'과 '성(城)'사이에는 여러 유사점이 있습니다. 성은 통치를 받고 있는 시민사회입니다. 그처럼 하늘에는 하나님의 다스림을 받는 천사들과 성도들의 사회가 있습니다(히 12:22-24). 성경이 기록된 당시의 성은 안전한 장소였습니다. 강하고 높은 성벽으로 둘러싸여 있었기 때문입니다. 그처럼 하늘에서 우리는 죄와 사단과 죽음과 모든 원수가 범접할 수 없는 영원한 안전을 누릴 것입니다. 성은 쓸 것이 잘 비축되어 있습니다. 그처럼 하늘에서는 선하고 복된 것에 부족함이 없을 것입니다. 하나님의 영원한 경륜과 사랑, 변할 수 없는 은혜언약, 만세반석 되신 예수 그리스도가 하늘 도성의 '기초들'입니다. 그 기초 위에 선 '하늘 도성'은 견고하고 요동하지 않습니다.

역경과 고난 중에서 마음을 지탱해 줄 것은 오직 살아 역사하는 믿음의 능력뿐입니다. "그러므로 우리가 낙심하지 아니하노니 겉사람은 낡아지나 우리의 속은 날로 새로워지도다 우리가 잠시 받는 환난의 경한 것이 지극히 크고 영원한 영광의 중한 것을 우리에게 이루게 함이니 우리가 주목하는 것은 보이는 것이 아니요 보이지 않는 것이니 보이는 것은 잠깐이요 보이지 않는 것은 영원함이라."(고후 4:16-18) 존 오웬(John Owen)이 이에 대하여 아주 잘 말하였습니다.

"이것이 바로 아브라함의 믿음에 대한 온전한 묘사다. 사도는 그 믿음이 그러한 작용과 효력을 발생했다고 말한다. 그것이야말로 현재 시련과 고난 중에 있는 모든 신자들을 위한 본보기요 격려다."

아, 나의 형제자매들이여, 우리가 앞에서 말한 것을 듣고도 세상의 유혹이나 침체시키는 고난의 위력들이 우리에게 그처럼 큰 힘을 가지는 '이유'가 무엇인지 모르겠습니까? 그것은 "우리 앞에 있는 소망을 견고히 붙잡으려고" 믿음을 분발시키는 일을 게을리 한 때문이 아닙니까? 만일 우리가 하늘의 영광과 복락을 더 자주 묵상하여 은혜를 받아 영혼 속에서 하늘의 첫 열매의 맛을 보게 된다면, 더 열심히, 더 부지런히 하늘의 영광과 복락을 추구하여 가까이 나아가려 하지 않겠습니까? "아브라함은 나의 때 볼 것을 즐거워하다가 보고 기뻐하였느니라."(요 8:56) 만일 우리가 당도하게 될 그 날에 대하여 더욱 진지하고 신령한 생각들을 가진다면, 그렇게 자주 슬퍼하지 않을 것입니다. "주를 향하여 이 소망을 가진 자마다 그의 깨끗하심과 같이 자기를 깨끗하게 하느니라."(요일 3:3) 왜냐하면 그 소망은 이 세상 장막보다 더 높여 줄 것이고, 우리의 심령을 성소의 휘장 안으로 들어가게 할 것입니다. 우리 마음이 하늘로 끌리면 끌릴수록 이 세상의 보잘 것 없는 것들이 우리에 대해 가지는 호소력은 점점 약화될 것입니다. 아멘.

62강

사라의
믿음

11:11 믿음으로 사라 자신도 나이가 많아 단산하였으나 잉태할 수 있는 힘을 얻었으니 이는
약속하신 이를 미쁘신 줄 알았음이라 11:12 이러므로 죽은 자와 같은 한 사람으로 말미암아
하늘의 허다한 별과 또 해변의 무수한 모래와 같이 많은 후손이 생육하였느니라

사도는 우리가 살펴보려는 이 본문에서 정말 우리로 좌절하게 하는 환경을 만나서도 결코 거기에 굴복하지 않는 하나님 주신 믿음의 능력을 주목합니다. 그 믿음은 참으로 극복할 수 없을 것 같은 장애를 만나도 견뎌냅니다. 인간의 이성으로는 도저히 불가능해 보이는 것도 하나님은 하실 수 있음을 우리로 확신하게 하는 것이 믿음입니다. 이 본문 말씀은 연약하고 나이가 많은 여자가 그 믿음을 행사했음을 보여줍니다. 처음에는 불신앙의 작용으로 장애를 받고 흔들렸지만, 결국 그녀는 하나님의 성실하심을 의뢰했고 그의 약속을 믿었습니다. 우리는 이 본문 말씀에서 믿음이 얼마나 심오하게 실제적인지를 발견합니다. 믿음은 영혼을 하늘에까지 높여 줄 뿐 아니라 땅 위에 있는 몸으로 힘을 내게 할 수도 있습니다. 이 본문 말씀은 작은 시작이 때로는 얼마나 큰 결말을 가져오는지도 증거합니다. 또한 호수에 돌 하나를 던지면 파문(波紋)이 일어 더 큰 원을 그리면서 물결이 퍼지게 하듯이, 믿음도 세대가 지남에 따라 더 많은 열매를 맺습니다. 그 점을 이 본문이 보여

줍니다.

　여기 11절을 숙고하면 할수록, 여기 히브리서 11장에서 말하는 믿음이 안락의자에 앉아 꿈을 꾸는 사람들의 머리로 가지는 이론적인 믿음과 근본적으로 다른 차원에 속함을 더 명백하게 드러납니다. 오늘날 그리스도인이라고 고백하는 '대다수 사람들의 믿음'은 어둠과 빛의 차이처럼 히브리서 11장에 묘사된 믿음과 차이가 납니다. 많은 사람들의 믿음은 '말로만 하는' 믿음이요, 히브리서 11장에서 묘사되는 믿음은 행실로 나타난 믿음입니다. 그 '말로만 하는' 믿음은 시련을 만났을 때 부서지고 맙니다. 그러나 히브리서 11장의 믿음은 모든 시련을 만나서도 끝까지 견디어 냅니다. 전자(前者)는 역사하지 않고 효력없는 믿음이요, 후자(後者)는 역사하고 능력 있는 믿음입니다. 전자는 아무것도 내지 못하고, 후자는 하나님을 영화롭게 하는 열매를 맺습니다. 그 둘 사이의 차이를 명백하게 볼 수 있지 않습니까? 전자는 단순히 인간적인 믿음이요, 후자는 신적인 믿음이요 전적으로 초자연적인 믿음입니다. 우리의 마음과 양심이 붙잡아야 할 것이 바로 그 믿음이며, 그 믿음을 위해서 우리는 간절한 기도를 드려야 합니다.

　이상에서 지적한 것은 분명히 본 강해서 저자와 독자들을 깊이 탐사할 것이 틀림없습니다. 그것은 우리를 철저하게 비추어 주며, 우리로 하여금 '우리가 가진 믿음'의 성격을 진지하고 열심히 달아보게 할 것입니다. 흥미로운 글이라도 독자로 하여금 주의 깊게 자기를 성찰하게 유도하지 못하면, 그 글은 별 유익이 없습니다. 구약 성도들의 성공적인 믿음을 보고 놀란다 할지라도, 그 성도들이 우리를 부끄럽게 하여 우리로 하여금 "그 같은 보배로운 믿음"을 우리 안에서 일으켜 주십사고 전능하신 하나님께 울부짖게 하는 데까지 나가지 않으면 그 놀람은 별 유익이 없습니다. 우리의 믿음이 단순한 자연 상태에서는 낼 수 없는 역사(役事)를 발하지 않으면, 또는 그 믿음으로 말미암아 "세상을 이기고"(요일 5:4) 육체의 정욕을 제어할 수 없다면, 그것은 우리 믿음이 하나님의 택하신 백성의 믿음은 아닐 수도 있다는 중대한 우려를 가질 충분한 이유가 됩니다(딛 1:1). 그러므로 다윗처럼 울부짖어 간구하십시오. "여호와여 나를 살피시고 시험하사 내 뜻과 내 마음을 단련하소서."(시 26:2)

그렇다고 해서 어느 그리스도인이 완벽한 믿음의 생활을 영위한다는 말은 아닙니다. 오직 주 예수님만이 완전한 믿음의 삶을 영위하셨습니다. 그러한 완전한 믿음의 삶을 이 땅에서 영위할 수 없는 첫 번째 이유가 있습니다. 다른 모든 영적인 은혜들과 같이 믿음의 삶도 성장한다는 것입니다(살후 1:3). 그리고 이 세상에서는 완전히 장성한 믿음을 갖지 못합니다. 둘째로, 믿음이 언제나 역사하는 것은 아닙니다. 또 그 믿음의 활동을 우리가 명할 수도 없습니다. 믿음을 부여하신 분이 역시 믿음을 새롭게 하십니다. 이 세상에서 완전한 믿음 생활을 할 수 없는 세 번째 이유는, 모든 성도의 믿음이 때때로 비틀거린다는데 있습니다. 아브라함이나 모세나 엘리야나 여러 사도들도 그러했습니다. 여전히 우리 속에 '육체'의 원리가 존재하며, 그래서 하나님의 은혜로 제어하지 않으면 불신앙적인 생각이 일어나 믿음의 활동들을 방해하려고 벼르고 있습니다. 그러니 필자가 독자들더러 '당신들이 완전한 믿음을 스스로 가지고 있는지 탐사해 보라.'고 강권하고 있는 것은 아닙니다. 또한 그 믿음이 장성한 상태에 있는지, 그 믿음이 언제나 일관성 있게 행사되는지, 그 믿음이 목표점에 도달했는지 살펴보라고 강권하고 있는 것도 아닙니다. 오히려 우리는 하나님의 도우심을 구하며, 우리 믿음이 종교 교육을 통해서 익힌 믿음보다 더 우월한 것인지 확인해 보아야 한다는 말입니다. 불신앙과의 갈등에도 불구하고 살아계신 하나님을 신뢰할 믿음을 가지고 있는지, 영

적인 뿌리에서 나온 것이 명백한 어떤 열매를 산출하는 믿음인지 살펴보아야
합니다.

사도는 아브라함의 믿음을 말한 다음 이제 사라의 믿음을 언급합니다. 토
마스 맨튼(Thomas Manton)이 이에 대하여 아주 잘 말하였습니다.

"남편과 아내가 믿음의 동역자로서 같은 멍에를 메고 한 길을 간다는 것은
얼마나 복된 일인가! 아브라함은 믿는 자들의 아버지요, 사라는 같은 믿음
의 약속과 동일한 고통과 시련을 함께 나누는 신자들에게 추천된다. 사가랴
나 엘리사벳에 대하여도 그렇게 말할 수 있다. '이 두 사람이 하나님 앞에 의
인이니 주의 모든 계명과 규례대로 흠이 없이 행하더라.'(눅 1:6) 항상 같이 있
는 삶의 반려자가 같은 믿음을 가진 동료일 때 큰 힘을 얻는다. 이 점은 아
내를 선택하는 문제에 있어서 방향을 제시해 줄 것이다. 신앙문제에 있어서
반대 방향으로 가는 여자는 마땅한 보필이 될 수 없다. 짝을 이루는 일에 있
어서 무분별한 것처럼 가정 내의 신앙을 부패시키는 일이 없다."

히브리서 11:11
"믿음으로 사라 자신도 나이가 많아 단산하였으나
잉태할 수 있는 힘을 얻었으니
이는 약속하신 이를 미쁘신 줄 알았음이라."

이 구절에 관심을 집중시켜야 하는 다섯 가지 요점이 들어 있습니다. 첫째,
사라의 믿음을 방해했던 것들입니다. 잉태하지 못함과 나이 많음과 불신앙
등이 믿음을 방해하는 요소들이었습니다. 둘째, 그녀의 믿음이 낸 효력입니

다. 그녀는 잉태할 힘을 받았습니다. 셋째, 그녀의 믿음의 부단성(不斷性)입니다. 그녀는 실제로 구원받기까지, 또는 어린 아이를 낳기까지 하나님을 신뢰했습니다. 넷째, 그녀의 믿음의 기초입니다. 그녀는 약속하신 하나님의 성실성을 의뢰했습니다. 다섯째, 그녀의 믿음이 가져온 열매입니다. 그녀의 아들 이삭으로부터 헤아릴 수 없이 많은 후손들이 났습니다. 우리는 이 요점들을 각각 나누어 살펴보기로 합니다.

"믿음으로 사라 자신도." 헬라어 원문이 다른 구절에서와 같이 '믿음으로'(by faith)로 번역되었어야 했습니다.[6] "사라 자신도(also Sarah herself)"라고 한 것도 사도가 이중적인 목적을 가지고서 쓴 표현처럼 보입니다.

첫째는, 남자들에 비하여 여자들에게는 은혜의 복락들과 특권들이 낮게 주어진다고 상상하는 오류를 막아주기 위한 의도를 풍기고 있습니다. 물론 직무적인 영역에서 하나님은 여자들이 남자들을 다스리고 주장하는 권위의 자리에 서지 못하게 하신 것이 사실입니다. 그래서 여자들더러 "교회 안에서 잠잠하라."고 명하였던 것입니다(고전 14:34). 또한 여자들에게는 가르치는 것이 허용되지 않았으며(딤전 2:12), 자기 "남편들에게 복종하라."고 명하고 있습니다(엡 5:22). 그러나 영적인 영역에 있어서 여자가 남자보다 열등하다고 말을 할 수 없습니다. "너희는 유대인이나 헬라인이나 종이나 자주자나 남자나 여자 없이 다 그리스도 예수 안에서 하나이니라."(갈 3:28) 그러므로 믿는 남편이나 믿는 아내는 "생명의 은혜를 함께 유업으로 받은" 사람들입니다.

둘째로, "사라 자신도"라 한 것은 사라가 여자이지만 아브라함과 같은 믿음을 행사했음을 알려주기 위함입니다. 사라는 아브라함과 함께 갈대아를 떠나 가나안으로 가서, 장막 안에서 같이 거하였습니다. 그뿐 아니라 그녀 개인적으로도 살아계신 하나님을 믿었습니다. 그럴 수밖에 없었던 것은 그

---

6) 영어 KJV에서는 'through faith'로 번역되어 있음을 염두에 두고 있다. - 역자주

녀도 아브라함에게 주신 하나님의 계시에 동일하게 관련되어 있었기 때문이며, 그 약속이 성취되기까지 같은 난관을 겪어야 했기 때문입니다. 약속된 후손의 복락은 아브라함뿐 아니라 그녀에게도 주어졌고 이루어졌습니다. 그러므로 사라도 교회 앞에 한 모본으로 세워질 만합니다(벧전 3:5,6). 이에 대하여 존 오웬(John Owen)이 이렇게 지적하였습니다.

"아브라함이 믿는 사람들 또는 교회의 아비이듯이, 사라는 교회의 어미였다. 그녀는 자유한 여인으로서 교회가 그녀에게서 났다(갈 4:22,23 참조). 모든 믿는 여자들은 그녀의 딸들이다(벧전 3:6)."

"믿음으로 사라 자신도 잉태하는 힘을 얻었으니." "자신"이란 말이 강조되어 있습니다. 그녀는 남편의 믿음을 통해서 복을 받을 수 있었습니다. 그러나 그녀가 힘을 얻는 것은 남편의 믿음뿐 아니라 자신의 믿음으로 말미암았습니다. 믿음을 행사하지 못하게 하는 매우 실질적이고 정말 어려운 장애들에도 불구하고 그녀는 믿음을 행사했던 것입니다. 우리가 지적했듯이 그녀의 믿음을 방해하는 것이 세 가지였습니다. 첫째, 그녀는 통상적인 출산기에는 전혀 아이를 갖지 못했습니다. 창세기 11:30은 "사라가 잉태하지 못했음을" 우리에게 알려 줍니다. "아브람의 아내 사래는 생산치 못하였고."(창 16:1). 둘째, 그는 출산할 수 있는 연령보다 훨씬 더 많은 연령이었습니다. 왜냐하면 지금 그녀는 '구십 세'가 되었기 때문입니다(창 17:17). 셋째, 불신앙이 일어나 그러한 조건에 처한 여자가 아이를 낳는다는 것은 자연이나 이성(理性)에 전적으로 위배되는 일이라고 설득하려 들었습니다. 창세기 18장에서 그 모습이 엿보입니다. 창세기 18장에 보면 세 사람이 아브라함에게 나타납니다. 그 중 한 사람이 신현적(神顯的, theophanic)으로 나타나신 주님이셨습니다. 그는 아브라함에게 "네 아내 사라가 아들을 낳을 것이라."고 말씀하셨습니다. 이 말을 들은 사라는 "속으로" 웃었습니다. 사라의 웃음은 의심과 불신앙의 웃음이었습니다. 왜냐하면 사라는 "나는 노쇠하였다."고 말했기 때문입니다. 주께서는 즉각 그녀의 불신앙을 꾸짖으시며 이렇게 다그치셨습니다. "여호와께 능치 못한 일이 있겠느냐 기한이 이를 때 내가 네게로 돌아오리니 사라에게 아들이 있으리라." 이 말씀은 엄숙한 귀추를 불러 옵니다. "사라가 두려워서 부인하여 이르되 내가 웃지 아니 하였나이다 가라사대 아니라 네가 웃었느니라."(창 18:15) 잘못을 범하는 것은 수치이기 마련입니다. 그러나 그 잘못을 부인하는 것은 더 큰 부끄러움입니다. 불신앙의 길을 내주는 것은 죄악입니다. 그러나 거짓말로 그 불신앙을 가리려는 것은 불의에 불의를 더하는 것입니다. 그리고 하나님을 속이겠다고 생각한다면, 우리 자신을 기만하는 것입니다. 왜냐하면 모든 것을 감찰하시는 하나님의 눈 앞에서 감추어질 수 있는 것이 하나도 없기 때문입니다. 히브리서 11:11과 창세기 18장에 기록된 것을 비교해 보십시오. 그러면 주님께서 사라의 불신앙을 책망하신 뒤에 사라가 그 약속이 하나님께로부터 왔음을 인식하기 시작함을 보게 될 것입니다. 그런 뒤에 그의 믿음이 작용합니다. 사라의 웃음이 약한 데서 나온 것이고 조소가 아니기 때문에, 사가랴의 불신앙을 대하실 때처럼(눅 1:20) 사라를 치지는 않으셨습니다.

이상의 사건들을 통해서 우리는 여러 가지 교훈들을 배울 수 있습니다. 많은 경우에서 말씀이 즉각적인 효력을 발생하지 않습니다. 사라의 경우에 말씀이 그러한 즉각적인 효력을 나타내지는 않았습니다. 물론 그녀는 뒤에 가서 믿었으나 처음에는 웃었습니다. 하나님의 약속을 "되풀이 해서" 음미해 볼 때만이 믿음이 활동하기 시작합니다. 실패로 좌절한 설교자들이나 그리스도인 부모들은 이점을 명심해 두어야 합니다. 다시 여기서, 믿음이 견고해지기 전에 흔히 갈등이 있음을 알아야 할 것입니다. "나 같은 늙은이가 아이를 가진다고?" 이성은 그 약속을 반대했습니다. 나무에 불을 붙이면 화염이 일어나기 전에 먼저 연기가 나듯이, 마음이 말씀을 의뢰하기 전에 일반적으로 의심하고 두려워하는 일이 있습니다. 그럼에도 불구하고 하나님께서는 자기 자녀들의 결함을 얼마나 은혜롭게 감추시는가요? 라합의 거짓말(히 11:31), 욥의 참지 못함에 대하여는 한 마디도 말씀하지 않으셨습니다(약 5:11). 또 여기에서 사라의 웃음에 대하여도 전혀 언급이 없습니다. "그러므로 사랑을 입은 자녀같이 너희는 하나님을 본받는 자가 되고… 사랑 가운데서 행하라."(엡 5:1,2)

"믿음으로 사라 자신도 잉태하는 힘을 얻었으니." 여기서 사라의 믿음을 묘사하는 말씀을 숙고해 보기로 합시다. 그녀는 전에 없던 것을 얻었습니다. 그녀의 몸이 정상적인 기능을 위해서 회복되었습니다. 그녀의 죽은 태가 초자연적으로 살아났습니다. 전능하신 분께서는 그녀의 믿음을 따라 행하시되, 자기를 의뢰하는 아브라함에 대하여 하신 바와 같은 일을 행하셨습니다. "기록된바 내가 너를 많은 민족의 조상으로 세웠다 하심과 같으니 그의 믿은바 하나님은 '죽은 자를 살리시며' 없는 것을 있는 것같이 부르시는 이시니라."(롬 4:17) 하나님께는 모든 것이 가합니다. 또 "믿는 자에게는 능치 못할 일이 없느니라."(막 9:23) 그것도 진리입니다. 우리가 보고 있는 그 사례는 이 점을 얼마나 복되고 놀랍게 예증합니까! 그것을 보고 우리 각자의 마음이 우리 믿음이 더해 줄 것을 추구해 나가며, 기도할 수 있게 되기를 바라나이다. 단순한 본성으로는 행할 수 없는 것을 우리 안에서, 우리로 말미암아 행하심을 확신하며 하나님을 우러러 보는 것보다 하나님을 더 영화롭게 하는 것이 무엇이겠습니까?

"믿음으로 사라 자신도 잉태하는 힘을 얻었으니." 그리스도인 독자 여러분, 여러분을 가르치고 여러분에게 용기를 주시기 위해 성령께서 기록하게 하신 말씀입니다. 믿음은 전에 없었던 활력을 사라의 몸에 불어 넣었습니다. "오직 여호와를 앙망하는 자는 '새 힘을 얻으리니.'"(사 40:31) 정말 우리가 이것을 믿습니까? 믿는 것처럼 행동하고 있습니까? 본 강해서 저자는 그 약속의 신실성을 증거할 수 있습니다. 본인이 호주에서 이 잡지[7]를 편집하면서 많은 편지를 써야 했습니다. 그리고 한 주간에 대 여섯 번 설교를 해야 했습니다. 야근할 때도 백번은 넘었습니다. 피곤한 몸을 이끌고 강단에 서는 적이 참으로 여러 번 있었습니다. 그 때 몸을 지탱케 해 주시는 주님의 역사를 보았습니다. 주님은 결코 우리를 실망시키지 않으십니다. 우리는 흔히 두 시간 동안 설교한 후에 오히려 아침에 일어날 때보다 더 새로워진 느낌을 경험하곤 합니다. 어째서 그러한 경험을 하지 못하는가? 하나님께서 "모든 필요한 것을 주시겠다."고 약속하지 않으셨습니까? "너희가 얻지 못함은 구하지 아니함이요."(약 4:2)라는 말씀이 얼마나 많은 경우에서 진리로 나타납니까!

아, 사랑하는 독자여, "육체의 연습은 약간의 유익이 있으나 경건은 범사에 유익하니 '금생'과 내생에 약속이 있느니라."(딤전 4:8) 경건은 영혼뿐 아니라 몸에게도 '유익합니다.' 우리는 오늘날 '신유(信癒, faith healing)'의 미명 아래 자행되고 있는 많은 일들을 강하게 질책하지만, 그럼에도 불구하고 거만한 경건의 몸짓을 하면서 몸의 필요를 위해서 하나님을 바라보는 것은 부당하다고 외치는 자에 대해 정말 역겨운 생각이 듭니다. 우리가 주해해 나가고 있는 이 히브리서 11장에서 '연약한 가운데서도 강하게 된 자들'에 대한 이야기를 읽습니다 (히 11:34). 참으로 많은 하나님의 사랑스런 자녀들이 자기들

---

7) 본래 이 히브리서 강해는 본서 저자가 주관하던 '성경연구지'라는 잡지에 계속 연재되던 것이다. - 역자 주

에게 주어진 특권을 누리지 못하고 살아가고 있는 모습을 보이니 슬프기 그지없습니다. 참으로 여러 하나님의 자녀들이 하나님의 징계하시는 손아래 있습니다. 그러나 그러지 말아야 합니다. 그 원인을 찾아내어 그릇된 것을 바르게 하고, 죄를 고백해야 하며, 영적인 것에나 세상에서 필요한 것에 대하여 새롭게 회복되도록 부지런히 구해야 합니다.

"믿음으로 사라 자신도 나이가 많아 단산하였으나 잉태할 수 있는 힘을 얻었으니." 이 말씀을 우리 몸에 힘을 주는 것에만 국한시켜야 한다는 인상을 주고 싶지는 않습니다. 물론 그러한 국면도 있지만, 그것이 우리가 여기서 배워야 할 첫 번째 교훈은 아닙니다. 오히려 더 깊은 의미가 있습니다. 많은 그리스도인은 자기의 영적인 연약을 느낍니다. 그럴 수도 있지요. 그러나 이런 장애를 오래 미루어두지 말고 하나님의 능력을 붙잡기 위해 분발해야 합니다(사 27:5). 아무리 살펴보아도, 다름 아닌 그 믿음의 부족한 것처럼 그렇게 자주 '육체'로 하여금 복음적 성결의 열매를 맺지 못하게 방해하는 것이 없습니다. 자기의 개인적 연약으로 좌절하지 말고 하나님의 능력을 힘입고 나아가십시오. "끝으로 너희가 주 안에서와 그 힘의 능력으로 강건하여지고."(엡 6:10) 이 말씀을 하나님께서 능하게 하여 주실 것을 확신하는 믿음의 기도로 바꾸십시오. "네 시작은 미약하였으나 네 나중은 심히 창대 하리라."(욥 8:7)

어떤 독자는 이렇게 말할지도 모릅니다. "아, 그러한 체험은 나에게는 해당되지 않는다. 안타깝다. 나는 너무나 무가치하고 너무나도 무능하다. 나는 철저하게 생명 없음과 냉담함을 느낀다." 사라가 그랬었습니다! 그럼에도 불구하고 그녀는 '믿음으로 말미암아 힘'을 얻었습니다. 사랑하는 친구여, 믿음은 자신에게 사로잡히지 않고 하나님에게 사로잡히는 것입니다.

"그가 백세나 되어 자기 몸이 죽은 것 같고 사라의 태가 죽은 것 같음을 알고도 믿음이 약하여지지 아니하고."(롬 4:19) 아브라함은 자기의 몸을 생각하지 않았습니다. 사라도 역시 자기 몸을 생각하지 않았습니다. 자기들의 바라보는데서 시선을 떼어 이적을 행하실 하나님만 계산하였습니다. 하나님께서는 그들을 결코 실망시키지 않으셨습니다. 하나님께서는 자기를 존중히 여기는 자를 존중히 여길 것이라고 약속하셨습니다. 하나님을 신실하게 기대하는 것보다 하나님을 존중히 여기는 것이 없습니다. 그는 언제나 믿음에 반응하십니다. 여러분이 약하고 냉담해 있을 이유가 없습니다. 진실로 그리스도 없이는 아무것도 할 수 없습니다. 오직 그리스도 안에서 여러분이 끌어낼 무한한 충만함이 있습니다(요 1:16). 그러니 오늘부터 여러분은 이러한 자세를 가집시다. "내게 능력 주시는 자(그리스도) 안에서 모든 것을 할 수 있느니라."(빌 4:13) 그리스도께 나아가십시오. 주님께서 하시리라고 여기십시오. "내 아들아 그러므로 네가 그리스도 예수 안에 있는 은혜 속에서 강하고."(딤후 2:1)

"잉태할 수 있는 힘을 얻었으니(also Sara herself received strength to conceive seed and was delivered of a child - KJV)." KJV에 and(그리고)라는 접속사는 앞에 나온 동사들과 뒤에 나오는 것을 연결시켜 줍니다. 사라가 "잉태할 수 있는 힘을 얻은 것"도 "믿음으로 말미암은" 것이었습니다. 여기서는 사라가 믿음을 끝까지 견지하던 모습을 암시합니다. 그녀는 낙태나 유산을 한 적이 없었습니다. 그녀는 줄곧 끝까지 하나님을 믿었습니다. 이 점은 오늘날 책에서 아주 조금밖에 다루어지지 않는 한 가지 문제를 제시합니다. 곧 삶에서 가장 어렵고 갈등이 심한 시기에 안전한 출산을 위하여 하나님을 의뢰해야 할 기독교 여성의 의미와 특권입니다. 예배의 행위를 통해서만 믿음을 행사하지 말고, 오히려 우리 매일의 일상 속에서 믿음을 행사해야 합니다. 믿음으로 먹고 마시고, 믿음으로 일하고 잠자야 합니다. 그리스도인 여성이 아내로서 아기를 잉태하는 것도 믿음으로 해야 합니다. 어떤 극한 상황에서 믿음이 필요하다면, 생명 자체가 달려 있는 그 출산의 문제는 더욱더 그러합니다. 청교도인 토마스 맨튼(Thomas Manton)의 주석에서 도움이 되는 말을 요약하여 간추려 보기로 합시다.

"첫째, 눈을 가린 채 위험 속을 달리지 않으려면 이러한 경우에 믿음을 행사하는 것이 얼마나 필요한지를 민감하게 인식해야 한다. 위험을 피하려면 그 출산의 순간이 매우 잠간 동안임을 생각하라. 라헬이 출산하다 죽었다. 비느하스의 아내도 그랬다(삼상 4:19,20). 그냥 달라는 것은 참으로 무모하다. 그러므로 그 위험에 대해서 매우 민감해야 한다. 어려움과 위험을 인식하면 할수록, 믿음을 행사할 더 좋은 기회를 얻는 셈이다(대하 20:12 ; 고후 1:9). 둘째, 출산의 고통은 죄에 대한 하나님의 불쾌하심의 발로이기 때문에(창 3:16), 죄에 대한 처방을 얻기 위하여 그리스도 안에 있는 유익을 열심히 구하는 것이 마땅하다. 셋째, 디모데전서 2:15의 약속을 묵상하라. 그것은 하나님께서 보실 때 영원한 측면에서나 잠시 세상에서 얻는 유익의 측면에서나 좋은 것이다. 넷째, 역사하는 믿음은 하나님의 능력을 영예롭게 하고 하나님의 뜻에 복종하는 것이어야 한다. '주여, 원하시면 나를 구원하실 수 있나이다.' 이 표현이야말로 이 세상에 있는 당신의 백성들에게 하나님께서 베푸시는 긍휼하심에 합당한 믿음을 나타낸다. 이 믿음은 큰 고통으로 정신을 차리지 못할 정도로 두려워하고 있는 마음을 안돈시키기에 충분하다."

"(또한) 분만하게 되었으니(and was delivered of a child)"[8] 지난 문단에서 지적한 바와 같이 이 소절이 첨가된 것은 사라가 계속 믿음을 가지고 있었음

을 알리고 하나님께서 그녀에게 복을 주셨음을 보여주기 위함입니다. 참된 믿음은 하나님의 약속을 적용할 뿐 아니라 믿는 바가 실제로 이루어지기까지 그 약속을 계속 의뢰합니다. 히브리서 3:14과 10:36에서 그 원리가 선명하게 밝혀 있습니다. "우리가 시작할 때에 확실한 것을 끝까지 견고히 잡으면 그리스도와 함께 참여한 자가 되리라." "너희에게 인내가 필요함은 너희가 하나님의 뜻을 행한 후에 약속하신 것을 받기 위함이라." 이 점에서 참으로 많은 사람들이 실패합니다. 하나님의 약속을 붙잡으려고 애를 쓰기는 합니다. 그러나 중간 시련 기간에 그만 그 약속을 놓쳐 버립니다. 그리스도께서 마태복음 21:21에서 하신 말씀도 그 때문입니다. "내가 진실로 너희에게 이르노니 만일 너희가 믿음이 있고 의심하지 아니하면 이 무화과나무에게 된 이런 일만 할 뿐 아니라 이 산더러 들려 바다에 던져지라 하여도 될 것이요." 약속을 들어 하나님께 탄원할 때에만 아니라 그 약속이 이루어지기를 기다리는 동안에도 "의심하지 말아야" 합니다. 그래서 잠언 3:5에서 "여호와를 신뢰할" 것을 명령한 다음에 바로 "네 명철을 의지하지 말 것"을 부연한 것입니다. "너는 마음을 다하여 여호와를 신뢰하고 네 명철을 의지하지 말라."

"사라 자신도 나이 늙어." 이 소절은 하나님께서 사라의 믿음을 보시고 참으로 은혜롭게 행하신 이적을 강조하기 위해 첨가되었습니다. 그것은 하나님의 은혜의 영광을 크게 드러냅니다. 또한 우리에게 용기를 주기 위하여 이 대목을 기록한 것입니다. 우리는 그 말씀을 통해서 어떠한 난관이나 장애도 약속을 불신하는 이유는 될 수 없음을 보여 줍니다. 하나님께서는 자연 질서에 매이지 않으시는 분이십니다. 어떤 제2차적인 원인들에 의하여 제한받지도 않으십니다. 하나님께서는 이 자연을 당장이라도 둘러엎으실 수 있습니다. 만일 그렇지 못하다면 하나님은 말씀하신 대로 선하지 못하시다는 이야기가 되는 셈입니다. 하나님께서는 반석에서 물을 내셨고 쇠가 물위에 뜨게 하셨습니다(왕하 6:6). 또한 거친 광야에서 이백만의 사람들을 먹이셨습니다. 이러한 것들을 볼 때 그리스도인은 마땅히 아무리 긴박한 상황 속에서도 순전한 담대함을 가지고 하나님을 기다려야 합니다. 그렇습니다. 우리를 방해하는 것들이 더 거세면 거셀수록 믿음은 더 커져야 합니다. 믿음이 있는 사람의 마음은 이렇게 말합니다. '지금이야말로 믿음을 위해서 좋은 기회이다. 지음 받은 시냇물이 말라 버린 일은 하나님께서 나를 위하여 자신의 강함을 보여주실 장엄한 기회가 되었도다. 하나님께서 못하실 것이 무엇이란 말인가! 하나님께서는 90세 된 여자로 아이를 낳게 하셨다. 자연과는 전혀 상반되는 일이었다. 그러므로 나를 위해서도 하나님은 기이한 일을 하시리라고 분명히 기대할 수 있다.'

"이는 약속하신 이를 미쁘신 줄 알았음이라." 여기에 믿음의 전체 비밀이 있습니다. 바로 사라가 확신을 가졌던 근거와 믿음으로 의뢰했던 터가 여기 있습니다. 그녀는 앞을 가로막은 장애물을 거쳐서 하나님의 약속을 보지 않고 하나님의 약속의 분명한 등불을 가지고 난관과 장애물들을 보았던 것입니다. 여기서 언급되는 사라의 행동은 이러합니다. 곧 '하나님이야말로 미쁘시다.'고 그녀는 '판단하고 계산하고 평가하였습니다.' 사라는 자기로 소망을 갖게 한 말씀을 주신 그 하나님이 그 말에 대한 책임을 지실 것을 확신했습니다. 하나님께서 말씀하셨습니다. 사라는 들었습니다. 그녀의 경우는 그 약속이 이루어지는 것이 불가능한 것처럼 보이게 하는 상황이었습니다. 그럼에도 불구하고 그녀는 견고히 하나님을 믿었습니다. 루터(Martin Luther)가 잘 말하였습니다.

"만일 당신이 하나님을 신뢰한다면 '어떻게?'라는 의문사를 십자가에 못

박아 버리는 법을 배워야 한다.”

“너희를 부르시는 이는 미쁘시니 그가 또한 이루시리라.”(살전 5:24) 이 말씀은 마음으로 의뢰하기에 충분합니다. 믿음은 ‘그 약속이 어떻게 우리에게 이루어질까?’의 문제를 전능자에게 기꺼이 맡겨버릴 것입니다.

“이는 약속하신 이를 미쁘신 줄 알았음이라.” 사라의 믿음이 약속보다 더 나아갔음을 면밀히 주목해야 합니다. 그녀의 생각이 ‘약속된 것에만’ 머물러 있을 때에는 그런 일이 전혀 자기에게 불가능할 것처럼 보였습니다. 그러나 생각을 제 2차적인 모든 동인(動因)들로부터 떼어내어 하나님 자신께 고정시켰을 때, 그 난제들은 더 이상 그녀를 괴롭게 하지 못했습니다. 그녀의 마음은 하나님 안에서 안주하게 되었습니다. 그녀는 하나님이야말로 믿을 만한 분임을 알았습니다. 그녀는 이런 식으로 마음의 생각을 정돈하였을 것입니다. ‘미쁘신 하나님께서는 당신 자신의 말씀을 능히 이행하실 수 있으시다. 또한 이행하실 기꺼운 마음을 갖고 계시다. 그러니 틀림없이 그 약속을 이행하실 것이다.’ 사라는 약속을 넘어서 약속하신 하나님 자신을 바라보았습니다. 그렇게 하니 모든 의심하는 것들이 사라지게 되었습니다. 그녀는 온전한 담대함을 가지고 거짓말 하실 수 없고 변하지 않으시는 하나님의 마음을 의뢰하였습니다. 하나님의 성실함이 존재하는 한 전능하심으로 그것을 이루실 것을 알았습니다. 겉으로 드러나는 모든 어려움들과 예상되는 모든 불가능한 요소들에도 불구하고 믿음이 힘을 얻고 복락을 기대할 용기를 가져야 합니다. 그것은 하나님의 성품을 신앙적으로 묵상하는 것을 통해서 가능합니다. 마음으로 하나님의 완전하신 속성과 성품들을 묵상할 때 믿음은 힘을 얻습니다. 그점이야말로 참으로 실천적인 중요성을 가집니다. 그러니 우리는 그 점을 다음 문단에서 더 다루어 봅시다.

하나님의 정직성과 불변성과 전능하심을 마음으로 먼저 묵상하지 않고 약속된 것들만 생각하거나, 그 약속된 것들을 누릴 영광만 철석같이 기대하고 있는 것은 허망한 상상에 불과합니다. 존 오웬(John Owen)은 이 점에 대하여 바르게 지적하였습니다.

"하나님의 약속을 믿는 신앙의 기본적인 첫째 대상은 약속된 것들이 아니다. 진리와 미쁘심과 전능성 등, 본질적 탁월성을 가진 '하나님 자신'이 믿음의 기본적 제일 대상이다."

그럼에도 불구하고 하나님의 '성품의 완전하심들'만 가지고는 우리 속에서 믿음을 일으키지 못합니다. 믿음으로 하나님의 '속성들'을 마음에 묵상할 때만이 '약속하신 이는 미쁘시다.'고 '판단하며 결론내릴 수'있습니다. '평강에 평강을 누리는 사람'은 하나님 자신을 깊이 생각하는 사람입니다. "주께서 심지가 견고한 자를 평강하고 평강하도록 지키시리니 이는 그가 주를 신뢰함이니이다."(사 26:3) 곧 하나님이 누구시며, 어떠하신 분이신가를 기쁨으로 숙고하는 사람만이 그 약속이 성취되기까지 의심이나 요동함 없이 끝까지 견뎌낼 것입니다. 사라가 그러하였습니다. 그러니 우리도 그리해야 합니다. 하나님의 모든 약속마다 "여호와께 능치 못한 일이 있겠느냐?"는 암시가 담겨있습니다.

히브리서 11:12

"이러므로 죽은 자와 같은 한 사람으로 말미암아
하늘의 허다한 별과 또 해변의 무수한 모래와 같이
많은 후손이 생육하였느니라."

우리는 여기서 백스터(Bagster)의 '원어대조역 성경(Interlinear)'을 인용하였습니다. 그것이 흠정역(KJV) 보다 더 문자적으로 정확합니다. 원어대조역은 이렇게 읽습니다. Wherefore also from one were born, and that too of (one) having become dead, even as the stars of the heaven in multitude, and as the sand which (is) by the shore of the sea the countless. 흠정역(KJV)의 읽기는 이러합니다. Therefore sprang there even of one, and him as good as dead(그러므로 죽은 자와 같은 한 사람 그로 말미암아)라고 하였는데, 거기서 him(그로)으로 번역한 것은 잘못입니다. 왜냐하면 이 구절에는 남성 대명사가 전혀 없기 때문입니다. 기껏해야 앞에 있는 one이 '죽은 자 같은' 부부를 가리킬 정도입니다. 그러나 우리는 개인적으로 그 one이 사라를 지시하는 것이라 믿습니다. 원어대조역의 were born(태어났다)고 번역한 부분이 암시하듯이 말입니다. 12절은 사라의 믿음의 열매, 곧 그녀의 아들 이삭에게서 나온 수도 헤아릴 수 없는 후손들을 밝히는 것이라고 봅니다. '별들(stars)'과 '모래들(sands)'은 다 그 두 종류의 후손들을 지목하고 있습니다. '별들'은 하늘에 속한 후손들을 지칭하고, '모래들'은 땅에 속한 후손들을 지칭합니다. 또는 영적인 이스라엘과 육신적인 이스라엘을 가리킨다고 해도 됩니다.

요한계시록 7:9에서 "아무라도 능히 셀 수 없는 큰 무리들"이라고 한 것 같이, 여기 이 구절에서 "하늘의 허다한 별들과 또 해변의 무수한 모래들과 같이"라 한 것은 분명히 과장법적 표현입니다. 그 말은 상징적인 어법이니 문자 그대로 이해하지 말아야 합니다. 이 책을 읽는 독자들에게는 이 말이 좀 무모하고 타당성이 없는 진술처럼 들릴지도 모르겠습니다. 그러나 성경과 성경을 비교해 보면 다른 결론이 나올 수 없습니다. 다음 성경 구절들은 그 점을 명백하게 합니다. 신 1:10 ; 수 11:4 ; 삿 7:12 ; 삼상 13:5 ; 삼하 17:11 ;

왕상 4:20 등. 이러한 상징적인 어법을 더 알아보려면 신 9:1 ; 시 78:27 ; 사 60:22 ; 요 21:25을 참조하십시오. 과장법적 표현은 우리로 하여금 진실이 아닌 것을 믿도록 하려는데 있는 것이 아닙니다. 도리어 강조하여 우리의 시선을 모아 중차대한 문제에 주의를 환기시키려 함입니다.

윌리엄 가우지(William Gouge)가 과장법과 관련하여 말한 것을 참조합시다.

"그 과장법을 쓸 때 지켜야 하는 원리는 다음과 같다. 첫째, 본질에 있어서 진실된 것들만을 위해서 써야 한다. 둘째, 보통으로 생각하기보다 더 가치 있는 것들에만 사용해야 한다. 셋째, 가능한 한 잠언적 어투로 시작해야 한다. 넷째, 동질성과 비동질성의 말들보다는 유사성과 비유사성의 말로 표현하여야 한다."

그러나 마지막으로 하나님께서 사라의 믿음에 주신 풍부한 상급이 무엇인지 생각해 봅시다. 12절의 "그러므로"는 신적인 차원에서 극도로 좌절케 할 난제들을 보고도 하나님의 미쁘심을 의뢰한 복된 귀추가 무엇임을 지적합니다. 그녀의 믿음으로부터 이삭이 나왔고, 이삭으로부터 궁극적으로는 그리스도 자신이 나오셨습니다. 이것을 성경에 기록한 것은 우리로 교훈을 얻게 하려 함입니다. 누가 믿음의 열매들을 평가할 수 있겠습니까? 오늘날 저와 여러분의 믿음으로 말미암아 장차 올 세대에서라도 선하게 영향을 받는 인생들이 얼마나 많을지 누가 말할 수 있겠습니까! 오, 이것을 생각하면, 주님의 은혜의 영광을 찬미하기 위하여 '주여 우리 믿음을 더하소서!'라고 얼마나 더욱 분발하여 간절하게 부르짖어야 할까요! 아멘.

63강

믿음의
견인 堅忍

11:13 이 사람들은 다 믿음을 따라 죽었으며 약속을 받지 못하였으되 그것들을 멀리서 보고 환영하며 또 땅에서는 외국인과 나그네임을 증언하였으니 **11:14** 그들이 이같이 말하는 것은 자기들이 본향 찾는 자임을 나타냄이라

사도는 고대의 하나님의 자녀들을 들어 그들이 보여준 탁월한 믿음의 행동 몇 가지를 묘사하여 왔습니다. 이제 그는 그 묘사를 잠간 멈추고 이미 열거한 사람들과, 39, 40절에서 더욱 명백하게 드러나듯이 앞으로 더 소개될 사람들의 믿음이 지닌 보편적 특성을 소개합니다. 13절에서 이 특성을 제시한 다음에 연이어 세 구절을 통해서 그것을 확대 설명합니다. 이 일을 통해 성령께서 의도하시는 바가 무엇인지 분명하게 드러납니다. 믿음은 장애들을 극복하고 끝까지 견디어 내는 특성을 가지고 있음을 성령께서 가르치시려 합니다. 히브리 그리스도인들에게 그런 믿음이 절대 필요함을 강하게 부각시키려 하십니다. 육신에 속한 사람도 '선한 결심'을 할 수 있습니다. 그리고 하나님을 기쁘게 하려는 노력의 반짝이는 섬광을 낼 수도 있습니다. 그러나 "모든 것을 참으며 모든 것을 믿으며 모든 것을 바라고 모든 것을 견디는" 바로 그 원리에 있어서는 전적으로 부족합니다(고전 13:7).

하나님의 선택한 백성들의 믿음은 몇 가지 국면에서 그 믿음을 주신 하나님과 닮은 데가 있습니다. 곧, 그 믿음은 살아 있으며, 썩지 않으며 마귀에게 정복당하지 않습니다. 믿음의 은사와 은혜는 하나님께서 심으신 것이니 결코 상실될 수 없습니다. 족장들의 삶의 내력은 그 점을 두드러지게 예증합니다. 그들은 자기의 본토를 떠나라는 명령을 받았습니다. 그래서 우상 숭배자들로 가득한 땅에 거하게 되었으며, 그곳에서 자기의 소유를 전혀 갖지 못했습니다. 또한 장막에 거하면서 많은 난관과 시련을 겪어야 했습니다. 또한 주께서 그들에게 주시겠다고 약속하신 특별한 은총과 부합될 수 있는 어떤 특권도 누리지 못하며 살았습니다. 그럼에도 불구하고 그들은 모두 "다 믿음을 따라, 믿음 안에서" 죽었습니다. 그들의 마음의 눈은 하나님께서 약속하신 복락들을 분명히 바라보았습니다. 그리고 때가 되면 그 복락들이 자기들의 것이 될 것을 확신했습니다. 장래에 주어질 분깃을 기쁨으로 내다보면서 그것을 위해서 현재의 이익들을 포기했습니다.

사도는 우리가 살펴보려는 이 히브리서 11:13, 14에서 끝까지 견뎌내는 믿음을 추구하고 소유하는 것이 얼마나 크게 중요한지를 강조합니다. 사도는 그렇게 하여 구약시대의 성도들이 이 세상에 사는 동안 하나님의 약속들을 믿었음을 지적한 것입니다. 여기서 사도가 드러내 보이며 칭찬하고 있는 것은 그들의 믿음의 인내와 부단성입니다. 그들 속에서 일어나는 모든 불신앙의 작용들(아브라함과 이삭과 야곱의 경우에 나타난 불신앙의 작용들)이 창세기에 기록되어 있습니다. 그들은 밖에서 오는 모든 시험의 공격을 견뎌내며 끝까지 하나님과 그 말씀을 부여잡았습니다. 그들은 믿음으로 살았고 믿음으로 죽었습니다. 그러므로 그들은 우리가 따를 자취의 본을 남겨 주었습니다. 존 칼빈(John Calvin)은 그 점을 아주 아름답게 지적하였습니다.

"여기에 우리(신약시대 이후의 사람들)와 그 조상들 사이의 차이가 표현되어 있다. 하나님께서 그 조상들에게는 우리가 크게 넘치도록 받은 은혜의 맛만 보게 하셨다. 그리고 지금 우리 눈앞에 밝히 보이는 그리스도를 멀리서 희미하게만 그려주셨다. 그럼에도 불구하고 그들은 그것으로 만족했고 믿음을 견지하였다. 그러니 오늘날 우리가 믿음을 지켜야 할 이유는 얼마나 더욱 큰가! 만일 우리가 갈수록 믿음이 약해진다면 두 배나 더 핑계할 수 없게 된다. 그 조상들은 오늘날 우리가 그처럼 가깝게 보는 그리스도의 영적 왕국을 멀리서 바라보았고, 우리가 오늘날 아주 가까이 보는 약속들을 멀리서 보고 환영했다. 그것이 우리가 마땅히 믿음을 지켜야 할 처지를 더욱 강화시키는 것이다. 그 조상들이 그러한 불리한 여건 속에서도 죽기까지 믿음을 지켰다. 주께서 그렇게 많은 도움으로 우리를 붙잡아 주시는데도 믿음에 있어서 유약해지면, 그것은 얼마나 큰 게으름인가. 어떤 사람은 이런 반론을 제시할지도 모른다. '그들은 믿음의 필연적인 귀추가 되는 약속들을 받았기 때문에 믿을 수 있었다.' 그 반론에 대하여, '그 표현은 상대적으로 이해되어야 한다.'는 답을 제시하고자 한다. 왜냐하면 그들은 하나님께서 우리를 올려 세운 그 높은 위치에 도달하지 못했기 때문이다. 그러니 그들이 약속을 통해서 우리와 동일한 구원을 가지고 있었다 할지라도, 그리스도의 나라를 통해서 우리에게 밝혀진 것처럼 그렇게 분명하게 밝혀진 약속들을 가지고 있지는 않았다. 그럼에도 그들은 그것들을 멀리서 보고 만족해하였다."

히브리서 11:13
"이 사람들은 다 믿음을 따라 죽었으며
약속을 받지 못하였으되 그것들을 멀리서 보고 환영하며
또 땅에서는 외국인과 나그네임을 증언하였으니."

"이 사람들은 다 믿음을 따라 죽었으며." 이 대목을 문자적으로 옮기면 "믿음 안에서(아니면 '따라') 죽었다."입니다. 우리는 이 대목이 아벨 이후 방금 전까지 언급한 사람들을 가리키는 것이라고 믿습니다. 거의 모든 주석가들은 이와는 다른 생각을 합니다. "이 사람들은"이란 표현이 문법적으로 말해서 앞 선 자들만이 아니라 뒤에 따라 나오는 사람들을 다 함축합니다. "이 사람들"은 열거된 모든 이들, 곧 젊은이나 늙은이나, 남자나 여자나, 큰 사람이나 작은 사람이나 열거된 모든 사람들을 함축합니다. "같은 성령께서 모든 사람들 안에서 역사하며 모든 사람들 안에서 그 능력을 보여 주신다. 고후 4:13을 참조하라."(William Gouge) 이에 대하여 '에녹은 죽지 않았다.'는 반론을 제시할 수 있습니다. 에녹이 죽지 않은 것만은 사실이나, 사도는 죽은 사람들만을 언급하고 있는 것입니다. 마치 창세기 46:7이 이미 애굽에 있던 요셉은 제외한 나머지 사람들을 말하고 있는 것과 같습니다. 더구나, 에녹이 다른 사람들처럼 죽지 않았지만 그는 땅에서 하늘로 옮겨졌습니다. 그는 옮겨지기 전에 끝까지 믿음으로 살았습니다. 사도는 바로 그 점을 주요하게 다루고 있습니다.

"이 사람들은 다 믿음을 따라 죽었으며." 그들이 믿음을 따라 죽었는데, 바로 그 믿음은 1절에서 묘사된 믿음입니다. 그 믿음은 의롭다 하심(칭의)과 거룩하게 하심(성화)을 받는 믿음입니다. 그들이 "믿음을 따라(믿음 안에서) 죽었다."는 것이 죽을 시간에 믿음을 실제로 행사하였다는 식으로 이해할 필요는 없습니다. 오히려 보다 더 엄격하게 말하여 그들은 믿음에서 떠나 배도한 적이 없었다는 말로 이해해야 합니다. 비록 그들이 믿는 바를 얻었거나 실제로 소유한 것은 아니었지만, 지상의 순례길이 끝날 때까지 믿는 바를 확신에 차서 바라보았습니다. 여기에 그들의 믿음이 가진 다섯 가지 효력, 또는 작용들이 언급되어 있습니다. 우리는 그것들을 주의 깊게 따로 나누어 생각해야 할 것입니다.

첫째, 그들은 "약속을 받지 못했다."

둘째, 그러나 그들은 그것들을 "멀리서" 보았다.

셋째, 그들은 그것들을 "확신했다."

넷째, 그들은 그것들을 "환영했다."

다섯째, 그러한 믿음 때문에 그들은 "땅에서 외국인과 나그네로라 증거하였다."

뒤에 나오는 구절들을 거론할 때 알게 될 것이지만, 구약 성도들 가운데 어떤 사람들은 죽으면서 실제로 그 믿음을 행사하기도 하였습니다. '믿음으로 죽는다.'는 것은 영광과 복락의 기업을 담대하게 확신한다는 말입니다. 존 오웬(John Owen)이 이에 대하여 다음과 같이 설명하였습니다.

"'믿음으로 죽는 자'에게 다음과 같은 것들이 요구된다. (1) 이생을 마치고 나서 맞을 내세에 존재하게 될 실질적인 실상(substantial existence)을 확고하게 믿어야 한다. 그것이 없이는 믿음과 소망 전체가 죽을 때에 함께 죽어 버린다. (2) 몸을 떠나는 자기 영혼을 하나님의 보호하심과 능력에 맡겨야 한다. (3) 복락과 안식의 장래 상태를 믿는 믿음이 있어야 한다. 곧, 여기 히브리서 11:16절에서는 그것을 가리켜 하나님께서 예비하신 '도성(都城)'으로 표현하고 있다. (4) 죽을 때에 믿음을 행사하는 자는 죽은 뒤에 어느 날엔가 자기들 몸이 부활할 것을 믿어야 한다. 그리고 이생의 순례길을 마친 자기들의 전체 인격이 영원한 안식에 들어감을 믿어야 한다."

지금 무덤 속에 있는 수천수만의 사람들은, '이생을 살면서 죽음을 예기하며 그 죽음을 위해 마땅한 준비를 하는 것이 그릇되다.'는 가르침을 받았었습니다. 그들은 그리스도의 재림이 아주 가깝다는 말을 들었고, 사는 날 동안에 그리스도께서 분명히 오실 것이라는 말을 듣기도 하였습니다. 안타깝게도 본 강해서 저자인 본인 자신도 그런 잘못을 범하기도 하였습니다. 사실, "복스러운 소망과 우리의 크신 하나님 구주 예수 그리스도의 영광이 나타나심을 기다리는 것"(딛 2:13)은 그리스도인의 행복한 특권이자 마땅한 의무입니다. 왜냐하면 하나님께서는 모든 세대의 자기 백성들에게 그 장엄한 전망을 갖게 하셨기 때문입니다. 그러나 하나님께서는 성경 어디에서도 자기 아들이 강림하실 '때'를 가르치신 곳은 없습니다. 주께서 오늘 강림하실 수도 있습니다. 앞으로 천년 동안 강림하지 않으실 수도 있습니다. 그러나 "복된 소망이 우리에게 있어 기다려야 하니" 죽음을 예비하는 것이 잘못이라고 말하는 것은 무모하기 짝이 없습니다. 구약의 성도들도, 신약의 성도들이 그리스도의 재림의 약속을 분명하게 받았듯이, 그리스도의 초림에 대한 분명한 약속을 받았었습니다. 그러면서도 그들은 죽음에 대해서 자주 생각했었습니다!

오늘날 "그리스도께서 금방 임하시어 천년왕국을 건설하실 것이라."는 전천년설(前千年說, premillennialism)이 많은 인기를 얻고 있습니다. 그 양상이 죽음에 대한 무시무시한 육신적 두려움에 기인된 것이라고 볼 수도 있는데 크게 염려할 일입니다. 사람들에게 무덤에 가지 않아도 된다고 확신시킬 수만 있으면, 그 주장은 육체를 입은 사람들에게 큰 호소력을 가지겠지요. 고린도전서 15:51과 데살로니가전서 4:17은 어떤 한 세대의 그리스도인들이 죽음을 보지 않을 것이라고 명백히 밝히고 있습니다. 그러나 '바로 그렇게 휴거될 세대가 바로 우리 시대라.'고 상상하던 사람들이 얼마나 많았습니까! 그러한 이들 중에 얼마나 많은 이들이 죽음을 전혀 준비하지 않은 채 죽음을 맞았는지요! 그리스도께서 재림하시는 그 날이 되면 그렇게 잘못된 허상에 기만당한 이들이 얼마나 많았는지 드러날 것입니다. 물론 이런 진술들을 달갑지 않게 받을 독자들도 있을 것을 우리는 익히 알고 있습니다. 그러나 우리가 추구하는 바는 사람들을 기쁘게 하는 것이 아니라 하나님을 기쁘시게 하는 것입니다. 죽을 준비가 되어 있는 사람이 어느 누구든지 주님의 재림을 위해 준비된 사람입니다. 재림 전에 죽을 가능성이 더 많으니 마땅히 죽음을 예비하는 것이 마땅하다고 생각하는 것이 지혜의 일부분입니다.

그러면 영혼이 몸을 떠날 준비가 되어 있는 사람은 누구입니까? '사망의 쏘는 것'을 미리 제거함으로써 죽음을 이긴 사람들이요, 예수 그리스도로 말미암아 하나님과 화평을 이룸으로써 그 일을 해낸 이들입니다. 말벌이라도 그 침을 빼버리면 더 이상 남을 쏘지 못합니다. 뱀도 그 이빨과 독액을 제거해 버리면 무서워할 필요가 없습니다. 사망도 그러합니다. 사망의 쏘는 것은 '죄'입니다. "사망의 쏘는 것은 죄요 죄의 권능은 율법이라."(고전 15:56) 만일 우리의 죄를 회개하고, 하나님을 섬길 온전한 마음으로 죄에서 돌이키고, 그리스도의 속죄하고 정결케 하는 피로 인하여 죄사함과 치유함을 추구하고 얻었다면, 사망은 우리를 해할 수 없습니다. - 오히려 그 사망은 하나님의 면전과 영원한 기쁨 속으로 우리를 데려다 줄 뿐입니다. 누가 죽음을 준비한 자입니까? 인격적 성결을 통해서 영생에 대한 자기들의 권리를 확인하고 확증한 사람들입니다. 그 인격적 성결은 하늘의 영광의 "처음 익은 열매들(first fruits)"입니다. 우리가 하나님의 말씀의 빛 가운데서 행함으로 말미암아 성도의 기업에 합당한 자가 되었음을 나타내는 것입니다.

"이 사람들은 믿음을 따라 죽었으며." "믿음을 따라(믿음 안에서) 죽기 위해서는" 믿음으로 살아야 합니다. 그러기 위해서 가장 우선적으로 하나님께 속한 일들을 아는 지식을 얻으려고 부지런히 애써야 합니다. 마땅히 행할 길을 알기 위해서는 먼저 우리 총명(understanding)이 밝아져야 합니다. 매일 우리는 "주의 길로 나를 가르치소서," "내 길을 주의 말씀으로 지도하소서." 라고 기도해야 합니다. 그 다음으로 하나님의 말씀을 우리 마음에 담고 있어야 합니다. 하나님의 말씀의 교훈을 묵상하고, 기억하고, 생각해야 합니다. 그럴 때만이 우리의 생각과 삶이 그 말씀의 교훈에 따르게 되는 것입니다. 하나님의 말씀은 우리의 총명을 밝혀 주는 빛으로 뿐 아니라 우리의 길을 비추어 주는 등불로서의 역할을 감당하도록 되어 있습니다. 우리는 그 하나님의 말씀의 인도를 따라서 행해야 합니다. 그리고 영혼이 정규적으로 그리스도를 생각해야 합니다. 그리스도의 다함없는 사랑과, 신기한 은혜와 무한한 긍휼, 그리고 현재 우리를 위해서 하나님 우편에서 계속 간구하심을 생각하며 경배하고 찬미를 드려야 합니다. 그렇게 하는 것이 우리를 율법에 얽매인 정신으로부터 벗어나게 합니다. 또 그렇게 함으로써 마음이 뜨거워지고, 마땅한 일을 행할 힘을 공급받게 되며, 그리스도를 기쁘시게 할 마음의 '소원'을 갖게 될 것입니다.

 "이 사람들은 다 믿음을 따라 죽었으며 약속을 받지 못하였으되." "약속"이라는 말은 환유법적(換喩法的)인 표현입니다. 곧, '약속된 것들'을 가리키는 말입니다. 문자 그대로 하면 "그들은 약속들을 받았습니다." 왜냐하면 하나님께 들었던 것이 그들의 믿음의 터였기 때문입니다. 히브리서 11:10, 14,16 절을 보면 그 점은 명백합니다. 그들에게 약속된 것들은 복음 시대의 영적인 복락과 장래 하늘의 기업에 관한 것이었습니다. 조상들과 '장로들'에게 주어진 그 약속들은 복되신 "후손," 곧 그리스도에 관한 것이었습니다. 더 나아가 가나안을 통해서 모형적으로 예표된 하늘에 관한 것이었습니다. 13절 첫 소절은 "같은" 약속들이 아벨과 에녹과 노아에게 주어졌음을 명백하게 보여 줍니다(물론 그 외양적인 모습은 여러 가지였지만). 그 약속들은 후에 아브라함과 이삭과 야곱에게 반복되어 주어집니다. 그 사람들은 각기 약속된 메시야를 철석같이 기다렸으며, 하늘의 영광을 믿음으로 바라보면서 죽었습니다. '그렇게' 죽는 것이 그들 자신들에게 위로가 되었으며, 다른 사람들에게는 자기들이 고백한 것의 실상을 확증해 주었던 것입니다.

"**약속을 받지 못하였으되.**" "받았다"는 말의 헬라어는 실제로 차지하고 누리는 것을 의미합니다. 그러니 믿음은 아직 우리의 것이 되지 못한 것을 의뢰하고 의지합니다. 믿음의 삶의 내용은 크게, 약속된 것들을 실제로 얻어 누리기 전에 그것들을 붙잡고 즐거워하는 것으로 이루어져 있습니다. 영원히 양식을 얻고 힘을 내게 되는 것은, 그 약속된 것들의 아름다움을 묵상하고 미루어 생각해 봄을 통해서입니다. 그리스도인이 현재 갖는 영적 행복은, 실제로 그 약속된 것들을 소유하는 것보다는, 약속과 그 약속이 이루어질 것을 기다리는 것을 내용으로 합니다. 왜냐하면 "믿음은 바라는 것들의 실상이요 보지 못하는 것들의 증거이기" 때문입니다. 바울 사도로 하여금 "현재의 고난은 장차 우리에게 나타날 영광과 족히 비교할 수 없도다."(롬 8:18)고 말하게 한 것이 바로 그것입니다.

"**그것들을 멀리서 보고.**" 그들이 그것들을 멀리서 본 것은 그들의 총명의 눈이 하나님에 의해서 밝아졌기 때문입니다. "너희 마음의 눈을 밝히사 그의 부르심의 소망이 무엇이며 성도 안에서 그 기업의 영광의 풍성함이 무엇이며."(엡 1:18) 그래서 그들은 하나님의 약속들 안에서 하나님의 지혜와 선하심과 사랑을 깨달을 수 있었습니다. 실로 그 약속들은 먼 장래에나 이루어질 것들이었습니다. 그러나 믿음의 눈은 멀리까지 볼 수 있는 힘을 부여받아 강합니다. 아브라함이 그러하였습니다. 그리스도께서 말씀하셨습니다. "너희 조상 아브라함은 나의 때 볼 것을 즐거워하다가 보고 기뻐하였느니라."(요 8:56) "상주시는 이심을 바라보며 보이지 아니하는 자를 보는 것같이 하여 참은" 모세도 그러하였습니다(히 11:26,27). 베드로후서 1:9에 나타난 대조는 실로 엄숙합니다. 우리는 그 말씀 속에서, "믿음에 덕을, 덕에 지식을, 지식에 절제를, 절제에 인내를, 인내에 경건을, 경건에 형제 우애를, 형제 우애에 사랑을" 더하지 못하는 사람들이 어떻게 되는지를 읽습니다. 그들은 그리스도인의 성품을 계발하지 못한 결과로 "멀리 볼 수" 없습니다.

"그것들을 확신하였으며."[9] 이 표현은 자신의 말씀을 이행하시는 하나님의 성실을 영혼이 만족하게 인정하였음을 공표하는 말입니다. 마음으로 확신하는 것은 "하나님께서 참되시다는 것을 인친" 것입니다(요 3:33). 마음으로 하나님의 증거를 진실로 받을 때에 그러한 일이 일어납니다. '확신하였다(persuaded)'는 말은 확실하게 신뢰한다는 뜻입니다. 그것은 믿음이 생각(mind, 理智) 속에서 일으키는 바를 가리킵니다. 아브라함의 경우에서 그 점에 대한 복된 실례를 볼 수 있습니다. 그의 나이가 백세였고 자기 아내의 태가 죽은 것도 알았습니다. 그럼에도 불구하고 하나님께서 "네게 아들이 있을 것이라."고 선언하셨을 때, 그는 "하나님께서는 약속하신 것을 능히 이루실 것이라."고 확신하였습니다(롬 4:21). 이 책을 읽는 독자여, 그것들을 묵상하는 데 있어서 너무나 더디기 때문에 우리의 마음이 하나님의 "지극히 크고 보배로운 약속들"의 신실성과 가치를 그렇게 적게 밖에 확신하지 못하는 것이 아닙니까!

"그것들을 멀리서 보고 환영하며." 그는 냉담하고 형식적인 태도가 아닌 뜨거운 마음으로 환영했다는 말입니다. 참된 믿음이 구원의 약속들을 붙잡을 때 그러한 성질을 나타내 보입니다. 확신의 효과는 언제나 이렇게 드러납니다. 곧, 하나님께 속한 것들을 감사하고 기쁨에 차서 받아들입니다. 믿음은

---

9) 우리말 개역개정이나 개역한글에서는 생략되어 있는 부분이나 KJV에서는 "And were persuaded of them."라고 부연되어 있다. - 역자 주

영적인 것들의 가치를 분별할 뿐 아니라, 영적인 것들의 실체를 온전히 확신합니다. 뿐만 아니라 그것들을 사랑합니다. 믿음은 승인할 뿐 아니라 집착합니다. 성경에서 믿음을 '보는 것'뿐 아니라 '맛보는 것'으로 표현합니다. 믿음은 총명으로 '보고' 마음으로 '확신하고' 의지로 '환영하는' 것으로 나타납니다. 그래서 이 구절에서 나타난 동사들의 '순서'는 실천적인 중요한 교훈을 줍니다. 먼저는 하나님의 약속들을 보고 묵상해야 합니다. 그 다음에는 그것들을 믿을 만한 것으로 신뢰해야 합니다. 그런 다음에는 그 약속들을 즐거워합니다. 우리가 더욱 생생한 열정을 가지려면 하나님의 약속들을 더 많이 묵상해야 합니다. 마음에 영향을 주는 것은 생각(mind, 理智)이기 때문입니다.

앞으로 더 나아가기 전에 우리는 이러한 질문을 던져 봅니다. 하나님의 약속들이 우리에게 진정으로 보배로운 것들입니까? 아마 우리는 '예'라고 즉시 대답할 것입니다. 그러나 우리 자신을 시험해 봅시다. 우리 마음이 사랑과 즐거움으로 그것들을 다부지게 붙잡고 있습니까? "내가 모든 재물을 즐거워함같이 주의 증거의 도를 즐거워하였나이다."(시 119:14)라고 한 시편 기자와 같이 진정으로 말할 수 있습니까? 하나님의 약속들이 시련과 슬픔의 때에 우리에게 어떤 영향을 미칩니까? 그 하나님의 약속들이 이 세상에서 가장 좋은 것들보다 더 큰 위로를 우리에게 제공합니까? 재난과 슬픔 중에서 "우리의 잠시 받는 환난의 경(輕)한 것이 지극히 크고 영원한 영광의 중(重)한 것을 우리에게 이루게 함"(고후 4:17)을 인식합니까? 하나님의 약속들이 우리의 기도에 어떤 영향을 미칩니까? 우리는 하나님의 은혜의 보좌 앞에서 그 약속들을 의뢰하고 호소합니까? 다윗처럼 "주의 종에게 하신 말씀을 기억하소서 주께서 나로 소망이 있게 하셨나이다."(시 119:49)라고 아버지께 아룁니까?

"또 땅에서는 외국인과 나그네임을 증언하였으니." 하나님의 약속을 진정으로 환영하는 자들은 그 약속에 합당한 영향과 감동을 받습니다. 하늘에 속한 것들을 즐거워하였다는 사실은 지상에 속한 것들로부터 등을 돌린 것을 통하여 분명하게 드러납니다. 그리스도께서 자기 영혼에 나타나셨을 때에 물동이를 버린 여인과 같이 말입니다(요 4:28). 사람이 진정으로 그리스도인이 되면 그는 즉시 그 전에 보던 것과는 다른 빛으로 시간 세계에 속한 모든 것들을 보기 시작합니다. 족장들도 그러하였습니다. 그들의 믿음은 그들의 삶에 강력하고 변화시키는 효과를 발하였습니다. 그들은 믿음과 소망을 증거하였습니다. 자기들의 최고의 관심은 이 세상에 있는 것들이나 세상에 속한 것들이 아님을 명백히 했습니다. 그들은 하나님의 약속 가운데에서 만족한 분깃을 얻었기에 다른 사람들이 이 세상에서만 얻는 분깃을 차지하려고 마음 쓰는 일을 공공연하게 버린 것입니다.

족장들은 자기들의 시민권과 기업이 다른 곳에 있다는 사실을 숨기지 않았습니다. 아브라함은 헷 자손들에게 이렇게 고백했습니다. "나는 당신들 중에 나그네요 우거한 자니."(창 23:4) 야곱은 바로에게 "내 나그네 길의 세월이 일백 삼십 년이니이다."(창 47:9)라고 하였습니다. 이 말을 그 당시 다른 민족들이 가나안을 점령하고 있었다는 사실에 비추어 설명해서는 안 됩니다. 이스라엘이 그 가나안 땅을 차지하고 나서 한참 뒤에 다윗은 이렇게 부르짖었습니다. "여호와여 나의 기도를 들으시며 나의 부르짖음에 귀를 기울이소서 내가 눈물 흘릴 때에 잠잠하지 마옵소서 나는 주와 함께 있는 나그네이며 나의 모든 조상들처럼 떠도나이다."(시 39:12) "나는 땅에서 나그네가 되었사오니 주의 계명을 내게 숨기지 마소서."(시 119:19) 그래서 그는 모든 회중들 앞에서 하나님께 이렇게 아뢰었습니다. "우리는 우리 조상들과 같이 주님 앞에서 이방 나그네와 거류민들이라 세상에 있는 날이 그림자 같

아서 희망이 없나이다."(대상 29:15)[10] 이 구절들은 구약의 성도들이 신약의
성도들과 동일하게 "하늘에 속한" 부르심과 영광을 알고 있었다는 분명한
증거입니다.

"또 땅에서는 외국인과 나그네임을 증언하였으니." "외국인(strangers)"과
"나그네(pilgrims)"가 전달해 주는 사상은 매우 유사하지만 두 용어가 동일
한 것은 아닙니다. 하나는 지위와 차지한 자리를 더 가리키고, 다른 하나는
조건을 더 가리켜 말합니다. 곧 어떤 지위에서 어떻게 처신하였는지를 두 용
어를 통하여 밝히고 있습니다. 그들이 "외국인"이었던 것은 그들의 본향이
하늘에 있었기 때문이다. 그들이 "나그네"였던 것은 여기저기 떠돌아다니고
있었기 때문입니다. 그에 대하여 이름을 완전하게 밝히지 않은 어떤 사람이
다음과 같이 말하였습니다.

"'외국인'이 되지 않고서는 '나그네'일 수 없다. 그러나 우리가 참된 외국인
임을 깨닫기만 하면 '나그네'인 자신을 알 수밖에 없다. 우리가 '나그네' 길
에서 이 세상의 모든 도성과 교회들을 방문할 수 있다. 그리고 그 모든 것들
을 다 포용하여 환영할 수 있다. 그러나 우리가 참으로 '우거하는 거류자'에
불과하면 우리는 그 모든 사람들에게 '외국인'일 것이다. 또한 아브라함처럼
그 모든 사람들 가운데서 여호와를 향한 단독의 제단을 쌓을 수밖에 없을
것이다. 아브라함이 그 가나안 사람들과 함께 예배한다는 것이 어떻게 가능
한가? 불가능하다! 그 '제단'이 창세기 12:8에 나오고, 아브라함이 우거하던
'장막'과 그처럼 긴밀하게 연관되었던 것은 바로 그 때문이다."(E. W. B)

---

10) 이 구절의 개역한글이 개역개정역 보다 훨씬 더 나은 번역으로 보인다. "주 앞에서는 우리가 우리 열조와 다름이
없이 나그네와 우거한 자라 세상에 있는 날이 그림자 같아서 머무름이 없나이다." - 역자 주

"외국인과 나그네"로서 족장들이 살아갔던 그 외양적인 삶의 모습을 통해서 사도는 그리스도인이 세상을 포기함을 영적으로 모형화하고 있습니다. 하늘의 시민권을 가진 우리는 "세상을 본받지 말라."는 명을 받습니다(빌 3:20 ; 롬 12:2). 족장들은 가나안의 배도적인 종교와 정치와 사회활동에 전혀 참여하지 않음으로써 자기들이 "외국인"임을 명백히 드러내었습니다. 또한 '장막에 거하면서' 이리저리 옮겨 다녀 자기들이 "나그네"임을 확증했습니다. 우리가 세상에 대하여 십자가에 못 박혔음을 어느 정도까지 나타내고 있습니까?(갈 6:14) 우리의 일상생활은 "하늘에 속한 부르심에 참예한" 자들임을 보여 줍니까? 이 세상을 우리의 본향으로 보거나 세상 사람들을 우리의 사람들로 보는 일을 중단하였습니까? 하늘에 보물을 쌓아 두고 있습니까? 아니면 애굽의 고기 가마를 연연하고 있습니까? 우리가 "주여, 주의 형상을 본받게 하소서."라고 기도할 때, 우리는 "방해가 되는 모든 것을 내게서 빼앗아 가소서."라고 기도하는 셈이 아닙니까!

이 세상에 있는 하나님의 자녀들에게 "외국인"이라는 상징적인 언어를 쓰는 것은 매우 타당하고 완벽해 보입니다. 외국에 사는 사람과 이 세상에 있는 그리스도인 사이의 유사점들이 많고 두드러집니다. 외국에서는 생득권을 인정받지 못하고 따돌림 받습니다(요 15:19). 그 나라의 습관들과 여러 의식들과 언어가 외국에 있는 사람에게는 생소합니다(벧전 4:4). 그는 외국인으로서 받는 대우를 만족하게 여겨야 합니다(딤전 6:8). 그리고 그는 그 정부(政府)를 거스르지 않도록 극히 조심해야 합니다(골 4:5). 또한 부단히 자기 길을 탐구해야 합니다(시 5:8). 그 외국의 여러 방식들을 따르지 않음으로 그의 정체가 쉽게 드러납니다(마 26:73). 그는 자주 '향수병(homesick)'의 엄습을 받습니다. 왜냐하면 그의 몸은 거기에 있지만 마음은 그렇지 않기 때문입니다(빌 1:23).

"나그네"라는 말을 그리스도인에게 적용시켜 보면 그 상징적인 표현도 동등하게 많은 것을 암시해 줍니다. 그리스도인은 이곳저곳을 다 다녀 보아도 고향에 온 느낌을 가질 수 없습니다. 그는 자신이 매우 외롭다는 것을 발견합니다. 왜냐하면 자기의 길을 함께 가는 사람들이 적기 때문입니다. 자기를 만나는 사람들이 자기에게 용기를 주는 일이 거의 없습니다. 왜냐하면 그 사람들은 그를 이상한 사람으로 여기기 때문입니다. 그는 어떤 사람이 자기에게 친절을 베풀어 주면 그것을 매우 고맙게 생각합니다. 자기는 하나님의 섭리 속에 있음을 예민하게 의식하기 때문에, 악한 자들 앞에서 하나님께서 은총을 허락하실 때마다 감사합니다. 여행에 필요하다고 여기는 것 외에는 가지지 않습니다. 남는 것들을 오히려 거추장스럽게 여깁니다. 자기 주위에 있는 여러 허망한 것들을 바라보느라고 시간을 빼앗기지 않습니다. 또 길에서 만나는 난관들 때문에 돌아가야겠다는 생각도 하지 않습니다. 그는 분명한 목적을 향하여 부단하게 나아갑니다.

우리는 이 세상에 있는 것들을 사용하되 (필요할 경우에) 그것들을 남용하지는 않음으로써(고전 7:31), 우리가 "외국인과 나그네"임을 명백히 해야 합니다. 이 세상에서 우리가 살 때 우리의 몫으로 하나님이 정해 주신 것에 만족해야 합니다(빌 4:11). 양심적으로 우리의 책임을 감당하려고 추구해야 하며, "다른 사람들의 일에 간섭하는 몸"이 되지 않도록 해야 합니다(벧전 4:15). 모든 일에 겸비하여 절제해야 하고, 그럼으로써 "영혼을 거슬려 싸우는 모든 육체의 정욕을 제어해야" 합니다(벧전 2:11). 또한 모든 무거운 것을 벗어 버리고 땅에 있는 우리 지체들을 죽임으로써 앞에 당한 경주를 인내로 달려가야 합니다(히 12:1). 매일 이 세상의 덧없음과 불확실성을 염두에 두어야 합니다(잠 27:1). 언제나 마음으로 우리 장래의 기업을 생각하며, 우리가 주의 형상으로 깨어날 때에야 만족할 것임을 알아야 합니다. 그렇게 함으로써 우리가 "외국인과 나그네"임을 확증해야 합니다.

이에 대하여 존 칼빈(John Calvin)이 했던 말을 들어 봅니다.

"그들이 어두운 구름 가운데서 두렵기 짝이 없는 마음으로 하늘나라에 들어갔다면, 우리는 오늘날 어떻게 해야 마땅하겠는가? 그리스도께서 하늘에서 눈에 보이게 손을 내밀어 우리를 잡아당겨 그 계신 곳으로 올려놓으신다. 만일 가나안 땅이 그들의 시선을 빼앗지 못했다면, 이 세상에서 약속된 거처를 전혀 갖지 못한 우리야말로 이 땅에 속한 것들을 단념하는 일은 더욱 쉽지 않겠는가?"

바실(Basil, '암흑시대' 초기에 그리스도의 경건한 종)이 모하멧 교도들에게 추방당할 위험에 처했을 때 이렇게 말했습니다. "나는 추방 같은 것을 알지 못한다. 이 세상에서 거처를 전혀 가지고 있지 않는 내가 추방을 당하다니 무슨 말인가? 나는 이것을 내 것이라 여기지 않는다. 또 다른 것도 내 것이라 말할 수 없다. 오히려 모든 것은 하나님의 것이요, 나는 하나님께 속한 외국인이요 나그네이다."

히브리서 11:14
"그들이 이같이 말하는 것은
자기들이 본향 찾는 자임을 나타냄이라."

이 말씀은 앞 절의 마지막 소절에서 논리적으로 끌어낸 추론입니다. 이로써 우리는 성경을 어떤 방식으로 해석해야 하는지 하나의 가치 있는 암시를 받고 있는 셈입니다. 사도는 여기서 족장들의 신앙고백이 뜻하는 바를 알려주고 있습니다. 부정은 긍정을 함축합니다. "탐내지 말라."는 것은 "하나님께서 주신 것으로 만족해야 할 것이라."는 의미를 담고 있습니다. 성도들도 외국인과 나그네처럼 처신해야 하고, 이 세상에서 사는 날 동안 하늘을 향하여 나아가고 있다는 사실을 명백하게 보여야 합니다.

존 오웬(John Owen)은 이 점에 대하여 이렇게 말하였습니다.

"이 방식은 성경을 해석하는 참되고 바른 방식이다. 말을 한 장본인들과 그들이 처했던 처지를 연관시켜 말씀을 생각해 봄으로써 그 장본인들이 가졌던 결연한 마음과 의식이 어떠함을 선언할 때는 더욱 그러하다."

"그들이 이같이 말하는 것은 자기들이 본향 찾는 자임을 나타냄이라." 자기들이 "외국인"임을 증거하였다는 것은 무엇입니까? 자기들이 아직은 약속된 기업을 받지 못했다는 것보다 더 많은 것을 함축합니다. 물론 그것도 함축하기는 하나, 그 약속된 기업을 향하여 부지런히 나아가고 있음을 보여 주기도 합니다. 그렇게 할 만한 충분한 이유를 가지고 있었습니다. 그 약속된 기업이 그들의 "본향"이었습니다. 하나님은 창세전에 "하늘에 속한 모든 신령한 복을 우리에게 주"셨기 때문입니다(엡 1:3). 그들이 거듭나게 된 것도 그것으로 말미암습니다(요 3:3). 그들의 아버지와 구주와 동료 성도들이 바로 그곳에서 거합니다. 약속된 기업을 "찾는다"는 것은 신자가 가장 소원하는 것을 간절하게 요청하고 있다는 것을 지시합니다. 모든 거짓된 신앙고백자들과 참 신자를 구별시키는 것이 바로 그것입니다. 거짓 신앙고백자는 삶을 위하여 좋은 것만을 소원합니다. 발람이 "나는 의인의 죽음같이 죽기를 원한다."고 말한 것과 같습니다(민 23:10). 오직 중생한 사람만이 실로 이렇게 고백할 수 있습니다. "내가 여호와께 바라는 한 가지 일 그것을 구하리니 곧 내가 내 평생에 여호와의 집에 살면서 여호와의 아름다움을 바라보며 그의 성전에서 사모하는 그것이라."(시 27:4)

그리스도인은 언제나 "하늘을 추구하는 것"을 최상의 목표로 삼아야 합니다. 얽매이기 쉬운 것을 벗어버리고, 하나님께서 지정하신 모든 방편들을 사용하여 그 목표를 향하여 나아가야 합니다. 세상을 붙잡은 손을 놓고 하늘 위엣 것을 생각해야 합니다. 그 하늘에 이르게 하는 좁은 길을 가기 위해서 항상 마음을 써야 합니다. "본향 찾는 자임을 나타냄이라."

매튜 헨리(Matthew Henry)가 이에 대하여 다음과 같이 말하였습니다.

"그들은 그 본향을 위해 궁리하였고 간절히 사모하였으며, 그 본향에 대해서 이야기를 나누었다. 그들은 부지런히 그 본향에 이르는 자기들의 자격을 연마하려고 애썼다. 또한 그 본향에 합당한 성품을 연마하고 그에 합당한 삶을 살며, 그것을 차지하려고 힘써 나아갔다." 여기서 하늘을 가리켜 "본향(country)"이라고 한 것은 그 광대함 때문입니다. 하늘은 즐거운 나라이며, 정직과 안식과 기쁨의 나라입니다. 하나님의 은혜로 말미암아 이 책의 저자나 독자 모두 다 그 나라로 인도함 받게 하옵소서. 아멘

64강

믿음의
상급

11:15 그들이 나온 바 본향을 생각하였더라면 돌아갈 기회가 있었으려니와 **11:16** 그들이 이제
는 더 나은 본향을 사모하니 곧 하늘에 있는 것이라 이러므로 하나님이 그들의 하나님이라
일컬음 받으심을 부끄러워하지 아니하시고 그들을 위하여 한 성을 예비하셨느니라

우리는 다시 한 번 이 서신을 처음 받았던 성도들의 특별한 처지를 상기해야겠습니다. 그렇게 함으로써만 이 서신의 내용을 분별할 가장 좋은 위치에 서게 됩니다. 그렇게 함으로써 그 내용을 우리 자신에게 가장 적확하게 적용할 수 있게 됩니다. 이 히브리서를 받던 히브리 그리스도인들은 육체를 따라서는 유대인들이었고 우리는 이방인들이라고 말해서는 안 됩니다. 왜냐하면 그들은 우리와 한결같이 "거룩한 형제들, 하늘의 부르심에 참예한 자들이기" 때문입니다(히 3:1). 아니, 우리는 그들을 유혹했던 강력한 시험과 더불어 그들이 처했던 특별한 입장을 주의 깊게 숙고할 필요가 있습니다. 그들은 하나님의 은혜로 유대교에서 빠져 나왔습니다(요 10:3). 그러나 아직 유대교는 하나님의 심판을 받지 않은 상태에 있었습니다. 성전이 아직도 건재해 있었고, 그 성전에서 섬기는 일들이 계속 되고 있었습니다. 그러기에 히브리 그리스도인들이 유대교로 다시 돌아가고 싶은 충동을 느꼈던 것입니다.

자, 그러한 역사적인 상황은 도덕적인 상황을 그대로 표출하고 있었습니다. 그리스도인들은 "세상에서 나와 그리스도를 따르라."는 부르심을 받은 이들입니다. 그러나 아직 세상은 하나님의 심판을 받아 소멸된 상태에 있지 않습니다. 아니, 세상은 여전히 건재하며, 우리는 그 세상 안에 있습니다. 그리고 또한 사탄은 우리를 그 세상으로 돌아오게 하려고 무척 애를 쓰고 있습니다. 우리가 지금 살펴보고 있는 구절들의 요지를 알 수 있게 하는 것이 바로 그 상황입니다. 방금 말한 것을 염두에 둔다면, 사도가 다음의 두 가지 사실을 우리에게 상기시키려는 이유를 분별하는 데 별 어려움이 없을 것입니다.

첫째는 그 족장들이 땅에서 나그네와 행인으로 살았다는 것이고, 둘째는 그들이 자기들의 떠나온 본향으로 다시 돌아가지 않았다는 사실입니다. 지난 강론에서 보았듯이, 족장들이 가나안 사람들과 교제하지 않고 "장막에서 우거한" 사실은 그리스도인이 이 세상을 포기하는 것을 모형적으로 그려주었습니다. 그 족장들이 갈대아로 돌아가기를 싫어한 것은 그리스도인이 '끊임없이' 세상을 단념하고 하늘을 향해서 계속 경주해야함을 예표했습니다.

이제 우리가 알아보려는 구절들은 그리스도인의 삶에 있어서 진수가 되는 요소를 명백히 밝혀 줍니다. 본문은 오늘날 어떤 교파에서는 크게 무시하거나 부인하는 진리의 한 국면을 보여줍니다. 성도들의 영원한 구원의 복된 진리를 지식 없이 열심히 강조해 왔던 자들이 있습니다. 그들은 하나님께서 자기 백성들을 보전하시되, 그 백성들이 사용하는 방편에는 전혀 개의치 않는다는 식으로 그 진리를 표현했습니다. 사실상 그들은 그리스도인의 책임을 부인하는 방식으로 진술한 것입니다. 마치 은행이나 정부의 예금 구좌에 돈을 맡겨 놓으면 더 이상 그 돈에 대하여 걱정할 필요가 없는 것처럼, 일단 내 영혼을 주께서 맡아 주십사고 부탁하면 그 영혼의 안전성에 대하여 더 이상

할 일이 없어진다고 말한 셈입니다. 그 결과로 진리를 이처럼 거짓되게 말하는 것을 받아들였던 많은 사람들은 무분별하고 방종한 삶을 살면서도 아주 평안한 느낌을 가지게 되었던 것입니다.

우리가 방금 언급한 교훈은 너무 한쪽으로만 치우쳤기 때문에, 그 교훈을 옹호하는 자들은 참된 그리스도인도 배도할 위험이 있다고 말하는 것을 절대로 용납하지 않을 것입니다. 어떤 하나님의 종이 이렇게 말하였다 합시다. '하나님의 참된 성도도 배도할 위험을 안고 있다. 그러나 이제까지 하나님의 참 성도가 멸망을 당한 적이 없고 앞으로도 없을 것이다.' 그렇게 확언하는 소리를 들으면 그들이 어떻게 반응할까요? 그들은 대번에 '그런 하나님의 종은 일관성도 없고 비논리적인 사람이라.'고 생각할 것입니다. 하나님의 영원한 경륜과 그리스도의 구속의 가치와 성령의 효력적인 역사의 차원에서 볼 때, 선택 받은 사람은 한 사람도 구원을 받지 못할 자가 없다는 것이 완전한 진리입니다. 그럼에도 불구하고 그리스도인이 연약하고, 여전히 사탄의 공략을 받고 있는 육체적인 존재이며, 악한 세상에 살고 있다는 점 등을 고려해 보아야 합니다. 아울러 그리스도인이 사방에서 오는 현실적인 위험(이론적이거나 상상적이 아닌 실제적인 위험)에 직면해 있습니다. 앞에서 언급한 그릇된 교훈을 따르는 이들은 바로 이 엄연한 사실을 인식하지 못하고 있습니다. 아니, 그들은 이 문제를 접근함에 있어서 신적인 측면만 고려하고 상상하기를 좋아합니다.

그러나 우리가 이제 살펴보려는 본문은 그 교훈의 '기만성'을 노출시킵니다. 사도는 그 조상들이 자기들이 떠나왔던 본향으로 다시 돌아갈 가능성이 전혀 없었다고 말하지 않습니다. - 그 본향으로 다시 돌아간다는 것은 세상으로 다시 돌아가는 것을 모형적으로 그려줍니다. 사도는 담대하게 확언하고 있습니다. 자기더러 일관성이 없다는 비난을 하든 말든 상관없이 확언하고 있습니다. 그들의 마음이 갈대아에 가 있었으면 "돌아갈 기회가 있었다."는 것입니다. 그들이 장막에 거하며 낯선 땅에서 이리저리 옮겨 다니는 것이 지겨워 메소포타미아로 다시 돌아갈 계획을 세웠다면 그걸 막아설 것이 무엇이었겠습니까? 참으로 그렇게 했으면 그것은 불신앙과 불순종의 행동이었을 것이고, 약속을 멸시하고 포기해 버리는 행위였을 것입니다. 그럼에도 불구하고 인간적인 측면에서 볼 때 그들이 그렇게 행동할 길은 언제나 열려 있었습니다. 이제 우리는 본문을 자세히 고찰해 봅시다.

히브리서 11:15
"그들이 나온 바 본향을 생각하였더라면
돌아갈 기회가 있었으려니와."

이 15,16절과 14절 사이를 연결하는 삼중적인 끈이 존재합니다. 첫째, 사도는 13절 초두에서 자기가 언급하고 있는 모든 사람들이 "믿음으로 죽었다."고 확언했습니다. 사도는 히브리 그리스도인들에게 바로 그 요점에 특별한 관심을 기울이게 하였습니다. 그런 진술 이후 16절 마지막까지 그런 주장이 어떻게 나왔는지 그 이유를 제시합니다. 둘째, 사도는 14절에서 시작한 추론을 15절에서 계속해 나갑니다. 그는 13절 마지막 소절로부터 어떤 한 사실을 유추해 냈습니다. 그 족장들의 고백은 그들의 마음이 하늘에 가 있었음을 명백하게 증거합니다. 갈대아로 돌아가기를 싫어한 사실에서 그 점이 더욱 확증됩니다. 셋째, 사도는 반론을 예기하면서 사전에 논박하고 차단합니다. 사도가 예기한 반론은 이런 것이겠지요. '하나님께서 다른 땅(가나안)에 거주하라고 명령하신 걸 보니 그들은 그 땅에서 외국인일 수밖에 없지 않느냐?' 그러나 사도는 '그렇지 않다.'고 잘라 말합니다. 그들은 마음으로 "외국인과 나그네"로 자처하였다는 것입니다. 그들의 몸만 아니라 마음도 갈대 아에서 떠나 있었습니다.

그 족장들이 낯선 땅에 머물렀던 것은 순전히 억지로가 아니라 자원하는 마음으로 한 일이었습니다. 우리는 여기서 많은 사람들이 실질적인 난제의 핵심을 대면하는 것을 봅니다. 하나님께서 한 사람을 "이끌어 그리스도께 나오게" 하실 때(요 6:44), 그 사람의 의지에 억지를 가하지 않으십니다. 하나님께서 주권을 행사하시면서도 그 사람의 자유를 다치지 않게 하십니다. 하나님의 주권도 진리이고, 사람의 자율권도 무시하지 않으시고 살리신다는 것도 진리입니다. 그리스도인의 삶의 매 단계에 그 두 요점이 합세하여 선을 이룹니다. '회심 자체를 전체로 놓고 보면' 하나님의 은혜의 강력한 작용으로 말미암은 것입니다. 그럼에도 불구하고 회심이란 인간 편에서의 자유로운 행위입니다. 하나님께서 어둠에 처한 사람들을 당신의 그의 기이한 빛 가운데로 들어가게 유효하게 부르실 때 회심이 일어납니다. 그런데 그렇게 회심하는 이들은 자기들의 전 존재를 하나님께 복종시키며, 육체와 세상과 마귀를 버립니다. 그리고 '하나님의 은혜로 말미암아' 간단(間斷)없는 투쟁을 선언합니다. 회심 때에 한 서원을 이행하되, 그 서원을 실제로 옮기는 일을 끊임없이 행하는 것입니다. 회심이 있고 나서부터 즉각적으로 그 영혼 속에서는 격렬한 투쟁이 일어납니다. 마귀는 죄의 쾌락과 세상의 매혹을 보여줌으로써 자기가 사로잡았던 자를 놓치지 않으려 합니다. 마귀는 또 영혼에게 이렇게 속삭입니다. '그렇게 세상적인 것들을 팽개치고 그리스도의 계명을 엄격하게 지켜 나가며 더 이상 행복해지기를 원치 않을 테냐?' 그러나 그 사람의 영혼에 역사하시는 성령께서 선언하십니다. '죄의 삯은 사망이며 세상은 멸망받을 수밖에 없다. 죄를 끊고 세상을 버리지 않는 한 영원히 멸망당할 수밖에 없다.' 더 나아가 성령께서는 '그리스도의 주권에 온 마음을 드리지 않으면 구원의 길로 들어갈 수 없다.'는 점을 강하게 인식시켜 주십니다. 또 성령께서는 생각나는 여러 가지 갈등하는 요소들로 인하여 지친 영혼을 향하여 혼자서 "앉아서 계산해 보라."고 명령하십니다(눅 14:28). 그리고 '사탄이 미끼로 주는 것들과 그리스도인이 절제해야 할 여러 가지 사항들을 잘 달아보고, 그 둘 사이에서 하나를 분명히 선택하라.'고 명하십니다.

그렇다고 제가 사람이 스스로 속에서 악을 거부하고 선을 선택할 능력이 있다고 말하고 있는 것이 아닙니다. 또 사람이 스스로 자기 운명을 결정하도록 하나님께서 내버려 두신다는 뜻도 아닙니다. 그리고 사탄의 시험이 성령님의 주시는 확신과 동등한 힘을 가지고 있다는 말도 아닙니다. '우리의 결정'이 그 둘 사이에서 우리의 운명을 바꾸어 놓는다는 이야기도 아닙니다. 절대 그렇지 않습니다. 성경은 그렇게 가르치고 있지 않습니다. 또 본 강해자도 그렇게 가르치고 있지 않습니다. 죄는 사람으로부터 선을 행할 '모든 능력'을 박탈해 갔습니다. 그러나 죄가 선을 행해야 할 '당위적 책임'을 사람에게서 없애 버린 것은 아닙니다. 모든 피조물의 운명은 하나님의 영원한 경륜에 의해서 확정되어 달라질 수 없습니다. 그렇다고 해서 피조물들이 무책임한 기계가 되게 할 정도로 그 운명을 확정하신 것은 아닙니다. 하나님의 택한 사람 속에서 역사하는 성령님의 작용은 불가항력적입니다. 그럼에도 불구하고 그 성령님의 작용이 인간 의지에 억지를 가하지는 않습니다. 그러나 구원이 처음부터 끝까지 전적으로 하나님의 값없고 주권적인 은혜에 의한 것이기는 합니다. 그럼에도 불구하고 회심 자체만 놓고 따져 보면 사람의 자발적인 행동이며, 그리스도 안에서 의식적으로 자신을 자원하여 복종시키는 행동입니다.

이제 동일한 여러 요인들이 그리스도인의 삶 자체 속에 들어와 작용합니다. 틀림없이 그렇습니다. 왜냐하면 위에서 말한 바와 같이 그리스도인의 삶은 우리가 시작할 때 가졌던 방식을 점진적으로 계속해 나가는 것이기 때문입니다. 회개는 한 번만 하고 끝나는 것이 아닙니다. 하나님을 불쾌하게 해 드렸다고 느낄 때마다 회개합니다. 그리스도를 믿는 것은 반복이 필요 없는 단회적인 행동이 아닙니다. 오히려 요한복음 3:16의 "믿다"는 말과 베드로전서 2:4의 "나아오다"는 말이 분명히 보여 주듯이, 믿음은 부단하게 계속되어야 할 일입니다. 그처럼 세상을 버리는 일도 매일 일어나야 합니다. 회심 전에 우리 마음을 빼앗았던 것들이 여전히 우리 앞에 있습니다. 극히 조심하지 않거나, 그리스도와의 친밀한 교제를 유지함으로써 그리스도를 사랑하는 뜨거운 마음을 가져 온유해지지 않으면, 그것들이 금방 우리를 장악하게 될 것입니다. 사탄은 언제나 우리를 시험하려고 벼르고 있습니다. 사탄을 대적할 은혜를 열심히 구하지 않으면 그 사탄은 우리를 쓰러뜨리고 말 것입니다.

"그들이 나온 바 본향을 생각하였더라면 돌아갈 기회가 있었으려니와." 그러나 다음 구절이 보여주듯이 그들은 돌아가지 않았습니다. 그들은 이 점에 있어서 에서와 결정적이고 복된 대조를 보이고 있습니다. 에서는 영적인 것보다 잠시 세상에서 필요한 것들을 더 높게 평가함으로써 자기의 장자권을 팔았습니다. 또한 그들은, "우리가 한 장관을 세우고 애굽으로 돌아가자."고 서로 말했던 이스라엘 사람들과는 달랐습니다(민 14:4). 또한 그리스도와 그의 구원보다 자기들의 돼지를 더 크게 여겼던 거라사인들과 대조를 이룹니다(막 5장). "기쁨으로 받으나 뿌리가 없어 잠간 시험을 받을 때에 배반하는" 돌짝밭과 같은 사람들과는 달랐습니다(눅 8:13). 그리고 베드로후서 2:20-22에서 묘사된 배도자들과는 달랐습니다. "만일 그들이 우리 주 되신 구주 예수 그리스도를 앎으로 세상의 더러움을 피한 후에 다시 그 중에 얽매이고 지면 그 나중 형편이 처음보다 더 심하리니 의의 도를 안 후에 받은 거룩한 명령을 저버리는 것보다 알지 못하는 것이 도리어 그들에게 나으니라 참된 속담에 이르기를 개가 그 토하였던 것에 돌아가고 돼지가 씻었다가 더러운 구덩이에 도로 누웠다 하는 말이 그들에게 응하였도다." 배도자들은 "나중 형편이 처음보다 더 심하게" 악해집니다. 그리스도인이라 고백하는 모든 각 사람마다 이 경고들을 지극히 유념해야 합니다.

"그들이 나온 바 본향을 생각하였더라면." 사도가 그것을 얼마나 적극적으로 표현하는지 주목하십시오. "또한 진실로," 또는 "참으로"라고 번역될 말을 이 구절 속에 넣어 놓았습니다.[11] "진실로, 그들이 나온 바 본향을 생각하였더면." 이 말은 '그들이 자주 갈대아를 생각하고 마음이 거기에 쏠려 있었다면.'이라는 의미입니다. 이 점은 "우리 마음의 허리를 동이라."(벧전 1:13)는 말씀의 중요성을 보여줍니다. 진정 우리 생각을 다스리는 것이 얼마나 중요한지요! 왜냐하면 "대저 그 마음의 생각이 어떠하면 그 위인도 그러하기" 때문입니다(잠 23:7).

이에 대하여 존 오웬(John Owen)은 다음과 같이 말하였습니다.

"믿음의 본질 속에는, 부패하고 죄악적인 정욕뿐 아니라 우리의 본성적인 감성들과 그 감성의 가장 격렬한 성향들을 죽이는 것이 있다. 물론 그것들이 그 자체로 있으면 무죄하지만 하나님의 계명들을 순종해 나가는 것을 거부하는 반응을 보이는 즉시 죽여야 한다. 바로 이것이 믿음의 신실성과 능력을 가늠하는 가장 중요한 척도이다. 우리의 삶과 부모와 아내와 자녀와 집과 소유와 나라를 생각하는 것은 합당하고 바르고 참으로 중요한 것이기도 하다. 그러나 그것들 중 어느 것이라도 하나님의 명령을 준행하는 길을 막아서

---

11) 우리말 개역한글이나 개역개정에서는 이 부분을 드러나게 번역하지 않고 있다. KJV에서는 히브리서 11:15를 이렇게 번역하고 있다. And truly, if they had been mindful of that [country] from whence they came out, they might have had opportunity to have returned. - 역자 주

거나, 하나님의 뜻을 행하는데 방해나 고통을 줄 수 있다. 그러면 믿음은 그것을 사랑하는 것을 죽이고 약화시키고 끊어 버린다. 그뿐 아니라 상대적으로 그것들을 미워하게 한다."

"돌아갈 기회가 있었으려니와." 그들은 그리로 가는 길을 알았고, 재산도 많이 가지고 있었고, 시간적인 여유도 많았습니다. 또 여행하기에 필요한 건강과 힘도 있었습니다. 가나안 사람들은 그들이 떠난다고 해서 하나도 아쉬워하지 않았을 것입니다(창 26:18-21). 아마 고향에 있던 옛 친구들은 틀림없이 그들을 반갑게 맞이하였을 것입니다(우리가 앞에서 말한 바와 같이). 같은 방식으로 히브리 그리스도인들이 유대교로 돌아가기 위한 길이 넓게 열려 있었습니다. 그것은 그들에게 참으로 특별한 올무였습니다. 그들은 그것을 부단하고 습관적으로 버릴 필요가 있었습니다. 그와 같이 우리도 세상으로 돌아가 그 모든 허망한 것을 좇기로 다시 마음만 먹는다면 "기회는" 얼마든지 있습니다. 매혹적인 것들이 사방에서 우리를 둘러싸고 있습니다. 그들과 다른 우리의 색깔을 조금 엷게 하고, 우리의 경건을 약화시키고 그들의 길을 따른다면, 세상 친구들은 자기들의 사회에 돌아온 것을 진심으로 환영할 것입니다.

그러나 그 족장들은 자기들이 나왔던 본향으로 돌아가지 않았습니다. 오히려 그들은 마땅히 행할 믿음의 길에 서 있었고, 모든 낙담케 하는 것에도 불구하고 하나님의 계명이 자기들에게 지시해 준 진로를 따라갔습니다. 이점에 있어서 그들은 우리에게 한 본을 남겼습니다. 그들은 부나 명예나 쾌락을 즐거워하지 않았고, 갈대아의 사회를 바라지도 않았습니다. 그들의 마음은 광대하게 높은 어떤 것으로 사로잡혀 있었습니다. 그들은 하늘의 "더 낫고 영구한 산업"이 자기들에게 있음을 알았습니다. 그러므로 그들은 한때 자기들을 만족시켜 주었던 시시한 것들을 경멸했습니다. 그들은 하나님의 은혜를 통해서 자기들이 전에 그처럼 열심히 추구했던 기쁨의 소재들이 "물을 저축하지 못할 터진 웅덩이"(렘 2:13) 같음을 배웠습니다. 또한 은혜를 통해서 그리스도 안에서 자기들에게는 영생하도록 솟아나는 샘물이 있음을 알았습니다. 또 이 세상에 살 때, 자기들의 삶의 최고 목적을 물질적인 것으로 삼는 것이 죄악임도 배우게 되었습니다. 그들은 하나님의 나라와 그 의를 가장 먼저 구했습니다.

아브라함이 갈대아를 어찌나 낮게 평가하였던지, 자기 며느리를 얻으려 자기가 직접 가지 않았습니다. 또는 이삭더러 그리로 가보라고 하지도 않았습니다. 오히려 자기 종을 맹세시켜 보냈습니다. 만일 그 며느리 될 사람이 오고 싶어하지 않으면 데려오지 말라고 하였습니다. 그것은 경건처럼 자원하는 마음이 수반됨을 보여주는 또 다른 좋은 실례입니다. 그리스도인이 처음 회심했을 때도 그러합니다. 그는 세상의 모든 매혹적인 것들이 탐탁지 않았습니다. 하나님과 동행하는 한 그것들이 그의 마음을 다시 사로잡을 수 없었습니다. 물질적인 풍부의 날에 가장 날카롭게 시험하는 것이 오기 마련입니다. 이에 대한 토마스 맨튼(Thomas Manton)의 주석을 참조합니다.

"다윗은 자기를 보고 '나는 외국인이요 나그네라.' 고백했다. 그가 산 위의 자고새처럼 쫓김을 받을 때 뿐 아니라 왕궁에서 가장 높은 지위를 차지하고 있을 때에도 그러하였다. 우리는 우리의 위로를 버리거나 하나님의 주신 복을 집어 던져서는 안 된다. 그러나 우리의 육신적인 정을 버려야 한다. 우리는 하고 싶은 대로 세상 밖으로 나아갈 수가 없다. 오히려 우리 속에서 세상을 몰아내야 한다. 기회를 거절하는 것은 은혜의 큰 연단이다. 풍부할 때 어떻게 처신해야 함을 배우는 것은 부족할 때나 낮아졌을 때 어떻게 해야 할지

배우는 것보다 더 어렵다. 위안되는 것들을 가지고 있으면서도 그 위안으로부터 마음을 떼는 것은 참으로 어렵다. 하는 수 없이 죽는 것이 아니라 자원하여 죽는 것은 어렵다."

내주하는 은혜의 효력을 확증하는 것은, 시험을 받지 않는 것이 아니라 시험을 물리치고 이기는 것입니다. 갈등이 있을 때는 악을 행할 '기회'가 있지만, 그것을 버릴 때에 자발적인 경건의 능력이 드러납니다. 요셉은 시험받았을 뿐 아니라, 그 시험에 굴복할 '기회'도 만났습니다. 그러나 시험을 이겨냈습니다(창 39:9). 그 족장들이 갈대아로 돌아가지 않은 것은 하나님의 명령 때문이었습니다. 모든 중생한 사람들의 마음을 통제하는 것도 하나님의 명령입니다.

토마스 맨튼(Thomas Manton)이 말하였습니다.

"선해질 수밖에 없을 때 착해지는 것은 쉽다. 또는 그와 반대로 모든 시험이 물러갔을 때 선해지는 것도 쉽다. 그처럼 많은 사람들이 선을 소유한 것처럼 보이지만, 그것은 시험을 당하지 않았거나 악을 행할 기회가 없었기 때문이다." 참된 그리스도인들은 그렇지 않습니다.

히브리서 11:16

"그들이 이제는 더 나은 본향을 사모하니 곧 하늘에 있는 것이라
이러므로 하나님이 그들의 하나님이라 일컬음 받으심을
부끄러워하지 아니하시고 그들을 위하여 한 성을 예비하셨느니라."

이 구절의 전반부는 적극적인 국면을 보여주며 14절에서 말한 것을 확대시키고 있습니다. 세상을 버리는 것만으로 충분하지 않습니다. 더 나은 것을 향하여 마음을 기울여야 합니다. 하늘을 믿고 하늘 자체를 추구해야 합니

다. 어떤 사람들은 세상적인 이익을 경멸하면서도, 참된 부요를 추구하지 않고 세상적인 즐거움에 몰입됩니다. 또 어떤 사람들은 육신적인 오락이나 방탕은 경멸하며 보다 진지한 것에 자신들을 드리려 하면서도, "배부름을 얻지 못할 것을 위하여 수고" 합니다(사 55:2). 그러나 그리스도인은, 세상을 지나는 동안 세상에 있는 것들을 거룩하게 사용하며 하늘 위엣 것을 생각하고 찾습니다.

"그들이 이제는 더 나은 본향을 사모하니 곧 하늘에 있는 것이라." 이 말씀은 우리로 하여금 이에 관련된 네 진술을 연상하게 합니다.

첫째, 아브라함은 본향을 '바라보았습니다.' "이는 그가 하나님이 계획하시고 지으실 터가 있는 성을 바랐음이라."(10절) 이 말은 아브라함이 믿음으로 장차 올 복락을 기대했음을 지시해 줍니다. 그저 생각으로 지나치면서 한번 흘끔 생각한 정도가 아니었습니다. 하늘의 복락을 진지하고 부단하게 내다보며 기다렸다는 말입니다. 둘째, 저희는 본향을 '찾았습니다.' "그들이 이같이 말하는 것은 자기들이 본향 찾는 자임을 나타냄이라."(14절) 그들은 모든 장애를 피하고 모든 난관을 극복하며, 그 성으로 인도하여 들일 좁은 길을 따라서 부단하게 진행해 나갔습니다. 그들은 그것을 그들의 삶의 위대한 목적과 사업으로 삼았습니다. "이것이 장래에 자기를 위하여 좋은 터를 쌓아 참된 생명을 취하는 것이니라."(딤전 6:19)

셋째, 그들은 더 나은 본향을 '사모하였습니다.' "그들이 이제는 더 나은 본향을 사모하니 곧 하늘에 있는 것이라."(16절) 그들은 이 사망의 몸에서 구출 받고 장막에서 벗어나 주님과 영원토록 함께 거하도록 하나님께서 데려가시기를 갈망하였습니다. "이뿐 아니라 또한 우리 곧 성령의 처음 익은 열매를 받은 우리까지도 속으로 탄식하여 양자 될 것 곧 우리 몸의 구속을 기다리느니라."(롬 8:23) 성령의 기쁨으로 하늘에 대하여 맛본 사람은 마음으로 '내 기업을 온전히 누리게 될 때가 언제인가!'라고 울부짖습니다.

넷째, 이들은 본향 찾는 것을 '나타내었습니다.' "그들이 이같이 말하는 것은 자기들이 본향 찾는 자임을 나타냄이라."(14절) 그들은 일상생활을 통해서 자기들이 이 세상에 속해 있지 않고 하늘의 시민임을 명백히 드러냅니다.

우리가 진실로 하늘을 찾고 있다는 가장 훌륭한 증거 가운데 하나는 이 세상을 단념하는 마음을 가지는 것입니다. 영혼 속에서 하늘의 평강과 기쁨에 대한 처음 익은 열매가 지금 자라가지 않는 사람은 결단코 지극히 높은 곳에 있는 아버지 집에 들어가지 못할 것입니다. 이 세상의 것에서 만족을 찾으려는 사람이 영원한 것을 누릴 수 있다고 상상한다면, 그것은 참으로 크게 기만당하고 있는 것입니다. 세상의 것이 자기로부터 다 물러갔을 때 기쁨이 다 사라지는 사람은, "모든 지각에 뛰어난 하나님의 평강"에 대하여 전혀 알지 못하는 사람입니다. 그저 적당하게 '교회에 다니는 사람'으로부터 자동차와 라디오와 신문을 사고 극장에 갈 돈을 빼앗아 버리면, 그 사람은 무엇에서 삶을 영위할 가치를 찾게 될 것인가요? 아, 하박국 선지자처럼 진실을 말할 수 있는 사람이 얼마나 적습니까! "비록 무화과나무가 무성하지 못하며 포도나무에 열매가 없으며 감람나무에 소출이 없으며 밭에 먹을 것이 없으며 우리에 양이 없으며 외양간에 소가 없을지라도 나는 여호와로 말미암아 즐거워하며 나의 구원의 하나님으로 말미암아 기뻐하리로다."(합 3:17,18)

"이러므로 하나님이 그들의 하나님이라 일컬음 받으심을 부끄러워하지 아니하시고." 존 오웬(John Owen)은 말하였습니다. "'이러므로'란 말은 일 자체의 동인(動因)을 지시하기 보다는 일의 귀추를 지시한다." 하나님은 어떠한 사람에게도 빚지지 않으십니다. "나를 존중히 여기는 자를 내가 존중히 여기겠고."(삼상 2:30 ; 딤후 2:21은 참조) 그것은 하나님의 확실한 약속입니다. 족장들은 '우리는 '외국인과 나그네라.'고 증거함으로써 땅에서 얻을 수 있는 어떠한 분깃보다도 더 탁월한 분깃에 대하여 가진 최상의 소원과 소망을 공언한 것입니다. 그들이 세상의 모든 전망을 포기하고 순종하는 믿음으로 하나님을 따라 눈에 보이지 않는 영원한 기업을 얻으려 하였습니다. 그러기 때문에 하나님께서는 자신을 그들의 친구와 분깃으로 알려지기를 마다하지 않으셨습니다. 이에 대하여 칼빈(John Calvin)은 말하였습니다.

"우리는 여기서 하나님의 자녀들이라면 마땅히 세상을 포기해야 한다는 결론을 얻게 된다. 그러지 않고서는 하나님의 반열에 들지 못한다. 땅에서 나그네가 되지 않으면 하늘에서 어떠한 기업도 얻지 못한다는 결론에 이르게 된다."

"이러므로 하나님이 그들의 하나님이라 일컬음 받으심을 부끄러워 아니하시고." 여기에 그들 믿음의 장엄한 상급이 있습니다. 하나님께서 그들의 소원과 계획을 너무나 잘 아셨기 때문에 그들에게 내릴 특별한 상급에 대한 증거를 기쁘게 제시하셨습니다. "부끄러워 아니하셨다."라는 말은 문자 그대로 하면, 하나님께서 그들 때문에 수치를 당할까봐 '낯을 붉힐' 이유가 조금도 없으셨다는 의미입니다. 그것은 하나님께서 사람의 예대로 말한 것처럼 표현한 방식입니다. 또한 그 말은, 아버지가 도리를 다하는 자녀에 대하여 하듯이, 하나님께서 그들을 기쁘게 인정하셨음을 부정의 방식으로 말한 것입니다. 족장들의 개인적인 무가치성(타락하고 죄악적인 피조물들) 뿐 아니라 그들의 보잘 것 없는 상황 - 낯선 외국 땅에서 "장막에 우거하는" 상황 - 에서도 우주의 조물주께서 무한하게 허리를 굽혀 그들과 함께 하셨다니요! 기이하게 여기는 게 마땅합니다. 존엄하신 하나님께서 땅의 벌레들의 하나님으로 스스로 자처하신 것이 얼마나 놀라운 은혜입니까!

하나님을 위해서 세상을 버린 사람들은 손해 본 사람들이 아닐 것입니다.

그러나 "하나님이 그들의 하나님이 되시기를 부끄러워하지 아니하시고"라고 하지 않고, "하나님이 그들의 하나님이라 일컬음 받으심을 부끄러워하지 아니하고"라고 말했음을 주목하십시오. 하나님께서는 특별한 방식으로 이 칭호를 취하셨습니다. 하나님께서는 모세에게, "나는 네 조상의 하나님이니, 아브라함의 하나님, 이삭의 하나님, 야곱의 하나님이니라."(출 3:6)고 말씀하셨습니다. 그러니 "저희 하나님이라 일컬음 받으신다."는 말은, 저희의 언약적인 하나님과 아버지가 된다는 의미입니다. 하나님께서는 창조와 섭리를 통해서 자기 자녀들의 하나님일 뿐 아니라, 그들에게 있어서 "모든 은혜의 하나님"도 되십니다(벧전 5:10). 마치 하나님께서 그리스도와 그리스도 안에 있는 모든 선택된 백성의 하나님이듯이 말입니다. 하나님께서는 그들을 살리시고 비추어 주시고 인도하시고 보호하시고 모든 것을 합력하여 그들의 선을 이루어 주십니다. 그럼으로써 그 점을 명백히 나타내십니다. 계속해서 그는 살아가는 동안과 죽을 때 그들에게 있어서 그러한 하나님이시기 때문에, 그들은 하나님의 사랑을 의지하고 하나님의 신실하심을 확신합니다. 하나님의 능력을 염두에 두며 모든 시련을 안전하게 통과할 것이라는 확신을 가질 수 있습니다. 급기야 그들은 영원한 복락의 해변에 다다르게 됩니다.

"하나님이 그들의 하나님이라 일컬음 받으심을 부끄러워 아니하시고." 여기서는 하나님 안에서 특별한 관심을 가지는 모든 선택한 백성들을 광범위하게 가리킵니다. 그들이 이러한 관계로 들어오는 방식을 통해서 맨 먼저 알려집니다. 하나님께서는 효과적으로 부르심으로써 이 특별한 관계로 그 백성들을 이끌어 들이십니다. 그때 하나님이 그들의 마음을 사로잡으면, 그들은 하나님을 자기들의 완전 충분한 분깃으로 받아들이고 자신들을 하나님께 철저하게 복종시킵니다. 그리하여 그들은 이렇게 말하게 됩니다. "하늘에서는 주 외에 누가 내게 있으리요 땅에서는 주밖에 내가 사모할 자가 없나이다."(시 73:25) 그들이 하나님께 복종한다는 것을 "주여 무엇을 하리이까."(행 9:6)라고 말함으로써 확증합니다. 둘째로, 그들이 이 관계 속에서 살아나가는 것을 통해서 그 점이 확증됩니다. 그들은 하나님께 복종함으로써 하나님을 영화롭게 하고, 하나님을 사랑하고 하나님을 신뢰합니다. 하나님은 모든 우상을 버린 사람들의 하나님으로 알려지기를 부끄러워 아니하십니다.

자, 하나님이 우리의 '하나님'이시니 우리는 얼마나 '만족'해야겠습니까! "여호와는 나의 산업과 나의 잔의 소득이시니 나의 분깃을 지키시나이다 내게 줄로 재어 준 구역은 아름다운 곳에 있음이여 나의 기업이 실로 아름답도다."(시 16:5,6) 이것은 언제나 영원토록 우리의 언어가 되어야 합니다. 또한 우리는 어떠한 "확신"을 가져야겠는가요! "여호와는 나의 목자시니 내가 부족함이 없으리로다."(시 23:1) 우리는 언제나 그렇게 자랑해야 합니다. 또한 우리는 어떠한 '기쁨'을 가져야겠습니까! "주의 인자가 생명보다 나으므로 내 입술이 주를 찬양할 것이요."(시 63:3) 우리는 언제나 그렇게 고백해야 합니다. "주께서 생명의 길로 내게 보이시리니 주의 앞에는 기쁨이 충만하고 주의 우편에는 영원한 즐거움이 있나이다."(시 16:11) 우리가 본향으로 인도되어 영광 가운데 거하게 될 때, "'그들의' 하나님"이라는 칭호가 가진 함축적인 의미를 더 잘 이해하게 될 것입니다.

토마스 맨튼(Thomas Manton)이 이에 대하여 묻고 말한 바를 들어 보세요.

"하나님이 '내 하나님'이심을 어떻게 알 수 있는가? 그대는 하나님과 언약을 맺었는가? 그대의 심령은 하나님께 복종하려고 언제나 준비하고 있는가? 그대가 사단의 노예였을 때, 하나님께서 은혜의 강력하고 힘 있는 역사로 그대를 끌어내시어 하나님의 손을 붙잡도록 마음을 사로잡아 강권하신 일을 기억하는가? 그 때 여러분은 하나님의 발 앞에 엎드려 모든 변명의 무기를 내려놓았는가? 여러분은 언제나 자신이 죄인인줄 알아 하나님께로부터 난 법을 취하려는 자원하는 심령을 가지고 있었는가? 그대는 그처럼 하나님께서 우리와 협약하기 위해서 자신을 낮추셨다 할지라도 우리는 하나님과 동등한 자로서 협약하는 것은 아니다. 다만 포로로서 언제라도 멸망될 가능성을 안고 있는 사로잡힌 존재로서 하나님과 협약하는 것이다. 그러므로 우리는 언제나 복종하며 애걸해야 하는 입장에 놓여 있다. 그대는 언약 안에서 어떻게 처신하는가? 하나님을 최고의 선으로 사랑하는가? 하나님의 영광을 궁극적인 목적으로 추구하는가? 하나님을 가장 높으신 주님으로 알고 복종하는가? 그렇게 하는 것이 하나님을 하나님답게 높여 드리고 영화롭게 해드리는 것이다."

"그들을 위하여 한 성을 예비하셨느니라." 바로 여기에 '하나님께서 그들의 하나님'이심을 보여주는 가장 놀라운 증거가 나타나 있습니다. 여기서 "성(城)"은 바로 하늘입니다. 그것이 "예비"되는 것으로 말하는 것은 하나님께서 영원한 경륜 속에서 그것을 지정하셨기 때문입니다(마 20:23 ; 고전 2:9). 그러나 죄가 들어오지 않았는데도 그리하셨습니까? 그렇습니다. 그리고 그리스도께서 자기 백성들의 죄를 정결케 하시고 자기 백성들을 대표하여 앞선 자로서 하늘로 들어가셨습니다. 그럼으로써 그는 우리를 위해서 처소를 "예비하러" 가신 것입니다. 그리스도는 자신의 공로로 이 성의 터를 놓으셨습니다. "그 얻으신 것을 속량하시고."(엡 1:14) 그리스도께서는 지금 우리 대신 그것을 차지하고 계십니다. 경이로움으로 그리스도께 절하며 경배해야 할 이유가 얼마나 확실합니까!

65강

아브라함의
믿음 I

11:17 아브라함은 시험을 받을 때에 믿음으로 이삭을 드렸으니 그는 약속들을 받은 자로되 그 외아들을 드렸느니라 11:18 그에게 이미 말씀하시기를 네 자손이라 칭할 자는 이삭으로 말미암으리라 하셨으니 11:19 그가 하나님이 능히 이삭을 죽은 자 가운데서 다시 살리실 줄로 생각한지라 비유컨대 그를 죽은 자 가운데서 도로 받은 것이니라

히브리서 11장은 믿음의 연대기, 또는 그 은혜가 모든 세대 속에서 산출해 낸 걸출한 행사(行事)들 가운데 몇을 기록한 것입니다. 사도는 노아 홍수 이전에 살았던 사람들의 믿음이 이룬 역사(役事)를 언급하였고(4-7절), 8-16절에서는 족장들에 대해서 보편적으로 말했습니다. 이제 그 족장들을 상세하게 언급하고 있습니다. 그는 먼저 아브라함의 믿음부터 말하기 시작합니다. 아브라함은 영광스러운 기라성 같은 무리들 가운데 일등성(一等星)과 같이 밝게 반짝입니다. 그래서 그를 '믿는 자들의 아버지'로 부르는 것이 적합합니다.

여기서는 그의 믿음이 산출해 낸 세 가지 요점들이 지적되어 있습니다. 첫째, 하나님의 부르심을 받았을 때 그는 자기 본토를 떠났다는 점입니다(8절). 둘째, 장막 안에서 우거하는 가나안에서의 그의 삶의 태도입니다(9절). 셋째, 이삭을 제물로 바친 점입니다. 첫 번째 요점은 회심을 그려주고, 두 번째 요점인 장막 가운데 우거한 사실은 그리스도인이 이 세상에서 살 때의 삶을 그려줍니다. 그리고 세 번째 요점은 믿음이 쟁취한 완전하고 최종적인 승리를 예표합니다.

아브라함의 믿음이 산출해 낸 모든 행위들 가운데서 가장 뛰어난 것은 자기 아들 이삭을 제물로 바친 일입니다. 그보다 더 주목할 만하고 가치 있는 것은 없습니다. 그것은 이제까지 믿음이 산출해 낸 것 중에서 가장 놀라운 행사입니다. 그러므로 그것은 우리 모든 사람들이 따라야 할 모범 가운데 가장 두드러진 것입니다(그리스도의 삶과 죽음만 빼놓고). 그뿐만 아니라, 그것은 자기의 사랑하는 아들을 우리 위해 내어주신 하나님 아버지의 사랑을 가장 복되게 그려주기도 합니다. 그 모형이 그려주는 것들은 많고 두드러진 것들입니다. 아브라함은 자기의 아들, 자기의 독생자를 드렸습니다. 아브라함은 자기 아들을 '희생 제물'로 내어 주었고, 그를 죽여 제사하려고 그를 치려하였습니다. 그러나 원형이 모형을 얼마나 훨씬 능가하는가를 주목하십시요. 아브라함은 사람에 불과했습니다. 아브라함은 하나님의 명령을 받고 이삭을 바쳤습니다. 그러나 하나님께서는 그럴만한 당위적 책무가 전혀 없음에도 그리스도를 값없이 우리 위해 내어 주셨습니다. 아브라함의 아들은 고난을 받지 않았으나, 그리스도는 고난을 받으셨습니다.

사도가 히브리서 11장 전체를 통해서 의도하는 가장 주된 목적은 무엇입니까? 자기의 시련받는 형제들에게 믿음의 위대한 효력을 밝혀 주려는 것임을 잊어서는 안 됩니다. 매우 큰 시련을 견뎌내게 하는 믿음의 능력, 매우 어려운 의무를 감당케 하며 매우 중요한 복락을 얻게 하는 믿음의 능력을 밝히려 하고 있는 것입니다. 우리가 지금 생각하려는 경우를 통해서 세 가지 사항이 완벽하게 예증되었습니다. 우리가 이미 보았듯이 아브라함을, 믿는 모든 사람들의 아버지라 칭하는 것이 정당한 이유가 없지 않습니다. 그러나 그의 믿음의 행사들 가운데 어느 것도 모리아 산에서 행한 일보다 더 기념될 만한 것이 없습니다. 그 행동의 목적과 경우, 그 행동을 해나가는 데 그 앞을 가로막고 서있던 장애물들과 그의 복된 승리를 생각한다면, 육체의 연약을 이기고 승리한 신적(神的) 은혜의 능력을 찬탄해 마지않을 수 없습니다.

히브리서 11:17

"아브라함은 시험을 받을 때에 믿음으로 이삭을 드렸으니
그는 약속들을 받은 자로되 그 외아들을 드렸느니라."

이 구절을 더 명확하게 이해하려면 창세기 22장을 참고할 필요가 있습니다. 거기서 우리는 이러한 말씀을 읽습니다. "그 일 후에 하나님이 아브라함을 시험하시려고 그를 부르시되 아브라함아 하시니 그가 이르되 내가 여기 있나이다 여호와께서 이르시되 네 아들 네 사랑하는 독자 이삭을 데리고 모리아 땅으로 가서 내가 네게 일러 준 한 산 거기서 그를 번제로 드리라."(창 22:1,2) 그 이후 19절까지를 면밀하게 읽어야 합니다. 우리가 다루는 히브리서 11:17의 말씀을 강해하고 그 실천적 교훈을 우리에게 적용시키기 앞서, 사려깊은 독자 앞을 가로막을 수 있는 한 두 가지의 난제들을 제거해야만 할 것입니다.

첫째, "아브라함은 시험을 받을 때에 믿음으로 이삭을 드렸다."는 말은 이삭을 죽여서 제물로 드리는 경우를 의미합니다. 바로 거기에 문제가 있습니다. 사람이 자기 아들을 죽인다는 것이 자연의 법과 하나님의 율법에 위배되는 것이라면, 아브라함이 어떻게 믿음으로 자기 아들을 "드릴 수 있었는가?" 그런데 창세기 22:2은 아브라함의 믿음이 의지할 확실한 기초가 있었음을 보여줍니다. 왜냐하면 주께서 친히 그렇게 하라고 명령하셨기 때문입니다. 그러나 이 점을 감안한다 해도 그 난제를 완전히 제거하지는 못하고, 그저

한 단계 뒤로 물려놓은 것처럼 보입니다. 왜냐하면 하나님께서는 "무릇 사람이 피를 흘리면 사람의 그 피를 흘릴 것이라."(창 9:6)고 법을 정해 놓으셨기 때문입니다. 그것은 사실입니다. 그러나 하나님의 피조물들은 하나님께서 정해 주신 법에 매여 있지만, 하나님 자신은 그렇지 않습니다.

하나님은 어떠한 법에도 얽매이지 않으시는 절대적인 주권자이십니다. 더 나아가서, 하나님께서는 생명을 주기도 하시고 보전하시기도 하시는 생명의 주님이십니다. 그러므로 그가 생명을 마음대로 할 수 있는 정당한 권리를 가지고 있다면, 그가 기뻐하실 때 합당히 여기시는 어떠한 방편이나 도구로도 생명을 취하실 권리가 있습니다. 하나님께서는 최상의 권위를 가지고 계십니다. 그가 기뻐하시면 자기가 세워 놓으신 법을 제쳐 놓으시거나, 아니면 이미 주신 법과 대조되는 새로운 법을 발하시기도 하십니다. 여호와께서는 자신의 제왕적 명령으로, 또는 특별하고 특이한 명령으로 말미암아 전에 죄가 되었던 일을 행할 의무를 아브라함에게 주셨습니다. 비슷한 방식으로, "너를 위하여 새긴 우상을 만들지 말라"고 명령하셨던 하나님께서(출 20:4) 불뱀을 만들라고 모세에게 명령하셨습니다(민 21:8)! 그러니 하나님께서는 어떠한 법에도 매이지 않으시고 모든 법을 초월하신 분이심을 우리가 명심해야 합니다.

둘째, 아브라함이 실제로 이삭을 죽이지 않았는데 어떻게 아브라함이 "이삭을 드렸다."고 말하는 것이 진리일 수 있는가? 아브라함이 이삭을 드릴 기꺼운 마음을 가지고 그 목적을 향하여 나아갔습니다. 그런 아브라함의 행동을 보신 하나님께서는 그의 중심에 그 일을 행할 의지가 서 있음을 아시고 실제로 그 일을 한 것으로 받으신 것입니다. 그러한 점에서 그는 이삭을 "드렸던" 것입니다. 그의 마음에 조금도 주저함이 없었고, 정직한 열심에 조금도 흠이 없었습니다. 그는 사흘 길을 걸어서 하나님이 제사 드리라고 하신 곳에

도착했습니다. 그리고 이삭을 묶어 제단 위에 놓았습니다. 그런 다음 칼을 뽑아 그를 죽이려 하였습니다. 하나님께서는 바로 그 의지를 행실로 간주하신 것입니다. 바로 이 점은 하나님께서 그리스도인의 순종을 받아들이시는 것과 관련하여 가장 중요한 원리를 실증해 줍니다. 하나님의 율법의 차원은 전혀 낮아지지 않았습니다. 하나님께서는 여전히 우리에게 인격적이고 영구적이고 완전한 순종을 요구하십니다. 그러나 우리가 육신을 입고 이 땅에 있는 동안에는 그러한 순종을 드릴 수 없습니다. 그래서 그리스도의 이름을 의지하여 범사에 중심으로 하나님을 온전히 기쁘시게 하려는 '간절한 소원'과 그렇게 하려는 '정직하고 진지한 노력'을 기울이게 되면, 하나님은 그러한 의지를 행실로 은혜롭게 받아주십니다. 같은 복된 사실을 예증하는 고린도후서 8:12를 주의 깊게 숙고해 보십시오. 그리고 히브리서 13:18의 말씀을 주목하십시오. "우리가 모든 일에 선하게 '행하려 하므로(willing)' 우리에게 선한 양심이 있는 줄을 확신하노니."

셋째, 창세기 22:1의 "하나님이 아브라함을 시험하신지라."라는 진술에 대한 것입니다. 여기 히브리서에서는 "시험받을 때에"(연단 받을 때에)라고 한 진술입니다. 그것은 히브리 원어나 헬라어 모두 '연단받기 위하여'라는 의미를 가지는 진술입니다.

윌리엄 퍼킨스(William Perkins)는 이에 대하여 이렇게 잘 말했습니다. "그것은 하나님의 종들의 신실성과 순종을 확인하고 증험하시는 하나님의 행위이다."

그렇다고 해서 하나님께서 그걸 통해서만 그 진실을 알게 된다는 말은 아닙니다(왜냐하면 하나님께서는 멀리서도 우리의 생각을 통촉하시기 때문입니다). 오히려 하나님의 종들이 자신들과 자기들의 동료들이 누구인가를 알게 되는 기회가 되는 것이지요. 그리스도께서는 젊은 부자 관원에게, "가서 네가 가진 모든 것을 팔아 가난한 자들에게 주라."(마 19:21)고 말씀하시면서 그를 증험하십니다. 또 주님께서 가나안 여인에게 "자녀의 떡을 취하여 개들에게 던짐이 합당치 아니하다."고 말씀하실 때 역시 그 가나안 여인을 증험하신 것입니다(마 15:26).

"아브라함은 시험을 받을 때 믿음으로 이삭을 드렸으니." 아브라함이 이삭을 드린 것이 '믿음'으로 말미암은 것임을 이해하고 파악하려면, 주께서 '내 친구'로 부르시기까지 높여주셨던 그 사람에게 적용하신 시험의 본질을 보다 면밀하게 탐사해 보아야 합니다. 아브라함에게 사랑하는 아들을 제물로 드리라고 명령하실 때, 그 명령 속에는 다양하고 여러 특징적인 요점들이 담겨져 있었습니다. 곧 그가 하나님께 복종하고 충성하는지를 시험하는 시금석이었고, 과연 하나님과 이삭 중에서 사실은 누구를 더 사랑하는가를 알아볼 수 있는 시금석이었습니다. 또한 그 속에 더 강한 것이 무엇이었나를 시험하는 것이기도 하였습니다. 곧 은혜가 더 강하냐, 죄가 더 강하냐를 알아볼 수 있었습니다. 그러나 그 무엇보다도 그의 '믿음'을 시험하는 시금석이었습니다.

육신적인 차원에 머물러 있는 자들은 아브라함의 본성적인 여러 정서들이 혹독하게 시험당한 것 말고 더 많은 것을 발견하지 못합니다. 그럴 수밖에 없습니다. 물론 자기 자신의 수준 이상으로 올라갈 수 없습니다. 육신적인 사람들은 신령한 일들을 분별할 도리가 없습니다. 그러나 히브리서 11:17이, "아브라함이 하나님의 거룩한 뜻에 복종하여 이삭을 드렸다."고 말하지 않음을 면밀하게 살펴야 할 것입니다. 물론 하나님의 거룩한 뜻에 순종하느라고 아브라함이 이삭을 드린 것은 사실입니다. 그러나 히브리서 기자는 그렇게 말하고 있지 않습니다. 또한 "하나님에 대한 최상의 사랑에서 자기의 아들을 드렸다."고 말하지도 않습니다. 물론 그러한 의미를 포함하고 있기는 합니다. 그러나 성령께서 선언하시는 것을 보십시오. 그 족장이 행동한 것은 "믿음으로 말미암았다."고 선언합니다. 또한 "그는 약속을 받은 자로되 그 독생자를 드렸느니라."고 선언하고 있습니다. 거의 대부분의 현대 주석가들은 성령에 사로잡히기보다는 육신적인 감성에 젖어 이 요점을 그만 다 놓쳐 버리고 맙니다. 이 요점이야말로 이 구절의 가장 중요한 아름다움입니다. 우리는 특별히 그 점에 대해서 주목해 보기로 합시다.

여호와께서는 아브라함에게 그 아들을 번제로 드리라고 명하심으로써 그의 믿음을 맹렬히 타는 화염 속에 집어던져 놓으신 셈입니다. 어째서 그러합니까? 이삭을 향하여 초점이 모여져 있는 그의 '씨'에 대한 하나님의 약속과, 그의 외아들을 죽이라는 명령 사이의 모순으로 보이는 의문에 봉착하였을 것이기 때문입니다. 이스마엘은 추방당했고, 이삭의 후손들만이 복된 씨앗으로 아브라함에게 주어진 마당이었습니다. 그 복된 후손들 중에서 하나님께서는 그의 교회를 세우실 것입니다. 아브라함이 오랫동안 아이 없이 지냈고 사라의 태가 죽었을 그때에야 이삭을 하나님께서 주셨습니다. 그러므로 사라가 이삭 말고는 다른 자식을 더 가졌을 법하지 않습니다. 그 당시 이삭 자신도 제법 자란 상태였습니다. 그를 죽이는 것이 그의 모든 소망을 잘라 버리는 셈이었습니다. 그런 느낌들 속에서 아브라함이 어떻게 신적 계명들과 약속들을 조화시킬 수 있었는가? 그의 아들이요 후사 된 이삭을 제사 드리는 것은 자기의 본성적인 성향에 있어서도 위배되며, 뿐만 아니라 육신 이상의 차원에서도 이해가 되지 않는 일이었습니다.

하나님께서는 오늘날도 자기 백성들의 믿음을 그런 식으로 시험하십니다. 본성적 성향에 위배되고 육신적 이성에 배치되는 순종의 행동을 요구하십니다. "아무든지 나를 따라오려거든 자기를 부인하고 자기 십자가를 지고 나를 따를 것이니라."(마 16:24) 얼마나 많은 그리스도인이 불신자에게 생각을 빼앗기고 "너희는 믿지 않는 자와 멍에를 같이 하지 말라."(고후 6:14)는 마음을 찌르는 말씀에 저촉되고 있는지요! 그리스도를 높이지 않는 '교회'에 다니는 하나님의 자녀가 얼마나 많은지요! "그러므로 너희는 그들 중에서 나와서 따로 있고 부정한 것을 만지지 말라."(고후 6:17) 이 하나님의 명령을 지키는 일은 육체로 가깝고 사랑스러운 자들을 떠나는 것을 함축합니다. 그러나 그 명령에 순종하는 것이 아무리 큰 아픔을 수반한다 할지라도 하나님의 부르심을 무시할 수는 없습니다.

　그러나 "네 아들 이삭을 바치라."는 것과 같은 시험을 우리는 언제 받습니까? 이 질문에 대하여 청교도인 토마스 맨튼(Thomas Manton)은 세 가지 답변을 제시합니다.

　"첫째, 가까운 친척들이 우리를 떠나게 되는 섭리의 격렬한 때에 '복종해야 될' 경우이다. 하나님께서는 좋은 기분에 있는 우리를 어떻게 떼내야 할지 잘 아신다. 우리의 사랑이 걸려 있는 곳에서 가장 큰 시련이 닥쳐올 것이다. 둘째, 선한 양심을 위해서 가장 좋아하는 것을 포기해야 하는 '자기 부인'의 경우에 시험하신다. 우리가 작고 사소한 것들과도 관계를 끊어야 하겠지만, 세상에서 제일 사랑하는 것과도 관계를 끊어야 할 때가 있다. 아버지와 어머니를 버리라고 하나님께서 요구하실 때(하나님께서는 본 강해자에게 그것을 요구하셨었다.) 불평하지 말아야 한다. 아니, 우리의 목숨을 조금도 아까운 것으로 여겨서는 안 된다(행 20:24). 셋째, 우리의 가슴 속에서 일어나는 정욕을 '죽이는' 데서 이삭을 버리는 것과 같은 시련이 다가온다. 오른 손을 자르라든지 '오른쪽 눈'을 빼버리라는 주님의 말씀이 바로 그 점을 의미한다(마 5:29,30)."

그러면 우리는 이제 아브라함이 그처럼 시험을 받을 '때'가 언제인지 주목해 봅시다. 성령께서는 창세기 22:1에서 "그 일 후에 하나님이 아브라함을 시험하시려고 그를 부르시되"라고 말씀하심으로써 그때를 강조하셨습니다. 이 말씀 속에서 두 사실을 가리키고 있는 것 같습니다.

첫째, 일반적인 것으로서 아브라함이 견뎌냈던 이전의 모든 시련을 가리킨다는 말입니다. - 가나안으로 이주하여 장막 속에서 우거하며, 약속된 기업을 얻기 위해서 참으로 오래 기다린 일을 의미합니다. 큰 고통의 싸움을 겪은 지금에 와서 훨씬 더 냉혹한 시련을 당하게 된 것입니다. 하나님께서는 자기의 자녀들을 교육하실 때 조금씩 조금씩 가르치십니다. 은혜 안에서 성장해 갈수록 더 어려운 임무를 떠맡기시고, 더 깊은 물을 건너게 하십니다. 그럼으로써 하나님을 더 크게 믿고 있는 표증을 나타낼 기회가 더 넓어지게 됩니다. 전투의 최전선에는 신참이 아닌 고참병을 세웁니다. 형제 그리스도인이여, 하나님께서 수 년 전보다 더 혹독한 시련을 주고 계신다해도 이상한 일로 여기지 마십시오.

둘째, 창세기 22:1에서는 보다 특별하게 그 앞장에서 기록된 사건을 묘사합니다. 곧 이적적인 이삭의 탄생, 이삭이 젖 뗄 때 아브라함이 베푼 큰 잔치(8절), 이스마엘을 내쫓은 일(14절) 등이 창세기 21장에 기록되어 있습니다. 그 족장의 기쁨의 잔은 가득 찼습니다. 그의 장래는 가장 전도양양해 보였습니다. 구름 한 점도 없는 맑은 지평선 같았습니다. 가장 어려운 시험이 그에게 닥쳐온 것은 마치 맑은 하늘에 날벼락 같은 일이었습니다! 그렇습니다. 욥의 가진 모든 것을 사탄의 손에 넘겨주셨던 것도 "완전한 사람이요 의로운 사람"이라고 선언하신 직후였습니다(욥 1:8,12). 바울이 "육체의 가시 곧 그를 찌르도록 한 사탄의 사자"를 받은 것도 "받은 계시가 많은 이른바 셋째 하늘에 끌려 올라갔다 온 후"였던 것입니다(고후 12:1-17).

약한 손을 가진 우리가 내리 누르는 모든 것을 지탱할 은혜를 하나님께 구하는 것은 얼마나 필요합니까! 옛 어떤 저술가가 잘 말했습니다. "지상에 있는 나무에는 그대의 둥주리를 틀지 말라. 왜냐하면 숲 전체가 다 벌목될 운명에 놓여 있기 때문이다." 우리가 '위엣 것'을 생각하는 것은 하나님의 영광만 위한 것이 아닙니다. 우리 자신의 유익을 위한 것도 됩니다. 우리가 방금 앞에서 주목해본 사실들에 비추어 보면, 혹독한 시련을 맞을 '각오'를 하며 더 나아가서 그 시련을 대처할 은혜를 구하는 것이 얼마나 필요합니까! 우리는 하나님으로부터 '장래사(將來事)를 삼가 들으라.'는 명령을 받지 않았습니까? "너희 중에 누가 이 일에 귀를 기울이겠느냐 누가 장래사를 삼가 듣겠느냐."(사 42:23개역한글) 장래의 시련을 맞을 각오를 하며 준비하고 있을수록 그 시련의 때에 덜 넘어지고 덜 놀랄 것입니다. "사랑하는 자들아 너희를 연단하려고 오는 불 시험을 이상한 일 당하는 것 같이 이상히 여기지 말고."(벧전 4:12)

"아브라함은 시험을 받을 때에." 우리는 아브라함이 시험받을 때가 언제인지 주목하였으니 이제 그의 시험의 '혹독성'을 생각해 봅시다. 먼저 '그 행위' 자체에 대해서 생각해 봅니다. 하나님은 아브라함에게 그의 소떼나 양떼가 아닌 '인간을 도살하라.'고 명령하셨습니다. 그것도 자기의 신실한 종들 가운데 한 사람이 아니라 자기의 사랑하는 아들을 그렇게 죽이라고 명령하셨습니다. 그것도 그 아들을 집에서 쫓아내라든지 가나안의 다른 데로 보내라는 것이 아닙니다. 산 자의 땅에서 그를 끊어 버리라는 명령이었습니다. 아브라함이 명령받은 그 일은 명령을 내리신 이의 권위를 빼고는 그 어떤 정당성도 발견할 수 없는 일이었습니다. 그 명령이야말로 본성적 느낌으로 볼 때 가장 혐오스러운 것입니다. 자기의 사랑하는 아들이 죽게 내버려 두는 일이 아니라, 그가 직접 아들을 죽여야 합니다. 그 아들은 성경의 기록에 의하면 죄에 빠져 살던 아들이 아니라 썩 훌륭하게 도리를 잘 감당하며 순종하던 사랑하는 아들이었습니다. 그 전이나 그 이후에 그러한 요구를 받은 사람이 누구였습니까!

"그는 약속들을 받은 자로되." 여기서는 '제사를 드리는 자'의 특성을 주목해 봅시다. 본문에서 아브라함을 "약속을 받은 자로되."라고 묘사합니다. 이 소절이 이 구절을 해석하는 열쇠와 같습니다. 하나님께서는 아브라함에게 선언하신 바가 있습니다. "하나님이 또 아브라함에게 이르시되 그런즉 너는 내 언약을 지키고 네 후손도 대대로 지키라."(창 17:9) 이 약속은 이삭과, 이삭의 후손과 맺은 영구한 언약이었습니다. 다름 아닌 바로 그 이삭의 '후손'이 가나안을 정복하게 되어 있었습니다(창 12:7). 그리고 모든 민족들이 복을 받는 것도 바로 그 이삭으로 말미암습니다(창 17:7). 그러므로 육신의 혈통대로 하면 그리스도가 바로 그 이삭에게서 나오시게 되었습니다. 아브라함은 바로 이러한 약속들을 '받은' 사람이었습니다. 아브라함은 그 약속들을 신뢰하여 확고하게 믿었으며, 그 약속들이 이루어질 것을 온전히 기대했습니다. 그 약속들이 성취되려면 이삭의 생명이 보존되어야 합니다. - 적어도 이삭이 아들을 낳기까지는 보존되어야 했습니다. 그러니 그를 죽여 제사 드리는 일은 그 모든 약속들을 무효화시키는 것과 같았습니다. 그러면 약속 성취는 불가능하게 되어 있었습니다.

"그는 약속들을 받은 자로되." 토마스 맨튼(Thomas Manton)은 이 소절에 대하여 다음과 같이 주석하였습니다.

"이 소절에서 말하는 약속은 메시야가 아브라함의 허리에서 날 것이라는 약속들을 계시한다. 이 소절은 그가 받은 약속들을 충성스럽게 신뢰했음을 지시한다. 아브라함은 개인 신자의 입장에서 그 약속을 받았을 뿐 아니라, 교회의 유익을 위한 신용보증자의 위치에서 약속을 받은 것이다. 하나님께 서는 고대에 백성들을 대신하여 하나님의 계시를 받을 탁월한 인물들을 일 으키셨다. 아브라함이 그런 경우이다. 여기 이 구절에서 아브라함은 아들을 사랑하는 한 아버지로서 뿐 아니라 믿는 자들의 아버지라는 공적 인물로서 그 약속을 받은 자로 제시되고 있다. - 곧, 하나님께서 약속을 맡길 자로 그 를 선택하셨다는 말이다."

바로 여기에 그 시험의 '영적 미묘함'이 존재합니다. 아브라함이 이삭을 죽 인다면 자기가 맡은 약속에 대해서 신실한 행위일까? 그렇게 함으로 약속들 이 이루어질 모든 소망의 지계석(地界石)을 자기 마음대로 옮기는 것이 아닐 까? 매튜 헨리(Matthew Henry)는 아브라함이 하나님으로부터 이 시험의 명 령을 '받았을 때'를 주석하면서 다음과 같이 강조하여 말하였습니다.

"아브라함이 그 명령을 받았을 때는 언제인가? 이삭으로 말미암아 아브라 함의 가문이 설 것이라는 약속을 받은 뒤였다. '네 자손이라 칭할 자는 이삭 으로 말미암으리라.'(히 11:18)는 약속을 받은 뒤에 하나님의 시험하시는 명 령을 받은 것이다. 이삭은 메시야의 혈통적 선조들 중에 한 사람일 것이며, 모든 민족이 그 메시야 안에서 복을 받을 것이다. 아브라함이 그런 약속을 받은 직후에 그 이삭을 드리라는 명령을 받았다. 그러니 아브라함이 볼 때 는 자기의 가족을 멸하고 끊어 버리라는 것처럼 보였을 것이고, 하나님의 약 속들을 무효화시키는 하나님의 행사로 보였을 것이다. 그 일로 말미암아 그 리스도께서도 오시지 못하게 되고, 전체 진리가 파괴되며, 자신의 영혼과 구 원의 소망이 날아가 버리며, 일격에 하나님의 교회를 끊어 버리는 셈이었다. 그 시험은 정말 더할 나위 없이 무시무시한 시련이었다."

만일 이삭이 살해를 당하면, 그 모든 것은 다 잃게 될 판이었습니다.

다음과 같은 질문이 던져질 수 있습니다. '하나님께서 그 족장의 믿음을 그처럼 시험하실 이유가 무엇인가?' 윌리엄 가우지(William Gouge)가 이 질문에 대한 답으로 제시한 것을 줄여서 여기에 소개합니다.

"첫째, 하나님께서 아브라함에게 주신 은혜의 효력을 더 잘 알게 하시려고 그리하신 것이다. 사슬 위에 무거운 것을 얹어보아 그 사슬의 강약(强弱)을 알아보듯이, 하나님께서는 자기 백성들을 여러 상황에 놓으심으로 그들 마음의 상태의 진상을 밝히신다. 그들이 하나님을 믿는 믿음이 확실한지의 여부가 드러나게 하신다는 말이다. 여호와께서는 히스기야를 시험하여 그의 연약을 드러내셨다. '그러나 바벨론 방백들이 히스기야에게 사신을 보내어 그 땅에서 나타난 이적을 물을 때에 하나님이 히스기야를 떠나시고 그의 심중에 있는 것을 다 알고자 하사 시험하셨더라.'(대하 32:31) 욥을 시험하심으로써는 '하나님께서 자신을 죽이실지라도 하나님을 신뢰할 자'임을 드러내셨다. 둘째, 다른 사람을 위해서 하나님께서 아브라함을 시험하셨다. 곧, 다른 사람들이 아브라함의 본을 보게 하시려 그런 시험을 하셨다. 하나님께서는 아브라함을 모든 믿는 자의 조상으로 세우셨다. 그러므로 모든 세대의 아브라함의 자손들은 하나님께서 어떠한 은혜를 부여하셨는지를 드러낸다. 아브라함은 얼마나 훌륭한 '아버지와 본보기'인지!"

같은 방식으로, 하나님께서는 오늘도 자기 백성들을 시험하사 그들 마음에 전달하신 은혜를 증험하십니다. 그것은 하나님 자신의 영광과 그 백성들을 위로하시려 함입니다. 주님께서는 어떤 상황에서도 주님을 신뢰할 용의가 있는 백성들을 천거하십니다. 그들은 주님을 신뢰하는 일 때문에 어떤 위안도 버리거나 평범한 삶보다 비참을 참아낼 용의가 있습니다. 그리고 그들 자신들의 목숨보다 주님을 더 사랑합니다. 그들은 어둠 속에서도 주님을 신뢰할 용의를 가지고 있습니다. 우리도 역시 승자들입니다. 왜냐하면 우리가 지독한 시련을 받을 때보다 은혜의 진정성에 대한 더 명확한 증거를 가질 때가 없기 때문입니다. "다만 이뿐 아니라 우리가 환난 중에도 즐거워하나니 이는 환난은 인내를, 인내는 연단을, 연단은 소망을 이루는 줄 앎이로다."(롬 5:3,4) 또 어떤 사람이 말한 바와 같습니다. "그 병이 가득 찼는지를 알아보려면 두드려 소리를 들어 보아야 하듯이, 하나님의 섭리로 우리가 두드림을 당하는 일들이 일어나면 우리 자신의 진상이 드러난다."

존 오웬(John Owen)은 다음과 같이 잘 지적하였습니다.

"시련은 믿음을 판단하는 오직 유일한 시금석이다. 시련을 당해 보지 않고는 그의 믿음이 얼마나 진실하고 효력 있는지를 아주 잘 알아내기가 곤란하다. 시련 속에서만 자신의 믿음을 다른 사람들에게 증거할 가장 좋은 길을 얻는 셈이다. 그러므로 시련 속에서, 시련으로 말미암아 믿음의 놀라운 유익을 얻으니 시련을 두려워하지 말아야 한다. 그렇다. 하나님의 말씀은 더 나아가 이렇게 우리에게 명한다. '내 형제들아 너희가 여러 가지 시험을 만나거든 온전히 기쁘게 여기라 이는 너희 믿음의 시련이 인내를 만들어 내는 줄 너희가 앎이라 인내를 온전히 이루라 이는 너희로 온전하고 구비하여 조금도 부족함이 없게 하려 함이라.'(약 1:2-4)

정말 그렇습니다. "그러므로 너희가 이제 여러 가지 시험으로 말미암아 잠깐 근심하게 되지 않을 수 없으나 오히려 크게 기뻐하는도다 너희 믿음의 확실함은 불로 연단하여도 없어질 금보다 더 귀하여 예수 그리스도께서 나타나실 때에 칭찬과 영광과 존귀를 얻게 할 것이니라."(벧전 1:6,7)

"그는 약속들을 받은 자로되 그 외아들을 드렸느니라." 이제 결론적으로, 이 혹독한 시련을 만나서 아브라함이 어떻게 처신했는지 이 구절은 말하고 있습니다. 창세기 22장에 이 점에 대한 상세하고 교훈적인 국면들이 많이 기록되어 있습니다. 거기에 가보면 아브라함이 사라와 상의하지 않은 것을 발견할 것입니다. 그 문제에 대한 하나님의 뜻이 무엇인지 '알게 된 마당'에서 사라와 의논할 이유가 어디 있었겠습니까! 또한 그는, 하나님의 이전 약속과 현재의 하나님의 명령 사이에 나타나 보이는 엄청난 괴리에 관하여, 하나님과 어떤 논쟁도 하지 않았습니다. 그리고 그 일에 조금도 지체하지 않았습니다. "아브라함이 아침에 일찍이 일어나 나귀에 안장을 지우고 두 종과 그의 아들 이삭을 데리고 번제에 쓸 나무를 쪼개어 가지고 떠나 하나님이 자기에게 일러주신 곳으로 가더니."(창 22:3) 이 비할 데 없는 아브라함의 행동을 우리가 어떻게 여길 것입니까? 어떤 초육신적(超肉身的)인 원리에서 그 행동이 나왔습니까? 그 대답은 딱 한 단어입니다. '믿음'입니다. 이론적인 믿음이나 단순하게 머리로 하나님을 아는 지식에서가 아니라, 진정하고, 살아 있고, 신령하고, 승리하는 '믿음'으로부터 그런 행동이 나온 것입니다.

"아브라함은 시험을 받을 때에 '믿음'으로 이삭을 드렸으니." 그렇게 행하라는 명령 뒤에는 신적인 공의와 지혜가 있다는 믿음으로 아브라함은 이삭을 드린 것입니다. 또한 하나님의 약속을 이루실 하나님의 순결성과 신실성을 믿는 믿음으로 말미암아 그렇게 행동했던 것입니다. 또한 아브라함은 자신의 말씀을 능히 이루시는 하나님을 확신하였고, 모든 난제에 대하여 눈을 감아 버리거나 거짓말을 하실 수 없는 하나님의 미쁘심을 견고히 붙잡고 나아갔습니다. 그것이 바로 '영적인 믿음'의 본질과 특성입니다. 그것은 영혼으로 하여금 하나님의 절대적인 탁월성과, 실수할 수 없는 지혜와 하나님의 불변하시는 의와, 무한하신 하나님의 사랑과 전능한 능력을 확신하게 합니다. 다른 말로 해서 그러한 믿음은 살아계신 하나님의 '성품'을 의지하고 모든 장애물 앞에서 하나님을 신뢰합니다. 영적인 믿음은 그 믿음을 가진 자로 하여금 가장 큰 고난이 가장 작은 죄보다 더 낫다고 판단하게 만듭니다. 그렇습니다. 그 믿음은 서슴없이 이렇게 공언합니다. "주의 인자하심이 생명보다 나으므로 내 입술이 주를 찬양할 것이라."(시 63:3)

우리가 더 생각할 부분에 대하여는 다음 강론에서 다루기로 합니다. 그러나 이미 우리가 살펴본 것으로 본 강해서 저자와 독자는 하나님께 이렇게 부르짖지 않을 수 없습니다.

"주여, 제게 긍휼을 베푸소서! 제 비열한 불신앙을 용서하시고 그 불신앙의 무서운 세력을 은혜롭게 꺾으소서. 그리스도를 위하여 제 속에서 역사하사 당신을 영화롭게 하옵시고, 당신의 영광을 위한 열매를 맺을 영적이고 초자연적인 믿음을 갖게 하소서. 만일 주께서 특별한 은혜 속에서 이미 제게 이러한 보배롭고 귀한 은사를 허락하셨다면, 주의 성령님의 능력으로 말미암아 그것을 힘 있게 하시는 은혜를 베푸소서. 그 은사를 보다 더 자주 연습하고 활용하게 하소서. 아멘."

66강

아브라함의
믿음 II

11:17 아브라함은 시험을 받을 때에 믿음으로 이삭을 드렸으니 그는 약속들을 받은 자로되 그 외아들을 드렸느니라 11:18 그에게 이미 말씀하시기를 네 자손이라 칭할 자는 이삭으로 말미암으리라 하셨으니 11:19 그가 하나님이 능히 이삭을 죽은 자 가운데서 다시 살리실 줄로 생각한지라 비유컨대 그를 죽은 자 가운데서 도로 받은 것이니라

"또한 너희 지체를 불의의 무기로 죄에게 내주지 말고 오직 너희 자신을 죽은 자 가운데서 다시 살아난 자 같이 하나님께 드리며 너희 지체를 의의 무기로 하나님께 드리라."(롬 6:13) 주님께서는 우리에게 절대적인 요구를 하시며 우리가 가진 모든 것을 달라 하십니다. 주께서는 우리를 지으신 주권자로서 원하시면 우리에게 무엇이든지 요구할 권리를 갖고 계십니다. 또한 그가 무엇을 요구하시든지 우리는 드려야 마땅합니다(대상 29:11). 우리가 가진 모든 것은 다 그로부터 나왔고, 그를 위해서 드려져야 하며, 그의 원하시는 대로 쓰여져야 합니다. "나와 나의 백성이 무엇이관대 이처럼 즐거운 마음으로 드릴 힘이 있었나이까 모든 것이 주께로 말미암았사오니 우리가 주의 손에서 받은 것으로 주께 드렸을 뿐이니이다."(대상 29:14) 그리스도인은 하나님께서 요구하시는 것은 무엇이든지 기쁘게 드려야 하는 더 깊은 당위감을 가집니다. 그리스도의 은혜를 생각하고 그리스도를 사랑하며, 그리스도께서 주신 그 큰 구원을 생각할 때, 즐겨하던 세상적인 모든 것을 놓지 않을 수 없습니다. 하나님의 풍성함은 우리로 하여금 하나님께서 요구하시는 것은 무엇이든지 기꺼이 드릴 용기를 갖게 합니다. 왜냐하면 하나님께 드림으로 손해 보는 사람은 하나도 없기 때문입니다. 다시 새롭게 하심을 받은 사람이 마음으로 이런 것들을 아무리 강력하게 느낀다 할지라도, '믿음'을 행사하기까지 그런 것들이 우리를 움직이지 못함이 사실입니다. 우리로 하여금 하나님께 복종하며, 하나님의 요구에 반응하며, 하나님의 부르심에 응답하게 하는 것은 믿음입니다.

히브리서 11:17

"아브라함은 시험을 받을 때에 믿음으로 이삭을 드렸으니
그는 약속들을 받은 자로되 그 외아들을 드렸느니라."

사도가 여기서 주목할 만한 이 사건을 인용하는 것은 아브라함의 믿음의 풍성을 보여주기 위함입니다. 그 믿음이 아브라함으로 하여금 하나님의 뜻에 기쁘게 복종하게 했으며, 받으실만한 순종으로 가장 큰 시련을 겪어내게 하였습니다. 독자에게 이 점을 보다 더 명확히 알리기 위해, 여러 가지 시험과 시련 속에 있는 영혼을 지탱해 주어 능히 견디게 하는 믿음의 강력한 영향력을 힘써 밝혀 보기로 합시다.

첫째로, 믿음으로 모든 것들을 바르게 판단합니다. 믿음은 땅에 속한 것들의 불확실성과 덧없음을 느끼게 하며, 눈에 보이지 않는 하늘에 속한 것들을 높이 평가하게 합니다. 믿음은 무지뿐만 아니라 어리석음과도 상반되는 영적인 신중함입니다. 우리는 얼마나 불신앙적이며, 얼마나 어리석습니까! - "미련하고 선지자들의 말한 모든 것을 마음에 더디 믿는 자들이여."(눅 24:25) 믿음은 하나님의 은총을 크게 높이고 하나님의 얼굴의 미소와 하늘의

위로를 높게 평가하게 가르치는 신령한 지혜입니다. 믿음은 모든 외적인 것들은 내적인 평안과 기쁨에 비하여 아무것도 아님을 보여줍니다. 육신적인 이성은 이생의 여러 가지 것들을 자랑하고 그것의 부요와 명예를 따라 잡으려 합니다. 그리고 육신적인 즐거움으로 의식이 사로잡히고 맙니다. 그러나 믿음은 "주의 인자하심이 생명보다 나음"을 압니다(시 63:3).

둘째로, 믿음은 우리가 궁지에 빠져 있을 때 모든 난제와 의문을 풀어 줍니다. 무슨 말입니까! '내가 이삭을 바쳐 하나님의 약속을 무산시킬까, 아니면 다른 편에서 하나님께 불순종해야 할까?' 믿음은 바로 그 난제를 풀어 주었습니다. "그가 하나님이 능히 죽은 자 가운데서 다시 살리실 줄로 생각한지라." 이성과 감각이 아무리 정반대의 것을 말한다 할지라도 믿음은 약속이 성취될 것을 믿습니다. 믿음은 하나님의 능력과 신실하심을 결연히 믿고 의지하여 매듭을 풉니다. 믿음은 육신적인 생각들과 하나님을 거스르고 높아지려는 모든 것들을 버리고, 모든 생각을 그리스도께 복종시킵니다.

셋째로, 믿음은 장래 일을 바라보게 하는 은혜입니다. 그 장래 일의 실상을 비추어 생각하면 아무리 어려운 시련도 아무것도 아니게 보입니다. 감각은 현재에 속한 것들만 생각합니다. 그래서 그것을 묵살시키기가 고통스럽습니다. 또 우리 자신을 부인하는 것이 입에 쓴 물과 같아 보입니다. 그러나 믿음은 이렇게 말합니다. "우리가 잠시 받는 환난의 경한 것이 지극히 크고 영원한 영광의 중한 것을 우리에게 이루게 함이니 우리가 주목하는 것은 보이는 것이 아니요 보이지 않는 것이니 보이는 것은 잠깐이요 보이지 않는 것은 영원함이라."(고후 4:17,18) 믿음은 장막 안을 들여다봅니다. 그래서 시련의 때에 영혼을 지탱할 강력한 영향력을 행사합니다. 영혼을 생각하고 행하는 사람은 시간의 와중과 안개 속을 조용하고 행복하게 걸어갑니다. 사람들의 찡그린 얼굴과 세상의 감언이설(甘言利說)도 그런 사람에게 영향을 미치지 못합니다. 왜냐하면 그는 자기가 순례의 목표로 삼고 있는 영광스러운 기업에 대하여 감동적인 통찰력을 가지고 있기 때문입니다.

넷째로, "믿음은 사랑으로" 역사합니다(갈 5:6). 그런 것들을 버리는 것이 하나님을 영화롭게 하는 것이면, 아깝고 사랑스러운 것이 아무것도 없게 보입니다. 믿음은 앞을 내다볼 뿐 아니라 뒤도 돌아봅니다. 믿음은 하나님께서 그리스도 안에서 우리를 위해서 얼마나 큰 일을 하셨는지를 영혼에게 상기시켜 줍니다. 하나님께서는 자기의 사랑하는 아들을 우리에게 주셨고, 우리가 드릴 수 있는 모든 것 보다 더 무한하게 받으실만한 분이십니다. 그렇습니다. 믿음은 그리스도 안에 있는 하나님의 기이한 사랑을 맛보며 이렇게 말합니다. 만일 하나님께서 그 품속의 사랑하는 아들을 주셔서 나를 위해 죽게 하셨다면 내가 어떤 작은 희생을 감당하지 못할 게 무엇입니까? 만일 하나님께서 내게 그리스도를 주셨다면 '나의 이삭(Issac)'을 못주겠다고 하나님께 말할 것입니까? '나도 이삭을 너무 사랑한다. 그러나 나는 하나님을 더 사랑한다.' 그래서 믿음은 하나님의 사랑으로 영혼을 강권하며, 감사하는 마음으로 하나님께서 우리에게 요구하시는 위안(慰安)에 동참할 수 있게 합니다.

히브리서 11:18
"그에게 이미 말씀하시기를
네 자손이라 칭할 자는 이삭으로 말미암으리라 하셨으니"

사도가 이 말을 한 것은 아브라함의 믿음을 방해하는 가장 큰 장애물이 무엇인지 보여 주기 위한 것입니다. 첫째, 그는 자기의 아들이요 상속자인 이삭을 '바치라'는 명령을 받았습니다. 둘째, 그 명령을 "약속을 받은" 뒤에 받았습니다. 셋째, 바치는 대상은 '이스마엘이 아니라 자기의 독자, 또는 지극히 사랑하는 이삭이었다.'는 사실입니다. 바로 그것이 그 표현의 강조적인 내용입니다. 요한복음 1:18과 3:16의 경우가 보여 주듯이 그것은 애정의 차원입니다. 넷째, 그는 메시야께서 친히 나오실 혈통인데도 하나님께서는 그를 죽이라 명하였습니다. 왜냐하면 18절에 기록된 하나님의 약속의 의미가 명백하게 바로 그것이기 때문입니다.

오래 전에 존 오웬(John Owen)은 소시니우스주의자들(Socinians)과 일신론자들(Unitarians)이 아브라함에 대한 하나님의 약속을 두 방면에서 낮추어 평가한 사실을 환기시켰습니다. 그들은 그의 후손들이 많다는 것과, 그 후손들이 가나안 땅을 물려받아 살며 누리게 되었다는 사실을 들어 하나님의 약속을 낮게 평가하였습니다. 그러나 오웬이 지적한 바와 같이 그것은 사도의 말과 정면으로 충돌합니다. 사도는 히브리서 11:39에서 확언합니다. "이 사람들은 다 믿음으로 말미암아 증거를 받았으나 약속된 것을 받지 못하였으니." 하나님께서 허락하신 한도 내에서 아브라함의 후손들이 가나안 땅을 차지하였어도 그들이 약속 성취를 온전하게 '받지 못했다'는 것입니다. 우리는 현대의 '세대주의자들'이 그 구절을 숙고했으면 좋겠습니다. 아브라함의 자손들의 수가 많았으며, 그들이 가나안 땅을 차지하였다는 것이 그 약속을 이루는 방편과 징표였던 것은 사실입니다. 그러나 사도행전 2:38,39과 갈라디아서 3:16은 그 약속의 주요 명제가 '그리스도 자신'임을 명백하게 증거합니다. 그리스도의 교회의 구속(救贖)과 구원을 위하여 그리스도가 감당할 중보사역이 그 약속의 핵심이었습니다.

"그에게 이미 말씀하시기를 네 자손이라 칭할 자는 이삭으로 말미암으리라." 이 약속은 창세기 21:12에서 하나님의 약속이 처음 발견됩니다. 하나님께서 그 약속을 아브라함에게 주셨던 그 경우는 약속의 의미를 명확히 알아내는데 또 다른 도움을 줍니다. 그 문맥을 보면, 여호와께서 하갈과 그녀의 아들을 쫓아내라고 명령하십니다. 또한 "아브라함이 그 아들을 위하여 그 일이 깊이 근심이 되었더니."(창 21:11)라는 말씀이 있습니다. 여호와께서 친구된 아브라함에게 다음과 같이 말씀하신 것은 깊이 상심하는 마음을 위로하기 위함이었습니다. '하갈의 아들 때문에 근심하지 말라. 내가 백만의 이스마엘보다도 더 나은 자를 네게 주리라. 내가 네게 줄 그 아들에게서 다름 아닌 약속의 구주, 구속자(救贖主)가 나오리라.' 그런데 지금 아브라함은 메시야의 구별된 선조 이삭을 죽이라는 명령을 받았습니다! 이러한 명령을 받아 감당하는 것은 보통의 믿음으로는 불가능한 일이었습니다!

아브라함이 사탄에게 심한 압력을 받았을 것을 누가 의심하겠습니까! '하나님이 얼마나 일관성 없느냐.'고 사탄이 지적하지 않았겠습니까. 사탄의 비열한 참소에 귀를 기울일 만큼 우리가 어리석다면 그는 늘 그런 식으로 우리에게 다가옵니다. 사탄이 아브라함의 감성에 호소하면서, '네가 늙어 낳은 그 아들을 죽여 잿더미로 만들 것을 사라가 알게 되면 너를 무어라 생각하겠느냐?'고 말하지 않았겠습니까! '하나님께서 너를 희롱하고 계시며, 사실 그러한 문제를 진지하게 다루고 계시지 않다.'고 아브라함을 설득하려 들었을 것입니다. '의로운 아버지더러 자기의 착한 아들을 죽이라고 요구하는 일보다 더 잔인할 수 없다.'고 추근거리며 아브라함을 설득하려 들었겠지요. 우리의 대적 원수에 대하여 성경에 계시된 모든 말씀에 비추어 볼 때, 또 극악무도한 그의 공격에 대한 우리의 경험에 비추어 볼 때, 아브라함이 마귀의 직접적인 공격 대상이 되었음을 누가 의심할 수 있겠습니까!

아, 마음의 생각을 주께 고정시킨 것이 아니었다면 그 어떤 방도로도 마귀를 대적하지 못했을 것입니다. 그런 마음이 아니고는 그처럼 어렵고 고통스러운 일을 해내지 못했을 것입니다. 존 브라운(John Brown)은 이에 대하여 이렇게 주석하였습니다.

"만일 그가 믿음이 약했었다면, 언뜻 보기에 모순되어 보이는 두 계시가 어떻게 같은 하나님으로부터 나올 수 있는지에 대해서 의심하였을 것이다. 그렇지 않으면 그 두 계시가 같은 하나님에게서 나올 수 있었다 할지라도, 그러한 하나님을 어떻게 신뢰하고 복종하겠는가라고 의심했을 것이다. 그러나 그는 믿음으로 강하여져서 다음과 같은 식으로 논증했다. '이것은 명백히 하나님의 명령이다. 나는 그것에 대한 만족할 만한 증거를 가지고 있다. 그러므로 이 명령을 서슴없이 즉시 순종해야 한다. 나는 하나님이야말로 완전하게 지혜롭고 의로우심을 안다. 그가 무엇을 명령하시든지 틀림없이 옳다. 이 명령에 순종하는 것이야말로 하나님께서 내게 주신 여러 가지 약속들을 이루지 못하게 막는 장애물들을 없애버리는 길이로다. 나는 하나님이 그런 약속들을 주셨음을 확신한다. 그리고 하나님께서 그 약속들을 이루실 것을 확신한다. 나는 그가 그 약속들을 어떻게 이루실지는 말할 수 없다. 그것을 이루시는 것은 하나님의 섭리이지 내가 상관할 바가 아니다. 약속하시는 이는 하나님의 몫이요, 믿음은 나의 몫이다. 명령은 하나님이 하시고, 나는 그 명령에 순종할 따름이다.'"

우리가 지금 생각하고 있는 사건은 믿음이 하나님의 약속뿐 아니라 하나님의 교훈들과도 관계함을 거듭 보여줍니다. 아니, 그 점이야말로 여기서 제시되는 중심적인 요점입니다. 아브라함은 나이 많은 아내를 통해서 아들을 얻게 될 것이라는 하나님의 말씀을 들었을 때 "믿음에 견고하여졌습니다."(롬 4:20) 언뜻 보기에 도저히 극복할 수 없는 난제가 버티고 서 있었지만, 그것을 보고 믿음이 약하여지지 않았습니다. 하나님께서 그 아들을 죽이라고 명하신 지금에도 아브라함은 믿음이 약해지지 않았습니다. 언뜻 보기에 명령을 순종하는 그의 행동은 이삭으로 말미암은 '후손'을 얻기 전에 제거할 수 없는 장애물을 들여오는 것 같았지만 아브라함은 결코 물러서지 않았습니다. 아, 사랑하는 독자여, 다음의 요점을 결코 놓쳐서는 안 됩니다. 아브라함의 믿음은 하나님의 약속들에 대해서만큼은 하나님의 훈계와 동등한 차원에서 진실한 충성을 보이지 않는 그런 믿음이 아니었습니다. 그러므로 하나님의 선택받은 사람들의 믿음에 대해서도 그러합니다. 영적인 믿음은 어느 것을 골라서만 취하지 않습니다. 그 영적인 믿음은 하나님을 사랑하는 것만큼 하나님을 두려워합니다.

마음이 육신적인 허망함에서 벗어나게 하는 데 실패하여 그 약속들이 제공하는 행복을 추구하지 못하게 되면, 살아있는 믿음으로 그 약속을 믿을 수 없습니다. 그와 같이 계명들을 약속된 행복을 얻도록 인도하는 오직 유일한 법칙으로 알고 따라야 합니다. 그래서 계명들에 집착하여 순종해야겠다는 다부진 마음의 결심을 하지 않는 한 바르게 믿을 수 없습니다. 시편 기자는 "내가 '주의 계명들을 믿었사오니' 좋은 명철과 지식을 내게 가르치소서."라고 고백하며 기도하였습니다(시 119:66). 그는 하나님의 계명들 뒤에 숨어 있는 하나님의 권위를 인지했습니다. 그는 계명들 속에서 들리는 하나님의 음성에 귀를 기울일 채비를 갖추고 있었습니다. 그리고 그 계명들로 자기의 행동을 규제할 결연한 의지를 가지고 있었습니다. 아브라함도 그러하였습니다. '아브라함이 우리의 조상이라.'는 증거를 보이려면 우리도 그래야 합니다. "너희가 아브라함의 자손이면 아브라함의 행사를 할 것이어늘."(요 8:39)

하나님의 말씀은 조각내어 부분적으로 받아들이지 말고 전체를 마음으로 받아들여야 합니다. 모든 하나님의 말씀이 우리를 감동하고, 말씀의 각 부분이 산출해 낼 것이 틀림없는 성향들을 우리 속에 불러일으키게 해야 합니다. 만일 약속이 위로와 기쁨을 일으킨다면, 계명들은 사랑과 두려움과 순종을 일으킬 것임에 틀림없습니다. 하나님의 훈계들은 하나님의 계시의 일부입니다. 우리더러 그리스도를 완전충분하신 구세주로 믿으라고 명한 그 말씀이 하나님의 계명을 믿으라고 명합니다. 하나님의 계명은 우리의 마음을 바로잡고 우리의 갈 길을 안내합니다. 하나님의 지시와 명령 사이에는 필연적인 연관이 존재합니다. 지시를 듣지 않으면 약속이 우리에게 이루어질 수 없기 때문입니다. 복음을 믿는 것보다 율법을 승인하는 것이 우선합니다. 하나님의 계명들은 "무거운 것"이 아닙니다(요일 5:3). 그리스도를 우리의 구속주로 받아들이기 전에 율법 제정자로 받아들여야 합니다. "대저 여호와는 우리 재판장이시요 여호와는 우리에게 율법을 세우신 이요 여호와는 우리의 왕이시니 그가 우리를 구원하실 것임이라."(사 33:22)

자기 아들을 기꺼이 잡아 제사하려는 아브라함의 자세는 누구를 정죄합니까? 하나님의 계명들을 반대하고 자기들의 악하고 쓸데없는 탐욕을 죽이기 싫어하는 사람들을 정죄합니다. 그리스도께서는 이렇게 말씀하십니다. "이와 같이 너희 중에 '누구든지 자기의 모든 소유를 버리지 아니하면' 능히 내 제자가 되지 못하리라."(눅 14:33) 이 말씀은 무슨 뜻입니까? 우리의 생각 속에 주 예수님과 서로 겨루고 있는 모든 것에서 진지하고 결연하게 돌아서지 않는 한 그리스도인이 될 수 없다는 뜻입니다. "악인은 그의 길을, 불의한 자는 그의 생각을 버리고 여호와께로 돌아오라 그리하면 그가 긍휼히 여기시리라 우리 하나님께로 돌아오라 그가 너그럽게 용서하시리라."(사 55:7) 세상이 여전히 우리 마음을 지배한다면, 우리가 구원받은 사람이라고 스스로 주장하여도 소용이 없습니다. 하나님의 은혜는 장차 올 진노에서 우리를 건질 뿐 아니라, 현재에도 그 은혜를 받은 사람들을 효과적으로 가르칩니다. "모든 사람에게 구원을 주시는 하나님의 은혜가 나타나 우리를 양육하시되 경건하지 않은 것과 이 세상 정욕을 다 버리고 신중함과 의로움과 경건함으로 이 세상에 살고 복스러운 소망과 우리의 크신 하나님 구주 예수 그리스도의 영광이 나타나심을 기다리게 하셨으니."(딛 2:11-13)

히브리서 11:19

"그가 하나님이 능히 이삭을 죽은 자 가운데서 다시 살리실 줄로 생각한지라 비유컨대 그를 죽은 자 가운데서 도로 받은 것이니라."

우리는 여기서 이 경우 아브라함의 믿음의 직접적인 대상이 무엇이었는지를 엿보게 됩니다. 아브라함은 하나님의 전능하신 능력을 믿었습니다. 아브라함은 주께서 자기 약속이 실패로 돌아가게 하는 것보다는 이적을 행하실 것을 온전히 확신했습니다. 아, 사랑하는 형제들이여, 마음이 잠잠해지고 믿음이 견고해지는 것은 하나님의 충분성을 묵상함을 통해서입니다. 시험을 받아 영혼이 의심과 두려움으로 무거워질 때마다, 하나님의 속성, 특히 하나님의 전능하심을 숙고하면 소생함을 크게 얻을 수 있습니다. 하나님의 전능하신 능력은 믿음의 특별한 지주목(支柱木)입니다. 모든 세대마다 성도들의 믿음은 바로 그것을 통해서 크게 힘을 얻었습니다. 세 히브리 사람들에게도 그러하였습니다. "왕이여 우리가 섬기는 하나님이 계시다면 우리를 맹렬히 타는 풀무불 가운데에서 능히 건져내시겠고 왕의 손에서도 건져내시리이다."(단 3:17) "하나님으로서는 다 하실 수 있느니라."(막 10:27) 모든 세상과 지옥이 하나님의 말씀을 거스르는 것같이 보이지만 하나님은 그 말씀을 이루실 수 있습니다.

여기서 우리는 믿음의 속성들 가운데 또 다른 요점을 엿봅니다. 곧 하나님께 사건들을 위탁한다는 점입니다. 육신의 생각은 해결책이 눈앞에 보이기까지는 쉼을 얻지 못합니다. 난제를 빠져나갈 길을 보기까지는 쉴 수가 없습니다. 그러나 믿음은 하나님 앞에 긴급한 사항을 아뢰며 그에게 짐을 부리고, 그 해결책을 하나님께 조용히 맡깁니다. "너의 행사를 여호와께 맡기라 그리하면 너의 경영하는 것이 이루리라."(잠 16:3) 믿음으로 말미암아 진실로 그렇게 할 때, 그렇게 하지 않으면 우리 영혼을 곤궁에 빠뜨릴 마음의 여러 오고 가는 생각들과 동요(動搖)들을 이겨내고 편안한 자세를 취할 수 있습니다. 여기 아브라함도 사건을 하나님께 맡기고, 자기가 이삭을 죽일지라도 하나님의 능력은 이삭을 다시 살리실 거라고 생각했습니다. 바로 이 점이 신령한 믿음의 본질입니다. 우리의 처지를 하나님께 아뢰고, 그것이 어떤 경로로 이루어질지 깨닫거나 상상할 수 없다 할지라도 약속된 구원을 조용히 기대하는 것, 그것이 바로 신령한 믿음의 본질입니다. "너의 길을 여호와께 맡기라 그를 의지하면 그가 이루시고."(시 37:5)

오늘날 하나님의 백성들이라 자처하는 사람들 중에 적은 믿음을 행사하는 이들이 얼마나 많은가요. 그들은 로마 가톨릭교회주의(Romanism)의 급속한 팽배와 프로테스탄티즘의 배도와 더불어 세상에서 일어나는 거세고 악한 조류에 휩쓸려 있습니다. 그래서 그들은 그리스도의 이름은 지니고 있으면서도 '우리가 절망적인 상황에 직면하고 있다.'는 결론을 내립니다. 그런 사람들은 과거의 역사를 모르는 것 같습니다. 구약시대나 이 세대의 여러 시기들은 지금보다도 훨씬 더 악했습니다. 더구나 참으로 무섭게 떠드는 염세론자들이 나서서 하나님을 고려(考慮)에서 빼버립니다. 그들은 이런 논리로 나갑니다. '하나님이 현재의 상황을 대처하실 수 없으신가?'라고 질문을 던지고는 마지못하게 '있으시다.'는 답을 내어 놓습니다. 그러나 '그렇게 하신다는 약속이 어디 있는가?'라는 의문으로 그 답을 무색하게 만들어 버립니다. 그러나 그 약속이 없다는 말입니까? 어디에 있습니까? 이사야 59:19의 말씀을 들어 보십시오. "서쪽에서 여호와의 이름을 두려워하겠고 해 돋는 쪽에서 그의 영광을 두려워할 것은 여호와께서 그 기운에 몰려 급히 흐르는 강물 같이 오실 것임이로다."[12] 그러나 누가 그것을 믿겠습니까!

아, 사랑하는 독자들이여, 거짓말하실 수 없는 하나님의 복된 확언(確言)을 사려 깊게 숙고하십시오. 그런 다음에 그대의 '불신앙'을 부끄럽게 여기며 고개를 숙이십시오. 세상에 있는 모든 것은 하나님의 많은 약속들이 이루어지지 못하게 방해하며 죽어있는 것 같아 보입니다. 그러나 겉으로 보기에 아무리 어둡고 무서워 보여도 오늘날 지상에 있는 하나님의 교회는 당시 아브라함이 처했던 곤란하고 절망적인 상황을 맞고 있지는 않습니다. 당시 믿음의 조상은 자기 품에서 칼을 뽑아 '모든 약속 성취'가 걸려 있는 자의 목숨을 끊어야 할 판이었습니다. 그럼에도 불구하고 그 믿음의 조상인 아브라함은 하나님 자신의 순결성을 보존할 하나님의 신실함과 능력을 의뢰했습니다. 우리도 이 현실적인 위기에서 그렇게 되기를 바랍니다. 만일 우리가 '진실로' 주님을 의뢰한다면, 저 혹독한 시련을 맞았던 믿음의 선진들의 경우를 보고 힘을 얻으십시오. 아브라함의 믿음, 이스라엘이 홍해 앞에 당도했을 때 모세가 가졌던 믿음, 바벨론의 풀무불 속에 던져졌을 때의 세 히브리 사람들이 가졌던 믿음에 반응하신 그 하나님께서 우리의 그 진정한 믿음에도 반응을 나타내실 것입니다. 형제들이여, 신문(新聞)들을 버리고 무릎을 꿇고 성령님을 새롭게 부어달라고 간절히 기도하십시오. 인간의 극한 한계는 언제나 하나님의 기회입니다.

"그가 하나님이 능히 이삭을 죽은 자 가운데서 다시 살리실 줄로 생각한지

---

12) 본 강해서 저자는 이 구절을 인용할 때 KJV의 역문(譯文)을 따르고 있다. So shall they fear the name of the LORD from the west, and his glory from the rising of the sun. When the enemy shall come in like a flood, the Spirit of the LORD shall lift up a standard against him(그들이 그같이 서쪽에서 오시는 여호와의 이름을 두려워할 것이고, 떠오르는 해로부터 여호와의 영광을 보고 두려워할 것이라. 원수가 홍수같이 밀려올 때 여호와의 신(神)이 그를 대항하여 군기(軍旗)를 높이시리라.) - 역자 주

라." 이 점은 족장들의 영적 지성이 어떠하였음을 알게 하는 흥미로운 빛을 넌지시 던져 줍니다. 구약의 성도들은 피상적인 현대인들 가운데 어떤 사람들이 상상하는 것처럼 그렇게 무지하지 않았습니다. 사람들은 창세기의 침묵을 보고 여러 문제들에 대한 그릇된 결론을 내리기도 하였습니다. 성경의 후기 책들은 그 초기 책들에 제시된 대략적으로 시사(示唆)된 것들을 보충하여 주는 일이 종종 있습니다. 존 오웬(John Owen)은 이에 대하여 다음과 같이 잘 지적하였습니다.

"아브라함은 사람들의 영혼의 불멸성을 확고하게 믿었을 뿐 아니라, 죽은 자 가운데서 다시 사는 것도 믿었다. 만일 그러한 믿음이 아니었다면 이러한 곤경 속에서 안정을 찾지 못했을 것이다. 그렇다면 아마 하나님께서 능력을 행하실지도 모르는 다른 것들을 생각했을 수도 있다. 그러나 그는 하나님께서 다르게 행하실 것이라 믿을 수 없었다. 그는 그 자체를 믿지 않았다."

어떤 사람들은 오웬이 너무 지나치게 상상력을 발휘한 나머지 실제 히브리서 11:19에서 발견되지 아니하는 것을 억지로 집어넣었다고 생각합니다. 그렇게 생각한다면 그들이 잘못입니다. 창세기 22장에는 하나의 분명한 진술이 나타나 있습니다. 그 진술은 저 탁월한 청교도인 오웬에 의해서 인용되지는 않았지만 그의 주장을 충분히 입증합니다. 창세기 22:5에 족장 아브라함이 자기 종들에게 명한 말이 기록되어 있습니다. "너희는 나귀와 함께 여기서 기다리라 내가 아이와 함께 저기 가서 예배하고 너희에게로 '돌아 오리라.'" 이 진술은 지극히 복됩니다. 그것은 아브라함이 자기 믿음이나 자기 순종, 또는 자기 속에 있는 어떤 것에도 도취되지 않고 오로지 살아계신 하나님께만 사로잡혀 있었음을 보여 줍니다. 하나님께 '예배하는 것'이 그의 마음을 채우고 있었고, 그의 모든 생각을 사로잡고 있었습니다. "너희에게로 돌아오리라."는 부가적인 말씀이 아브라함이 무엇인가 확고하게 고대하였음을 명확하게 드러내 줍니다. 아브라함은 자기가 번제물로 제사드릴 자를 "여호와께서 죽은 자 가운데서 다시 살리실 것"을 확신 있게 내다본 것입니다. 믿음의 놀라운 승리는 바로 이것입니다. 그 승리가 기록된 것은 우리로 하나님의 은혜의 영광을 찬미하게 하고 교훈을 얻게 하려 함입니다.

오, 그리스도 안에 있는 나의 사랑하는 형제자매들이여, 우리는 여러분이 이 강론을 읽기만 하고 그것으로 족하게 여기며 끝나기를 원하지 않습니다. 아브라함이 당한 지독한 시련의 복된 귀추를 '묵상하라.'고 강권하는 바입니다. 그는 다른 어떤 자도 경험하지 못했던 시험을 받았습니다. 그 열매는 대단하였습니다. 그러나 그 시험과 그 시험이 가져온 행복한 결과 사이에는 믿음의 행사가 자리하고 있었습니다. 그는 하나님께서 자기를 위하여 간섭하실 것을 내다보았고, 하나님의 전능하신 능력을 의뢰했습니다. 그리고 하나님은 그를 실망시키지 않으셨습니다. 하나님께서는 그의 믿음을 최대한으로 시험하셨지만, 적확한 시점에 뛰어 들어오시어 그 일을 간섭하셨습니다. 이것이 기록된 것은 우리로 용기를 얻게 하려 함입니다. 특별히 지금 불과 같은 시련을 받고 있는 사람들을 위로하기 위하여 기록된 것입니다. '죽음에서도 건지실 수 있으신 그분이 무엇인들 못하시겠습니까!' 그러니 우리는 옛 사람처럼 말해야 합니다. "여호와와 같이 거룩하신 이가 없으시니 이는 주 밖에 다른 이가 없고 우리 하나님 같은 반석도 없으심이니이다."(삼상 2:2) 한 나는 하나님의 능력 속에서 자기의 믿음을 지탱할 힘을 얻었습니다.

"아브라함은… 믿음으로 이삭을 드렸으니… 그가 하나님이 능히 이삭을 죽은 자 가운데서 다시 살리실 줄로 생각한지라." 그와 같이 믿음은 하나님께로부터 오는 보상을 '기대'합니다. 믿음은 그리스도를 위해서 '손해 보는 것이 큰 이득임'을 압니다. 믿음은 손해 본 것들과 같은 종류로나 그에 준하는 가치로 보응 받을 위로를 내다 봅니다. "나와 및 복음을 위하여 집이나 형제나 자매나 어미나 아비나 자식이나 전토를 버린 자는 금세에 있어 집과 형제와 자매와 모친과 자식과 전토를 백배나 받되 핍박을 겸하여 받고 내세에 영생을 받지 못할 자가 없느니라."(막 10:29,30) 곧 사실적으로, 그렇게 풍성하게 넘치도록 받는다는 말입니다. 어떤 이스라엘 왕은 자기가 조직한 군대를 버리라는 명령을 주께로부터 받았을 때 겁내면서 이렇게 물었습니다 "내가 일백 달란트를 이스라엘 군대에게 주었으니 어찌할꼬?"(대하 25:9) 여기에 대하여 선지자는 "여호와께서 능히 이보다 많은 것으로 왕에게 주실 수 있나이다."라고 대답하였습니다. 사람이 그리스도께 충성함으로써 세상에서 찌꺼기와 같이 버림받거나 가족을 여의였을 때, 하나님께서는 그 사람을 위해 보상해 주실 것입니다. 주님은 어떤 사람에게도 결코 빚지시는 분이 아닙니다.

"비유컨대 그를 죽은 자 가운데서 도로 받은 것이니라." 아브라함은 의식으로는 이삭을 제물로 드렸습니다. 그러니 이삭을 죽은 자로 생각하였습니다. 그러므로 그는 아들 이삭을 죽은 자 가운데서 다시 받은 것으로 생각했던 것입니다. 그 일이 실제로 일어난 것은 아니었지만, 그런 이적이 일어난 것과 방불한 방식으로 받은 것이지요. 이 점은 위에서 방금 말했던 진리를 예증하고 밝혀 줍니다. 하나님께서는 우리가 드린 것을 우리에게 다시 되돌려 주십니다. "사람이 무엇으로 심든지 그대로 거두리라."(갈 6:7) "가난한 자를 불쌍히 여기는 것은 여호와께 꾸이는 것이니 그 선행을 갚아 주시리라."(잠 19:17) 왜냐하면 하나님께서는 어떤 피조물에게도 신세지지 않으실 분이시기 때문입니다. 한나는 사무엘을 주께 드렸고, 그는 더 많은 자녀들을 되돌려 받았습니다. "엘리가 엘가나와 그의 아내에게 축복하여 이르되 여호와께

서 이 여인으로 말미암아 네게 다른 후사를 주사 이가 여호와께 간구하여 얻
어 바친 아들을 대신하게 하시기를 원하노라 하였더니 그들이 자기 집으로
돌아가매 여호와께서 한나를 돌보시사 그로 하여금 임신하여 세 아들과 두
딸을 낳게 하셨고 아이 사무엘은 여호와 앞에서 자라니라."(삼상 2:20,21) 하
나님께서 요구하시는 것을 하나님께 드리지 않는 자들은 얼마나 어리석습니
까. 그들은 자신들이 받을 긍휼을 포기하며, 자기들의 빛을 막고 있으며, 자
기들의 이익을 해치는 것입니다.

"비유컨대 그를 죽은 자 가운데서 도로 받은 것이니라." 여기서 우리는 족장
아브라함의 믿음의 장엄한 결실을 보고 있습니다.

첫째, 시련(試鍊, trial)이 물러가고 이삭을 찾게 되었습니다. 시련을 끝내게
하는 가장 빠른 첩경은 그 시련에 자신을 아주 내맡기는 것입니다. 만일 우
리 자신의 목숨을 구하려고 하면 틀림없이 잃을 것입니다.

둘째, 아브라함은 주님께 명백한 인정을 받았습니다. "내가 이제야 네가
하나님을 경외하는 줄 아노라."(창 22:12) 하나님 앞에서 양심이 깨끗한 자
는 큰 평안을 누립니다.

셋째, 그는 그 전보다 그리스도에 대한 더 명확한 관점을 갖게 되었습니
다. "아브라함이 나의 때를 보았다."고 구주께서 말씀하셨습니다. - 우리가
순종의 길에 가까이 있으면 있을수록 그리스도는 우리에게 더 진실하고 보
배롭게 될 것입니다.

넷째, 아브라함은 하나님의 이름에 대한 더 충만한 계시를 받았습니다. 그
는 하나님을 '여호와 이레'(창 22:14)라 불렀습니다. 우리가 시련의 시금석을
잘 견뎌내면 견뎌낼수록 하나님께 속한 일들을 더 잘 배우게 됩니다.

다섯째, 언약이 그에게 재확증되었습니다. "이르시되 여호와께서 이르시기
를 내가 나를 가리켜 맹세하노니 네가 이같이 행하여 네 아들 네 독자도 아

끼지 아니하였은즉 내가 네게 큰 복을 주고 네 씨가 크게 번성하여 하늘의 별과 같고 바닷가의 모래와 같게 하리니 네 씨가 그 대적의 성문을 차지하리라."(창 22:16,17) 충만한 확신에 이르는 가장 빠른 길은 온전한 순종입니다. 아멘.

67강

이삭의
믿음

11:20 믿음으로 이삭은 장차 있을 일에 대하여 야곱과 에서에게 축복하였으며

이삭은 네 명의 족장들 중 가장 오래 살았습니다. 그런데도 이삭의 삶에 대한 성경의 기록은 다른 세 족장들보다 적습니다. 아브라함의 삶에 대하여는 창세기에서 열두 장(章)의 부분이 할애되었고, 야곱과 요셉에 대해서도 거의 비슷한 분량이 주어졌습니다. 그러나 이삭의 삶의 내력은 창세기 26장과 27장에 축약(縮約)되어 소개되고 있습니다. 물론 그 전후에 한 두 차례 간단하게 부연된 부분이 없지는 않습니다.

그 점을 주목하여 이삭에 대하여 이런 단정을 내릴 사람이 있을 수 있습니다. '그는 자기 조상들이나 자기 아들의 성품에 비하면 별 주목받을 만한 것이 없다. 아브라함처럼 믿음으로 승리한 면에서도 그러하고 야곱처럼 실패한 면에서도 별반 주목할 만한 것이 없다.' 물론 이삭의 삶 전체로 볼 때 이삭의 생애는 그렇게 기운찬 것만은 아니었습니다. 생애가 처음에는 밝게 시작하였으나 나중에는 음울한 가운데서 끝을 맺습니다. 다른 아주 많은 사람들의 생애와 같이 이삭의 생애도 처음에 기대한 것에 미치지 못하는 삶이었습니다.

성령께서 믿음의 두루마리(성경) 속에 언급하기 위해서 채택한 이삭의 삶 속에 나타난 행동은 창세기 27장으로 거슬러 올라가게 합니다. 청교도 존 오웬(John Owen)이 그 점에 대하여 잘 말하였습니다.

"창세기 27장에 기록된 상황은 바로 판단하기가 아주 미묘하고 복잡하다. 그 복잡성에 있어서 다른 어떤 부분도 따라가기 힘들 정도이다. 상황이 기록되어 있다. 물론 나중에 창세기 27장에 기록된 일은 분명하고 명백하게 정립되었다. 창세기 27장은 거기 기록된 사건과 관련된 모든 사람들의 연약과 허물과 죄에도 불구하고 유효(有效)하게 역사하시는 하나님의 주권과 지혜와 신실하심을 우리에게 제시한다."

창세기 27장은 이삭이 나이 많은 사실을 지적하며 "눈이 어두워 잘 보지 못하였다."고 선언합니다(1절). 그 말씀이 이삭의 육신적인 어두운 상태만을 언급하는 것이 아님은 말할 필요조차 없습니다. 그럼에도 불구하고 이 시대에는 말씀을 '문자 그대로' 이해하는 것을 자랑스럽게 여기는 사람들이 많습니다. 그런 이들은 창세기 27장의 핵심적인 영적 진리들에 주의를 기울일 필요가 있습니다. 성경에 있는 모든 것은 '문자적인 의미'보다 더 깊은 의미를 가지고 있습니다. 어떤 구절이든지 '문자에만' 매달리면 크게 손해를 당합니다. "이삭이 나이 많아 눈이 어두워 잘 보지 못하였다."는 진술을 이삭과 같은 시대에 살던 하나님의 다른 종들에 대한 기록을 서로 대조해 보십시오. "모세의 죽을 때 나이 일백 이십 세나 그 눈이 흐리지 아니하였고 기력이 쇠하지 아니하였더라."(신 34:7)

창세기 27장은 하나님의 자녀가 빠져 들어갈 수 있는 낮은 상태를 보여

줍니다. 이삭은 육신적인 소욕을 판단하고 거부하지 못한 결과로 따라오는 악한 귀추들에 대하여 엄숙하게 경고하고 있습니다. 땅에 있는 지체를 죽이지 못하거나, 영혼을 거슬러 싸우는 육체의 정욕을 제어하지 못하면, 우리의 영적 삶의 예리한 감각은 무디어져 마치 순금이 찌끼가 된 것과 같은 모양이 됩니다. 살기 위해 먹는 것이 아니라 먹기 위해 산다면, 우리의 영적인 시야는 어두워질 것임에 틀림없습니다. 분별력은 자기를 부인하고 그리스도를 따르게 된 데서 나오는 부산물과 열매와 결과입니다. "예수께서 또 말씀하여 이르시되 나는 세상의 빛이니 나를 따르는 자는 어둠에 다니지 아니하고 생명의 빛을 얻으리라."(요 8:12) 모세는 바로 이 자제력에 있어서 매우 뛰어난 인물이었습니다. 육체의 도모를 거부하는 법을 배웠습니다. 곧 바로의 공주의 아들이라 칭함을 받는 영예를 버렸던 것입니다. 그의 눈이 "흐리지 않은" 이유가 바로 그것이었습니다. 그는 벽돌 굽는 히브리 사람들이 하나님의 백성들이요 하나님의 주권적인 은총의 대상들임을 알았습니다. 그래서 자기의 영적인 소욕을 따라 그들과 함께 하기로 뜻을 정하였습니다.

이 경우에 가련한 이삭의 경우와는 얼마나 다른지요! 이삭은 자기 몸을 쳐서 복종시키는 대신 그것에 빠졌습니다. 창세기 25:28에 그 점에 대한 실마리가 엿보입니다. "이삭은 에서의 사냥한 고기를 좋아하므로 그를 사랑하고." 바로 이것이 그로 하여금 영적으로 자기에게 하등의 도움을 주지 못하는 자의 영향을 받게 했습니다. 그래서 에서를 사랑한 것이 자기의 육체적인 소욕을 만족시켜 주었기 때문입니다. 그렇게 해서 창세기 27장에 이르게 됩니다. 그는 자기 날의 끝이 가까워 왔음을 생각하고 그 아들에게 족장의 복을 물려주고 싶었습니다. 그는 금식과 기도로 하나님의 계시된 뜻을 따르려 하지 않고 에서를 불러 이렇게 말했습니다. "이삭이 이르되 내가 이제 늙어 어느 날 죽을는지 알지 못하니 그런즉 네 기구 곧 화살통과 활을 가지고 들에 가서 나를 위하여 사냥하여 내가 즐기는 별미를 만들어 내게로 가져와서 먹게 하여 내가 죽기 전에 내 마음껏 네게 축복하게 하라."(창 27:2-4) 이 말씀은 그 다음에 즉각 어떤 일이 따라왔는가를 이해하는 열쇠를 제공합니다.

"여호와께서 그(리브가)에게 이르시되 두 국민이 네 태중에 있구나 두 민족이 네 복중에서부터 나누이리라 이 족속이 저 족속보다 강하겠고 큰 자는 어린 자를 섬기리라 하셨더라."(창 25:23) 이 말씀은 창세기 27장에 기록된 전체 사건을 이해하는 두 번째 열쇠를 제공하며, 히브리서 11:20을 밝혀주는 역할을 합니다. 그 말씀으로 하나님께서 야곱과 에서의 운명을 알리고 계셨습니다. 이 계시를 하나님께서 어미인 리브가에게 알렸고, 리브가는 여호와께 물어 여쭈었습니다. "내가 어찌할꼬 하고 가서 묻자온대."(창 25:23) 리브가가 아비인 이삭에게 알리지 않았음을 주목하십시오. 나중에 이삭이 그 하나님의 약속을 익히 알게 되었을 것은 뻔합니다. 그러나 그가 그 약속의 의미를 얼마나 이해했는지는 명확히 알 수 없습니다.

리브가는 여호와께서 자기에게 하신 말씀을 믿었습니다. 그럼에도 불구하고 하나님의 말씀에 대한 완전한 확신을 가진 것은 아니었습니다. 리브가는 이삭이 에서를 편애한다는 것을 알아차렸고, 족장이요 제사장인 이삭이 취할 마지막 종교행위를 베풀며 그 아들들에게 축복을 선언하려 한다는 것을 알아차렸습니다. 그 때 그녀는 두려웠습니다. 그녀는 이삭이 에서에게 자기를 위하여 "별미를 만들어 오라."고 명한 소리를 들었습니다. 이삭이 에서에게 그러한 명을 내린 것은 분명히 에서에 대한 애정을 더 깊게 하여 전심으로 그를 축복하고자 함을 리브가는 알았습니다. 그녀는 자칫 하나님의 뜻이 무산되겠다는 상상을 하였습니다. 그리하여 하나님 앞에서 좋지 않은 딸이 되는 방도를 쓰고 말았습니다. 그 일은 아무리 해도 정당화 될 수 없습니다. 우리는 그녀가 야곱에게 제안하여 재빨리 받아들이도록 한 그 교묘한 술책을 오래 생각할 마음은 없습니다. 다만 그것이 하나님의 약속들을 절대적으로 의존하지 않는 병든 신앙에 대한 엄숙한 본(本)을 보여 주고 있음을 지적하고 싶습니다. 그 일은 약속 성취를 위해 채용된 비정규적이고 그릇된 방식과 방편을 사용하는 실례입니다.

그 다음에 이어지는 일 속에서 이삭이 에서로 가장한 야곱에게 어떻게 속아 넘어갔는지를 봅니다. 처음에는 이삭이 안심하지 못하고 의심도 하였지만 야곱의 거짓말을 듣고 그 두려움이 크게 무마되었습니다. 음성은 야곱의 것임을 알아차렸지만, 그의 손을 보니 에서의 손 같았습니다. 자기에게 오래 기다리던 사슴 요리를 가지고 온 자가 누구인지 알아내기 위해 그 족장이 손의 감각에 의존하는 것을 보면 얼마나 처량합니까! 그 모습은 우리 마음에 다음과 같은 사실을 크게 말합니다. '육체의 정욕에 굴복하는 자는 영적인 성향을 해치며, 마귀로 영향력을 행사하도록 활짝 문을 열어 놓아 그의 거짓말에 속아 넘어가게 만든다!' 본성적이고 육체적인 감상과 감정으로 하나님의 계시된 뜻의 요구를 묵살하는 사람은 결국 비천한 상태로 빠져들어 갈 수밖에 없습니다. 사람의 영적인 원수가 자기 가족일 경우가 얼마나 흔합니까! 이삭은 지혜롭지 못하게 에서를 사랑했습니다.

그러나 이제 우리는 다음과 같은 어려운 질문에 봉착해야 합니다. 이삭이 하나님께서 알리신 뜻을 일부러 대적하였을까요? 여호와께서 야곱에게 주기로 작정하셨음을 알고 있는 것을 에서에게 주려고 했던 것은 도덕적인 생각에서 나온 것입니까? 이에 대하여 존 오웬(John Owen)이 잘 지적하였습니다.

"이삭을 편들어 어떤 구실을 제시하여도 이삭이 크게 두 가지 일에서 실패한 것이 분명하다. 첫째, 에서를 무절제하게 사랑했다는 사실이다(이삭이 에서가 하나님을 모독하는 인물이라는 것을 모를 리 없었다). 그래서 별미를 먹는 것과 같은 일로 하나님의 뜻을 경홀히 여겼다(창 25:28). 둘째, 그는 자기 아내가 아들들에 대하여 받은 말씀을 통하여 나타난 하나님의 뜻을 충분히 알아보려 하지 않았다는 점이다. 한편으로는 그가 그것에 대해서 알고 있었으리라는 것은 의심의 여지가 없다. 또한 그가 그것을 알고 있었음에도 불구하고 이해하지 못했다는 것도 확실하다. 왜냐하면 그 거룩한 사람이 하나님의 결정적인 뜻이 그러함을 알았다면, 그는 그 뜻에 위배되는 일을 하지 않았을 것이다. 그러나 기도를 통해서 하나님의 의중을 부지런히 구하지 않았기 때문에 그런 일이 발생했던 것이다."

우리는 그 탁월한 청교도가 지적하는 요점들을 진심으로 찬동합니다. 이 경우에 있어서 이삭의 행실은 자기의 지상의 순례길이 거의 마쳐가려 함을 안 하나님의 자녀다운 행실은 아니었습니다. 그럼에도 불구하고 하나님의 자비는 우리로 하여금 그의 행실을 가장 악하게 해석하지 못하게 합니다. 에서를 사랑한 이삭의 애정은 잘못되었다 할지라도, 어떤 분명한 성경적 증거가 없기 때문에 그가 하나님의 계시된 뜻을 의도적으로 항거하여 일부러 범죄했다고 생각할 근거는 없습니다. 오히려 리브가에게 주셨던 하나님의 말씀에 대한 분명한 이해가 없었다고 결론 내려야 할 것입니다. 그의 육신적인 시력뿐 아니라 그의 영적인 분별력도 희미하였습니다! 리브가와 야곱이 합당치 못하게 취한 술책을 보고, 그들의 노력은 뜨거운 육신의 정열로나 하나님의 약속 성취를 방해하려는 목적에서 나온 것이라고 해서는 안 될 것입니다. 오히려 하나님의 뜻이 무산될까 겁이나 그것을 막으려고 하는 좋은 뜻에서 출발한 일입니다. 좋은 의향에서 나온 것이나 그릇된 길로 간 경우라 할 수 있습니다. 그들의 두려움은 사무엘하 6:6,7의 웃사의 일을 생각나게 합니다. "저희가 나곤의 타작마당에 이르러서는 소들이 뛰므로 웃사가 손을 들어 하나님의 궤를 붙들었더니 여호와 하나님이 웃사의 잘못함을 인하여 진노하사 저를 그 곳에서 치시니 저가 거기 하나님의 궤 곁에서 죽으니라."

성령께서 창세기 27장의 음침한 정경(情景) 속에서 우리를 위하여 신실하게 밝혀주신 한 조명이 33절에 있습니다. "이삭이 심히 크게 떨며 이르되 그러면 사냥한 고기를 내게 가져온 자가 누구냐 네가 오기 전에 내가 다 먹고 그를 위하여 축복하였은즉 그가 반드시 복을 받을 것이니라." 이삭이 야곱에게 주요한 축복을 선언한 직후에 에서가 아버지를 위해 준비한 별미를 가지고 장막으로 들어왔습니다. 이삭은 그제야 자기가 속은 줄을 알았습니다. 그래서 "이삭이 심히 크게 떨었습니다." 그러면 그가 야곱의 속임수에 크게 흔들리고 있었다는 말입니까? 절대 아닙니다. 어느 주석가가 암시했듯이, 성미 급한 에서의 손에 고통을 당할까봐 무서워했던가요? 아닙니다. 이삭이 그 다음에 한 말이 그러한 추측을 무산시켜 버립니다. 그는 자기가 하나님의 뜻과 위배되어 있었음을 인식했고, 하나님께서 하나님 자신의 뜻을 이루시기 위해 섭리적으로 간섭하셨음을 알게 된 것입니다. 그 때문에 이삭은 영혼 깊은 데서 두려워 떨었던 것입니다.

영(靈, spirit)이 육체(肉體, flesh)를 어떻게 이기는지를 주목하여 보면 참으로 복됩니다. 이삭은 야곱의 머리에 성난 저주를 퍼부어 대기는커녕, "그를 위하여 축복하였은즉 그가 정녕 복을 받을 것이니라."고 말하였습니다. 그것은 에서를 향한 육신적인 편애를 극복한 믿음의 언어였습니다. 그것은 하나님의 경륜이 변할 수 없으며 항거할 수 없음을 인식하고 인정한 행동이었습니다. 그는 하나님은 일단 마음을 정하시면 아무도 하나님의 마음을 돌릴 수 없음을 인식한 것입니다. 사람의 마음속에는 여러 가지 많은 생각이 있으나 주의 뜻이 설 것이라는 사실을 이삭은 알게 되었던 것입니다. "사람의 마음에는 많은 계획이 있어도 오직 여호와의 뜻만이 완전히 서리라."(잠 19:21)

에서가 아무리 울어도 그 족장의 마음을 움직일 수 없었습니다. 일단 하나님의 말씀이 그에게 들어가 빛을 비추었고, 하나님의 주권적인 손이 하나님 자신의 정한 뜻을 이루도록 조치하신 마당에서 이삭은 반석처럼 꿈쩍하지 않았습니다. 의인(義人)은 넘어질지라도 아주 엎드러질 수는 없습니다. "그는 넘어지나 아주 엎드러지지 아니함은 여호와께서 그의 손으로 붙드심이로다."(시 37:24)

"믿음으로 이삭은 장차 있을 일에 대하여 야곱과 에서에게 축복하였으며." 동생인 야곱이 더 앞서고 주도적인 축복을 받았습니다. 이 점은 하나님의 높은 주권을 결정적으로 예증하는 실례였습니다. 창세로부터 주님께서는 어린 자를 취하고 그보다 나이 많은 형들을 다 내버려 두시어 멸망하게 하시곤 하였습니다. 동생 아벨이 가인보다 더 은총을 받았습니다. 형인 야벳보다 셈이 우선권을 가지게 되었습니다(창 10:20).[13] 그 후에 동생 아브라함이 하나님의 은총을 받게 되었습니다. 아브라함의 두 아들의 경우에 있어서도 형인 이스마엘은 지나치고 이삭을 '아브라함의 씨'로 불렀습니다. 후에 이새의 여덟 아들 중에서 가장 나이 어린 다윗이 하나님의 마음에 합한 자로 선택되었습니다. 하나님께서는 아직도 섭리의 과정에서 햇빛같이 긍휼을 베푸실 자에게 긍휼을 베푸실 것이라고 성경에 쓰셨습니다.

이삭이 야곱을 '축복한 내용'은 에서에게 떨어진 몫보다 광대하고 더 우월한 것이었습니다. 물론 그들 아버지 이삭이 사용한 말의 문자적인 의미 외에 더 이상 깊게 볼 수 없다면, 그 두 경우에 매우 작은 차이밖에 없는 것같이 보입니다. 이삭은 야곱에게 이렇게 말했습니다. "하나님은 하늘의 이슬과 땅

---

13) 본 강해서 저자는 KJV의 역문(譯文)을 따라 그렇게 이해하고 있다. Unto Shem also, the father of all the children of Eber, the brother of Japheth the elder, even to him were [children] born. - 역자 주

의 기름짐이며 풍성한 곡식과 포도주를 네게 주시기를 원하노라."(창 27:28)
바로 다음에 연결되는 29절에서는 주로 그의 후손들에 대한 축복이 나타납니다. 에서에 대하여는 "그 아버지 이삭이 그에게 대답하여 이르되 네 주소는 땅의 기름짐에서 멀고 내리는 하늘 이슬에서 멀 것이며 너는 칼을 믿고 생활하겠고 네 아우를 섬길 것이며 네가 매임을 벗을 때에는 그 멍에를 네 목에서 떨쳐버리리라 하였더라."(창 27:40,41) 동생 야곱이 형 에서보다 더 탁월한 지위를 차지했다는 것 말고 그 야곱이 받은 몫의 고유한 탁월성이 어디 있습니까? 그 약속에 영적인 것이 하나도 없다면, 그것이 야곱에게는 전혀 위로가 되지 않았을 것입니다. 왜냐하면 언급된 세상적인 축복들이 그의 몫은 아니었기 때문입니다. 그가 바로에게 한 말과 같습니다. "내 나그네 길의 세월이 백삼십 년이니이다 내 나이가 얼마 못 되니 우리 조상의 나그네 길의 연조에 미치지 못하나 험악한 세월을 보내었나이다."(창 47:9)

방금 우리가 살펴본 것은 구약의 약속들과 예언들을 어떻게 해석해야 할지 보여주는 주목할 만한 실례입니다. 그 약속들과 예언들은 육신적인 차원에서가 아니라 신비적으로 해석되어야 합니다. 야곱의 몫이 에서의 몫을 훨씬 능가한다는 것은 히브리서 12:17의 말씀을 보면 분명합니다. 거기에서는 그것이 '그 축복(the blessing)'이라 지칭되어 있습니다.[14] 이삭이 야곱에게 그 축복을 '되풀이' 말하며 "아브라함에게 허락하신 복을 네게 주시되… 너로 하나님이 아브라함에게 주신 땅 곧 너의 우거하는 땅을 유업으로 받게 하시기를 원하노라."(창 28:4)고 하였습니다. 여기서 우리는 그 의미를 밝히기 위하여 필요한 열쇠를 발견합니다. 갈라디아서 3:9,14,29은 '아브라함의 복'(그리스도로 말미암아 이방인들이 차지하게 되는)이 순전히 영적인 것임을 보여 주기에 충분합니다. 하나님께서 아브라함에게 약속하셨던 그 복을 이삭이 야곱

---

14) 우리말 개역개정이나 개역한글에서는 정관사 '그' 없이 그냥 '축복'이라고 되어 있다. - 역자 주

에게 넘겨주었다는 또 다른 증거가 있습니다. "그를 위하여 축복하였은즉 그가 정녕 복을 받을 것이니라."고 한 이삭의 말에서 찾아볼 수 있습니다(창 27:33). 왜냐하면 모든 믿는 자들의 아버지인 아브라함을 축복하실 때 여호와께서는 바로 그 언어를 사용하셨기 때문입니다. "내가 네게 큰 복을 주고."(창 22:17) 이 말에 덧붙여 이삭은 이렇게 말했습니다. "네게 저주하는 자는 저주를 받고 네게 축복하는 자는 복을 받기를 원하노라."(창 27:29) 그것은 하나님께서 아브라함에게 하신 말씀의 일부입니다. 창세기 12:2,3의 말씀을 참조하십시오. 15)

이삭의 예언의 말을 바르게 이해하려면 꼭 인정해야 할 요점이 있습니다. 흔히 구약에서는 하늘에 속한 것들이 땅의 차원으로 표명되는 일이 있다는 점입니다. 또한 영적인 축복을 상징을 통해서 나타냈다는 점도 인식해야 합니다. 이 사실을 바르게 주목한다면 구약성경의 많은 구절들을 명료하게 이해하게 될 것입니다. 여기가 바로 그런 경우입니다. "하늘의 이슬과 땅의 기름짐"이란 상징적인 표현을 통하여 세 가지의 위대한 영적 복락을 나타내고 있습니다.

첫째, 그가 그리스도와 친밀한 관계를 가질 것이라는 점입니다. 곧, 그가 메시야의 선조들 가운데 한 사람이 될 것이라는 말입니다. 바로 이것이 '아브라함에게 수여된 가장 주요한 은총과 존귀함'입니다. 창세기 27:29의 말씀이 궁극적으로 무엇을 가리킵니까? 그 말씀을 이해하려면 바로 그 점에 비추어 보아야 합니다. "만민이 너를 섬기고 열국이 네게 굴복하리니"라는 말씀은 그에게서 나올 가장 높은 '가지(branch)'를 가리킵니다. 곧, 모든 사람들

---

15) "내가 너로 큰 민족을 이루고 네게 복을 주어 네 이름을 창대하게 하리니 너는 복이 될지라 너를 축복하는 자에게는 내가 복을 내리고 너를 저주하는 자에게는 내가 저주하리니 땅의 모든 족속이 너로 말미암아 복을 얻을 것이라 하신지라."(창 12:2,3) - 역자 주

이 충성을 맹세할 그리스도를 가리킵니다. "그런즉 군왕들아 너희는 지혜를 얻으며 세상의 재판관들아 너희는 교훈을 받을지어다 여호와를 경외함으로 섬기고 떨며 즐거워할지어다 그의 아들에게 입맞추라 그렇지 아니하면 진노하심으로 너희가 길에서 망하리니 그의 진노가 급하심이라 여호와께 피하는 모든 사람은 다 복이 있도다."(시 2:10-12)

둘째, '아브라함'의 두 번째 큰 복은 하나님께 계속 예배하며 하나님의 법을 가르치는 제사장이 될 것이라는 점입니다(창 26:5). 야곱의 형제들이 야곱에게 굴복하는 것은(창 27:29) 야곱의 제사장적 존귀를 인정하는 일입니다. 야곱의 축복도 바로 그런 것입니다. 교회 안에 있고 교회가 계속해서 그의 줄기를 따라서 존재한다는 것입니다. "땅을 유업으로 받게 하시기를 원한다." 는 말씀 속에서 그 점이 상징적으로 지적되었습니다(창 28:4). 토마스 맨튼 (Thomas Manton)은 이에 대하여 다음과 같이 잘 지적하였습니다. "교회는 노아의 방주다. 홍수가 일어 깊은 물이 범람하고 닥쳐올 때 그 방주 안에서만 보존함을 입을 수 있다. 교회는 주위의 다른 모든 지역은 어둠뿐일 때 오직 유일하게 빛을 누리는 고센 땅과도 같다. 교회는 주위의 모든 땅이 다 말랐음에도 불구하고 하늘의 이슬로 젖고 은혜의 감화로 축축하게 된 기드온 양털이다." 교회가 우리의 혈통을 따라서 계속 존재한다는 것이 얼마나 존귀한 일인가를 성령께서는 창세기 10:21에서 암시하십니다. 에벨은 하나님을 예배했던 히브리 사람들의 조상이었다는 점입니다. "셈은 에벨 온 자손의 조상이요"(창 10:21)

셋째, 야곱이 받은 또 다른 특권은 '하나님과 언약을 맺었다.'는 점입니다. "아브라함의 복이 네게 임할 것이라." 그것이 무엇이었습니까? "내가 너와 네 후손의 하나님이 되리라."(창 17:7) 하나님을 '자기들의' 하나님으로 삼는 것은 사람들이 가질 수 있는 행복 중에서 가장 큰 복입니다. - 곧, '하나님과 언약을 맺었다.'는 것이 바로 그것을 가리킵니다. 노아가 예언의 영으로 말미암아 자기 자녀들에게 복과 저주를 선포하게 되었을 때 그는 이렇게 말했습니다. "셈의 하나님 여호와를 찬송하리로다."(창 9:26) 후에 그 약속이 모든 이스라엘 사람들에게 주어졌습니다. "나는 너를 애굽 땅, 종 되었던 집에서 인도하여 낸 너희 하나님 여호와로라."(출 20:2) 그와 같이 '새 언약' 아래서 (영원한 언약의 현재적인 경륜 아래서) 하나님께서는 이렇게 말씀하십니다. "나는 그들에게 하나님이 되고 그들은 내게 백성이 되리라."(히 8:10) 하나님께서 어느 사람의 '하나님' 되신다는 것은 무엇입니까? 육신적인 생명이나 영적인 생명을 위해서 필요한 모든 좋은 것을 공급하신다는 말입니다.

이삭이 자기 아들들에게 예언적으로 축복한 것이 그 아들들 당대에서 보다 그 후손들을 통해서 주로 이루어졌습니다. 곧, 야곱의 영적인 자녀들과 에서의 육신적인 자녀들 속에서 이루어졌다는 말입니다. 에서의 육신적 자녀들에 대하여 우리는 두 가지 상세한 국면을 주목해야 할 것입니다. 첫째, 이삭은 에서에게 "너는 네 아우를 섬길 것이라."고 말했다는 사실입니다. 둘째, "네가 매임을 벗을 때에는 그 멍에를 그 목에서 떨쳐 버리리라."(창 27:40)고 말하였습니다. 여러 세기 동안 이 예언의 첫 번째 부분이 전혀 이루어질 것 같지 않아 보였습니다. 그러나 800년 후에 다윗은 "에돔에는 내 신을 던지리라."(시 60:8)고 말했습니다. 그 말은 그가 에서의 콧대 높은 후손들로 하여금 자기에게 복종하는 낮고 비천한 상태에 떨어지게 할 것이라는 말입니다. 그 예언은 정확하게 성취되었습니다. "에돔 사람이 다 다윗의 종이 되니라."(삼하 8:14) 비록 그들이 오랜 기간 동안 계속해서 복종하였지만 여호사밧의 때에는 달랐습니다. "여호람 때에 에돔이 배반하여 유다의 수하에서 벗어나 자기 위에 왕을 세운고로."(왕하 8:20)

"믿음으로 이삭은 장차 있을 일에 대하여 야곱과 에서에게 축복하였으며."

이 '축복'은 죽어가는 아버지가 자기 아들들에 대한 선한 뜻을 나타내는 것보다 더 큰 것을 지니고 있습니다. 그것은 특별한 것이었습니다. 이삭은 하나님의 한 선지자로서 자기 후손들의 장래를 선포하고 그 후손들이 각자 차지할 다양한 분깃을 공언한 것입니다. 그는 예언의 영으로 말미암아 여호와의 대언자(代言者)가 되어 자기의 두 아들이 각자 차지할 기업이 어떠한 것인가를 미리 공표하였습니다. 그래서 그의 말은 이루어졌습니다. 오늘날 부모들이 자기 자녀들의 장래를 예고할 정도로 초자연적인 능을 부여받지는 않았지만, 하나님께서 의인들과 그 후손들에게 어떠한 약속을 해주셨으며, 그것을 어떻게 이루실 것인가를 성경을 통해 연구하고 확인시켜 주는 것은 부모들의 할 일이요 특권입니다.

그러나 이삭이 성령의 즉각적인 감동으로 그렇게 말하였다면 어떻게 그가 "믿음으로" 자기 아들들을 축복했다고 말할 수 있을까요? 이 점은 인간적인 측면에서 그 일을 바라본 표현이고, 그가 자기 책임을 어떻게 감당했는지를 보여 주는 일입니다. 그는 하나님이 아브라함과 리브가를 통해서 직접적으로 약속하신 것들을 종합하고 그 약속들을 의존했던 것입니다. 우리는 이미 그 주도적인 약속들을 숙고한 바 있습니다. 창세기 22:16-18에 기록된 바대로, 하나님께서 자기 아버지 아브라함에게 말씀하실 때에 그 자리에서 있었습니다. 또한 그 자신이 창세기 26:2-4에 기록된 하나님의 약속의 수령자가 되었습니다. 여러 해 후에 그는 하나님으로부터 들었던 것을 마음에 두고, 그 약속들을 견고히 붙잡는 모습을 보입니다. 그는 앞으로 태어날 그의 먼 후손들의 장래 기업에 관한 일을 흔들리지 않는 확신으로 공표하였던 것입니다.

이삭이 야곱과 에서에게 '장차 올 일'에 관해 축복한 일은, 히브리서 11:1의

"믿음은 바라는 것들의 실상이요 보지 못하는 것들의 증거라."는 말씀의 두드러진 실례입니다. "아브라함은 이제 죽었고, 이삭은 자기와 자기 후손들에게 주어진 땅에 사두었던 무덤에 곧 묻혀질 판이다. 믿음이 바라는 것이 전혀 눈에 보이지 않았다. 바랄 근거가 조금도 나타나 보이지 않았다. 그의 후손들, 곧 야곱이나 에서 어느 누구도 약속된 그 땅을 차지하게 될 것 같은 조짐이 전혀 보이지 않았다(그가 들었고 믿었던 것을 제외하고는)."(E. W. B.) 사람의 눈으로 보기에는, 이삭이 그리 말하였던 당시에는 그렇게 예측할 근거로 볼 만한 것이 전혀 보이지 않았습니다. 그가 말한 것은 전부 하나님의 순전한 말씀을 확실히 믿는 데서 나온 것입니다.

바로 이것이 우리가 여기서 배워야 할 위대한 실제적 교훈입니다. 이삭의 믿음의 힘은 우리로 하여금 하나님의 말씀을 믿는 더 큰 믿음을 주십사고 하나님께 부르짖도록 부추깁니다. 이삭은 가장 보배로운 확신으로 가나안 땅을 이미 안연히 차지한 것처럼 생각했습니다. 그런데도 불구하고 사실 그는 그 땅에서 한 뼘의 땅도 소유하지 못했고, 자기가 묻힐 곳 외에는 그 땅의 어느 부분도 자기 이름으로 된 땅이 전혀 없었습니다. 더구나 그가 예언할 당시에 가나안에는 기근이 있었고 그랄 지방에 피난하여 있었습니다. "만민이 너를 섬기고 열국이 네게 굴복하리니."(창 27:29) 이 말씀은 이삭의 외적인 경우만 바라본 사람에게는 공허한 말처럼 보였을 것입니다. 아, 나의 사랑하는 형제들이여, 우리도 역시 하나님께서 약속하신 장차 올 복락을 확신해야 합니다. 지금은 그런 것들에 대한 뚜렷한 조짐을 전혀 볼 수 없다 할지라도, 그것들이 이미 우리의 것이 된 것처럼 확신해야 한다는 말입니다.

앞에서 말한 것을 다음과 같이 반박할지 모르겠습니다. 창세기 27장에 나타난 기사를 통해서 이삭이 야곱을 축복한 것이 '믿음으로'한 것이 아니라 부지중(不知中)에 한 것이 아닌가? 우리는 그런 반론에 대하여 무엇보다 먼저 믿음의 대상은 언제나 하나님 자신이라는 사실을 지적해야 합니다. 믿음이 의지하는 터전은 하나님의 계시된 뜻이라고 대답할 수 있습니다. 이삭의 경우에도 그렇습니다. 그의 믿음은 언약하신 하나님을 견고히 의지하였습니다. 이 점은 그가 야곱을 에서로 착각했다고 해서 결코 부정되지 않았습니다. 둘째로 강조할 요점은, 그 일이 하나님의 백성들의 믿음에도 통상 어떤 약점을 동반한다는 사실을 예증한다는 사실입니다. 이삭의 경우에는 에서를 편애한 것이 문제였습니다. 셋째, 그가 자기가 속은 것을 알았을 때에도 에서로 변장한 야곱에게 선포된 복을 되돌리려 노력하지 않았습니다. 그는 하나님의 주권에 달게 순복하여 그 일을 확증하였습니다. 비록 에서가 울며 통곡하며 이삭의 마음을 바꾸려 하였지만 그럴 수는 없었습니다.

여기서 우리는 이삭의 믿음의 힘을 봅니다. 이삭은 자기의 육정(肉情)을 십자가에 못 박으신 하나님의 섭리의 손길을 느끼자마자 불평하며 하나님께 대들지 않았습니다. 주께 무릎을 꿇고 굴복했습니다. 이것은 언제나 참된 믿음의 역사입니다. 참된 믿음은 영혼으로 하여금 하나님의 뜻에 굴복하여 우리 육신의 성향을 거스르게 합니다. 역시 우리 자신의 이성의 방향도 거스릅니다. 믿음은 하나님이 너무나 위대하시고 전능하시고 영광스러우심을 알기 때문에 명령하시면 순종해야 함을 압니다. 아브라함이 그러하듯이 이삭의 경우에도 그러하였습니다. 믿음은 약속뿐만 아니라 훈계를 바라봅니다. 믿음은 우리를 감동하여 순종의 길을 걷게 합니다. 하나님께서 우리로 행하도록 미리 정하여 놓으신 선한 일들을 함으로써 우리 믿음을 더욱 더 확증하여 보일 수 있게 하시옵소서. 아멘.

68강

야곱의
믿음

11:21 믿음으로 야곱은 죽을 때에 요셉의 각 아들에게 축복하고 그 지팡이 머리에 의지하여 경배하였으며

매튜 헨리(Matthew Henry)가 다음과 같이 말한 것은 잘한 일입니다.

"믿음의 은혜가 우리의 전체 삶에 보편적으로 활용되지만 우리가 죽게 될 때에 특별히 더욱 그러하다. 믿음은 그 마지막 때에 행할 큰일을 가지고 있다. 곧 믿음은 신자들이 순례길을 잘 마치게 도와주며, 죽으면서도 주님을 위하게 하며, 인내와 소망과 기쁨으로 주님을 영화롭게 하고, 더 나아가 하나님의 말씀의 진리와 하나님의 방식의 탁월성에 대한 증거를 남기도록 한다. 그럼으로써 신자들이 죽어가는 순간에 그들을 지켜보는 모든 사람들에게 확신을 주고 믿음을 확증하게 한다."

하나님께서는 자기 백성들이 우뚝 솟은 돛에 달려 펄럭이는 깃발과 함께 이 세상을 떠날 때에 크게 영광을 받으신다. 영이 육체를 이길 때, 하늘나라를 바라보며 세상을 미련 없이 기쁘게 하직할 때, 하나님은 크게 영광을 받으신다. 이를 위하여 '믿음'이 행사되어야 한다.

우리가 확신하는 바로는, 성령께서 히브리서 11장에서 믿음의 삶에 대한 묘사를 통해서 절박한 위기와 갈등을 맞아 믿음이 어떤 행동을 하는지 그 실례를 세 가지 이상 갖추어 주십니다(다음에 나오는 구절들에서도 계속하여). 그렇게 하시는 데는 그만한 충분한 이유가 있습니다. 또한 하나님께서는 그렇게 하시는 데 다른 이유들을 가지고 계십니다. 떨며 의심하는 자기 자녀들이 그 묘사로 말미암아 자기들 속에서 선한 일을 시작하신 이가 끝까지 이루실 것을 확신하게 하려 함입니다. 또한 하나님께서는 자기의 주권을 통해서 그 자녀들의 마음속에 이 보배로운 은혜를 맡기셨으니, 그 은혜를 받쳐줄 것이 가장 요긴한 때에 그 은혜가 약화되도록 내버려 두지 아니하실 것임을 확신시킨 것입니다. 또한 생명력이 넘쳐날 때 백성들로 하여금 능히 믿음을 행사하도록 하신 분이, 연약하여 죽어가는 때에 살리시는 능력을 발하지 않으실 리 없음을 확신시키는 것입니다.

본 강해서 저자는 나이가 들어갈수록, 말이나 글의 사역을 통해서 그리스도인의 죽음에 관하여 하나님의 백성들을 가르치고 위로한 적이 얼마나 적었던가를 발견하고 슬퍼집니다. 마귀는 하나님의 백성들의 마음을 무섭게 하려는 일에 매우 능동적입니다. 그걸 안 이상, 그리스도의 종들의 큰 의무는 사탄의 거짓말의 터무니없음과 공허함을 밝혀내는 것입니다. 그리스도인이 죽음을 생각하고 준비하는 것은 그리스도를 모욕하는 것이라는 그릇된 관념을 고수하는 이들이 적지 않습니다. 아울러 그렇게 죽음을 생각하는 것은 그리스도께서 '속히' 강림하실 것이라는 의식과 배치되는 것이라 생각합니다. 그러나 그러한 생각은 우리가 다루는 현재의 본문의 논박을 당해낼 수 없습니다. 성령께서 히브리서 12:1에서 "인내로써 우리 앞에 당한 경주를 경주하라." 명하실 때, "구름 같이 둘러 싼 허다한 증인들이 있다."는 사실을 그 권면의 기초로 삼고 있습니다. 우리는 그 점을 면밀히 숙고해야 합니다. "구름 같이 둘러 싼 허다한 증인들"은 히브리서 11장에 나온 "믿음으로 죽었던"(13절) 하나님의 사람들을 가리키는 말입니다.

하나님께서 주시고 하나님께서 지탱하시는 믿음은, 가장 연약한 성도라도 육체의 유혹과 세상의 매력과 사탄의 시험을 극복하도록 하는데 충분히 능합니다. 뿐만 아니라 그 믿음은 가장 연약한 성도라도 능히 죽음을 승리로 통과하게 할 수 있습니다. 바로 그 점이 이 놀랍고 복된 히브리서 11장에 나타난 탁월한 요점들 중 하나입니다. 성령께서는 히브리서 11장에서 믿음의 사역과 성취와 열매와 영광을 길게 다루었습니다. 그것들 중에서 가장 적은 것이라 할지라도, 지상의 마지막 투쟁에서 영혼을 지탱하고 마음을 위로하고 총명을 밝혀주고 의지의 방향을 제시할 힘을 가지고 있습니다. 히브리서 11:20-22은 공통적으로 이 점을 나타냅니다. 그러면서도 각 구절은 그 나름의 독특한 요점을 드러냅니다. 이상의 경우에서 다 죽어가는 믿음이라도 육체의 정을 이기는 모습을 드러냅니다. 야곱의 경우에는 죽어가는 자가 믿음을 가지고 인간의 훼방을 극복하는 모습이 엿보입니다. 요셉에게서는 무가치한 세상의 모습을 조롱하는 믿음의 역사를 발견합니다.

옛적에 발람은 이렇게 말했습니다. "나는 의인의 죽음을 죽기 원하며 나의 종말이 그와 같기를 바라노라 하매."(민 23:10) 발람이 잘한 일이 있다면 그런 바람을 가진 것이라 할 수 있습니다. 본 강해서 저자는 지상 생애의 주류에서 하나님과 동행하다 마지막 시간을 맞은 모든 그리스도인들마다 모든 사람들 가운데 가장 밝고 복된 자들임을 조금도 의심하지 않습니다. 정상적으로 말해서 그러합니다. 왜냐하면 우리는 여기서 갑작스럽게 하늘로 옮겨지는 예외적인 경우는 생각하고 있지 않기 때문입니다. 잠언 4:18만으로도 이 생각을 뒷받침하기에 충분합니다. "의인의 길은 돋는 햇살 같아서 크게 빛나 한낮의 광명에 이르거니와." 그리스도인이 자기 주위의 사람들에게 지성적인 사람으로 보일 정도로 이것을 증거할 만한 기회를 항상 얻는 것은 아닙니다. 그러나 그가 가련한 육체가 고통으로 휩싸여 물리적으로는 무의식 상태에 있다 할지라도, 지상의 계류장(繫留場)을 떠나려는 영혼은 전에는 결코 갖지 못했던 통찰력과 의식으로 자기의 보배로운 구속주를 바라보는 복을 받습니다. "스데반이 성령 충만하여 하늘을 우러러 주목하여 하나님의 영광과 및 예수께서 하나님 우편에 서신 것을 보고."(행 7:55)

"온전한 사람을 살피고 정직한 자를 볼지어다 모든 화평한 자의 미래는 평안이로다."(시 37:37) 많은 선한 사람은 고통스러운 생애를 화평한 죽음으로 마쳤습니다. 스펄전(C. H. Spurgeon)은 이 구절에 대하여 이렇게 말했습니다.

"신자에게 있어서 아침에는 비가 올 수도 있고, 점심 때에는 천둥번개가 칠 수도 있으며, 오후에는 고통이 엄습할 수도 있다. 그러나 해가 넘어가기 전에 신자의 날은 맑게 개일 것임에 틀림없다."

스펄전의 말은 야곱의 경우를 가장 잘 설명해 줍니다. 야곱이 걸어간 순례의 길은 마치 폭풍우가 몰아치는 항해와 같았습니다. 그러나 항구에 도달할 때쯤 물결은 잠잠해졌습니다. 그가 산 많은 날들은 어둡고 구름 낀 날들이었습니다. 그러나 삶을 끝마치려는 즈음에 찬란한 석양의 광채가 퍼부어졌습니다.

"믿음으로 야곱은 죽을 때에." 아, 우리는 '믿음으로 죽기' 위하여 반드시 믿음으로 살 필요가 있습니다. 믿음의 삶은 항상 청명한 날 햇빛 찬란한 것만은 아닙니다. 청명한 날에는 대기 중에서 햇빛을 차단하여 막는 것이 없습니다. 그러나 믿음의 삶은 안개 낀 날 아침과 같습니다. 그래서 태양은 그

광선의 힘으로 차단하는 안개를 걷어내는 과정을 통하여 안개의 기운을 몰아냅니다. 야곱은 믿음으로 행하였습니다. 그러나 그 믿음의 삶은 많은 갈등을 겪어야 했습니다. 그리고 승리할 때마다 그 이전에 어렵게 싸우는 과정이 필수적이었습니다. 야곱은 모든 허물과 실족에도 불구하고(우리 각자는 허물과 실족으로 그처럼 가득 차 있다) 영원한 언약에 자기가 들어 있음을 참으로 자랑했습니다. 그 믿음으로 하나님을 신뢰했으며, 하나님의 약속을 극히 귀하게 여겼습니다. 이러한 사실들을 고려하지 못하는 것은 그의 성품에 대한 매우 불완전하고 일방적인 평가일 뿐입니다. 옛 본성이 그 안에 강하게 자리하고 있었습니다. 그렇습니다. 새로운 본성도 역시 그 안에 강하게 자리하고 있었습니다. 비록 야곱이 그의 연약함 중에서 그것을 쟁취하기 위해 불법적인 방도를 사용하였지만, 그럼에도 그의 마음은 하나님을 모독하는 불경건한 에서가 멸시했던 '장자권'(長子權)을 '크게 존귀하게' 여겼습니다(창 25장). '아버지 이삭을 속이라.'는 자기 어머니의 어리석은 제안을 받아들이기는 했지만, 그의 믿음은 하나님의 약속을 뚫어지게 바라보았습니다. 자기의 서원을 무마시키기 위해서 육신적인 방도를 썼을지 모르지만, 그 마음은 하나님을 자기 하나님으로 삼는 강한 마음이었습니다. "야곱이 서원하여 이르되 하나님이 나와 함께 계셔서 내가 가는 이 길에서 나를 지키시고 먹을 떡과 입을 옷을 주시어 내가 평안히 아버지 집으로 돌아가게 하시오면 여호와께서 나의 하나님이 되실 것이요."(창 28:20,21)

두려움 가운데서 몰래 라반에게서 도망치니 그의 장인 라반이 그를 따라 잡았습니다. 그때 그는 하나님께 드린 헌물로 하나님을 영화롭게 하였습니다. "야곱이 또 산에서 제사를 드리고 형제들을 불러 떡을 먹이니 그들이 떡을 먹고 산에서 밤을 지내고."(창 31:54) 그가 에서를 만났을 때 두려워 떨었지만, 그는 그러함에도 하나님의 약속을 의지하면서 주를 간절히 찾아(창

32:12) 평안의 응답을 받았습니다. 후에 자기 형의 발 앞에 엎드려 비굴한 자세를 보이기는 했지만, 우리는 앞에서 그가 하나님과 겨루어 이기는 모습을 봅니다. "그가 이르되 네 이름을 다시는 야곱이라 부를 것이 아니요 이스라엘이라 부를 것이니 이는 네가 하나님과 및 사람들과 겨루어 이겼음이니라."(창 32:28) 야곱은 할아버지 아브라함과 아버지 이삭과 함께 "믿음으로 이방에 있는 것같이 약속하신 땅에 거류하여" 있었습니다(히 11:9).

그러나 야곱의 믿음이 가장 밝게 빛났을 때는 그의 삶의 마지막 부분이었습니다. 다른 아들들의 성화에 베냐민을 애굽으로 딸려 보냅니다. 그 때에 그는 이렇게 말했습니다. "전능하신 하나님께서 그 사람 앞에서 너희에게 은혜를 베푸사 그 사람으로 너희 다른 형제와 베냐민을 돌려보내게 하시기를 원하노라 내가 자식을 잃게 되면 잃으리로다."(창 43:14) 주께서 아브라함을 축복하실 때 바로 이 칭호를 쓰셨습니다(창 17:1). 이삭이 야곱을 축복할 때도 역시 그 하나님의 칭호를 사용하였습니다(창 28:3). 그래서 그 칭호를 여기서 사용함으로써 언약의 약속을 야곱이 얼마나 철저하게 의지했는가를 보여 줍니다.

그 늙은 족장 야곱은 애굽에 도착했을 때 위풍당당한 왕 앞에 나아갔습니다. 그가 그 때 어떻게 처신하셨는지 보는 것은 복됩니다. 그는 당시 세계에서 가장 큰 제국의 통치자 앞에서 비굴한 태도를 보이기는커녕 "바로를 축복했습니다."(창 47:7) 그는 합당한 존영으로 왕 중 왕의 자녀답게 처신하였습니다(히 7:7). 곧 지극히 높으신 지존자의 사신(使臣)으로서 처신하였던 것입니다.

"믿음으로 야곱은 죽을 때에 요셉의 각 아들에게 축복하고." 이것은 창세기 48장에 기록된 것을 가리킵니다. 창세기 48장에 나오는 기록과 49장에서 말하는 것이 아주 다릅니다. 49장에서는 자기의 열 두 아들들의 장래를 선포하는 하나님의 선지자로서 모습을 드러냅니다. 그러나 48장에서는 요셉과 그 두 아들들에게만 관계합니다. 히브리서 본문이 다루는 상세한 국면을 생각하기 전에 먼저, 바로 그 앞에 나온 문장을 주목하도록 합시다. "그가 요셉을 위하여 축복하여 가로되"(창 48:15). 우리는 여기서 하나님의 통치하시는 손길에 감탄하여 마지않습니다. 또한 다음에 나오는 사건을 이해하는 열쇠를 얻게 됩니다.

신명기 21:17에는 이런 말씀이 있습니다. "반드시 그 미움을 받는 자의 아들을 장자로 인정하여 자기의 소유에서 그에게는 두 몫을 줄 것이니 그는 자기의 기력의 시작이라 장자의 권리가 그에게 있음이니라." 두 몫을 받는 것이 장자의 권한입니다. 야곱이 요셉을 축복할 때도 그 점이 정확하게 드러나 있습니다. 왜냐하면 에브라임과 므낫세는 약속된 기업에서 따로 구별된 몫을 차지하였기 때문입니다. 권리상으로 보면 이것이 요셉에게 속한 것입니다. 물론 마귀는 라반을 사용하여 라헬 대신 레아를 줌으로 야곱을 속이고 기만하려 하였지만, 요셉은 '라헬'의 장자였습니다. 이제 하나님의 섭리를 통하여 그 장자권이 회복되었습니다. 그래서 하나님께서는 르우벤으로 하여금 범죄하여 요셉이 장자권을 회복하는 길이 열리게 허용하셨던 것입니다. "이스라엘의 장자 르우벤의 아들들은 이러하니라(르우벤은 장자라도 그의 아버지의 침상을 더럽혔으므로 장자의 명분이 이스라엘의 아들 요셉의 자손에게로 돌아가서 족보에 장자의 명분대로 기록되지 못하였느니라)."(대상 5:1)

야곱은 일찍이 그 일에 대하여 요셉과 대화하면서 이렇게 말했습니다. "내가 애굽으로 와서 네게 이르기 전에 애굽에 네게 낳은 두 아들 에브라임과 므낫세는 내 것이라 르우벤과 시므온처럼 내 것이 될 것이요."(창 48:5) 요셉의 두 아들들은 애굽의 여인에게서 낳은 자들입니다. 또 그들을 낳은 곳이 이방땅이었습니다. 그러나 이제 그들은 거룩한 씨의 족보로 받아들여 연합되었습니다. 야곱이 그들을 축복할 때 무어라 하였는지 주목해 보세요. "나를 모든 환난에서 건지신 사자께서 이 아이에게 복을 주시오며 이들로 내 이름과 내 조부 아브라함과 아버지 이삭의 이름으로 칭하게 하시오며 이들로 세상에서 번식되게 하시기를 원하나이다."(창 48:16) 그 축복을 통해서 야곱은, 그들의 마음을 애굽과 그 동족에게서 떼어내어 하나님의 교회에 접붙이고 하나님의 백성들과 함께 하도록 했습니다.

"믿음으로 야곱은 죽을 때에 요셉의 각 아들에게 축복하고." 이 본문의 개정역(Revised Version)이 흠정역(KJV)보다 더 정확하게 번역되었습니다. "요셉의 각 아들에게 축복하고." 이 대목을 흠정역에서는 blessed both the sons of Joseph(요셉의 아들들 둘 다를 축복하였다)로 번역하고 있습니다. 개정역은 더 정확하게 blessed each of the sons of Joseph(요셉의 아들들 각 자를 축복하였다)로 번역하고 있습니다. 그들을 축복한 것이 집합적으로 한 것이 아니라 구별하여 따로 한 것이기 때문입니다. 사실 죽어가는 야곱의 믿음에 있어서 특정적인 요점은 바로 이 시점에서 가장 두드러져 보입니다. 요셉이 할아버지에게 족장의 축복을 받도록 자기 아들들을 데리고 갔을 때, 장자인 므낫세 위에 오른손을, 동생인 에브라임 머리에는 왼손을 얹어 주었습니다. 요셉이 그렇게 한 것은 므낫세로 하여금 장자의 더 큰 몫을 받게 하고자 함이었습니다. 야곱의 믿음이 가장 크게 시험받은 때는 바로 그 점에서였습니다. 이때에 요셉은 모든 애굽을 통치하는 통치자였습니다. 권위와 능력에 있어서 바로(Pharaoh) 다음이었습니다. 더구나 그는 야곱의 사랑받는 아들이었습니다. 그럼에도 불구하고 죽어가는 그 족장 야곱은 이제 그의 청을 거절해야 했습니다.

"이스라엘이 오른손을 펴서 차남 에브라임의 머리에 얹고 왼손을 펴서 므낫세의 머리에 얹으니 므낫세는 장자라도 팔을 엇바꾸어 얹었었더라."(창 48:14) 여기서 우리는 복을 베풀어주시는 하나님의 '방식'을 주목합니다. 하나님의 정하심에 따라 장자보다 차자가 더 우선적인 축복을 받았습니다. 주께서는 그 기뻐하심에 따라 은혜 받을 자에게 은혜를 베푸십니다. "내 것을 가지고 내 뜻대로 할 것이 아니냐."(마 20:15) 여기서 야곱은 하나님의 높으신 주권에 겸비하게 복종하였습니다. 야곱이 자기의 두 손을 엇바꾸어 얹은 것은 우연한 일이 아니었습니다. 왜냐하면 "팔을 엇바꾸어 얹었다."는 말의 히브리어는 "알고 팔을 그리했다."는 말이기 때문입니다. 그것은 믿음의 총명에 따른 것이었습니다. 왜냐하면 야곱의 눈은 너무 흐려 자기가 하고 있는 일을 잘 분간하지 못했기 때문입니다. 참된 믿음은 언제나 눈에 보이는 것의 반대입니다! 그런 일을 행한 것이 야곱이 아니라는 사실을 성령께서 얼마나 강조하시는지 주목해야 합니다.

"그가 요셉을 위하여 축복하여 이르되 내 조부 아브라함과 아버지 이삭이 섬기던 하나님, 나의 출생으로부터 지금까지 나를 기르신 하나님."(창 48:15) 이 축복의 말은 매우 복됩니다. 자기 겉 사람의 후패에도 불구하고 영적인 힘은 조금도 쇠약해 있지 않았습니다. 나이 늙어 연약함에도 불구하고 그는 믿음에 견고히 서서 그것을 힘 있게 행하였습니다. 우리는 여기의 말씀을 통해서 야곱이 여호와께서 자기 조상들에게 맺었던 언약을 인정하며 부여잡고 있는 모습을 발견합니다. 바로 이것이 믿음의 삶입니다. 영원한 언약을 붙잡고, 그 언약으로부터 힘을 얻어 내고, 그 언약에 비추어서 행하는 것, 바로 그것이 믿음의 생활입니다. 왜냐하면 그 언약은 우리의 모든 복락의 원천이요, 우리 기업의 헌장(憲章)이요, 우리의 영원한 영광과 복락의 보증서이기 때문입니다. 그 언약을 항상 염두에 두는 자는 복 있게 운명(殞命)의 침상을 맞게 될 것이고, 평화로운 종말을 맞게 될 것입니다. 그리고 하나님을 영화롭게 하면서 죄와 고난의 이 세상을 떠나게 될 것입니다.

"나의 남으로부터 지금까지 나를 기르신 하나님."(창 48:15) 야곱이 영원한 언약으로 말미암아 받은 영적인 복락을 엄숙하게 알고 있으니, 그는 역시 이 세상에 사는 동안 긍휼을 입었음을 아뢰며 감사하였습니다. "나면서부터 죽을 때까지 자기 삶의 전 과정에 걸쳐 자기가 이 세상에서 필요한 모든 것을 부단하게 공급해 주신 하나님의 섭리를 기억하고 높이고 감사하게 한 것은 믿음의 역사(役事)였다."(John Owen) 하나님께서 섭리로써 우리를 다루고 계심을 정중하게 인정하는 것이 믿음의 행위입니다. 그러하듯이 하나님에 관하여 입으로 고백하는 것은 믿음의 열매입니다. 자, 이 점을 주목하십시오. 곧, 죽어가는 성도가 자기의 모든 날에 필요한 것을 공급하신 하나님의 신실하심을 증거할 때 자기를 따르는 자들 앞에서 하나님을 존귀하게 해드리는 것입니다.

"나를 모든 환난에서 건지신 여호와의 사자께서."(창 48:16) 이에 대하여 존 오웬(John Owen)은 이렇게 말하였습니다.

"그는 자기가 겪었던 모든 어려움과 시련과 불행들을 추억하며, 그 모든 일들 속에서 믿음을 행사한 것을 반추해 본다. 이제 모든 위험한 순간들은 지나갔고, 그의 모든 악은 정복되었으며, 모든 두려움은 제거되었다. 이제 그는 이 마당에서 믿음으로 그 모든 것 가운데서 자기를 구출하신 하나님의 선하심과 자비하심을 믿음으로 생각해 내고 있다."

"네 하나님 여호와께서 이 사십 년 동안에 네게 광야 길을 걷게 하신 것을 기억하라."(신 8:2) 이스라엘 지손들이 이 명령을 들은 것은 광야의 순례길을 마칠 때였습니다. 그렇듯이 우리가 지상의 순례 길을 마감하는 시간에 우리가 알았던 몰랐던 그처럼 많은 위험들에서 우리를 건지신 은혜를 회상하고 재고해 보는 것처럼 유익한 일이 없습니다.

　"이들로 내 이름과 내 조상 아브라함과 이삭의 이름으로 칭하게 하시오며 이들이 세상에서 번식되게 하시기를 원하나이다."(창 48:16) 야곱은 그들이 애굽에서 지금의 큰 지위를 계속 누리기를 탐하지 않았습니다. 오히려 언약의 복락을 받아 누리기를 소원하였습니다. 요셉은 자기 아들들에게 애굽의 풍부한 재산을 물려 줄 수 있었습니다. 그러나 그는 아들들을 야곱에게 데리고 와서 축복을 받게 하였습니다. 아, 이 세상의 보잘 것 없는 것들은 시온의 축복에 비교하면 아무것도 아닙니다. 복을 명하시는 하나님의 말씀들을 들어 보십시오. "여호와께서 시온에서 네게 복을 주실지어다 너는 평생에 예루살렘의 번영을 보며 네 자식의 자식을 볼지어다 이스라엘에게 평강이 있을지로다."(시 128:5) "헐몬의 이슬이 시온의 산들에 내림 같도다 거기서 여호와께서 복을 명령하셨나니 곧 영생이로다."(시 133:3) "천지를 지으신 여호와께서 시온에서 네게 복을 주실지어다."(시 134:3)

　구속주의 신령한 복락들은 그 가치에 있어서 창조주의 입장에서 주시는 세상에 있는 동안 잠시적으로 주시는 긍휼을 훨씬 능가합니다. 요셉은 자기 아들들이 바로 그 구속주의 신령한 축복을 받도록 간절히 원했습니다. 야곱이 지금 예언적으로 베푼 그 축복이 바로 그것이었습니다. "요셉이 그 아버지가 오른손을 에브라임의 머리에 얹은 것을 보고 기뻐하지 아니하여 아버지의 손을 들어 에브라임의 머리에서 므낫세의 머리로 옮기고자 하여 그의 아버지에게 이르되 아버지여 그리 마옵소서 이는 장자이니 오른손을 그의 머리에 얹으소서 하였으나."(창 48:17,18) 우리는 여기서 제멋대로 내버려 두면 자기를 내세우는 사람의 의지란 언제나 하나님과 반대임을 봅니다. 요셉은 그 문제에 대하여 자기 나름의 소원을 가지고 있었습니다. 그리고 그 소원을 서슴없이 내보였습니다. 그것이 자기 체면을 위해서 그랬는지는 모르겠습니다. 그러나 끝내 그는 온유하게 아버지 야곱의 뜻을 순순히 받아 드렸습니다.

"그의 아버지가 허락하지 아니하며 이르되 나도 안다 내 아들아 나도 안다."(창 48:19) 야곱의 믿음이 가장 빛났던 것은 바로 '이 시점'에서였습니다. "나도 안다."는 말을 반복한 것은 그의 믿음의 힘이 큼을 드러냅니다. 그는 "하나님의 말씀"을 듣고 믿고 복종하였습니다(롬 10:17). 야곱은 더 이상 '사람의 뜻'에 좌우되지 않았습니다. 이삭이 "육체의 뜻"에 좌우되지 않았던 것과 같습니다. "믿음으로 이삭은 장차 있을 일에 대하여 야곱과 에서에게 축복하였으며."(히 11:20) 믿음은 '사람의 뜻'과 '육체의 뜻' 둘 다를 극복합니다. 이 책을 읽는 독자들이여, 때로는 믿음이 사랑하는 자의 소원과 뜻을 묵살해야 할 때가 종종 있음을 배우십시오!

이스라엘이 죽음을 얼마 남겨 놓지 않고 요셉의 두 아들들을 축복한 것은 '믿음으로' 말미암았음이 명백합니다. 분명히 그것은 보는 것으로 한 것이 아니었습니다. "'보는 것으로' 하였다면, 이 두 어린 귀공자들이 언젠가는 자기들이 태어났던 나라 애굽을 버리고 가나안으로 이주해야 한다는 것보다 더 이치에 맞지 않게 보이는 것이 어디 있었겠는가? 그리고 그들이 각 지파로 나누어진다는 것보다 더 개연성이 없어 보이는 것이 어디 있겠는가? 또한 어린 동생이 그 중요성과 자손의 수효에서 형보다 높아지리라는 것보다 더 이치에 맞지 않아 보이는 것이 어디 있었을까?"(E. W. B.)

"그의 아버지가 허락하지 아니하며 이르되 나도 안다 내 아들아 나도 안다 그도 한 족속이 되며 그도 크게 되려니와 그의 아우가 그보다 큰 자가 되고 그의 자손이 여러 민족을 이루리라 하고."(창 48:19) 하나님께서는 선택하신 백성들과 버리신 자들을 크게 구분하실 뿐 아니라, 택하신 자녀들을 다룸에 있어서도 육신적인 측면이나 신령한 측면에서 다 동등하게 다루시는 것은 아닙니다. 어떤 이들에게는 하나님께서 당신 자신을 보다 더 친밀하게 나타내 보이게 은총을 더 베풀어주십니다. 하나님께서는 그들에게 하나님의 은혜도 더 풍성하게 주시고, 위로도 더 많이 주십니다. 예수님께서는 열 두 사도들 가운데서도 특별히 세 사도에게 은혜를 더 베푸셨습니다. 어떤 그리스도인들은 다른 그리스도인들보다 하나님을 영화롭게 할 기회를 더 많이 가집니다. 또 어떤 그리스도인들은 다른 그리스도인들보다 더 높은 특권을 가지며, 더 큰 능력과 은사들을 가집니다. '달란트(재능)들'도 동등하게 나누어 주지 않으십니다. 어떤 사람에게는 다섯 달란트를, 어떤 사람에게는 세 달란트를, 다른 이에게는 한 달란트를 주십니다. 그러나 우리는 불평하지 말아야 합니다. 자기가 받은 것을 제대로 다 활용하면 좋으련만 누구나 자기가 받은 것을 다 활용하지 못합니다.

"그 지팡이 머리에 의지하여 경배하였으며." 사도가 여기서 어떤 사건을 가리키고 있는지에 대하여 약간의 문제가 있습니다. 어떤 사람들은 사도가 여기서 전적으로 신약의 계시를 생각하는 것으로 이해합니다. "모세도 이르되 내가 심히 두렵고 떨린다 하였느니라"(히 12:21) 그와 같이 사도가 여기고 신약의 계시를 가리키며 그 말을 하고 있다고 여기는 것이지요. 다른 이들(본 강해서 저자도 포함하여) 창세기 47:31에 기록된 것을 넌지시 암시한다고 생각하는 이들도 있습니다. 그런 관점과 관련하여 파생되는 한 가지 난제가 있습니다. 여기 히브리서에는 "그 지팡이 머리에 의지하여 경배하였으며"라고 하였는데, 창세기에는 "침상 머리에서 경배하였다."고 기록되어 있다는 사실입니다. 이 차이에 대하여는 존 오웬(John Owen)의 견해를 따르기도 합니다. "두 성경 기자들이 묘사하는 것을 비교해 보면, 야곱이 침대 머리맡을 향하고 그의 지팡이에 의지하여 머리를 숙인 것이 틀림없다."

"그 지팡이 머리에 의지하여 경배하였으며." 야곱이 '경배하게' 된 것은 다음의 연유에서입니다. "이스라엘이 죽을 날이 가까우매 그의 아들 요셉을 불러 그에게 이르되 이제 내가 네게 은혜를 입었거든 청하노니 네 손을 내 허벅지 아래에[16] 넣고 인애와 성실함으로 내게 행하여 애굽에 나를 장사하지 아니하도록 하라 내가 조상들과 함께 눕거든 너는 나를 애굽에서 메어다가 조상의 묘지에 장사하라 요셉이 이르되 내가 아버지의 말씀대로 행하리이다."(창 47:29, 30) 야곱이 어떤 감상적인 울적함 때문에 자기 시신을 거룩한 땅에 묻어 달라고 소원한 것이 아니었습니다. 그것은 하나님을 믿는 믿음의 역사였고, 하나님에 대한 그의 확신의 복된 표출이었습니다.

야곱이 자기 장례(葬禮)의 화려함과 장관을 생각한 것이 아니었습니다. 그가 참으로 크게 관심을 둔 것은 그가 묻힐 '장소'의 문제였습니다. 그는 자기 뼈가 애굽의 우상숭배자들과 함께 있게 해서는 안 된다고 생각했습니다. 왜냐하면 그가 생전에 그들과 어떤 교제도 하려 들지 않았기 때문입니다. 지금 그는 죽더라도 그들과 가까이 있고 싶지 않았습니다. 그럼으로써 그는 하나님의 백성들이 '구별된 거룩한 백성'임을 보여 주고 싶었던 것입니다. 아니, 그는 자기 조상들의 무덤에 장사되기를 원하였습니다.

그가 그렇게 한 이유는 무엇입니까? 첫째로, 그는 그렇게 함으로써 언약에 있어서 자기가 아브라함이나 이삭과 하나임을 보여 주고 싶었습니다. 둘째로, 애굽이 아닌 가나안에 대한 하나님의 약속들을 믿고 있음을 표현하고 싶었습니다. 셋째로, 자기 후손들이 애굽에서 계속 머물 생각을 하지 못하게 하려 함이었습니다. 그들은 적당한 때가 되면 '약속의 땅'으로 돌아가야 함을 본으로 보여 주고자 하였고, 그럼으로써 그 약속된 땅을 소유할 것이라는 믿음을 그들에게 확고히 심어 주려 했던 것입니다. 넷째로, 마치 자기가 그들을 대표하여 그 땅을 맨 먼저 차지하러 가는 것 같은 뜻을 보이고자 했

---

16) 개역한글에서는 '환도뼈 아래에'라고 읽는다. - 역자 주

습니다. 다섯째로, 가나안이 하늘의 모형임을 보여주고자 했습니다. 하늘은 "더 나은 본향"이며(히 11:16), 하나님의 모든 백성들의 영원한 안식처임을 지시하는 모형이 가나안이었습니다.

야곱이 요셉더러 "네 손을 내 환도뼈 아래 넣으라."는 것은 맹세의 몸짓이었습니다. "아브라함이 자기 집 모든 소유를 맡은 늙은 종에게 이르되 청하건대 내 허벅지 밑에 네 손을 넣으라 내가 너에게 하늘의 하나님, 땅의 하나님이신 여호와를 가리켜 맹세하게 하노니 너는 내가 거주하는 이 지방 가나안 족속의 딸 중에서 내 아들을 위하여 아내를 택하지 말고 내 고향 내 족속에게로 가서 내 아들 이삭을 위하여 아내를 택하라."(창 24:2-4) 마치 오늘날 오른 손을 올리고 맹세하는 것과 같은 의미입니다. 야곱이 그렇게 한 것은 그 아들 요셉의 순결성을 의심해서가 아니었습니다. 야곱의 부탁을 간절한 마음으로 받아들이며 그 문제에 대하여 깊이 생각해야 함을 요셉에게 인식시킨 것입니다. 그것이 야곱에게 있어서 얼마나 중요한 일이었던가요! 또한 그것이 자기가 죽은 뒤에 있을지 모르는 바로의 어떤 대적을 예고하기 위한 것이기도 하였습니다(창 50:5,6 참조). 야곱은 그때 침대에 누워 있었습니다. 그러나 그는 아직 자기에게 남아 있는 온 힘을 다 기울여 똑바로 앉아서 몸을 굽혔습니다. 그런 자세로 몸을 가누기 위하여 지팡이에 의지하여 하나님을 경배하였습니다.

여기서 성령께서 하나님을 경배하는 야곱의 경건한 몸짓을 언급하신 이유가 무엇입니까? 지존자에게 예배하는 자가 몸으로는 어떤 자세로, 영혼의 내면에서는 어떤 경건을 보이는 것이 합당한지를 가르치시기 위함입니다. 하나님께서는 몸과 영혼을 다 구속(救贖)하셨습니다. 그리고 하나님께서는 몸과 영혼을 통해서 존귀를 받으셔야 합니다(고전 6:20). 우리가 하나님을 섬길 때 아무런 수고도 지불하지 않고 섬길 수 있을까요? 기도할 때 앉거나 누워 있는 것은 경외심과 열심을 나타내기보다는 게으름과 무분별함을 더 드러내는 것입니다. 육체의 정욕을 따르는 육적인 사람은 몸을 버리고 낭비합니다. 그런데 그리스도인들이 불편하다고 핑계대며 하나님을 경배하는 데 몸을 바르게 쓰지 않을 것입니까? 그리스도께서는 자기 몸을 내 놓아 극도의 고통을 당하였습니다. 그리스도의 사랑이 우리를 강권하여 이기적인 안일과 나태함을 부인하라 하지 않나요?

야곱은 요셉이 자기 뜻을 준행하겠다는 약속을 받아낸 다음 하나님을 경배하며 머리를 숙였습니다. 왜냐하면 이제 그는 창세기 46:4에 기록된 약속을 주께서 이루시고 계심을 인식하였기 때문입니다. 그는 극도의 쇠약함 속에서 하나님께 존귀를 돌리기 위해서 침대 머리맡을 향하여 머리를 숙입니다. 자기 지팡이 머리에 의지하여 경외심과 믿음을 남김없이 드러냅니다. 그는 그러한 상징적인 행동을 통해서 땅에서 나그네 된 자기의 조건을 증거하였고, 이 세상이 싫어 얼른 세상을 떠나고 싶은 의지를 강조했던 것입니다.

그는 하나님께서 자기를 위해서 행하신 모든 일과 이제 가까이 보이는 영원한 복락을 인하여 하나님을 찬미했습니다. 성경에서 야곱에 대하여 성령께서 마지막으로 하신 말씀은 히브리서 11:21의 말씀입니다. 그 말씀 속에서 그가 '하나님을 경배하는' 모습을 그려주시니 그 얼마나 복된 정경입니까!

69강

요셉의
믿음

11:22 믿음으로 요셉은 임종시에 이스라엘 자손들이 떠날 것을 말하고 또 자기 뼈를 위하여
명하였으며

요셉은 17세의 어린 나이로 이국 이교도의 나라로 끌려갔습니다. 거기서 그는 여러 해 동안 우상숭배자들에게 둘러 싸여 있었습니다. 그 동안 아마 그는 하나님의 자녀들 중 단 한 사람과도 접촉한 적이 없었을 것입니다. 더구나 그 때에는 읽을 성경도 없었습니다. 왜냐하면 아직은 하나님의 말씀 중 그 어느 것도 기록되지 않은 상태였기 때문입니다. 그럼에도 불구하고 그는 모든 종류의 시험과 시련 중에서도 주 하나님께 진실하였습니다. 13년 동안의 옥중생활도 그를 실망시키지 못했습니다. 애굽을 다스리는 총리가 되었어도 그는 더럽혀지지 않았습니다. 그 주위에 가득 널려 있는 악한 실례들이 그를 부패시키지 못했습니다. 신적 은혜가 가진 그 전능성은 그 은혜를 받는 사람들을 '보존'하기에 충분합니다.

그러나 우리는 요셉이 어린 시절에 경건의 훈련을 받았음을 주의 깊게 명심해야 할 것입니다! 이 점은 그리스도인 부모들에게 얼마나 큰 용기를 주는지요! 믿음을 가지고 자녀들을 가르치는 데 최선을 다하십시오. 그러면 그들이 외국에 나가도 하나님의 복주심으로 말미암아 믿음이 그들을 지탱해 줄 것입니다.

우리 독자들 중 어떤 사람은 사도가 여기서 요셉의 주목할 만한 인생 내력(來歷) 중에서 골라 낸 것을 보고는 충격을 받을지 모릅니다. 하나님께서 자기에게 알리신 것을 광포하는 신실함(창 37:5), 그의 순결(창 39:10), 고통 가운데서의 인내함(시 105:18,19), 그의 지혜와 신중함(창 39:22 ; 47:14), 하나님을 두려워함(창 42:18), 그의 인휼(仁恤, 창 42:24). 선으로 악을 이김(창 45:10), 자기 아버지를 존경함, 사회적 신분에 있어서 자기 아버지보다 높아있을 때에도 아버지를 공경하는 마음(창 48:12), 자기 아버지에 대한 순종(창 47:31) - 이런 일들에 대한 언급은 전혀 없습니다. 그의 주목할 만한 삶 전체는 생략된 채 마지막 장면만을 소개하고 있을 뿐입니다. 그러나 히브리서 11장에서 성령께서 의도하시는 바가 무엇인가를 생각한다면, 언뜻 난제로 보이는 그 의문은 대번에 풀릴 것입니다. 성령께서는 히브리 그리스도인들에게 무엇을 보여주려 하셨습니까? 모든 난관을 안전하게 뚫고 종국에는 약속된 기업을 차지하게 하는 믿음의 효능과 그 충분성을 보여주는 두드러진 실증들을 제시하십니다. 그렇게 하심으로써 두려워하고 요동하는 그들을 격려하려 하십니다. 그런 특별한 의도에서 이 편지를 처음 받았던 그 히브리 성도들을 염두에 주시고 성령께서는 요셉의 마지막 순간들을 지적하셨던 것입니다. 거기에 더하여(믿음의 전체 삶을 묘사함에 있어서) 성령께서 그렇게 하셔야 할 보다 광범한 목적을 갖고 계셨습니다. 믿음은 살아 있을 때뿐 아니라 죽음을 맞아서도 하나님을 영화롭게 하며 신자로 하여금 견고케 하는 은혜입니다. 세상에 속한 사람들이 풍요로워 보일 수도 있고, 삶을 살아가는 동안 부드럽고 안온해 보이기도 합니다. 그러나 최고의 위기를 맞았을 때 그런 사람이 어떻게 되던가요? 하나님께서 그를 불러 시간세계에서 영원세계로 넘어가라 명하실 때 그의 마음을 무엇이 지탱해 줄 것입니까? "불경건한 자가 이익을 얻었으나 하나님이 그의 영혼을 거두실 때에는 무슨 희망이 있으랴."(욥 27:8) 모르면 무서워할 줄도 모릅니다. 술주정뱅이는 술취한 상태에서 자기 양심을 잠잠하게 할 수도 있습니다. 그러나 그리스도 밖에 있는 자들에게는 참된 평안이나 견고한 확신이나 승리에 찬 기쁨 같은 것은 도저히 있을 수 없습니다. 참된 믿음을 소유한 자만이 하나님의 약속을 인하여 하나님께 경배하고 영광을 돌리며 죽을 수 있습니다.

하나님께서 선하신 섭리로 그리스도인의 지상생애의 마지막 날까지 그 인격의 기능들을 행사하게 하셨다면, 그리스도인은 죽을 때 체념하지도 말아야 하며, 짐승처럼 죽어서도 안 됩니다. 절대 그럴 수 없습니다. 바로 그 때야말로 무슨 일이든지 하나님을 위해서 일할 마지막 기회입니다. 그러므로 그는 '아무리 보아도 빈틈없고 확실한' 하나님의 영원한 언약을 새롭게 더욱 견고하게 붙잡아야 합니다. 그러면서 자기 마음으로는 자기를 향하신 성삼위 하나님의 그 놀라운 은혜를 되새기며 찬미해야 합니다. 창세전부터 자기를 구원하기로 작정하신 하나님 아버지, 자기 대신 아버지의 뜻에 순종하시어 고난 받으시고 죽으신 성자 예수님, 죄와 허물로 죽었을 때 자기를 찾아내시어 살리시어 새 생명 가운데 살게 하시고 마음속에 하나님의 사랑을 부으시어 그 입에 새 노래를 두신 성령님의 기이한 은혜를 재음미해야 합니다. 자기의 모든 순례길에서 자기를 향하여 미쁘시고 선하신 하나님을 다시 숙고해야 합니다. 그리고 약속을 의지하고 자기를 기다리고 있는 영광스러운 장래를 내다보아야 합니다. 그럼으로써 그의 영혼과 입에 찬양과 감사가 가득 차게 될 것이며, 하나님께서는 그 그리스도인을 지켜보는 다른 사람들에게서 크게 존귀함을 받으실 것입니다.

성도가 죽어가는 시간 동안 믿음이 역사하면, 그 자신의 마음이 영적으로 힘을 얻고 위안을 받을 뿐 아니라, 하나님께서는 존귀함을 받으시고 다른 사람들에게는 확신을 줍니다. 육적인 사람은 어두운 골짜기를 지나게 될 때 세상에 대하여 잘 말할 수 없습니다. 결코 그럴 수 없습니다. 그는 감히 다른 사람들에게 자기가 이 세상에서 살았던 삶을 내보이며 추천할 엄두를 못 냅니다. 그러나 경건한 사람은 하나님께 대하여 잘 말할 수 있으며, 그의 언약을 다른 사람들에게 권할 수 있습니다. 야곱이 그러하였습니다(창 48:15,16). 여호수아도 그러하였습니다. "보라 나는 오늘 온 세상이 가는 길로 가려니와 너희의 하나님 여호와께서 너희에게 대하여 말씀하신 모든 선한 말씀이 하나도 틀리지 아니하고 다 너희에게 응하여 그 중에 하나도 어김이 없음을 너희 모든 사람은 마음과 뜻으로 아는 바라."(수 23:14) 요셉의 경우도 그러하였습니다. 그는 자기 아들들에게 혈통의 고상함과 애굽의 풍성한 재산을 의지하게 할 수 있었습니다. 그러나 그는 그들을 자기의 아버지에게 데리고 가 '아버지 야곱의 축복'을 받게 하였습니다(창 48:12). 그러면 무엇 때문에 그렇게 하였습니까? 그들로 하여금 눈에 보이지 않는 언약의 특권들에 들어갈 권리를 갖게 하려 함이었습니다. 아, 요셉에게 애굽의 부요는 시온의 복락과 비교할 때 아무것도 아니었습니다. 다시 이러한 각도에서 생각해 보세요. 그가 이 땅에 있을 때 자기가 그처럼 오랫동안 누렸던 세상에서의 존귀한 지위를 생각지 않고 오직 하나님께 속한 일들과 약속된 기업에만 쏠려 있었습니다. 경건한 모본이 보여 주는 힘을 보십시오. 요셉은 자기 아버지의 마지막 행동을 목격했습니다. 그리고 그는 지금 그 아버지의 발자취를 따릅니다. 높은 자들이나 위에 있는 자들의 선한 본은 그들을 쳐다보는 사람들에게 큰 힘을 줍니다. 그러니 위에 있는 사람들이나 앞선 사람들은 얼마나 행동에 조심해야 합니까! 우리는 본(本)을 삼을 만한 것이 있으면 그것을 힘써 따라야 합니다. "형제들아 너희는 함께 나를 본 받으라 그리고 너희가 우리를 본받은 것처럼 그와 같이 행하는 자들을 눈여겨보라."(빌 3:17) "하나님의 말씀을 너희에게 일러주고 너희를 인도하던 자들을 생각하며 그들의 행실의 결말을 주의하여 보고 그들의 믿음을 본받으라."(히 13:7)

히브리서 11:20

"믿음으로 요셉은 임종시에 이스라엘 자손들이 떠날 것을 말하고
또 자기 뼈를 위하여 명하였으며."

첫째로, 우리는 본문에 나타난 요셉의 믿음의 행사가 '어느 때'의 일인지를 살펴봅시다. 지상에서의 삶을 마무리하는 때의 일이었습니다. 그는 자기의 긴 생애 거의를 애굽에서 보냈습니다. 그리고 그 생애의 후반부 동안은 지극히 높은 자리에 올라 있었습니다. 사도행전 7:10이 말하듯이 그는 애굽과 그 온 집의 '통치자'와 '주'였습니다. 그러나 그 쫓겨 간 그 이방의 땅에 있을 동안 받은 존귀와 부귀영화도 그 거룩한 사람 요셉으로 하여금 하나님의 약속을 잊게 하지도 못하였고, 그 영혼으로 하여금 땅에 매이게 하지 못했습니다. 그의 생각은 이 세상의 멸해지는 보잘 것 없는 것보다 더 높은 곳에 가 있었습니다. 이 책을 읽는 독자들이여, 그 교훈을 배우십시오. 우리 마음이 하늘로 향하여 고양될 때만이 이 세상이 그처럼 자랑스럽게 떠벌이는 것을 경멸하며 내려다 볼 수 있습니다.

요셉의 경우를 통해 우리는 지상의 존귀와 부귀는 '그 자체로'는 해를 주지는 못함을 알 수 있습니다. 그러한 것들을 영위할 은혜로운 마음만 있으면 그것들을 이용하여 하나님의 영광을 위해서 쓸 수 있습니다. 이 점을 증거하기 위해서 많은 실례를 들 수 있습니다. 하나님께서는 '로마 황제 가이사의 집'에서조차 성도들 몇을 두셨습니다. "모든 성도들이 너희에게 문안하되 특

히 가이사의 집 사람들 중 몇이니라."(빌 4:22)

물질적인 것들은 하나님의 은사입니다. 그러므로 그것들로써 하나님을 찬양하도록 선용해야 합니다. 우리가 아무것도 가진 것이 없을 때에 일용할 양식을 위해서 하나님을 의지하는 것은 믿음이 있는 증거입니다. 재산을 엄청나게 많이 가졌음에도 불구하고 그 마음의 생각을 겸비케 한다면, 그만큼 더 많은 믿음이 있습니다. 그럼에도 불구하고 "풍부에 처할 줄 아는 법"을 배우기가(빌 4:12) 참으로 어렵습니다. 생각이 하나님께 머무르게 하고, 마음이 그 하나님에게 정착되게 하려면 영혼의 많은 연습이 필요합니다. 그러므로 성령은 우리에게 이렇게 권면합니다. "재물이 늘어도 거기에 마음을 두지 말지어다."(시 62:10) 그러나 주신 재물에 대하여 하나님께 감사할 것이며, 그것들을 하나님의 영예를 위하여 사용해야 할 것입니다.

정말이지 가난한 사람들은 부자들이 극복해야 할 그러한 시험들을 가지고 있지 않습니다. 가난한 사람들에게는 하나님을 의지하고픈 충동이 일어납니다. 가난한 사람들은 비참한 절망 외에 다른 대안이 없습니다. 그러나 풍성한 사람들은 선택할 여러 가능성들이 더 많습니다. 그들에게 있어서 큰 위험은, 그것들을 주시는 분을 바라보지 않고 그 주신 은사 자체에 몰입되는 것입니다. 요셉은 그렇지 않았습니다. 그에게 있어서 애굽은 가나안과 비교할 때 아무것도 아니었습니다. 우리도 요셉의 신령한 마음의 상태가 되는 은혜를 구합시다. 마음이 진정으로 가장 위대할 때는, 이 땅에 속한 가장 고귀한 것들을 하늘에 속한 것들에 비교해 아무것도 아닌 것으로 여길 때입니다. 이 세상에서 가질 수 있는 것의 풍부함에도 불구하고 그 마음이 하나님의 약속들에 가 있다면 그것은 큰 자비의 소산입니다. 그러나 우리는 부단하게 하나님께 부르짖어야 합니다. 우리의 신령한 예지(叡智)를 깨우치사 하나님 자신과 긴밀한 교통을 유지하게 하시며, 우리로 하여금 이 땅에 속한 것들에게서 마음을 떼게 해 주십사고 부르짖어야 합니다.

그러나 애굽의 부귀가 요셉의 죽음을 막지 못했습니다. 또한 그것이 죽음을 생각하지 못하게 하거나 무서워하지 않게 할 수도 없었습니다. 그는 자기 생애의 마지막이 임박했음을 알게 되었습니다. 그는 확신에 찬 심령으로 그 때를 맞았습니다. 우리도 그래야 합니다. 그러나 이를 위해서 우리는 평생 '그 시간'을 준비하고 있어야 합니다. 독자들이여, 그 때는 아무것도 속일 수가 없습니다. 저는 이러한 질문을 던져 보겠습니다. 당신의 영혼이 진정 하나님께 복종하고 있습니까? 이 세상을 경홀히 여기고 있습니까? 하나님의 약속들을 매일의 양식들로 취하고 있습니까? 인생이란 매우 불확실한 조건에 매달려 있습니다. 주께서 당신이 사는 날 동안 재림하지 않으시면 죽음이야말로 당신이 맞아 싸울 큰 원수입니다. 그리고 그 날에는 당신의 갑주를 다 차려 입어야 합니다. 만일 의(義)의 흉배와 구원의 투구가 없다면, 사탄이 흉악한 공격을 해오며 요단의 창일한 물이 눈앞에 보일 때 어찌할 것입니까?

"믿음으로 요셉은 임종시에 이스라엘 자손들이 떠날 것을 말하고." 이제 두 번째로 우리는 그의 믿음의 '힘'을 생각해 봅시다. 성경 난외주에 다른 번역이 쓰여 있는 것을 주의 깊은 독자는 발견할 것입니다. "믿음으로 요셉은 죽을 때에 이스라엘 자손들의 떠날 것을 '기억하였다'(By faith Joseph, when he died, remembered the departing of the children of Israel)."[17] 헬라어 원문은 두 해석을 다 용납합니다. 개인적으로 우리는 성령께서 쓰신 그 말씀의 '충만함' 속에는 '말하고'나 '기억하고'의 그 두 의미가 다 들어 있다고 믿습니다. 여기서 우리가 주목하는 것은 매우 결정적이고 복된 것입니다. '기억했다'는

---

17) KJV의 역문(譯文)은 'By faith Joseph, when he died, made mention of the departing of the children of Israel.'이라고 되어 있는데 난외주에 그렇게 되어 있다는 말이다. 그러나 우리말 개역개정이나 개역한글은 없다. - 역자 주

것은 요셉의 생각이 언제나 창세기 15:14-16에 기록된 아브라함에게 하신 하나님의 약속에 가 있었다는 것입니다. "그들이 섬기는 나라를 내가 징벌할 지며 그 후에 네 자손이 큰 재물을 이끌고 나오리라 너는 장수하다가 평안히 조상에게로 돌아가 장사될 것이요 네 자손은 사대 만에 이 땅으로 돌아오리 니 이는 아모리 족속의 죄악이 아직 가득 차지 아니함이니라 하시더니."(창 15:14-16) "믿음으로 요셉은 임종시에 이스라엘 자손들의 떠날 것을 말하고." 라는 번역은 요셉이 살아계신 하나님의 확실한 말씀에 대한 자신의 믿음과 소망을 증거했다는 뜻입니다. 길고 기념할 만한 생애의 마지막에 선 요셉의 생각들은 하나님께서 자기를 위해서 행하신 일들보다는 하나님께서 자기 백 성들에게 약속하신 것에 사로잡혀 있었습니다. 다른 말로 해서 그는 과거에 집착하지 않고 장차 올 것을 생각하고 있었습니다. 그의 마음속에는 약속을 따라 '바라는 것들'이 있었습니다(히 11:1)!

여호와께서 창세기 15장에 기록된 내용을 말씀하신 이후 이백 년이 흘러갔 습니다. 창세기 15장의 예언의 일부가 이루어졌습니다. 그러나 육신적인 이 성의 생각으로는 그 나머지 부분이 이루어지리라는 전망이 매우 희박해 보였 습니다.

첫째, 하나님께서는 아브라함의 후손이 "이방에서 객이 되겠다."고 공표하 였습니다(창 15:13). 그것은 야곱이 자기 가족들을 이끌고 애굽으로 내려갔 을 때 확증되었습니다.

둘째, 하나님께서는 아브라함의 후손들이 애굽 사람들을 "섬길 것이고 그 에게 사백 년 동안 괴롭힘을 당할" 것을 선언하셨습니다(창 15:13). 그러나 겉으로 보기에는, 전혀 그럴 것 같지가 않았습니다. 바로 앞에서 족장들은 은총을 입어 풍성함을 누렸습니다(창 45:16-18). 또한 그들을 위해서 그 땅 에서 '가장 좋은 땅'을 마련하여 주셨습니다(창 47:6). 거기서 그들은 "지극히 크게 번성하였습니다."(창 47:27) 또한 애굽 사람들이 그들을 어찌나 크게 존경했던지 야곱을 위해서 칠십 일 동안 '애곡(哀哭)'하였습니다(창 50:3). 요셉 자신이 그들에게 크게 은혜를 베푸는 자로서 기근에서 건져 주었습니다. 그런데 어째서 그 자손들이 그들에게 미움을 받고 압제를 받게 될 것인가? 아, 그러나 믿음은 따지지 않고 '믿는 것'입니다.

셋째, 하나님께서는 애굽 사람들이 하나님의 백성들을 괴롭게 함으로 판단할 것이라고 선언하셨습니다(창 15:14). 그것은 출애굽기의 처음 몇 장 속에 기록된 무서운 재앙을 통해서 성취되었습니다. 끝으로 하나님께서는 "그 섬기는 나라를 내가 징벌할지며 그 후에 네 자손이 큰 재물을 이끌고 나오리라… 네 자손은 사대(四代)만에 이 땅(가나안)으로 돌아오리니."(창 15:14,16) 요셉의 마음은 바로 이것을 내다보고 있었습니다. '참되고 영적인 믿음'이 아니고서야 그것을 어찌 헤아리고 있었겠습니까? 이치적으로 생각해 보세요. 만일 그가 죽은 후에 (지도자가 없는) 히브리 사람들이 지독하게 고통을 받게 되고, 그것도 "오랜 기간" 그렇게 되고 힘없는 노예로 낮춰지게 될 것이라면, 그들이 애굽 땅을 떠날 때 "큰 재물을 모아" 가나안 땅으로 돌아가리라 소망할 사람이 누구이겠습니까? 아, '믿음'은 하나님의 약속의 성취가 아무리 더디어 보여도 반드시 이루어질 것임을 확신합니다. 믿음은 멀리 내다보는 시야(視野)를 은사로 받은 것입니다. 그러므로 믿음은 난관의 언덕과 산을 넘어 하나님의 약속이라는 빛나는 수평선을 쳐다볼 수 있습니다. 따라서 믿음은 인내의 축복을 받아 하나님께서 간섭하시며 행동하기로 정해진 때를 조용히 기다립니다. 그러므로 믿음은 "이 묵시는 정한 때가 있나니 그 종말이 속히 이르겠고 거짓되지 아니하리라 비록 더딜지라도 기다리라 지체되지 않고 정녕 응하리라."(합 2:3)는 말씀을 주목합니다. 비록 히브리인들이 오랜 기간 애굽에서 종살이하게 되겠지만, 요셉은 주께서 정하신 때에 높으신 손으로 그들을 이끌어 내실 것을 조금도 의심하지 않았습니다. 사랑하는 독자여, 하나님의 '지체하심'은 우리의 기도를 부인하거나 우리의 소망을 조롱하려는 것이 아닙니다. 오히려 우리의 마음을 훈련하기 위한 것입니다. 다시 말하면, 우리 '자신의 방식과 때'에 일들이 이루어지기를 바라는 참지 못하는 우리의 성격을 다스리시려 합니다. 또한 우리로 하여금 보다 더 간절하게 주님을 찾도록 깨우치시고, 하나님의 때가 되어 긍휼을 받기에 합당한 자로 만들려 하심입니다.

하나님께서는 정하신 때가 되는 마지막 순간까지 도우심을 유보시키는 경우가 있습니다. 아브라함이 이삭을 드릴 때 그리하셨습니다. 그 아들을 제단에 결박하고 칼을 들어 그를 죽이려 하였을 바로 그 때에 하나님께서 당신의 영광을 나타내셨습니다. 홍해를 건널 때의 이스라엘 사람들의 경우에도 그러하였습니다(출 14:13). 또한 풍랑을 맞은 제자들에게도 그러하였습니다. 그리스도께서 바다를 잔잔케 하시기 전에 "물결이 배에 덮히게" 되었습니다 (마 8:24-26). 옥중의 베드로의 경우도 그러하였습니다. 그가 사형집행(死刑執行) 시각보다 불과 몇 시간 전에 하나님께서는 그를 감옥에서 풀어내셨습니다(행 12:6-8). 신비한 방식으로 기사(奇事)를 행하실 때도 역시 그렇게 하십니다. 흔히 하나님께서 외적인 상황과는 전혀 상반되는 방식으로 일하시기도 합니다. 요셉의 삶의 내력은 그 점을 보여주는 하나의 두드러진 실례를 제공합니다. 그는 먼저 애굽에서 노예가 되었습니다. 사실 그 일은 애굽을 통치하는 치리자가 되기 위한 경로의 시작이었습니다. 그 감옥이 애굽의 궁중으로 가는 길목이라 생각한 자가 누구였습니까! 그의 후손들의 경우에도 그러하였습니다. 벽돌을 두 배나 더 굽게 하면서도 짚을 주지 않을 때, 누가 거기에서 구원하시는 하나님의 손이 나타날 줄을 바라기나 했겠습니까!

그렇습니다. 하나님의 방식은 살과 피를 가진 사람들에게는 이상합니다.

또한 진리를 명백하게 드러내시려고 우리의 실수를 허용하실 때도 간혹 있습니다. 종노릇한 것이 흔히 자유하게 하시려는 길을 마련하는 쪽으로 활용하시기도 합니다. 핍박과 고통 속에 복락을 감추시는 적도 흔합니다.

"요셉이 그의 형제들에게 이르되 나는 죽을 것이나 하나님이 당신들을 돌보시고 당신들을 이 땅에서 인도하여 내사 아브라함과 이삭과 야곱에게 맹세하신 땅에 이르게 하시리라."(창 50:24) 이 말씀은 요셉의 '믿음의 능력'을 얼마나 명백하고 복되게 드러내는가요! 거기에는 일점의 의심이나 망설임이 엿보이지 않습니다. 요셉이 하나님께서는 거짓말 하실 수 없고 당신이 하신 말씀을 '분명하게' 이루실 것을 온전히 확신했습니다. 우리에 대한 하나님의 약속들이 이루어질 것도 역시 확실합니다. "내가 과연 너희를 버리지 아니하고 너희를 떠나지 아니하리라 하셨느니라."(히 13:5) 그러므로 죽어가는 성도는 이렇게 외칠 수 있습니다. "내가 사망의 음침한 골짜기로 다닐지라도 해(害)를 두려워하지 않을 것은 주께서 나와 함께 하심이라."(시 23:4) 그와 같이 우리의 믿음도 무덤 너머 영광의 부활을 바라볼 수 있습니다. 그리고 다윗처럼 "내 육체도 안전히 (소망 중에) 살리니."(시 16:9)

"믿음으로 요셉은 임종 시에 이스라엘 자손들이 떠날 것을 말하고." 이제 우리는 그의 믿음의 '너비'를 주목하기로 합니다. 참된 그리스도인은 시온을 향한 열정이 넘치는 사람입니다. 참된 그리스도인에게 있어서는 이 땅에서 그리스도를 위해서 일하는 것이 자기 개인의 풍성함이나 재산보다 '더' 귀합니다. "우리가 형제를 사랑함으로 사망에서 옮겨 생명으로 들어간 줄을 알거니와."(요일 3:14) 요셉도 그러하였습니다. 임종 시에 그는 자기 뼈에 관한 생각보다 장차 이스라엘 자손들이 애굽을 떠나 가나안에 정착할 것을 먼저 생각했습니다.

자기 사랑에 사로잡혀 하나님의 백성들에 대하여는 하등의 관심도 없는 텅 빈 거짓된 신앙고백자와는 얼마나 다릅니까. 그는 '자기' 교단의 발전에 관심을 가지면서도 넓게 하나님의 교회에 대하여는 전혀 관심이 없을 수도 있습니다. 진정한 성도는 결코 그렇지 않습니다. "예루살렘아 내가 너를 잊을진대 내 오른손이 그의 재주를 잊을지로다 내가 예루살렘을 기억하지 아니 하거나 내가 가장 즐거워하는 것 보다 더 즐거워하지 아니할진대 내 혀가 내 입천장에 붙을지로다."(시 137:5,6) 요셉은 죽는 순간에도 하나님의 백성들의 장래 행복을 깊이 생각하였습니다. 요셉이 죽어가면서 자기를 생각하지 아니하고 다른 사람들의 복락을 생각하는 것을 보면 참으로 아름답습니다. 오, 주 우리 하나님 아버지, 본 강해서 저자와 독자들 모두를 좁은 마음과 쪼그라든 심령에서 건지소서. 참된 믿음은 우리 자신의 영혼이 잘되는 일만이 아니라 크게는 교회 전체가 잘되기를 간절히 원합니다. 제사장 엘리의 며느리가 죽어가면서 보인 또 다른 사랑스러운 본을 보십시오. "또 이르기를 하나님의 궤를 빼앗겼으므로 영광이 이스라엘에서 떠났다 하였더라."(삼상 4:22) 자기 시아버지가 죽었다든지 자기 남편이 살해되었다고 말하는 대신 "영광이 떠났다."고 말했습니다.

그러나 그 모든 것 가운데서 가장 복된 실례는 여기서 요셉을 통하여 모형적으로 예표된 바로 그분 그리스도십니다. 우리의 보배로우신 구주께서 배반당하시는 바로 그 밤에 십자가로 가까이 나아가실 때 어떻게 하셨습니까? "자기 사람들을 사랑하시되 끝까지 사랑하시니라."(요 13:1) 항상 그분의 마음속에는 하나님의 백성들의 복락이 떠나지 않았습니다.

우리는 이제 요셉을 통해서 실증된 참된 믿음의 '너비'에 관한 또 다른 국면을 주목해 보기로 합니다. 믿음은 하나님께서 자기 성도들에게 개별적으로 주신 약속들만이 아니라, 집합적으로 교회에 주신 약속들을 붙잡기도 합니다. 이 땅에서 그리스도의 일이 심히 쇠미해지는 경우들이 여러 번 있었습니다. 또 영적으로 낮은 상태에 처할 때도 있었습니다. 또 훌륭한 지도자들이 하늘나라로 다 부르심 받아 가고, 격렬한 핍박이 일어나 그들이 남기고 간 적은 양떼들이 타격을 입을 때도 여러 번 있었습니다. 그런다 할지라도 그들은 여전히 "이 반석 위에 내 교회를 세우리니 음부의 권세가 이기지 못하리라."(마 16:18)고 말씀하신 주님이 계십니다. 어느 시대를 막론하고 원수는 하나님의 백성들을 멸하려 애썼습니다. 그러나 주께서는 사탄의 계획을 부수시어 그 정반대의 효력이 나타나도록 하셨습니다. 오, 이 약속을 '바로 지금' 붙잡고 있는 믿음이여, "여호와께서 그 기운에 몰려 급히 흐르는 강물 같이 오실 것임이로다."(사 59:19)[18] 원수가 홍수처럼 임할 때 주의 성령께서 그를 막아서리라"(사 59:19)

"또 자기 뼈를 위하여 명하였으며." 여기서는 창세기 50:25에 기록된 것을 가리킵니다. "요셉이 또 이스라엘 자손에게 맹세시켜 이르기를 하나님이 반드시 당신들을 돌보시리니 당신들은 여기서 내 해골을 메고 올라가겠다 하라 하였더라." 이 점은 그의 믿음의 또 다른 특징을 밝혀줍니다. 곧, 그 믿음의 '공적 서약'입니다. 요셉의 믿음은 다른 사람은 아무도 모르게 자기 마음속에 감추어 둔 비밀스러운 것이 아니었습니다. 아니, 그처럼 오랫동안 걸출한 지위를 차지하고 있었지만, 그는 자기가 하나님의 약속을 믿고 확신하고 있음을 다른 사람이 알까봐 부끄러워 숨기는 그런 사람이 아니었습니다. 그는 애굽 사람들 속에서 큰 존영과 권위를 가지고 있었습니다. 지혜와 분

---

18) 저자가 따르는 KJV의 역문은 이러하다. When the enemy shall come in like a flood, the Spirit of the LORD shall lift up a standard against him(원수가 홍수 같이 밀려 올 때에 주의 성령께서 그 원수를 막아 기치(旗幟) 세우리라.) - 역자 주

별력으로 그의 명성은 여러 나라에 떨쳐 있었습니다. 그러므로 그러한 자들과의 모든 동맹을 '공개적으로 기각시켜' 버리는 것이 그에게 더욱 필요하였습니다. 그렇게 해야만 그의 후손들이 그가 애굽 사람이 되었다고 생각지 않을 것입니다. 만일 그가 애굽 사람들을 좋아했고 사랑했다면 자기 무덤이 그들 가운데 있기를 원하였을 것입니다. 그러나 그의 마음은 다른 데 가 있었습니다.

"또 자기 뼈를 위하여 명하였으며." 이것은 마치 우리 유해(遺骸)가 '명당'에 묻히는 여부에 따라 어떤 차이를 가져올 것처럼 말하는 미신적인 요구가 아니었습니다.

오히려 그것은 가장 우선적으로 하나님의 약속을 믿는 자기 믿음을 드러내기 위한 것이었습니다. 마치 자기가 개인적으로는 가나안 땅에 들어갈 수 없지만 자기 해골로는 그리로 들어가는 것처럼 말입니다. 그래서 말하자면 그 가나안 땅을 소유한 것을 상징적으로 나타내고자 한 것입니다.

둘째로, 자기 형제들의 소망을 확고하게 해주기 위한 조치였습니다. 그럼으로써 고센 땅에 있는 좋은 기업에서 마음을 떼도록 한 것입니다. 그는 자기가 죽었을 때 이스라엘 민족이 약속된 구속(救贖)을 간절히 열망할 마음을 더 예리하게 갖도록 할 참이었습니다.

셋째로, 그는 공적인 하나의 기념비를 세워서 어느 때에나 자기 후손들이 약속의 참됨을 상기하게 하려 하였습니다. 요셉이 죽어가면서 요청한 이것이 하나의 '공적 기념(記念)'으로 남겨지기를 바랐다는 증거를 창세기 50:24과 50:25의 말씀 사이에서 보이는 의미있는 변화에서 찾을 수 있습니다. 50:24에서 요셉은 "그 형제에게 이르되"로 되어 있습니다. 50:25에서는 "이스라엘 자손에게 맹세시켜"라고 되어 있습니다. "모세가 요셉의 유골을 가졌으니 이는 요셉이 이스라엘 자손으로 단단히 맹세하게 하여 이르기를 하나님이 반드시 너희를 찾아오시리니 너희는 내 유골을 여기서 가지고 나가라 하였음이더라."(출 13:19 참조) 그는 지파들의 우두머리들을 통해서 전체 백성과 이 조약을 맺음으로써 세대가 흘러가도 거기에 매이게 하였습니다. 그래서 요셉은 자기도 아브라함의 은총 입은 후손임을 증거하는 이 기념비를 세웠던 것입니다. 요셉이 자기 형제들에게 '맹세하라'고 요청한 것은 그 본보기의 힘을 예증한 것입니다. 다음의 말씀을 이것과 견주어 생각하여 보십시오. "야곱이 또 이르되 내게 맹세하라 하매 그가 맹세하니 이스라엘이 침상 머리에서 하나님께 경배하니라."(창 47:31) 그가 자기 '몸' 대신 자기 '뼈(해골)'를 언급한 것은 그로부터 이백 년 후에야 그 일이 이루어질 것임을 알았기 때문입니다. 그 일에 대한 전체 협약은 '성도들의 교통'의 상징적인 증표였습니다. 그리스도인이 이 땅에서 살다가 죽어 자기의 사랑하는 자들과 끊겨지지만 하늘에 있는 의인들의 영들에게로 들어갑니다.

70강

모세 부모들의
믿음

11:23 믿음으로 모세가 났을 때에 그 부모가 아름다운 아이임을 보고 석 달 동안 숨겨 왕의
명령을 무서워 아니하였으며

22절의 내용과 23절의 내용 사이에는 상당한 시간적 간격이 있습니다. 22절의 내용으로부터 23절의 내용까지 가려면 세월이 흘러 출애굽기 1장에 기록된 사건까지 나아가야 합니다. 출애굽기 1장은 그 긴 세월 동안에 히브리 사람들의 지위에 관하여 현저한 변혁이 일어났음을 보여 줍니다. 요셉의 때에는 애굽 사람들이 이스라엘 사람들에 대하여 매우 친절하여 그들이 거할 고센 땅도 주었습니다. 그런데 "요셉을 알지 못하는" 또 다른 왕조(王朝)가 일어났습니다. 아마 그 왕조는 외방에서 들어와 애굽을 정복한 것이 아닌가 합니다. 이 새로운 왕조는 가장 불친절한 폭군이었으며, 아브라함의 후손들을 지독하게 압제하였습니다. 그러므로 이스라엘 족속에 속한 이들은 모두 그 무서운 변화를 겪어야 했던 것입니다. 그래서 다음의 말씀이 있는 것입니다. "형통한 날에는 기뻐하고 곤고한 날에는 되돌아 보아라 이 두 가지를 하나님이 병행하게 하사 사람이 그의 장래 일을 능히 헤아려 알지 못하게 하셨느니라."(전 7:14)

애굽의 새 통치자의 정책은 아주 빠르게 확연히 드러났습니다. "그가 그 백성에게 이르되 이 백성 이스라엘 자손이 우리보다 많고 강하도다 자, 우리가 그들에게 대하여 지혜롭게 하자 두렵건대 그들이 더 많게 되면 전쟁이 일어날 때에 우리 대적과 합하여 우리와 싸우고 이 땅에서 나갈까 하노라."(출 1:9,10) 아, 그러나 "사람의 마음에는 많은 계획이 있어도 오직 여호와의 뜻이 완전히 서리라."(잠 19:21) 그 말씀이 진리임이 여기서 드러납니다. 왜냐하면 이스라엘이 학대를 받을수록 더욱 번식하고 창성하였기 때문입니다. "그러나 학대를 받을수록 더욱 번성하여 퍼져나가니 애굽 사람이 이스라엘 자손으로 말미암아 근심하여."(출 1:12) 그렇습니다. "여호와께서 나라들의 계획을 폐하시며 민족들의 사상을 무효하게 하시도다 여호와의 계획은 영원히 서고 그의 생각은 대대에 이르리로다."(시 33:10,11) 다음에, 애굽 왕은 산파에게 명령을 내려 히브리인들에게서 나는 모든 남자 아이는 날 때 죽이라고 하였습니다(출 1:15,16). 그러나 사람들이 하나님께서 자기 교회에 주신 약속들을 거스르고 어떤 법을 만든다 할지라도 그 모든 법은 확실히 실패하고 맙니다. 하나님께서는 아브라함에게 '헤아릴 수 없이 많은 자손'을 주리라고 약속하셨습니다(창 13:15). 그리고 야곱에게 "애굽으로 내려가기를 두려워 말라 내가 거기서 너로 큰 민족을 이루게 하리라."(창 46:3) 하셨습니다. 그러니 바로가 이스라엘 자손의 번성을 막는 것은 마치 태양이 빛을 비추지 못하게 막는 것과 같이 불가능한 일입니다. 그래서 성경은 이렇게 말합니다. "그러나 산파들이 하나님을 두려워하여 애굽 왕의 명령을 어기고 남자 아기들을 살린지라."(출 1:17)

바로는 자기의 실패를 인정치 않고 "남자가 나거든 그를 하수에 던지라."고 선언하였습니다(출 1:22). 바로는 이렇게 생각하였을 것입니다. '내 야만스러운 법령의 집행을 자기 백성들에게 맡겼으니 자기의 악한 계획이 틀림없이 성공하리라.' 그러나 하나님께서 고난당하는 이스라엘 민족을 해방시킬 자를 태어나게 한 것이 바로 그 시기였습니다. 존 오웬(John Owen)은 이에 대하여 다음과 같이 잘 지적하였습니다.

"죄악에 빠져 있는 가련한 인생들은 하나님의 교회를 대적하려고 온갖 궁리를 다 하지만 그것은 얼마나 눈먼 일인가. '모든 일들이 다 잘 되어 가니 우리의 목적도 반드시 이루어질 것이라. 우리의 모략이 너무 은밀하여 실패할 리 없으리라. 우리의 힘은 너무나 강하고 우리가 쓰는 방식은 매우 효력 있어 하나님도 우리 손에서 그 일을 빼앗아 갈 수 없을 것이라.' 바로 그 때 지극히 높은 곳에 앉아계신 그분은 비웃으시며 전능하신 솜씨로 당신의 교회를 구원하시고 '그 어리석은 자들'이 궁극적으로 파멸할 장치를 마련하신다."(John Owen)

"그러므로 바로가 그의 모든 백성에게 명령하여 이르되 아들이 태어나거든 너희는 그를 나일 강에 던지고 딸이거든 살려두라 하였더라 레위 가족 중 한 사람이 가서 레위 여자에게 장가들어 그 여자가 임신하여 아들을 낳으니 그가 잘 생긴 것을 보고 석 달 동안 그를 숨겼으나."(출 1:22-2:2) 아므람과 요게벳은 왕의 잔인한 명령을 무서워하지 않았습니다. 마치 왕이 아무 명령도 내리지 않은 것처럼 행동했습니다. 그들이 분별없고 어리석었습니까? 절대로 그렇지 않습니다. 그들은 어떤 땅에 있는 권세보다 훨씬 더 높은 권위로부터 명령을 받았습니다. 주를 두려워함이 그들에게 임했고, 그러므로 그들은 올무를 놓은 사람을 두려워하는 것으로부터 구출 받았습니다. 레위 지파에 속한 경건한 이 부부는 아브라함과 이삭과 야곱의 하나님과 언약적인 관계 안에 견고하게 서서 자기 가정의 행복을 깨뜨릴 사람의 노(怒)를 결코 두려워하지 않았습니다.

히브리서 11:23
"믿음으로 모세가 났을 때에
그 부모가 아름다운 아이암을 보고
석 달 동안 숨겨 왕의 명령을 무서워 아니하였으며."

존 오웬(John Owen)의 말을 계속 들어 봅니다.

"여기서 우리는 모세 부모의 신앙의 아름다운 면모를 엿본다. 그러나 그 부모들의 믿음이 언급된 것은 주도적으로 모세 자신과 그 믿음에 대해 이야기하기 위해서이다. 그러므로 여기서 말하는 요점은 '모세의 영예'에 속한 것이다. 그래서 그처럼 독특한 표현을 쓰고 있다. 히브리서 기자는 '믿음으로 모세의 부모들은 모세가 났을 때 그를 숨겼다.'고 말하지 않고 대신 '믿음으로 모세가 났을 때에…'라고 말하였다. 다시 말하면 그를 숨겨 준 부모들의 믿음으로 말미암아서 그렇게 되었다는 말이다." 아, 여기에 아므람과 요게벳의 행실을 설명하는 요점이 나타납니다. 그들의 행동은 "믿음으로" 말미암은 것이었습니다. 이러한 위기에 그들의 마음을 지탱시켜 그들로 하여금 '완전한 평강'을 유지하게 했던 것은 살아있는 초자연적이고 영적인 믿음이었습니다. "주의 인자하심이 내 목전에 있나이다 내가 주의 진리 중에 행하여."(사 26:3) 만군의 여호와를 진실로 의뢰하는 것처럼 생각을 안돈시키고 두려움을 가라앉히는 것이 없습니다.

모세가 태어난 것은 히브리인의 어린 영아들에게 저질러진 잔혹한 행위가 절정에 이를 때였습니다. 우리는 여기서 그리스도께서 어린 시절 당했던 일의 두드러진 그림자를 발견할 수 있습니다. 헤롯은 그리스도를 죽이려고 베들레헴의 모든 어린 아이들과 그 경내(境內)의 두 살 이하의 모든 남자 아이들을 죽이라고 명하였습니다. "이에 헤롯이 박사들에게 속은 줄 알고 심히 노하여 사람을 보내어 베들레헴과 그 모든 지경 안에 있는 사내아이를 박사들에게 자세히 알아본 그 때를 기준하여 두 살부터 그 아래로 다 죽이니."(마 2:16) 구약에는 구속주(救贖主)의 생애에 일어난 주요한 사건들의 모형적 상징들이 많이 있습니다. 모세는 수십 가지 요점에서 자기 백성들을 건지시는 위대한 구원자를 특별하게 예표하였습니다. 독자들에게 깊은 관심을 가지고 연구할 노선을 제시하고 싶습니다. 다시 말하면 모세의 역사를 재음미해 보고, 모세가 주 예수 그리스도를 그려주는 여러 상세한 요점들을 정리해 보도록 하십시오. 그것은 깊은 의미가 있는 연구 주제입니다.

"믿음으로 모세가 났을 때에 그 부모가 아름다운 아이임을 보고 석 달 동안 숨겨 왕의 명령을 무서워하지 아니하였으며." 마지막 소절을 주목해 보면, 바로가 신하들에게 내린 명령은 히브리인들이 남자 아기를 낳으면 언제라도 보고하라든지 아니면 스스로 처단하여 강에 집어 던지라고 명령한 것이 틀림없어 보입니다. 모세의 부모는 이 흉악 무도한 법령에 순응하지 않고 자기들의 아기를 석 달 동안 숨겼습니다. 우리는 여기서 "우리는 사람들보다 하나님께 순종하는 것이 마땅하다."(행 5:29)는 분명한 실증을 얻습니다. 주께서 자기 백성들에게 "위에 있는 권세들에게 복종하라."(롬 13:1)고 요구하신 것은 사실입니다. 그러나 "위에 있는 권세들"(인간 지배자들)이 그리스도인들에게 내리는 명령의 한계가 있습니다. 하나님이 금하신 것을 하라든지, 하나님께서 명하신 것을 막는 명령이면 그 한계를 벗어나는 것입니다. 권세 아래 있는 자들은 위에 있는 권세에게 언제나 순복해야 합니다. 이것은 실천적으로 매우 중요한 원리이며, 어떤 지역에서는 혼란을 겪고 있는 원인이니 잠간 확대 설명해 보기로 합시다.

성경을 해석할 때 모순을 범하지 않도록 조심해야 합니다. 성경의 교훈 중 어떤 것을 지나치게 강조한 나머지 성경의 다른 교훈을 손상시키는 데까지 나가서는 안 됩니다. 각 교훈마다 믿음의 보편율에 비추어 맞춰 해석하고 적용해야 합니다. 또한 성령께서 친히 제시하신 한계의 차원에 비추어 해석하고 적용해야 합니다. 예를 들어 봅시다. 자녀들은 자기 부모들을 공경해야 합니다. 그럼에도 불구하고 에베소서 6:1은 그 순종이 '주 안에서' 되어야 함을 보여 줍니다. 만일 부모가 성경에 정면으로 위배되는 어떤 것을 요구한다면, 그 부모에게 순종하지 말아야 합니다. 그리스도인 아내들은 자기 남편들에게 복종하라고 하나님께 명을 받고 있습니다. 그리고 '범사에'(엡 5:24) 남편들에게 순종해야 할 것을 말씀하십니다(벧전 3:6). 그럼에도 불구하고 아내들의 복종은 교회가 그리스도께 복종하는 것과 같은 성격이어야 합니다(엡 5:24). 그리스도께서 어떤 악한 것을 교회에게 요구하시는 일이 없듯이, 남편의 극히 해로운 명령들에 아내가 순복하라고 하신 적이 없습니다. 만일 분별없는 남편이 자기 아내의 건강에 극히 해로운 것을 고집하여 요구한다면, 그 남편의 요구를 거절해야 합니다. 복종은 노예가 되는 것을 의미하지는 않습니다!

로마서 13:1-7에 나오는 권세들에 관하여도 위에서 지적한 한계를 적용해야 합니다. 그 증거를 위하여 구약으로부터 그 요점에 대한 분명한 실례를 인용해 보기로 합니다. 다니엘 3장에 보면 바벨론 왕 - 당시 존재하는 모든 열방들의 머리 - 이 스스로 자기 형상을 만들어 놓고 모든 사람들더러 "그 우상에게 엎드려 절하라."고 합니다(단 3:5). 그러나 세 히브리 포로들은 이렇게 선언합니다. " 왕이여 우리가 섬기는 하나님이 계시다면 우리를 맹렬히 타는 풀무불 가운데에서 능히 건져내시겠고 왕의 손에서도 건져내시리이다."(단 3:18) 여호와께서는 그들이 왕과 타협하지 않는 것을 기뻐하셨습니다. 사도행전 4장에 보면 베드로와 요한이 유대의 '관원들'에게 붙잡혔습니다. 그 관원들은 "그들을 불러 경계하여 도무지 예수의 이름으로 말하지도 말고 가르치지도 말라."(행 4:18)고 명하였습니다. 사도들이 이 위협에 순복했습니까? 아닙니다. 그들은 오히려 "하나님 앞에서 너희 말 듣는 것이 하나님 말씀 듣는 것보다 옳은가 판단하라."(행 4:19)고 했습니다. 로마서 13:4의 말씀이 선언하듯이 관원은 우리에게 "선을 이루기" 위하여 하나님께서 세우신 사자입니다. 그 관원이 말씀이 악하다고 정죄하는 것을 명령할 때는 그 말을 들어서는 안 됩니다.

모세 부모들이 그렇게 담대하게 왕의 칙령을 아무것도 아닌 것으로 일축해 버리도록 한 것이 무엇이었습니까? 본문은 그에 대한 명백한 답변을 제시해 주고 있습니다. "믿음으로 말미암아" 그들은 그렇게 행동했습니다. 만일 그들에게 믿음이 없었다면, 아마도 "왕의 명령"은 그들을 당혹하게 만들고 정신을 차리지 못하게 했을 것입니다. 아마 그들은 자기들 목숨이 아까워 모세가 태어난 것을 왕의 방백들에게 재빨리 알렸을 것입니다. 그러나 그들은 애굽 사람들에게 알리지 않고 그 사실을 숨겼습니다. 아기를 그냥 숨겨둔 일로 인하여 오는 지극히 위험하고 두려운 길이 하나님의 보호하심으로 인하여 안전한 길이 되었습니다. 그러니 우리 주제의 특별한 국면은 "믿음의 용기와 담력"인데 여기서 그에 대한 예증을 얻습니다. 믿음은 사람을 두려워하는 마음을 극복하게 합니다. 그것을 생각하면 이 하늘에 속한 은혜의 또 다른 특징을 생각하게 됩니다. 그것은 이 하늘에 속한 탁월성을 증거하며, 우리로 하여금 그 은혜를 더하기 위하여 매일 기도하도록 부추기는 특성입니다.

믿음은 인간적 공포를 떠나 눈에 보이지 않는 하나님 안에 확신하고 안착하게 만드는 영적인 은혜입니다. 믿음은 이렇게 선언한다. "여호와는 나의

빛이요 나의 구원이시니 내가 누구를 두려워하리요 여호와는 내 생명의 능력
이시니 내가 누구를 무서워하리요."(시 27:1) 실로 '이 믿음'이 항상 역사하는
것은 아님이 사실입니다. 오히려 그 빛이 불신앙의 구름으로 가려지는 적이
더 많습니다. 또는 불신앙의 구름으로 흐려지고, 사탄이 영혼 속에서 일으키
는 음울한 먼지로 그 빛이 잠식당하는 적도 있습니다. 우리가 '이 믿음'이라
말하는 이유가 있습니다. '나의 믿음은 부단하게 역사하고 있으며, 의심으로
뒤틀리거나 놀램으로 가득 차는 경우는 드물다.'고 떠벌이는 신앙고백자들
이 우리 주위에는 너무나 많기 때문입니다. 아, 독자들이여, 그 사람들의 '믿
음'은 디도서 1:1에서 말하는 '하나님의 택하신 자들의 믿음'과는 다른 믿음
입니다. 그러한 믿음은 성경의 문자만을 육신적인 생각으로 믿는 것에 불과
합니다. 그들은 자기가 원하면 언제라도 그 믿음이 역사하게 할 수 있다 여
깁니다. 그러나 하나님의 말씀 속에 있는 "두려워하지 말라"는 많은 권면들
은 그런 믿음을 가진 이들에게는 해당되지 않습니다. 그러나 하늘의 이슬이
중생한 사람들의 마음에 떨어질 때, 그 마음은 이렇게 말합니다. "내가 두려
워하는 날에는 주를 의지하리이다."(시 56:3)

　하나님이 주시고 보존하시는 믿음의 능력은 실로 큽니다. 그것은 외적인
행위를 산출할 뿐만 아니라 영혼 안에서의 역사를 일으킵니다. 모두 '눈에 보
이는 결과'에만 관심을 기울이는 오늘날과 같은 세대에는 그 점을 충분하게
생각하고 있지 않습니다. 믿음은 열정을 통제합니다. 불타는 감성의 고삐를
잡고 인내를 이루며, 음울한 것을 걷어 내고 평강과 기쁨을 가져 옵니다. 또
한 육신적인 두려움을 제어하고 용기를 북돋아 줍니다. 더구나 믿음은 지독
한 시련 속에서도 마음을 지켜주고 어려운 의무들을 감당케 합니다. 뿐만 아
니라(여기서 당연한 귀추로써 생각할 수 있듯이) 믿음은 중요한 유익들을 얻습니
다. 이 서신을 처음 받았던 히브리 그리스도인들에게 바로 이 권면이 얼마나

필요 적절하였던지요! 지독한 시련을 받으며 흔들리는 히브리 사람들에게 용기를 북돋아 주어 그리스도께 계속 신실한 믿음을 지키고 하나님을 신뢰하여 열매를 맺으라 권면한 것은 경우에 얼마나 합당한 일이었는지요!

"믿음으로 모세가 났을 때에 그 부모가 아름다운 아이임을 보고 석 달 동안 숨겨." 이 말씀 속에 아마 두 가지 요점이 있다고 보아야 합니다. 첫째로 그 부모가 모세가 태어난 것을 전혀 알리지 않았다는 것입니다. 둘째로 그 집의 어느 부분에 그를 숨겨 두었다는 것입니다. 의심할 여지없이 그들은 부지런히 하나님께 날마다 열렬히 부르짖었을 것입니다. 매일같이 하나님을 의지하고 있었을 것입니다. 그들이 모세를 '믿음으로' '숨겼다'는 사실은, 진정한 영적 믿음은 주도면밀하며 분별없이 주제넘게 굴지 않음을 보여 줍니다. 비록 믿음이 육신적인 두려움을 이기지만 그럼에도 불구하고 위험을 극복하기 위해서 합법적인 방편들을 사용하는 것을 무시하지 않습니다. 하나님을 시험하는 것은 환상주의이지 믿음은 아닙니다. 자신들을 쓸데없이 위험에 노출시키는 것은 죄악적인 것입니다. 믿음은 사도행전 27:31의 말씀이 너무나 명백히 보여 주듯이 합법적인 방편을 전혀 원수시하지 않습니다.

모세를 자기 어머니가 감추어 둔 것으로 말하는 출애굽기 2:2의 본문보다 이 히브리서 본문은 더 많은 것을 말하고 있음을 주목해야 할 것입니다. 그 모험에 부모가 다 관여했으니, 둘 다 그 일에 협력했습니다. 의심할 여지없이 아므람은 꾀를 내고 계획을 세우는 데 주도적인 역할을 했겠고, 요게벳은 실제로 그 생각을 실천에 옮겼을 것입니다. 부모가 자녀들에게 같은 관심을 가지고 있으니, 둘 다 자녀들을 돌보고 훈련하는 데 힘을 합하고 서로를 도우려 애씁니다. 하나님을 믿고 두려워하는 일에 남편과 아내가 서로 하나가 되면 그것은 자기들의 의무를 복되게 수행하는 성공으로 나아가는 길을 마련하고 있는 셈입니다. 남편과 아내에게 어려운 임무가 주어질 때 각 자 서로가 가장 합당한 부분과 국면을 맡아 협력하는 것은 지혜로운 일입니다. 매튜 헨리(Matthew Henry)는 말하였습니다.

"함께 하나님의 은혜의 후사들이 되어 멍에를 함께 메는 일은 복되다. 믿음에 관심을 가지고 자기 자녀들을 파멸과 그 마음의 부패들로부터 벗어나게 하려고 함께 선을 추구하며 멍에를 같이 메어야 한다."

"그 부모가 아름다운 아이임을 보고 석 달 동안 숨겨." "석 달 동안 숨겼다." 는 것은 모세 부모들이 시작한 일을 그 기간 동안 잘 '버티어 나갔다.'는 말입니다. 그들은 정신을 차려 모세가 태어난 시간을 유념했습니다. 소를 잃고 외양간을 고치는 것은 소용없습니다. 위험이 상존하는 한 그 위험에 빠지지 않도록 조심하는 일은 계속 필요합니다. 어떤 사람은 이렇게 물을지도 모릅니다. 오늘날 하나님의 백성들이 '위에 있는 권세'로부터 부당한 압박을 받고 있을 때에 그들 성도들이나 하나님의 종에게 피난처를 제공하는 것이 바른 일인지요? 분명히 그렇습니다. 다른 사람들이 다치지 않도록 보호해 주는 것이 사람이 항상 감당할 의무입니다. 그러나 권세자들이 어떤 숨어 있는 사람을 찾고 있다고 상정해 봅시다. 그러면 그런 경우에도 모른다고 해야 할 까요? 진리가 손상당하지 않는 범위 내에서 모른다고 해야 합니다. 그렇습니다. 왜냐하면 거짓을 말하는 것은 결코 용납될 수 없기 때문입니다. 그렇게 한다면 하나님의 충분성을 신뢰하지 못하는 셈입니다. 관원들이 자기들이 찾고 있는 자를 숨기고 있느냐고 묻는다면, 가만히 있든지 아니면 이편을 배반하는 것도 아니고 거짓말을 하는 것도 아닌 답을 찾도록 신중을 기해야 합니다.

이런 말을 하면 어떤 이들은 이러한 의문을 제기할 수도 있습니다. '하나님께서 모세를 자기 백성의 지도자로 삼아 획기적인 일을 하시려고 작정하셨는데, 무엇 때문에 하나님은 기이하고 강력한 이적을 통해서 바로의 노함에서 그를 보존하지 않으셨는가?' 대답은 이러합니다. 하나님께서 그를 보호하기 위해서 일개 사단(師團)의 천사들을 보내실 수도 있었고, 다른 방법을 통해서 하나님의 능하심을 눈에 보이게 나타내실 수도 있었습니다. 그러나 하나님께서는 그렇게 하지 않으셨습니다. 하나님은 보편적으로 약하고 멸시받는 방편을 통해서 능력을 나타내시기를 좋아하십니다. 하나님 자신의 성육신하신 아들이 어렸을 때에도 그러하셨습니다. 하나님께서는 꿈으로 요셉에게 경고하시어 어린 아기와 그 모친을 데리고 애굽으로 내려갔었습니다. 헤롯이 죽을 때까지 그는 거기서 머물렀습니다. 지존자께서는 빈번하게 사람들이 멸시하는 것들과 연약한 도구들을 통하여 당신의 이기심을 높이 보이시기를 즐거워하십니다. 그렇게 하심으로써 능력의 탁월함이 하나님께 속해 있음을 더욱더 분명하게 드러나게 하십니다.

모세의 영아기에 그를 보존하시는 일을 통해서 하나님의 택한 백성들을 향하신 하나님의 행사에 대한 복된 실례를 배울 수 있습니다. 하나님의 선택한 백성들을 영아기와 어린 시절에 어떻게 보존하시며, 중생시키시기 전에 그들을 위협하는 모든 위험에서 어떻게 그들을 지키시는지 그 복된 실례를 얻을 수 있다는 말입니다.

유다서 1절에서 하나님의 택하신 백성들, 곧 그리스도인들이 어떻게 표현되어 있는지 들어 보십시오. "예수 그리스도의 종이요 야고보의 형제인 유다는 '부르심을 받은 자 곧 하나님 아버지 안에서 사랑을 얻고 예수 그리스도를 위하여 지키심을 받은 자들'에게 편지하노라." 그리스도인들은 하나님께서 자기를 어둠에서 그의 기이한 빛 가운데로 불러내시기 이전을 뒤돌아보며 허물과 죄로 죽어 있을 때 자기를 인도하시는 하나님의 손길을 더듬어 보는 것은 얼마나 복됩니까! 부르심을 받기 이전의 삶 속에서 죽음과의 거리가 '한 걸음' 너비 밖에 되지 않았던 사건을 하나도 기억할 수 없는 주의 백성들이 얼마나 될까요? 그런데도 불구하고 그 때에, 영아 모세의 경우에서와 같이 자비하신 섭리가 그 백성들을 지키고 있었습니다. 그러니 우리는 그 사실을 생각하며 하나님께 감사를 돌려야 합니다.

"그 부모가 아름다운 아이임을 보고." 참으로 수많은 주석가들이 감상에 젖어 이 구절의 의미를 아주 놓쳐 버리고 있는 일은 정말 깜짝 놀랄 일입니다. 출애굽기 2:2에서는 그 어머니가 "그가 잘 생긴 것을 보았다."고 진술합니다. 히브리어의 '토브'(tob)는 하나님께서 자기 창조물들을 인정하고 그것들이 완전함을 선포하신 것을 표현할 때 사용된 바로 그 어휘입니다. 곧 "보시기에 좋았더라."(창 1:4,10,12,18,21,25,31) 그러므로 주석가들은 그 점을 통해서 이렇게 결론을 내립니다. 그 부모들이 모세를 보고 그처럼 사랑스럽게 보이게 하여 왕의 명령을 무시하고 모세를 보존하려고 극심한 고통을 감수하게 한 것이 바로 그 아이의 지극히 준수하고 아름다운 모습이었다는 것입니다. 많은 주석가들은 그렇게 결론을 내립니다. 그러나 그것은 성경을 육체의 차원에서 푸는 것밖에 되지 않습니다. 사실상 히브리서 11장 이 대목에서 성령께서 말씀하시는 것과 상충되는 방식입니다. 히브리서 11:23은 모세 부모들이 '믿음으로' 행동하였음을 뚜렷하게 확증합니다. 그 부모들의 행실을 설명하는 것은 "바로 그 점"입니다. 로마서 10:17은 "믿음은 들음에서 나며 들음은 하나님의 말씀(그리스도의 말씀)으로 말미암는다."고 말합니다. 그러니 아므람과 요게벳은 하나님의 계시를 받은 것이 분명합니다(구약에는 기록되지 않았지만). 하나님으로부터 온 이 말씀이 그들의 확신의 기초를 형성했고, 그들 행동의 동기에 힘을 제공한 것입니다. 그들이 요셉의 예언(창 50:24)을 통하여 하나님께서 자기 백성들을 권고하시려 하심을 알고 있었습니다. 아브라함에게 주신 예언(창 15장)을 통하여 이스라엘이 애굽에서 구원받을 때가 가까이 오고 있음을 알았다는 것입니다. 그러나 히브리서 11:23이 무언가 더 명백하고 특별한 것을 지시한다고 확신합니다. 여호와께서 모세의 부모들에게 그 아이가 약속된 구원자가 될 것임을 알려 주신 것이 거의 틀림없습니다. 주께서는 그 어린 아이에 대하여 그 부모에게 미리 무엇인가를 말씀하셨음에 틀림없습니다.

아므람과 요게벳이 하나님으로부터 '들은' 이 계시를 그들은 '믿었습니다.' 그들은 모세가 태어나기 전에 그 계시를 받고 믿었습니다. 때가 되어 모세가 그들에게 주어졌을 때 그들은 '그 아이가 합당한 아이'임을 알았습니다. 그것은 '믿음으로 분별한' 일이었습니다. 그저 단순하게 본성에서 우러나온 감탄이 아니었습니다. 사도행전 7:20의 백스터(Bagster)의 원어대조역 성경에 의하면 "때에 모세가 태어났고 하나님께 아름다웠다(in which time was born Moses, and beautiful to God)."고 선언합니다. 그 말씀은 신적이거나 초자연적인 어떤 것이 나타났음을 암시합니다. 그들은 모세가 하나님께 특별하게 가납되었음을 인식하였습니다. 그 부모는 모세 안에서 무언가 주목할 만한 것을 지각했습니다. 그것은 그 어린 아이가 이스라엘의 구원자가 될 것임을 보여주는 하나님의 증표였습니다.

이에 대하여 존 칼빈(John Calvin)은 말하였습니다.

"아마 특이한 것에 대한 약속이 되는, 이른바 장래 탁월함을 보여주는 어떤 징표가 그 어린 모세에게 찍혀져 있었을 것이다."

매튜 헨리(Matthew Henry)는 다음과 같이 말하였습니다.

"그가 큰일을 위해 태어났다는 전조로 주님께 속한 아름다움이 그에게 찍혀 있었다. 그의 얼굴은 하나님과 대화함으로써 빛났을 것이다(출 34:29). 그는 이스라엘을 구원하기 위해서 얼마나 밝고 놀라운 행동을 해야 할 사람이던가! 또한 그의 이름이 성경 속에서 얼마나 빛나게 되어 있었던가!"

모세의 부모는 여호와께로부터 받은 계시에 굳건히 섰고, 이제 하나님께서 '바로 이 아이가 바로 그 계시를 성취할 자임'을 가리키는 표징을 믿음의 눈이 확인하였습니다. 그리하여 그 부모는 그들 자신의 안전보다 아이의 안전을 더 앞세워 생각했던 것입니다. 그것은 단순히 결과만을 위해서 하나님을 신뢰한 것이 아니었습니다. 오히려 그들의 영혼 속에는 "바라는 것들의 실상"으로서의 믿음이 있었습니다(히 11:1). 그 결과 "그들은 왕의 명령을 무서워하지" 않았습니다. 만일 그들이 육신적이고 인간적인 육정으로만 지극히 아름다운 아이에 대해 그런 행동을 했다면, 그 '육정'이나 '열심'에 빠져 행한 것이 되었을 것입니다. 그리고 그것은 다만 그들의 '무서움'을 더 깊게 하였을 뿐입니다. 왜냐하면 그들이 그 어린 아이를 감탄하면 할수록 그 어린 아이가 다칠까봐 더욱더 두려워했을 것이기 때문입니다.

사무엘상 16:7과 사무엘하 14:25, 잠언 31:30이 너무나 명백하게 보여주듯이,[19] 단순한 아름다움은 탁월함을 알리는 확실한 징표는 결코 아닙니다. 갓난아기 모세는 "하나님께서 보시기에" 아름다웠습니다. "그 때에 모세가 났는데 하나님 보시기에 아름다운지라 그의 아버지의 집에서 석 달 동안 길리더니."(행 7:20) 아므람과 요게벳은 이 점을 인식하고 그에 따라 행동했던 것입니다. 먼저 그들은 석 달 동안 그를 "숨겨" 두었습니다. 그리고 "더 숨길

---

19) 사무엘상 16:7 - "여호와께서 사무엘에게 이르시되 그의 용모와 키를 보지 말라 내가 이미 그를 버렸노라 내가 보는 것은 사람과 같지 아니하니 사람은 외모를 보거니와 나 여호와는 중심을 보느니라 하시더라."
사무엘하 14:25 - "온 이스라엘 가운데에서 압살롬 같이 아름다움으로 크게 칭찬 받는 자가 없었으니 그는 발바닥부터 정수리까지 흠이 없음이라."
잠언 31:30 - "고운 것도 거짓되고 아름다운 것도 헛되나 오직 여호와를 경외하는 여자는 칭찬을 받을 것이라."

수 없게 되매 그를 위하여 갈대 상자를 가져다가 역청과 나무 진을 칠하고 아기를 거기 담아 나일 강 가 갈대 사이에 두고."(출 2:3) 아마 애굽 사람들이 석 달마다 한 번씩 히브리인의 집을 수색했던 것 같습니다. 모세 부모가 지금 행동한 것은 하나님의 지시에 따른 것임에 틀림없습니다. 왜냐하면 이 귀한 아기를 죽음의 '나일 강가'(출 1:22)에 놓았다는 것은 육신적인 생각으로는 도저히 할 수 없는 일이었기 때문입니다. 모세를 갈대 상자에 넣었을 때 모세 부모의 믿음이 흔들렸다고 생각하는 사람들에게 결코 동조할 수 없습니다. 핍박을 피하기 위하여 사용한 어떤 합법적인 방편이 더 이상은 안전하지 못할 때 다른 방편을 찾아보는 것은 마땅한 일입니다. "이 동네에서 너희를 박해하거든 저 동네로 피하라 내가 진실로 너희에게 이르노니 이스라엘의 모든 동네를 다 다니지 못하여서 인자가 오리라."(마 10:23)

하나님의 자비하신 섭리로 말미암아 하나님의 뜻과 우리의 생각이 서로 맞아 들어가는 때가 종종 있습니다. 그런 경우에 본성이 역사하도록 허락은 하십니다. 그런 때에도 은혜가 왕노릇해야 합니다. 여기서도 그렇습니다. 모세의 부모가 하나님으로부터 어떻게 행하고 무엇을 할지에 대한 직접적인 명령을 받았습니다("믿음으로"라는 말이 분명히 지시하듯). 그들의 경우에 있어서 하나님께서 미리 지정하신 방도와 그들 자신의 느낌이 서로 맞아 들어갔습니다. 그러나 때로는 하나님의 요구와 우리의 본성적 정서(情緒, affections)가 서로 충돌하기도 합니다. 하나님께서 아브라함더러 이삭을 바치라 요구하실 때와 같은 경우이지요. 그 때는 더 낮은 자가 높은 자의 요구에 자신을 복종시켜야 합니다. 인간적 정의(情意)의 흐름이 하나님의 명백한 교훈과 충돌하지 않을 때, 우리는 그것을 따를 수 있습니다. 왜냐하면 그런 경우에 하나님께서는 우리로 하여금 본성의 도움을 취하게 허용하시기 때문입니다. "이후로는 종과 같이 대하지 아니하고 종 이상으로 곧 사랑 받는 형제로 둘 자라 내게 특별히 그러하거든 하물며 육신과 주 안에서 상관된 네게랴."(몬 16)

71강

모세의
믿음 I

11:24 믿음으로 모세는 장성하여 바로의 공주의 아들이라 칭함 받기를 거절하고 11:25 도리어
하나님의 백성과 함께 고난 받기를 잠시 죄악의 낙을 누리는 것보다 더 좋아하고

존 오웬(John Owen)은 이 대목을 주해하면서 이렇게 말하였습니다.

"우리가 앞에서 보여 준 바와 같이, 사도는 구약 시대 교회의 세 상태로부터 실례들을 발췌하여 보여준다. 첫 번째 교회 상태는 하나님의 처음 약속의 때로부터 시작하여 아브라함을 부르실 때까지 존재하던 교회였다. 이 상태에서 사도가 가장 먼저 예를 든 사람이 아벨이다. 아벨의 제사를 통해서 그 첫 번째 상태의 교회가 견지하고 있는 믿음이 공적으로 가장 먼저 고백되었다. 또한 아벨의 순교를 통해서 그 믿음이 확증되었다. 두 번째 교회 상태는 아브라함을 부르심으로부터 시작되었는데, 아브라함에게 주신 하나님의 언약과 그 증표로써 그 믿음이 확증되었다. 그러므로 아브라함은 여러 증거들을 보여주는 책들 중에서 두 번째로 위대한 경우다. 세 번째 교회 상태의 내용과 거룩성은 율법을 주신 일로 특징지워진다. 여기서는 율법을 하나님으로부터 받아 전한 자 스스로 실례가 된다. 확실한 것은 교회가 외적으로 아무리 달라졌고 변했다 할지라도 '믿음과 약속'은 하나였고, 그것이 모든 다양성 아래 끼쳤던 효력과 능력도 동일하였다는 것이다."

우리가 지금 다루는 본문을 자세히 연구하며 접근해 나가면서 주목해야 할 요점이 있습니다. 여기 24절로부터 히브리서 11장의 새로운 대목이 시작됨을 유념해야 한다는 말씀입니다. 그 점은 대단히 큰 중요성을 가집니다. 그 점을 인식하지 못하면 이 본문을 제대로 해석할 수 없게 됩니다.

히브리서 11장의 각 대목의 첫 번째 구절들은 우리의 믿음의 '삶'의 '시작점'으로 돌아가게 합니다. 각 대목의 처음 구절들은 각각 구원 얻을 만한 믿음(saving faith)의 본질과 성격의 다른 국면을 보여 줍니다. 히브리서 11장의 처음 세 구절은 서론이고, 4절은 히브리서 11장 첫 번째 대목의 시작입니다. 거기서 우리는 아벨의 경우를 통하여 믿음의 삶이 어디서 시작되었는지를 알았습니다. 곧 회심에서 믿음 생활이 시작되었음을 알았습니다. 다른 말로 해서 양심으로 자신의 타락한 상태를 인식하게 되고, 영혼으로 철저하게 하나님께 복종하며, 우리의 보증자이신 그리스도께서 공의의 요구에 완전한 만족을 이루신 사실을 의뢰하는 일로 인하여 믿음의 삶이 시작이 됩니다. 주로 거기서 강조되는 것은 '피를 믿는 믿음'입니다. 그러나 믿는 자가 사망에서 생명으로 옮아갈 때, 그리스도의 피를 믿는 믿음만 행사하는 것은 아닙니다.

히브리서 11장의 두 번째 대목은 8절부터 시작됩니다. 우리는 거기서 회심(回心, conversion)의 또 다른 국면, 또는 믿음 생활의 출발점을 알았습니다. 회심이란 하나님께로부터 유효한 부르심을 받은 영혼에서 나오는 반사작용 또는 효력입니다. 아브라함의 경우에서 그 실례가 발견됩니다. 그는 본래 중생치 않았을 때는 모든 사람처럼 우상 숭배자였습니다. 영광의 주께서 그에게 나타나 그를 살리시어 새 생명을 얻게 하셨습니다. 그래서 그의 이전의 존재 방식으로부터 건져내시었고, 장래 기업을 약속으로 주셨습니다. 아브라함의 반응은 근본적이고 혁명적인 것이었습니다. 그는 자기의 본성적인 성향을 제쳐놓았고, 자기의 육적인 정의(情意)를 십자가에 못 박고 전혀 새로운 길로 들어섰습니다. 아브라함의 경우에 중추적인 것은 '무조건적인 순종'이었습니다. 자신의 뜻을 버리고 하나님의 뜻에 전적으로 복종하였습니다. 그러나 죄인이 사망에서 생명으로 옮겨갈 때에도 죄인 자신이 그 일의 주도자가 '결코' 아닙니다.

모세의 경우는 회심의 또 다른 측면, 믿음 생활의 시작을 보여 줍니다. 오늘날 복음주의자들 대부분이 이 측면을 슬프게도 모르고 있습니다. 모세의 경우는 '구원 받을 만한 믿음(saving faith)'의 주도적인 특징을 묘사해 줍니다. 신앙을 고백하는 그리스도인들이 그 신앙고백의 특징에 대하여 무언가를 듣는 일이 극히 드뭅니다(아는 일은 더욱더 드물지요). 모세의 경우는 구원 받을 만한 믿음이 '그리스도를 개인의 구주로 믿거나 영접하는 것'보다 더한 무엇을 행한다는 것을 보여 줍니다. 모세의 경우는 '믿음이 이지(理智, mind)의 분명한 결심이요, 의지(意志, will)의 행위요, 그 사람 자신이 궁구(窮究)하여 취한 일임'을 드러내 주고 있습니다. 또한 그 '구원 얻을 만한 믿음'은 하나님께 대적하는 모든 것을 의도적으로 포기하거나 돌아서는 일을 내포하고 있으며, 또는 그러한 포기와 돌아섬으로 믿음이 시작된다는 것을 밝혀주고 있습니다. 다시 말하면, 전적으로 '자신을 부정하며' 경건의 삶을 위해서 어떠한 시련도 기꺼이 당하겠다는 결심으로 그 믿음이 나타납니다. 또 모세의 경우가 무엇을 보여줍니까? 그 바른 믿음이 경건하지 않은 친구와의 교제를 끊고 돌아서게 만들고, 그 후부터는 멸시받는 하나님의 성도들과 교제를 추구하게 한다는 것입니다.

구원 얻을 만한 믿음의 행동에는 보편적으로 생각하는 것보다 훨씬 더 많은 것이 수반되어 있습니다. 1660년에 토마스 맨튼(Thomas Manton)은 이 점에 대하여 이렇게 말하였습니다.

"'구원 받을 만한 믿음이 강한 확신에 불과하다.'고 생각한다면 잘못이다. 물론 그러한 요소가 없는 것은 아니다. 그러나 다른 요소들도 있다. 구원 얻을 만한 믿음을 소유한 사람은 그리스도와 그 주시는 은택을 어찌나 높이 평가하는지! 그래서 그 믿음은 상대적으로 다른 모든 것들에 대한 평가와 애정을 약화시킨다. 사도가 빌립보서에서 믿음의 본질을 잘 나타내 주었다. '그러나 무엇이든지 내게 유익하던 것을 내가 그리스도를 위하여 다 해로 여길 뿐 아니라 또한 모든 것을 해로 여김은 내 주 그리스도 예수를 아는 지식이 가장 고상함을 인함이라 내가 그를 위하여 모든 것을 잃어버리고 배설물로 여김은 그리스도를 얻고 그 안에서 발견되려 함이니 내가 가진 의는 율법에서 난 것이 아니요 오직 그리스도를 믿음으로 말미암은 것이니 곧 믿음으로 하나님께로서 난 의라 내가 그리스도와 그 부활의 권능과 그 고난에 참예함을 알려하여 그의 죽으심을 본받아 어떻게 해서든지 죽은 자 가운데서 부활에 이르려 하노니.'(빌 3:7-11) 그러므로 참된 믿음은 세상과 세상이 주는 모든 유익과 영예에 대하여 우리를 죽게 만든다. 참된 믿음은 확신을 통해서보다 '우리를 죽이고 세상을 등짐'을 통해서 더 알려진다. 주님께서 우리 손에 있는 모든 위로를 버리라 명하시면 그것들과 작별할 준비가 되어 있는 믿음이 바로 참된 믿음이다."

히브리서 11:24
"믿음으로 모세는 장성하여
바로의 공주의 아들이라 칭함 받기를 거절하고."

여기서 우리는 구원 받는 믿음의 본질과 영향력을 발견합니다. 특별히 두 가지 요점을 주목해야 할 것입니다. 구원 받는 믿음에는 '포기와 포용'의 행동이 들어 있습니다. 회심할 때에도 돌아서 나오는 일과 무엇을 향하여 나아가는 일이 있습니다. 그래서 죄인이 '주께 돌아오라.'는 초청의 말씀을 들을 때, 그는 우선적으로 '네 길을 버리라'는 명을 받고 있는 셈입니다. 그렇습니다. 그 자신이 '가고 있던 길'을 버리라는 것입니다. 우리 죄를 '도말(塗抹)받기' 위해서는 먼저 '회개하고 돌이켜야' 한다는 것입니다(행 3:19).

"아무든지 나를 따라오려거든 자기를 부인하고 자기 십자가를 지고 나를 따를 것이니라."(마 16:24) "자기를 부인하라."는 말이 무슨 뜻입니까? 육체를 즐겁게 하는 모든 것을 스스로 포기하라는 말입니다. 자연인이 주로 크게 생각하는 것 세 가지가 있습니다. 그것은 목숨과 부요(富饒)와 명예입니다. 그래서 즉각 그 다음의 구절들에서 그리스도께서는 그 세 가지를 중히 여기는 세상의 것들을 헤아리라고 제안하신 것입니다. 먼저 주님께서는 "누구든지 제 목숨을 구하고자 하면 잃을 것이요 누구든지 나를 위하여 제 목숨을 잃으면 찾으리라."(마 16:25)고 하셨습니다. 다시 말하면, 자신의 목숨을 최우선적으로 생각하는 사람, 자기 목숨을 '넘버 원'(number one)으로 여기는 사람은 멸망할 것이라는 말씀입니다. 둘째로, "사람이 만일 온 천하를 얻고도 제 목숨을 잃으면 무엇이 유익하리요 사람이 무엇을 주고 제 목숨을 바꾸겠느냐?"(마 16:26) 세상적인 풍부의 상대적 무가치성을 보여 주신 것입니다. 셋째로, "인자가 아버지의 영광으로 그 천사들과 함께 오리니 그 때에 각 사람이 행한 대로 갚으리라."(마 16:27) 바로 그것이 우리가 추구해야 할 영예입니다.

"믿음으로 모세는 장성하여 바로의 공주의 아들이라 칭함 받기를 거절하고." 여기서 우리는 자기 부인(否認)의 놀라운 실례를 발견합니다. 모세는 왕궁의 여러 특권들과 즐거움들을 일부러 포기했습니다. 자기를 양자로 삼은 여자에게서 '너는 내 아들이 아니라.'는 식의 버림을 받은 것도 아니었고, 양자(養子)의 지위를 상실한 것도 아니었습니다. 그는 자원하여 안락한 지위를 포기하였고, 그 부요한 존영들을 경멸하였습니다. 그것은 경험 없는 젊은 사람이 취한 충동적이고 경솔한 행동이 아니었습니다. 이미 40세에 이른 사람이 심사숙고하여 내린 결정이었습니다. "나이가 사십이 되매 그 형제 이스라엘 자손을 돌볼 생각이 나더니."(행 7:23) 제자들은 "우리가 모든 것을 버리고 주를 따랐나이다."(마 19:27)고 말하였습니다. 그들의 '모든 것'은 고기잡이 배와 그물이었습니다. 그러나 모세는 왕이 될 자리를 포기한 것입니다!

자기를 부인한다는 것은 절대적으로 진수가 되는 요점입니다. 그러한 것이 없는 곳에는 은혜가 없습니다. 언약에 있어서 첫 번째 문구는 "너는 내 앞에 다른 신(神)들을 두지 말지니라."입니다. 그분이 우리 마음과 삶에서 최고의 위치를 차지해야 합니다. 우리가 하나님을 그렇게 높이지 않는 한 하나님은 영광을 받지 않으시는 것입니다. 하나님의 은총을 다른 무엇보다도 높이 평가하지 못하거나, 다른 어떤 일보다 그분을 범하는 것을 가장 두려워하지 않는 한, 그 하나님은 우리 마음에서 최고의 자리에 계신 것이 아닙니다. 우리 자신의 세상적인 유익을 보존하기 위하여 하나님과의 관계를 끊을 수 있다면, 그 세상의 유익을 하나님보다 더 좋아하는 셈입니다. 우리의 친구들이나 친척들을 불쾌하게 하느니 차라리 하나님을 거스르는 것이 더 낫다고 여기면서도 자신을 참된 그리스도인으로 여기는 것은 큰 기만이 아닐 수 없습니다. "아버지나 어머니를 나보다 더 사랑하는 자는 내게 합당하지 아니하고 아들이나 딸을 나보다 더 사랑하는 자도 내게 합당하지 아니하며."(마 10:37) 이에 대한 토마스 맨튼(Thomas Manton)의 말을 들어 봅시다.

"믿음은 사람에게 모든 세상 영광과 이익과 업적들, 또한 세상과 연계된 유익들을 공공연히 버리라고 가르치는 은혜이다. 하나님께서 그런 것들에서 빠져 나오라고 우리에게 명하시면, 착한 양심을 가진 자는 그런 것들을 즐길 수는 없는 것이다."

우리는 흔히 '하나님을 택하느냐 다른 것들을 택하느냐, 의무를 택하느냐 쾌락을 택하느냐, 우리의 양심을 지키느냐 아니면 육체를 만족시키느냐?'의 시금석 앞에 설 때가 있습니다. 우리가 '자기 부인'을 통해서 우리의 믿음에 평정과 힘이 있음을 드러냅니다! 세상과 땅에 속한 것들을 경멸조로 말하기는 쉽습니다. 그러나 나의 '첫째 관심'이 무엇이냐? 하면 문제는 달라집니다. 하나님을 제일로 추구하느냐 아니면 세상의 풍부를 제일로 추구하느냐? 하나님을 기쁘시게 해드리려 하느냐 아니면 자기를 기쁘게 하려 하느냐? 만일 내가 임금 인상을 동경하든지 아니면 더 나은 지위를 소원하고 있다든지, 낙담하여 성미를 부리고 있다면, 그것은 세상 정신이 나를 지배하고 있다는 분명한 증거입니다. 내게 '최고의 기쁨'을 주는 것이 무엇인가? 세상적인 풍부와 영예와 위로인가, 아니면 하나님과의 교통인가? "주의 궁정에서의 한 날이 다른 곳에서의 천 날보다 나은즉 악인의 장막에 사는 것보다 내 하나님의 성전 문지기로 있는 것이 좋사오니."(시 84:10) 시편 기자처럼 진정 말할 수 있습니까? 이에 대하여 토마스 스콧(Thomas Scott)가 무어라 말하였는가 들어 봅시다.

"물론 모든 신자들이 동일한 희생을 치르도록 되어 있다거나, 의를 위해서 동일한 시련을 당하게 된다거나, 동일한 분량의 믿음을 가지게 된다는 것은 아니다. 그럼에도 불구하고 이러한 종류에 속한 어떤 체험이나 의식을 하지 않고 있다면, 우리가 모세의 종교에 속해 있다는 결론을 내리는 것은 정당하지 못하다. 왜냐하면 현대에서 복음 진리를 믿는다고 주장하는 사람들의 믿음이 모세나 아브라함처럼 자기를 부인하는 믿음과 닮았다고 한다면, 차라리 옛날 그 보통 지팡이가 아론의 싹 난 지팡이보다 더 닮았을 것이다."

하나님의 선택한 백성들의 믿음은 '세상을 이기는' 믿음입니다(요일 5:4). 그 믿음은 믿음의 소유자로 패하게 하지 않습니다! "그리스도 예수의 사람들은 육체와 함께 그 정과 욕심을 십자가에 못 박았느니라."(갈 5:24) 그저 그렇게 해야 된다는 말이 아닙니다. 최소한이나마 어느 정도의 실천에서 이미 그렇게 '했어야' 합니다!

모세가 그렇게 크게 거절한 것은 자기가 자라나온 그런 상태에 더 이상 머물러 있지 않겠다는 결연한 마음의 각오의 실천이었습니다. 이러한 일이 어려운 투쟁이나 믿음과 하나님에 대한 신뢰 가운데에서 믿음을 행사하는 일 없이 이루어 질 수 없었음을 우리는 확신합니다. 그는 자기의 결심이 어떠한 대가를 치러야 하는지를 너무나 잘 알았습니다. 그럼에도 불구하고 그는 서슴없이 그 결정을 내렸습니다. 그의 결심은 형식적인 공언을 통해서 알려진 것이 아니라 행실을 통해서 알려졌습니다. 왜냐하면 행동들은 언제나 말보다 더 큰 소리로 말하기 때문입니다. 성경의 기록에 보면 모세가 이 결심을 자기를 길러준 어머니께 구두로 알려드린 흔적이 전혀 보이지 않습니다. 오히려 자기 형제들과의 대화를 통해서(출 2:11 등 참조) 그 마음의 행로를 나타내었고, 그 형제들의 신앙과 언약에 자기도 합세하고 있다는 사실을 알려 주었습니다. 아, 사랑하는 독자여, 하나님께 속한 일들에 대하여 잘 '이야기' 하는 것과 그에 따라서 '행하는' 것은 별개의 문제입니다. 글을 쓰고 설교를 하는 것과 우리가 전한 것을 '실제로' 행하는 것과는 전혀 별개입니다!

모세가 자기의 좋은 지위를 버린 것은 육체의 정욕을 크게 이긴 일이고, 뿐만 아니라 육신적 이성의 논리를 놀랍게 이긴 일이었습니다. 그의 행동은 무엇보다 자기를 길러준 양모(養母)에 대한 '배은망덕' 하고 극악한 짓으로 보입니다. 바로의 딸은 갓 난 아이 모세의 생명을 구하였고, 집으로 데려가 자기 아들로 길렀습니다. 또한 애굽의 모든 지혜로 그를 교육하였습니다. 지금 와서 그가 그녀에게 등을 돌리는 것은 마치 생각이 모자란 사람처럼 보였을 것입니다. - 육신에 속한 사람은 믿음의 역사를 규제하는 동기(動機)들을 이해하기에는 너무나 무능합니다. 진리는 이러합니다. 십계명의 두 번째 돌판을 지켜야 하나, 첫 번째 돌판에 적혀 있는 계명들을 지키는 데 문제가 되지 않을 한도 내에서만 지켜야 합니다. 하나님을 경외하는 일에 반대되거나 선한 신앙양심에 위배되는 일이라면, 세상으로부터 오는 존귀를 받지 않아야 합니다. 또 그런 한도를 넘어서서 세상에 대하여 감사하는 마음을 표현해서는 안 되는 것입니다.

하나님께 마땅한 의무를 감당하지 못하면서 사람에게는 의무를 준행하려고 하지 말아야 합니다. 다른 모든 관계들은 하나님께 대하여 깨끗한 양심을 보전하는 일을 위해서 뒤로 물러나야 합니다. 하나님의 권리들은 영구합니다. 하나님의 권리를 위해서 길을 내어주는 일은 귀하게 여겨야 합니다. 그렇게 하는 것이 동료들에 대한 마땅한 의무들을 아무리 많이 접게 한다 할지라도 그렇습니다. 또한 그 하나님의 요구사항들을 들어 주어야 하며 인정해야 합니다. 친구가 자기 집에서 나를 즐겁게 해줄 수 있습니다. 그리고 한 주간 내내 친절을 베풀 수도 있습니다. 그러나 그렇다고 해서 내가 주일에 그와 함께 소풍이나 놀이를 간다면 정당할 수 없습니다. "무릇 내게 오는 자가 자기 부모와 처자와 형제와 자매와 더욱이 자기 목숨까지 미워하지 아니하면 능히 내 제자가 되지 못하고."(눅 14:26) 그리스도인의 언어는 언제나 아름답습니다. "어찌하여 나를 찾으셨나이까 내가 내 아버지 집에 있어야 될 줄을 알지 못하셨나이까?"(눅 2:49)

세상적인 영예를 즐기는 것 자체가 악한 것은 아닙니다. 왜냐하면 선한 사람들도 악인의 궁정에서 살았기 때문입니다. 다니엘은 그 점에 대한 명백한 경우입니다. 그의 생애의 대부분을 공적인 높은 지위에서 보냈습니다. 하나님의 섭리로 우리에게 세상에서 풍부와 특권이 주어질 때, 그 특권들을 누리고 향유해야 합니다. 그럼에도 불구하고 우리는 거룩한 열심과 기도로 깨어 있는 심정으로 그러한 것들 때문에 거만해지면 안됩니다. "겸손한 자와 함께 하여 마음을 낮추는 것이 교만한 자와 함께 하여 탈취물을 나누는 것보다 나으니라."(잠 16:19) 그러나 그러한 것들을 누리는 것 자체로는 죄악이 아니나, 그런 것들을 깨끗한 양심으로 견지하지 못할 경우에는 마땅히 버려야 합니다. 빌라도는 자기 양심을 거스르고, 가이사의 우정(友情)을 버리기보다는 그리스도를 정죄하였습니다. 그 일은 성경 속에서 하나의 마지막 경고로서 우리 앞에 서 있습니다. "너희는 시험에 들지 않게 깨어 기도하라 마음에는 원이로되 육신이 약하도다."(마 26:41)

다시, 모세가 그렇게 위대하게 거절한 것은 자기를 양자로 받아 준 자에 대한 참으로 극악한 배은망덕처럼 보였을 것입니다. 그 뿐 아니라 하나님의 섭리 앞에서 경박하게 구는 것처럼 보이기도 했을 것입니다. 그가 처한 자리에 두신 분은 하나님이셨습니다. 어째서 그러한 유리한 지위를 버렸습니까? 만일 모세가 자기의 이해력을 의지하고 육신적 이성의 논리에 귀를 기울였다면, 자기가 그 자리에 머물러야 할 여러 가지 많은 구실을 발견했을 것입니다. 어째서 그는 거기에 머물러 애굽을 개혁하려 하지 않았습니까? 어째서 압제받는 히브리 사람들을 위하여 왕에게 큰 영향력을 행사하지 않았습니까? 만일 그가 바로의 궁정에 남아 있었다면 많은 고통을 면했을 것입니다. 그러나 상(賞)은 잃었을 것입니다. 나의 사랑하는 독자여, 불신앙은 매우 간교하여 그럴듯하게 구실을 댑니다. 우리가 자기를 부인하지 '않아도' 될 여러 많은 논리적 이유들을 제시할 수 있습니다.

모세로 하여금 이 고상한 희생을 치르도록 자극한 것은 무엇입니까? 애국적인 충동이었습니까? 자기 형제들에 대한 환상적인 사랑이었습니까? 아닙니다. 그는 이성이나 감성의 인도를 받지 않았습니다. 모세가 바로의 공주의 아들로 칭함 받기를 싫어한 것은 "믿음으로" 한 일이었습니다. 그것은 하나님의 약속을 마음으로 단단히 붙잡은 행위였습니다. 육신의 눈으로 보이지 않는 것들을 바라보며 장래 상급을 확신했던 것입니다. 믿음은 사물들을 바르게 평가하는 관점을 마음에 부여합니다. 믿음은 참된 관점으로 대상(對象)들을 바라보게 합니다. 가련한 세상이 그처럼 크게 자랑하는 소리를 듣고 자기 영혼을 상실하기까지 미쳐 날뛰며 추구하는 것을 믿음은 상대적으로 쓸모없는 것으로 평가합니다. 믿음은 내세의 영원세계를 바라봅니다. 믿음이 건전하게 행사될 때에는, 시간과 감각 세계에 속한 쓸데없는 것들을 버리기가 쉽습니다. 그래서 성도는 이렇게 부르짖습니다. "진실로 각 사람은 그림자같이 다니고 헛된 일에 소란하며 재물을 쌓으나 누가 거둘는지 알지 못하나이다."(시 39:6)

애굽의 궁정에 사는 사람이 그러한 '믿음'을 가졌다니 얼마나 놀라운 일입니까! 모세는 이교도의 궁정에서 양육되었습니다. 그 이교도의 궁정에는 참 하나님을 아는 지식이 전혀 없습니다. 우상과 허망과 신성모독만이 있습니다. 그런데 그리스도의 양들 중 어느 사람도 도저히 있음직하지 않은 곳에 모세가 처해 있었습니다. 그럼에도 불구하고 목자이신 그리스도께서는 그들을 찾아내시고 거기에서 그들을 건져내시거나 아니면 그 안에서 그들을 보존하십니다. '헤롯의 청지기'의 아내(눅 8:3), '가이사의 집'에 있는 성도들(빌 4:22)은 주목할 만한 실례들입니다. 이 사람들은 "여호와께서 시온에서부터 주의 권능의 규를 내보내시리니 주는 원수들 중에서 다스리소서."(시 110:2) 라는 말씀의 놀라운 실례들입니다! 그의 원수들이 아무리 격분하고 그들의 이름을 지우려하고, 그리스도의 나라를 뿌리 채 뽑아버리려 합니다. 그럴지라도 그리스도께서는 "사탄의 권좌가 있는 데"서도 은혜로 택하심을 입은 남은 자들을 보전하실 것입니다(계 2:13).

어떤 사람은 이런 반론을 펼지 모릅니다. '그러나 모세뿐만 아니라 요셉도 믿음을 가지지 않았느냐? 그는 죽을 때까지 궁정을 떠나지 않았다.' 그러나 경우에 따라 사정이 다릅니다! 그 둘의 경우와 조건이 같지 않았습니다. 이에 대한 토마스 맨튼(Thomas Manton)의 말을 인용합니다.

"하나님께서는 요셉을 일으켜 애굽에 있는 자기 백성들을 먹이셨다. 그러므로 그가 궁정에 거한 일로 인하여 하나님의 백성들이 그들에게 호의를 베풀던 왕들의 치하(治下)를 누릴 수가 있었던 것이다. 그러나 모세가 애굽에 있는 자기 백성들을 먹이라고 부르심 받은 것은 아니다. 오히려 그들을 애굽에서 이끌어내라고 부르심 받았다. 애굽의 왕은 이제 그들의 원수요 그들을 노예로 묶어 크게 고통을 가하고 있다. 우상이 서린 이교도 왕들의 궁정에 남아 있는 것과, 그들의 박해에 복종해야 하는 까닭에 그 궁정에 남아 있는 것과는 별개의 문제다."

히브리서 11:25

"도리어 하나님의 백성과 함께 고난 받기를
잠시 죄악의 낙을 누리는 것보다 더 좋아하고."

이 말씀은 모세의 영광스러운 결심의 적극적인 측면을 보여 줍니다. 믿음에는 소극적인 측면과 적극적인 면이 다 있습니다. 곧 '거절하는 것'과 그 다음에 '선택하는 것'(좋아하여 취하는 것)이 있습니다. 그 선후(先後) 관계는 불변합니다. 사람이 '선을 행하기를 배우기' 전에 먼저 '악행을 그쳐야' 합니다. "너희는 스스로 씻으며 스스로 깨끗하게 하여 내 목전에서 너희 악한 행실을 버리며 악행을 그치고 선행을 배우며 정의를 구하며 학대 받는 자를 도와주며 고아를 위하여 신원하며 과부를 위하여 변호하라 하셨느니라."(사 1:16,17) '선한 것을 사랑하기' 전에 '악을 미워하는 일'이 있어야 합니다. "너희는 악을 미워하고 선을 사랑하며 성문에서 정의를 세울지어다 만군의 하나님 여호와께서 혹시 요셉의 남은 자를 불쌍히 여기시리라."(암 5:15) '궁휼하심을 받기' 전에 '죄를 고백하고 버리기'가 앞서야 합니다. "자기의 죄를 숨기는 자는 형통하지 못하나 죄를 자복하고 버리는 자는 불쌍히 여김을 받으리라."(잠 28:13) 탕자가 아버지께 돌아올 수 있기 전에 그는 먼저 먼 나라를 '떠나야' 했습니다(눅 15장). 죄인이 십자가를 지고 그리스도를 따를 수 있기 전에 먼저 자기 우상을 버려야 합니다. "가서 네게 있는 것을 다 팔아 가난한 자들에게 주라 그리하면 하늘에서 보화가 네게 있으리라 그리고 와서 나를 따르라 하시니."(막 10:21) "살아계시고 참되신 하나님을 섬기기" 전에 먼저 "우상으로부터 나와" 하나님께 돌아와야 합니다. "그들이 우리에 대하여 스스로 말하기를 우리가 어떻게 너희 가운데에 들어갔는지와 너희가 어떻게 우상을 버리고 하나님께로 돌아와서 살아 계시고 참되신 하나님을 섬기는지와…"(살전 1:9) 마음으로 그리스도를 주요 구세주로 받아들이기 전에 세상을 등져야 합니다.[20] 여기서 우리는 아돌프 사피어(Adolph Sapihr)의 말을 인

---

20) 여기서 필자가 말하는 요점은 시간적인 선후관계로도 볼 수 있지만 영적으로는 논리적인 선후관계에 집중되어 있음을 유념하여야 할 것이다. 어느 사람이 스스로 우상을 버리고 난 다음에 하나님께 돌아오는 행동을 보일까. 다만 하나님께 돌아키는 회심의 과정을 주목하면, 하나님을 아는 빛이 그 사람 속에 들어 올 때 우상을 섬기며 각종 불의의 죄됨을 알고 그 죄를 미워하고 진심으로 회개한다. 그래서 하나님을 믿고 섬기기 시작하는 과정 속에서 우상과 불의에

용해 봅니다.

"모세는 '세상'을 포기했다. 영예와 위대해질 소망을 야심만 있으면 가질수 있었다. 가장 문명화된 국가의 문화가 그 마음을 산란케 할 만하였다. 보배와 풍부가 강력한 유혹을 발했을 것이다. 이 모든 것은 가장 매력적이고 고상한 방식으로 '세상에 있는 모든 것들'을 함축하지 않는가? 그러나 모세는 그 모든 것을 버렸다. 그 일로 인하여 반대 편에서 그를 기다리고 있었던 것은 무엇이었던가? 찌들고 지친 노예인 자기 민족에 참예하는 일이었다. 그 사람들의 오직 유일한 풍부는 눈에 보이지 않는 하나님의 약속이었다."

그 사람이 어떤 사람인가는 그가 '무엇을 선택하는지'를 보면 알 수 있습니다. 적은 이익을 위해서 악을 행하고 있습니까? 하찮은 불편함 때문에 의무를 준행하지 않습니까? 비난받을까 무서워 마땅히 가야 할 길에서 돌아섭니까?

모세는 '잠시 죄악의 낙'을 누리기보다 하나님의 백성들과 함께 '고난 받기'를 더 좋아하였습니다. 여러분도 그러합니까? 모세는 죄 가운데 사는 것을 모든 것 가운데서 가장 비참한 일로 판단했습니다. 당신도 그러합니까? 여기에 중요한 시금석이 있습니다. 여러분에게 더 큰 슬픔을 주는 것은 어느 것입니까? 죄입니까, 아니면 몸으로 고통을 받는 것입니까? 여러분에게 더 큰 고통을 가져다주는 것은 무엇입니까? 세상에서 손해를 당하는 것입니까, 아니면 하나님을 불쾌하게 해드리는 것입니까? 신앙을 고백한다고 하면서 육신적인 아픔과 고통에 대하여 불만을 토로하는 수천의 그리스도인들이 있습니다. 그러나 죄와 사망의 몸에 대하여 탄식하는 소리는 얼마나 적게 들립

서 떠나게 되는 일이 불가피하다. 겉으로 나타난 행동의 외양적 순서로는 '우상을 버리고 하나님께로 돌아오는 것'으로 나타난다. 그런 실천적인 행사를 이끄는 원동력은 하나님을 아는 지식과 그 은혜의 강력이다. 그러니 모세의 '거절'과 '선택'의 실천은 하나님의 은혜의 발로이다. - 역자 주

니까! 몸의 고통이 있을 때 여러분이 가장 소원하는 것이 무엇입니까? 그 고통 자체에서 벗어나는 것입니까? 아니면 여러분의 진정한 선(善)을 위해서 그 고통을 거룩함에 이르는 도구로 하나님께서 쓰시는 것입니까? 아, 나의 사랑하는 독자들이여, 도덕적으로 산다고 하나 믿지 않는 세상 사람들에 비해 여러분은 '실질적이고 초자연적'인 어떤 차별점을 가지고 있습니까? 그저 이지(理智)로만 믿는 것뿐입니까? 이른바 신조(信條)를 내세우시는 면에서만 다릅니까? "귀신들도 믿고 떠느니라."(약 2:19) 하지 않았습니까?

우리의 신분을 밝히고 마귀의 자녀들인지 하나님의 자녀들인지 명백하게 보이는 것은 무엇입니까? 우리가 무엇을 거절하고, 무엇을 '더 좋아하느냐'에 그 차별점이 보입니다. 은혜로운 마음의 고유한 성질은 아무리 작은 죄라 할지라도 그 죄를 짓느니 차라리 가장 큰 고통 - 육체적, 정신적, 사회적 - 을 택하는 것으로 나타납니다. 죄를 지었을 땐 그것을 후회하고 슬퍼하고 자백하여 그 죄를 버립니다. 성도들이 박해하는 사람들에게 '괴롭힘 받는 것'을 볼 때 우리 마음이 상합니다. 그러나 '죄'는 하나님을 향해서 대적하여 자행됩니다! '죄'는 하나님으로부터 분리하는 성질을 가지고 있습니다. "너는 티끌을 털어 버릴지어다 예루살렘이여 일어나 앉을지어다 사로잡힌 딸 시온이여 네 목의 줄을 스스로 풀지어다."(사 59:2) 고난은 그리스도인들로 하여금 하나님께 더 가까이 나아가도록 촉구합니다. '고통'은 몸을 괴롭게 하지만, '죄'는 영혼을 해롭게 합니다. '고통'은 하나님께로부터 오나(히 2:5-11), '죄'는 마귀로부터 옵니다. 그러나 참되고 영적이고 초자연적인 믿음이 아니고서는 그 어느 것도 '잠시 죄악의 낙을 누리는 것'보다 '하나님의 백성들과 함께 고난 받기를 즐거워하게' 만들지 못합니다.

여기서 우리는 존 브라운(John Brown)이 이 문제에 대하여 말한 것을 자세하게 들어 보기로 합니다.

"사도는 믿음의 중요성을 나타내기 위해서 여러 실례들을 든다. 그 사도의 의도를 위해서 우리가 방금 생각한 것보다 더 적합한 실례가 없다. 히브리 그리스도인들은 다른 존영보다 늘 더 높게 평가하여 왔던 영예와 갈라서라는 요구를 받고 있었다. 그들은 불신 형제들에게 추방당했으며, 아브라함 자손들의 명부에서 제명당했다. 믿지 않는 동족들이 지금 풍부와 영예를 누리고 있다. 하나님의 부르심을 통해서 자기들이 속하여 있는 그 작은 무리들이 고통과 비난을 받고 있다. 자, 어쩌다 일이 이렇게 된 것인가? 모세를 보라. 모세가 믿었던 것처럼 믿으라. 그러면 모세처럼 판단하고 선택하고 행동하는 것이 쉽다는 걸 발견할 것이다. 그리스도께서는 자기의 적은 양떼들이 많은 환난을 거친 다음에야 '나라'에 들어가는 것이 '아버지의 기뻐하시는 일'임을 명백히 계시하셨다. 그 점을 확실히 믿는다면, 여러분은 서슴없이 믿지 아니하는 동족들로부터 자신을 전적으로 분리시킬 것이다. 또한 그리스도의 선언대로 '진노가 압제자들에게 참으로 혹독하게 임하고 있음'을 확신하였다면, 동족들에게서 철저하게 자신을 분리시키기를 주저하지 않았을 것이다.

"이 대목의 실천적인 요점은 히브리 그리스도인들에게나 초대교회 시대의 그리스도인들에게만 해당되는 것이 아니다. 모든 나라의 모든 세대에 대하여 예수님은 '누구든지 내 제자가 되려면 자기를 부인하고 자기 십자가를 지고 나를 따를 것이니라.'고 선언하셨다. 현 세상의 능력은 '내세의 능력'으로만 이길 수 있다. 현세의 능력은 '감각'을 통해서 우리의 이지에 작용한다. '내세의 능력'이 우리의 이지에 작용할 수 있는 것은 '오직 믿음'으로 말미암는다. 어떤 사람들은 기독교가 요구하는 희생을 치르는 것이 불가능하다고 생각한다. 왜냐하면 그들은 전혀 믿음을 가지고 있지 않기 때문이다. 희생이 반드시 치러져야 한다. 그렇지 않으면 우리의 기독교는 이름에 불과하고, 우리의 믿음은 가식에 불과하고, 우리의 소망이란 기만에 불과하다."

72강

모세의
믿음 Ⅱ

11:25 도리어 하나님의 백성과 함께 고난 받기를 잠시 죄악의 낙을 누리는 것보다 더 좋아하고 11:26 그리스도를 위하여 받는 수모를 애굽의 모든 보화보다 더 큰 재물로 여겼으니 이는 상 주심을 바라봄이라 11:27 믿음으로 애굽을 떠나 왕의 노함을 무서워하지 아니하고 곧 보이지 아니하는 자를 보는 것같이 하여 참았으며

존 오웬(John Owen)이 이 대목을 주해하면서 무어라 말하였는지 들어보는 일을 먼저 하겠습니다.

"여기서 믿음으로 산 사람으로 예시(例示)되는 사람은 모세다. 그 사람은 히브리서 기자가 말하고 싶은 요점을 입증하는 데 뛰어난 예증이었다. 특별하게 히브리 사람들을 대하는 그의 자세에서 그러하였다. 여러 경우에서 그러한 사실이 드러난다. 그것을 다음 몇 가지 항목으로 나누어 본다.

"1. 그의 인격(人格, person)에서 뛰어났다. 고대 세계의 하나님의 섭리로 출생과 교육과 행동의 측면에서 모세보다 더 탁월하게 나타난 사람이 없었다. 명성에 있어서도 세상에서 그보다 위대한 이름을 날린 사람이 드물다. 그의 행사와 지혜에 대한 기록과, 그것들에 대한 평가는 이 땅에서 존재하였던 모든 족속들 가운데서 더 잘 알려져 있다. 그럼에도 불구하고 이 사람은 '믿음으로' 말미암아 살았고 행동했다. 자기의 모든 행사를 믿음으로 행하였다.

"2. 그의 위대한 사역(事役, work)에 있어서 탁월하다. 교회를 구속(救贖)하시는 그리스도의 일을 모형적으로 그려주는 면에 있어서 그러하다는 말이다. 그 자체만으로도 위대한 사역이었다. 그래서 하나님께서는 그것을 그렇게 표현하였던 것이다. '네가 있기 전 하나님이 사람을 세상에 창조하신 날부터 지금까지 지나간 날을 상고하여 보라 하늘 이 끝에서 저 끝까지 이런 큰 일이 있었느냐 이런 일을 들은 적이 있었느냐.'(신 4:32) 예수 그리스도께서 교회를 영원히 구속하실 뜻을 모형적으로 보여준다는 의미에서 그 행사는 더욱더 위대한 것이다.

"3. 그의 직무(職務, office)때문에 탁월하다. 그는 하나님께 율법을 받아 백성에게 전한 사람이다. 그 사실 속에서 '율법이 믿음과 배치(背馳)되지 않는다.'는 사실이 명백해졌다. 율법을 백성에게 전달하여 준 사람으로서 모세 자신도 그 율법을 따라 살았으니 말이다."

히브리서 11장에서 성령께서 제시하시는 믿음의 각 표본적 인물들은 그 신령한 은혜의 독특한 특징이나 열매를 나타내 보입니다. 여기에 묘사되는 믿음은 '구원 받을 만한 믿음(saving faith)'입니다. 하나님께서는 그런 믿음이 없는 사람 어느 누구도 받지 않으십니다. "믿음이 없이는 하나님을 기쁘시게 하지 못하나니."(6절) 물론 모든 그리스도인들이 동일한 분량의 믿음을 받은 것은 아니며, 또 똑같은 방식으로 그 믿음의 모양을 드러내지 않음은 분명합니다. 모든 꽃들이 다 동일한 모양을 지니거나, 동일한 향기를 풍기지 않는 것과 같습니다. 그러나 꽃이 그 모든 다양성에도 불구하고 잡초와는 근본적으로 다릅니다! 하나님께서 모든 성도들에게 법규를 만들라 하시거나 아들을 희생 제물로 바치라 하시거나, 왕궁을 포기하라고 요구하시지는 않습니다. 그럼에도 불구하고 모든 중생한 영혼의 마음과 삶 속에는 죄와 허물로 죽어 있는 사람들과 다르게 만드는 것이 있습니다. 바로 그것은 '초자연적'인 표지임에 틀림없습니다. 바로 그 사람 속에는 단순한 자연인이 내지 못하거나 낼 수 없는 것을 가지고 있는 것입니다.

왕궁을 떠나라는 소명을 받은 그리스도인이 지극히 적습니다. 그럼에도 불구하고 그리스도인이 된 모든 사람들은 '세상을 포기하라.'는 요구는 받습니다. 어떤 물리적인 것이 아니라 도덕적으로 그렇게 하라는 것입니다. 하나님께서는 우리에게 속세(俗世)를 버리고 은자(隱者)가 되라고 하셨거나, 수도원 또는 수녀원으로 들어가라고 명하시지는 않으십니다. 그런 일은 '구별됨의 진리를' 부패시키려는 마귀의 속임수에 불과합니다. 그러나 하나님께서는 분명하게 요구하십니다. 죄인은 세상의 우상을 버리고 세상의 허망한 즐거움에서 돌아서고, 모든 악한 행실을 멈추고 위로부터 오는 것을 찾아야 한다고 말입니다. 성경은 이 점에 대해서 분명하게 지적하면서 선언합니다. "간음한 여인들아 세상과 벗된 것이 하나님과 원수됨을 알지 못하느냐 그런즉 누구든지 세상과 벗이 되고자 하는 자는 스스로 하나님과 원수 되는 것이니라."(약 4:4) 우리가 다루는 이 대목에서 모세를 통해서 윤곽적으로 시사해 주시는 교훈은, 멸망하는 세상을 진정한 마음으로 포기하고 하나님께 진정한 자리를 내드리라는 것입니다.

지난 강론에서 모세가 바로의 궁전에서 자기가 차지한 귀인의 자리를 기꺼이 양보한 모습을 살펴보았습니다. 모세는 부요하시나 우리를 위해 가난하게 되신 그리스도를 복되게 모형적으로 나타냈습니다. 그분은 하늘의 영광에서 내려와 말구유에서 태어나셨습니다. 위엄의 의복(儀服)을 벗으시고 종의 형체를 취하셨습니다. 이 책을 읽는 독자들이여, 하나님의 백성들은 그 그리스도의 형상을 '본 받도록' 미리 정해진 자들입니다. "하나님이 미리 아신 자들을 또한 그 아들의 형상을 본받게 하기 위하여 미리 정하셨으니 이는 그로 많은 형제 중에서 맏아들이 되게 하려 하심이니라."(롬 8:29) 그리스도께서는 하나님의 백성들에게 본을 남기셨습니다. 그분의 발자취를 따라가는 일 말고는 하늘로 가는 다른 길이 없습니다. "자기 양을 다 내놓은 후에 앞서 가면 양들이 그의 음성을 아는 고로 따라오되."(요 10:4) 머리되신 그분과 그의 신비로운 몸의 지체들 사이에는 사실적이고 실제적인 연합이 존재합니다. 그 실제적 연합은 '자기희생(self-sacrifice)'을 내포하고 있습니다. 자기희생의 정신이 내 마음을 다스리지 않는 한 나는 '결코 그리스도인이 아닙니다!'

하늘가는 길은 좁고 그 입구는 '매우 협착합니다.' 그래서 찾는 이들이 적습니다. "좁은 문으로 들어가라 멸망으로 인도하는 문은 크고 그 길이 넓어 그리로 들어가는 자가 많고 생명으로 인도하는 문은 좁고 길이 협착하여 찾는 이가 적음이라."(마 7:13,14) 그 길이 '좁고 육체의 성향과 정 반대'가 되기에, 출발 전에 앉아서 그 비용을 계산하라고 그리스도께서 말씀하신 것입니다. "또 어떤 임금이 다른 임금과 싸우러 갈 때에 먼저 앉아 일만 명으로써 저 이만 명을 거느리고 오는 자를 대적할 수 있을까 헤아리지 아니하겠느냐."(눅 14:31) 그 '비용'은 '은혜의 이적'을 결코 체험하지 못한 사람들은 아무도 도저히 감당해 낼 수 없는 비용입니다. 왜냐하면 그 비용 속에는 오른 손을 자르거나 오른 눈을 뽑아 버리는 일이 포함되어 있기 때문입니다(마 5:29,30). 베드로전서 4:18에서 "의인이 겨우 구원을 얻으면 (간신히 구원을 얻으면) 경건하지 아니한 자와 죄인이 어디에 서리요?"라고 묻는 것은 바로 그 때문입니다. 모세처럼 그 '비용'을 선뜻 지불할 의향을 가진 사람은 소수에 불과합니다. 기독교국이라고 알려진 나라들에서도 얼마나 많은 사람들이 에서와 같습니까! "음행하는 자와 혹 한 그릇 음식을 위하여 장자의 명분을 판 에서와 같이 망령된 자가 없도록 살피라."(히 12:16) 또는 거라사 사람들과 같기도 합니다. "(돼지를) 치던 자들이 도망하여 읍내와 여러 마을에 말하니 사람들이 어떻게 되었는지를 보러 와서 예수께 이르러 그 귀신 들렸던 자 곧 군대 귀신 지폈던 자가 옷을 입고 정신이 온전하여 앉은 것을 보고 두려워하더라… 그들이 예수께 그 지방에서 떠나시기를 간구하더라.”(막 5:14, 15) 그 사람들은 육체를 부인하기보다는 육체에 빠지는 것을 좋아했습니다. 구원이 ‘어렵습니다.’ 그러나 “생명으로 인도하는 문이 ‘좁고’ 그 길이 ‘협착하다.’”는 주님의 말씀이 모세가 이겨내야 했던 여러 유혹의 시험과 육신적인 장애들을 통하여 아주 결정적으로 묘사되었습니다. 앞 강론에서 지적한 바와 같이 모세의 고상한 결심은 바로의 궁전을 떠나는 것과, 자기의 양모(養母)의 은혜를 배반하는 것과, 요셉이 세워 놓은 선례(先例)를 무시하는 것을 수반하였습니다. 뿐만 아니라 멸시받는 백성들에 참예하여 함께 수모를 당하며, 백성들과 함께 광야에서 헤매고 불편하고 어려운 모든 일들을 감내하는 것도 그 결심의 실행에 포함되어 있었습니다. 그리고 전에 자기와 함께 있었던 애굽 사람들의 멸시를 받아야 할 뿐만 아니라, 자기 친족 히브리 사람들의 원망과 불평도 사야하는 것도 그 일에 수반되어 있었습니다. 독자들이여, 육신적인 생각과 아주 상반된 모세의 그 결심은 ‘은혜의 이적이 그 안에서 일어났다.’는 사실 위에서만 설명이 가능한 일임을 유념하십시오. 우리 주께서 선언하셨습니다. “사람으로는 할 수 없으나 하나님으로서는 다 하실 수 있느니라.”(마 19:26)

이상에서 말한 것에 비추어 볼 때, 소위 ‘교회들’로 불리는 대다수의 많은 곳들에서 ‘회심’이라는 미명하에 높여지는 것이 ‘성경적 회심’과 얼마나 멀리 떨어져 있는지요! 마치 그 차이가 하늘과 땅의 차이만큼 큽니다. 진실로 구원 받을 만한 참 회심은 근본적이고 혁명적인 체험입니다. 그것은 건전한 한 신조를 취하는 것보다 훨씬 더한 무엇입니다. 또는 성경이 그리스도에 대해서 말하는 것을 믿고 어떤 종교적인 집회에 참여하는 것 이상입니다. 그것은 사람의 존재의 뿌리에 영향을 미치는 것이며, 하나님의 요청에 자신을 지체 없이 복종시키게 하며, 더 나아가서 하나님을 즐거워하며 하나님을 영화롭게 해드리려고 애쓰게 합니다. 필연적으로 이러한 일은 세상과 완전한 절연을 가져옵니다. 그러니 그 이전까지의 사람됨의 방식과의 단절을 가져올 수밖에 없습니다. "누구든지 그리스도 안에 있으면 새로운 피조물이라 이전 것은 지나갔으니 보라 새 것이 되었도다."(고후 5:17)

"믿음으로 모세는 장성하여 바로의 공주의 아들이라 칭함을 거절하고." 모세의 고상한 행동을 적당하게 설명하는 것이 "믿음으로"라는 말입니다. 하나님께서 주신 믿음은 눈에 보이는 것이나 감각에 와 닿는 것보다 훨씬 더 좋은 것에 사로잡히게 만듭니다. 그러므로 그 믿음은 세상적인 위대함과 영예의 허망함을 분명하게 분별합니다. 믿음은 하나님과 상관하는 것입니다. 그 마음의 생각이 하나님께 진정으로 가 있을 때, 세상의 부요와 즐거움이 매력을 가질 수 없습니다. 그럴 경우 세상의 좋아 보이는 것들이 마음을 빼앗는 일은 더 이상 있을 수 없습니다. 믿음은 위로부터 내리는 하나님의 계시를 의존하고 그것을 순종합니다. 왜냐하면 "믿음은 들음에서 나며 들음은 그리스도의 말씀으로 말미암기" 때문입니다(롬 10:17). 모세는 '들었고, 믿었습니다.' 그리고 '하나님께 들은 대로 행동했습니다.'

히브리서 11:25
"도리어 하나님의 백성과 함께 고난 받기를
잠시 죄악의 낙을 누리는 것보다 더 좋아하고."

그렇습니다. 우리 각자는 생명과 죽음 그 어느 것 하나를 '선택해야' 합니다. "보라 내가 오늘 생명과 복과 사망과 화를 네 앞에 두었나니."(신 30:15) 죄와 거룩 가운데 어느 하나를, 또한 세상과 그리스도 가운데 하나를, 그리고 하나님의 자녀들과 동행하든지 마귀의 자녀들과 친교를 갖든지 그 둘 중 하나를 선택해야 합니다. 모세는 애굽을 등지고 이스라엘 편을 택하였을 때 (출 3장), 애굽 사람들과 함께 한 것보다 이스라엘 사람들과 함께 하는 것이 더 좋음을 분명하게 선언한 셈입니다. 그리고 하나님의 약속이 세상의 명성과 향락보다 그에게 훨씬 더 의미가 있음을 표명한 것입니다. 그 당시의 아브라함의 자손들은 사회적으로 심히 낮은 신분에 처해 있었습니다. 그럼에도 불구하고 하나님께서 족장들에게 하신 약속이 폐하여지지 않았음을 알았습니다.

바로 그것이 믿음입니다. 나일강의 나라에서 자기가 취할 수 있는 매력적인 전망을 기꺼이 포기하고 일부러 역경의 길을 택한 것이 바로 믿음입니다. 하나님께로부터 들은 것이 그에게는 그처럼 위대하고 영광스러웠습니다. 그래서 이것과 저것을 사려 깊게 달아보고 영적 부요를 위해서 물질적 증대를 거절한 것입니다. 바로의 공주의 아들로 칭함을 받는 것보다 아브라함의 한 자손으로 칭함 받는 것이 훨씬 더 존귀하다고 생각했던 것입니다. 그에게 이런 생각, 곧 '손 안에 든 한 마리의 새가 숲속에 있는 두 마리의 새보다 더 가치 있으며, 현재의 기회를 잘 이용하는 것이 눈에 보이지 않는 미래에 마음을 쏟는 것보다 더 낫다.'는 생각이 불쑥 그 마음에 찾아 들어왔을 지도 모릅니다. 그러나 영이 육체를 이겼습니다. "진실하여 허물없이 그리스도의 날까지 이르기 위하여"(빌 1:10) 선한 것을 분별할 수 있게 해 주십사고 기도할 필요가 우리에게 얼마나 많습니까!

주의 깊게 주목할 것이 있습니다. 모세는 히브리 사람들과 함께 고난 받는 길을 선택하였는데, 그것은 그 사람들이 자기의 백성이라서 한 일이 아니었습니다. 오직 하나님의 백성들이기 때문에 그렇게 하였습니다. 이에 대하여 아돌프 사피어(Adolph Saphir)는 이렇게 말하였습니다.

"모세가 택한 대상은 하나님이셨다. 자기의 조상들을 택하신 하나님, 은혜와 진리를 계시하신 하나님, 두려움 없이 내 앞에서 행하라고 명령하셨던 하나님, 그들의 하나님이라 부르심 받기를 부끄러워하지 않으셨던 하나님, 그 하나님께 모세는 어릴 때에 이미 드려졌던 것이다."

"도리어 하나님의 백성과 함께 고난 받기를." "하나님의 백성과 함께 하는 것"은 필연적으로 "고난"이 수반함을 주목하십시오. 그렇습니다. 하나님께서는 "하나님 나라에 들어가려면 많은 환란을 겪어야 한다."(행 14:22)고 말씀하셨습니다. 그리고 "무릇 그리스도 예수 안에서 경건하게 살고자 하는 자는 박해를 받으리라."(딤후 3:12) 선언하십니다. 그러나 어째서 그러해야 하는가? 어째서 하나님께서 당신이 크게 사랑하는 사람들이 이 세상을 살아갈 때 좀 더 부드럽고 즐거운 길로 갈 것이라 약속하지 않으셨는가? 위의 질문에 주어질 수 있는 많은 답변들 가운데 한두 가지를 함께 숙고해 봅시다.

지상에 있는 하나님의 백성들의 보편적인 상태는 어렵고 많은 박해와 대적의 반대를 받는 상태입니다. 그렇게 하신 하나님의 의도는 무엇입니까? 첫째로, 그들로 하여금 신령한 일에 열심 내도록 하기 위함입니다. 하나님께서는 말씀 속에서 이렇게 이르십니다. "이곳이 너희의 쉴 곳이 아니니."(미 2:10). 그럼에도 불구하고 우리는 여기에 안주하려는 성향을 가지고 있습니다. 하나님께서는 거듭해서 우리에게 깨어 기도하고, 언제나 삼가 정신을 차리고 살라고 명하십니다. 뿐만 아니라 하나님께서는 우리의 둔한 귀에 당신의 권면의 말씀을 자주 들려주십니다. '지혜로운 처녀들'은 '어리석은 처녀들'과 똑같이 곤하여 잠에 곯아 떨어졌습니다. 그 지혜로운 처녀들은 '깨어 일어날' 필요가 있었습니다. 왜냐하면 등을 들고 신랑을 맞으러 나간 처녀의 비유의 말씀에서 발견되는 경고의 말씀을 주목하기 위해서는 깨어 있어야 하기 때문입니다. "또한 너희가 이 시기를 알거니와 자다가 깰 때가 벌써 되었으니 이는 이제 우리의 구원이 처음 믿을 때보다 가까웠음이라."(롬 13:11) "그러므로 이르시기를 잠자는 자여 깨어서 죽은 자들 가운데서 일어나라 그리스도께서 너에게 비추이시리라 하셨느니라."(엡 5:14) 하나님께서는 원수들을 사용하시어 우리를 일깨우십니다.

둘째로, 하나님께서는 우리로 세상에 기울어지지 못하게 하십니다. 우리 속에는 세상을 여전히 사랑하는 것이 들어 있기 때문에 자비하신 하나님께서는 원수들을 부추겨 우리를 미워하게 하십니다.

셋째로, 우리로 좀 더 그리스도의 형상을 본받게 하시려고 그리하시는 것입니다. 머리되신 그리스도께서는 당신을 거스르는 죄인들의 거역을 참아내셨습니다. 당신의 몸으로 친히 '고난'에 참예하셨습니다.

"잠시 죄악의 낙을 누리는 것보다 더 좋아하고." "죄악의 낙(樂)"은 바로의 궁전에서 누리는 부요함과 존귀함을 가리킵니다. 모세는 하나님과 그 백성들에 대한 신실함을 버리지 않고는 더 이상 그것을 누릴 수 없게 되었습니다. 그 궁전에서 계속 살아가면 여호와를 멸시하고, 아브라함의 후손과 맺은 하나님의 언약을 무시하는 것이 됩니다. 그렇게 된다면 그 백성을 구원하는 일보다 자신의 출세나 안일을 더 좋아하는 격이 될 것입니다. 그러면 자신을 세상적인 사람으로 보이게 만드는 것이고, 이 세상에서 나그네나 순례자로 살아가는 사람으로 보이지 않을 것입니다. 그렇게 되면 히브리 사람들을 잔인하게 취급하는 바로의 처사에 함께 동참하는 더 악한 일을 행하는 셈이 되었을 것입니다. 그 일은 또한 자기 마음에 자극을 주시는 성령님의 감동을 거역함으로 '죄'가 되는 것입니다. 이 점은 그 자체는 죄가 되지 않는 일도 때에 맞지 않게 즐기는 것도 죄가 됨을 우리에게 보여줍니다. 모든 것은 '때를 따라야' 아름답습니다. "울 때가 있으며 웃을 때가 있으며."(전 3:4)

우리가 방금 위에서 증명한 원리는 대단히 중요한 실제적인 것입니다. 물질을 무절제하게 사용하면 덫이 됩니다. 하나님께서 우리로 하여금 이 세상에 속한 것들을 '사용하게' 허락하셨습니다. 그러나 그것들을 '남용(濫用)하지 못하게' 하십니다. "세상 물건을 쓰는 자들은 다 쓰지 못하는 자 같이 하라 이 세상의 외형은 지나감이니라."(고전 7:31) 세상에서 누리는 잠시적인 복락들도 마땅한 본분을 감당하는 일을 저해하면 저주가 됩니다. 성도와의 교제를 방해하는 모든 관계들을 단호하게 거부해야 합니다. 우리 형제가 '고난'을 받고 있어 도움의 손길이 필요하다면, 개인적으로 누리는 평안과 안일을 삼가야 합니다. 안타까운 일은 그리스도인이라 자처하는 많은 이들이 생활 속에서 사치를 계속 누리는 것을 하나님은 아십니다. 수천의 사람들이 생활에 필요한 기본적인 것들마저 없는 데도 말입니다.

참된 경건에서 우리를 끊어내는 모든 것이 '죄악의 낙(즐거움)'이라는 말 속에 내포되어 있습니다. 이 세상에 사는 날 동안 필요한 긍휼을 주실 때에 하나님께 감사함으로 누려야 합니다. 그러나 그리스도께서 우리에게 남기신 본을 참되게 따른다는 언약을 돕는 한도 내에서만 그리해야 합니다. 그러나 많은 사람들이 영적인 일보다 육체에 속한 일속에서 자기 행복을 추구하고 있습니다. "가산이 적어도 여호와를 경외하는 것이 크게 부하고 번뇌하는 것보다 나으니라."(잠 15:16) 그러나 그것을 믿는 사람들이 얼마나 적습니까! 사랑하는 독자들이여, '죄악의 낙'이 '잠시' 뿐임을 주목하십시오. 정말 그 죄악의 낙은 짧은 기간에 끝납니다. 그 죄악의 낙을 누리는 사람은 신속한 회개로 끝을 내든지, 아니면 신속한 파멸로 끝을 내든지 둘 중 하나를 택해야 합니다. 시편 16:11에서 그 둘을 얼마나 복되게 대조합니까! "주께서 생명의 길을 내게 보이시리니 주의 앞에는 충만한 기쁨이 있고 주의 오른쪽에는 영원한 즐거움이 있나이다." 내 마음이 바로 그러한 즐거움을 주목하고 있습니까? 그렇다면 매일 그리로 인도하는 '오직 유일한 길'로만 행하는 것을 최고의 관심거리로 삼아야 합니다.

히브리서 11:26
"그리스도를 위하여 받는 수모를
애굽의 모든 보화보다 더 큰 재물로 여겼으니
이는 상 주심을 바라봄이라."

이 대목에서 성령께서는 세상을 경멸하는 모세의 세 경우를 언급하십니다. 첫째로 모세는 세상의 존귀를 경멸했습니다(24절). 둘째로 세상의 즐거움을 경멸했습니다(25절). 이제 셋째로 모세는 세상의 부요(富饒)를 경멸하였다고 성령께서 말씀하십니다(26절).

이 구절에 쓰인 세 동사(動詞)를 통해서 드러나는 바와 같이, 모세의 결심이 점점 더 강화되어 갔음을 주목해야 합니다. 첫째로, 그는 '거절했습니다.' 더 이상 애굽 공주의 양자(養子)로 여겨지기를 원치 않았습니다. 둘째로, 그는 '더 좋아하였습니다.' 다시 말하면 멸시받고 고난 받는 하나님의 백성들 중에 거하며 그들과 똑같은 취급을 받는 편을 일부러 택하였다는 말입니다. 셋째로, 그는 '귀하게 여겼습니다.' 앞의 선택으로 인하여 자기에게 주어질 '수욕'을 자기가 포기하고 기각시켜 버린 그것보다 훨씬 더 귀한 것으로 평가했습니다. 11절에서 같은 헬라어가 '판단하였음이라(judged)[21]'로 번역되었습니다. 다시 말하면 모세는 성급하게 결론을 내린 것이 아니었다는 말입니다. 마음과 생각으로 깊이 숙고한 다음에 결론을 내렸음을 그 동사는 보여줍니다. 또 다른 경우가 여기 세 동사와 마가복음 4:28의 말씀을 서로 대조하게 합니다. "처음에는 싹이요, 다음에는 이삭이요, 그 다음에는 이삭에 충실한 곡식이라."

여기 26절은 24절과 25절에서 말한 것을 확대시켜 설명합니다. 그리고 26절은 모세의 선택이 지성적인 것이었음과, 그 선택을 촉구했던 영적 상태의 열정을 선포해 줍니다. 그가 내린 결심은 억지로 마지못해 내린 것이 아니었습니다. 기쁨에 차서 기꺼운 마음으로 한 것입니다. 히브리 사람들과 함께 하는 것은 반드시 겪어야 하는 마땅한 도리였습니다. 그러니 그는 '악한 일로 최선으로 만들어야' 했습니다. 그런데 그는 어려운 역경의 과정을 참고 견뎌내야 하는 것을 아는 정도에서 그친 것이 아니었습니다. 오히려 그는 기쁘게 그것을 더 좋게 여겼습니다. 그는 애굽에서 얻을 수 있는 모든 것보다 그리스도가 자기에게 더 무한하게 의미 있음을 알았던 것입니다. 독자여, 자신을 부인하고 십자가를 지는 것이 마지못해 하는 것인지, 아니면 "그리스도의 사랑이 우리를 강권함으로"(고후 5:14) 행하는 일인지요? 우리도 우리의 분량을 따라 사도처럼 "그러므로 내가 그리스도를 위하여 약한 것들과 능욕과 궁핍과 박해와 곤고를 기뻐하노니."(고후 12:10) 라고 말할 수 있습니까?

"그리스도를 위하여 받는 수모를." 여기서 "그리스도를 위하여 받는 수모[22]"는 무엇을 뜻합니까? 그리스도께서는 모세가 이러한 일을 당하고 나서 십 수세기 후에 태어나셨습니다. 그러나 아버지께서 창세전에 당신 그리스도

---

21) 우리말 개정개역이나 개역한글에서는 '알았음이라.'로 번역되었다. - 역자 주
22) KJV의 역문은 'reproach of Christ(그리스도의 수모)'로 되어 있다. - 역자 주

께 주신 자들, 즉 아벨 이후의 모든 하나님의 백성들을 다 알고 계셨습니다. "너희 조상 아브라함은 나의 때 볼 것을 즐거워하다가 보고 기뻐하였느니라."(요 8:56) 그리스도께서는 동정녀에게서 나시기 전부터 계셨습니다. 우리는 성경에서 광야에서 "그리스도를 시험한" 이스라엘에 대해서 읽습니다. "그들 가운데 어떤 사람들이 주를 시험하다가 뱀에게 멸망하였나니 우리는 그들과 같이 시험하지 말자."(고전 10:9) 그리스도께서는 처음부터 교회의 머리셨습니다. 그 자신의 인격을 통해서 당신의 백성들을 인도하셨고, 그들 중에 계셨고, "언약의 천사(사자)"라는 이름으로 그들 가운데 함께 계셨습니다.

여기에 관심을 가지는 독자는 출애굽기 23:20-22의 용어들을 자세히 숙고해 보십시오. "내가 사자를 네 앞서 보내어 길에서 너를 보호하여 너를 내가 예비한 곳에 이르게 하리니 너희는 삼가 그의 목소리를 청종하고 그를 노엽게 하지 말라 그가 너희의 허물을 용서하지 아니할 것은 내 이름이 그에게 있음이니라 네가 그의 목소리를 잘 청종하고 내 모든 말대로 행하면 내가 네 원수에게 원수가 되고 네 대적에게 대적이 될지라." 이 말씀에서 지음 받은 천사는 하나도 보이지 않음을 분명하게 발견할 것입니다. 그래서 백성들이 어떠한 고난을 받는다 해도 그것은 "그리스도의 수모"입니다. 그리스도께서는 자기 백성을 보호하십니다. 그리스도와 그 백성 사이에는 교통이 있었습니다. 지금 그리스도와 그 백성 사이에 존재하는 연합과 교통만큼 사실적이고 친밀한 교통이 그 당시에도 있었습니다. 다음의 몇 구절의 말씀을 숙고해 보십시오. "그들의 모든 환난에 동참하사 자기 앞의 사자로 하여금 그들을 구원하시며 그의 사랑과 그의 자비로 그들을 구원하시고 옛적 모든 날에 그들을 드시며 안으셨으나."(사 63:9) "만군의 여호와께서 이같이 말씀하시되 영광을 위하여 나를 너희를 노략한 여러 나라로 보내셨나니 너희를 범하는 자는 그의 눈동자를 범하는 것이라."(슥 2:8) "땅에 엎드려져 들으매 소리가 있어 이르시되 사울아 사울아 네가 어찌하여 나를 박해하느냐 하시거늘."(행 9:4) "그 때에 임금이 그 오른편에 있는 자들에게 이르시되 내 아버지께 복 받을 자들이여 나아와 창세로부터 너희를 위하여 예비된 나라를 상속받으 라."(마 25:34) 백성의 수욕이 바로 그리스도 자신의 수욕이라는 분명한 증거 를 우리는 위의 말씀들에서 얻게 됩니다.

"그리스도로 인하여 받는 수모(그리스도의 수모)." 첫째, 이 표현은 그리스도 께서 친히 그 백성과 함께 되심을 전제합니다. 둘째, 그리스도를 '신비롭게' 가리키는 표현인데, 그리스도께서는 당신의 구속받은 백성들과 낮아지심과 박해에서 하나가 되십니다. 이에 대하여 존 오웬(John Owen)은 이렇게 말하 였습니다.

"그리스도와 교회는 처음부터 신비로운 한 몸으로 전제되었다. 그래서 한 쪽에서 무슨 일을 겪고 당하든지 다른 쪽에서 역시 똑같은 것을 겪고 당한다 고 간주된다."

결혼하면 아내는 남편의 이름과 신분을 함께 취합니다. 그 둘이 '한 몸' 을 이루기 때문입니다. 같은 방식으로 교회는 그리스도와 연합하고 교통 하며, 그 둘 사이에 닮고 서로 같은 심정을 공유합니다. 그래서 고린도전서 12:12에서 교회를 가리켜 '그리스도'라 하였습니다. "몸은 하나인데 많은 지 체가 있고 몸의 지체가 많으나 한 몸임과 같이 그리스도도 그러하니라."(고 전 12:13) "이 약속들은 아브라함과 그 자손에게 말씀하신 것인데 여럿을 가 리켜 그 자손들이라 하지 아니하시고 오직 한 사람을 가리켜 네 자손이라 하 셨으니 곧 그리스도라."(갈 3:16)

현대의 세대주의자들(dispenastionalists)이 그릇되게 선언하듯이 이 복된 비밀이 구약 백성에게는 숨겨졌을까요? 예레미야 23:6과 33:16을 자세히 비교하면 그 점에 대해 매우 명백하게 알 수 있습니다. "그의 날에 유다는 구원을 받겠고 이스라엘은 평안히 살 것이며 그의 이름은 여호와 우리의 공의라 일컬음을 받으리라."(렘 23:6) "그 날에 유다가 구원을 받겠고 예루살렘이 안전히 살 것이며 이 성은 여호와는 우리의 의라는 이름을 얻으리라."(렘 33:16) 모세는 히브리 사람들을 가리켜 "이들은 내 백성이라."는 말씀을 들었습니다. 그들 가운데 "은혜로 택하심을 따라 남은 자들"이 그리스도와 함께할 후사가 되도록 하나님께서 뜻을 정하셨음을 알았습니다. 또한 모세는 이미 들은 말씀을 믿었고, 그래서 자원하여 기쁜 마음으로 그들과 함께 되기를 결심한 것입니다.

그리스도의 신비로운 몸으로서의 교회가 여기 히브리서 11:26에 나타난 것입니다. 머리와 그 지체는 서로 떼어내려고 해도 뗄 수가 없습니다. 물론 그것들을 구별하여 살펴볼 수는 있습니다. 여기에서 '그리스도의 신비로운 몸인 교회가 나타난다.'는 것은 앞에서 살핀 여러 소절들을 주의 깊게 비교해 보면 분명해집니다. 25절과 26절은 분명한 병행 구절로서 서로를 설명해 주고 있습니다. 25절에서는 "모세는 하나님의 백성과 함께 고난 받기를 잠시 죄악의 낙을 누리는 것보다 더 좋아했다."고 하였습니다. 그래서 삼중적인 병행구가 형성된 것입니다. 26절의 "수모"는 25절의 "고난"과 부합하여, 둘 다 서로를 해석하여 줍니다. 그리고 26절의 "그리스도"는 25절의 "하나님의 백성들"에 부응하며, 그 하나님의 백성들로 말미암아 그리스도가 규정됩니다. "애굽의 보화"는 "잠시 죄악의 낙을 누리는 것"과 서로 균형을 이루며, 또 그것을 설명해 줍니다.

"이는 상 주심을 바라봄이라." 이것이 바로 모세의 믿음을 강화시키고 지탱하였던 것입니다. 모세의 마음이 영원한 상급에 고착되어 있지 않았으면, 그 애굽 궁정의 존귀와 안일을 결코 포기하지 않았을 것입니다. 믿음은 양심의 평안이란 은행에 예금된 돈을 찾으러 갈 때의 만족감보다 더 나음을 압니다. 하나님과 교통하는 것이 이 세상의 왕궁이 주는 총애보다 무한하게 더 좋은 것임을 모세는 알았습니다. 모세는 자기가 선택한 일로 인하여 손실이 조금도 나지 않음을 알았습니다. "그리스도를 위하여" 버린 것은 그 어떤 것이라도 상실이 아님을 믿음은 압니다. - 그런 모세의 이름이 애굽의 장부에서 제거되었지만, 대신 없어지지 않는 성경의 지면 속에 탁월한 위치를 차지하게 되었습니다. 우리는 여기서 세상적인 사람들과 성도들 사이의 광대한 차이를 주목해야 합니다. 세상에 속한 사람들은 눈에 보이는 것으로 사물(事物)을 평가합니다. 그러나 성도들은 믿음으로 평가합니다. 세상 사람들은 부패한 이성과 육신적인 감각으로 채색된 유리로 보지만, 성도들은 하나님 말씀의 빛을 통하여 봅니다. 그래서 그 양편은 서로를 의아하게 생각합니다. 세상 사람들은 전정한 그리스도인을 '미쳤다'고 생각합니다. 그리스도인들은 가련한 사람들이 '영적으로 얼마나 얼빠져 있는지'를 압니다. 모세의 마음은 자기가 포기했던 그 멸망에 속한 것들에 기울어져 있지 않았습니다. 오히려 더 복된 것에 기울어져 있었습니다.

"이는 상 주심을 바라봄이라." 여기 "바라봄이라"의 헬라어는 두 낱말의 합성동사입니다. 그 동사는 이것을 보다가 또 다른 것을 보는 동작을 가리킵니다. 모세는 시간 속에 속한 것을 보다가 영원한 세계에 속한 것을 보았습니다. "믿음은 바라는 것들의 실상이요 보지 못하는 것들의 증거니." "우리가 잠시 받는 환난의 경한 것이 지극히 크고 영원한 영광의 중한 것을 우리에게 이루게 함이니."(고후4:17) 이것이 바로 믿음의 위대한 풍부(豊富) 가운데 하나입니다. 이 죄악의 장막을 떠난 후에 우리가 영원히 거하게 될 영생의 약속을 믿음을 가지고 자주 생각해 보십시오. 그 영생의 약속이 뒤에 남아 있습니다.

믿음은 "얻으려 하는 것"이 "잃는 것"임을 지각합니다. "누구든지 제 목숨을 구원하고자 하면 잃을 것이요 누구든지 나를 위하여 제 목숨을 잃으면 찾으리라."(마 16:25) 그리고 현재 자신을 부인하는 것은 장차 얻을 풍부로 말미암아 존귀를 얻게 될 것입니다. 만일 우리가 지금 그리스도와 함께 고난을 받으면 "함께 영광을 받게 될 것을" 압니다. "자녀이면 또한 상속자 곧 하나님의 상속자요 그리스도와 함께 한 상속자니 우리가 그와 함께 영광을 받기 위하여 고난도 함께 받아야 할 것이니라."(롬 8:17)

"그리스도를 위하여 받는 수모를 애굽의 모든 보화보다 더 큰 재물로 여겼으니 이는 상 주심을 바라봄이라." 이 말씀은 하나님이나 자기의 영원한 복락에 관해서 아무 관심을 두지 않은 채 덧없는 이 세상을 탐욕스럽게 추구하느라 자기 삶을 허비하는 수많은 사람들의 실상을 얼마나 적확하게 드러내고 있습니까! 그들은 마지막 숨을 거두려 할 때에 그리스도께 자기를 요청하면 된다고 생각합니다. 그런 사람들은 영생이 하나의 '상급'이라는 사실을 알지 못하므로 기만을 당합니다. "우리가 원수의 손에서 건지심을 받고 종신토록 주의 앞에서 성결과 의로 두려움이 없이 섬기게 하리라 하셨도다."(눅 1:74,75) 우리는 이 세상의 삶 속에서 경건하게 살고자 하는 수고를 해야 합니다.

"그리스도를 위하여 받는 수모를 애굽의 모든 보화보다 더 큰 재물로 여겼으니 이는 상 주심을 바라봄이라." 모세가 하나님의 "상(賞) 주심"을 "더 큰 재물로" 평가하였습니다. 하나님의 백성들과 함께하시는 임재의 영광이 완전 충만하게 백성들에게 주어지는 것을 가리켜 '상 주심'이라 표현한 것입니다. "이 후에 여호와의 말씀이 환상 중에 아브람에게 임하여 이르시되 아브람아 두려워하지 말라 나는 네 방패요 너의 지극히 큰 상급이니라."(창 15:1) 또한 모세가 바란 것은 하나님께서 주시는 영원한 영광의 위대하고 최종적인 상급입니다. 그 상은 하나님의 백성이 받는 것인데 그들의 고난에 대한 상급으로 주어지는 것입니다. 구약의 백성이 오늘 우리가 상상하는 것 이상으로 구속받는 백성의 장래 상태에 대한 분명한 이해를 가지고 있음을 증거하는 신약의 구절이 바로 이 히브리서 11:26입니다. 선행에 대한 상급을 알아보려면 히브리서 6:9를 들어 보십시오. "사랑하는 자들아 우리가 이같이 말하나 너희에게는 이보다 더 좋은 것 곧 구원에 속한 것이 있음을 확신하노라." 인내에 대한 상급에 대하여는 6:12를 들어 보세요. "게으르지 아니하고 믿음과 오래 참음으로 말미암아 약속들을 기업으로 받는 자들을 본받는 자 되게 하려는 것이니라." 고난에 대한 상급에 대하여는 10:34를 들어 보세요. "너희가 갇힌 자를 동정하고 너희 소유를 빼앗기는 것도 기쁘게 당한 것은 더 낫고 영구한 소유가 있는 줄 앎이라."

그러하다고 상을 받으라 부르시는 하나님의 부르심은 인간 편에서 어떤 받을 만한 가치가 있음을 의미하는 것은 결코 아닙니다. 오히려 하나님의 풍성한 자비하심을 나타내는 것입니다. 하나님께서 그리스도를 위해서 한 일이나 견뎌낸 일을 상(賞)을 주지 않으시고 그냥 지나치시는 적이 없을 것입니다. 순종을 격려하시는 것을 '상'으로 부르기도 합니다. "또 주의 종이 이것으로 경고를 받고 이것을 지킴으로 상이 크니이다."(시 19:11) 우리의 마음을 부추기는 것도 '상'이라고 부릅니다(마 5:12). '은사(恩賜)'를 상으로 부르기도 함을 골로새서 3:24에서 명백하게 알 수 있습니다. "이는 기업의 상을 주께 받을 줄 아나니 너희는 주 그리스도를 섬기느니라." 하나님께서 자기 백성들

안에서, 또한 그 백성들을 통해서 성령의 역사를 주도하시기 때문에 그것을 '상'으로 부르기도 합니다. 영원한 영광이 '상'이니 현재의 고난을 참아냅시다. "생각하건대 현재의 고난은 장차 우리에게 나타날 영광과 비교할 수 없도다."(롬 8:18) 여기 이 지상에서 하나님을 섬기면서 하나님의 상급을 바라보는 것은 합당한 일입니다. 물론 그것을 주요하고 오직 유일한 동기로 삼지는 말아야 합니다(만일 그렇게 되면 우리의 믿음은 이기적인 종교가 될 것입니다). 그러나 상을 믿음으로 바라보는 것으로서는 합당한 일입니다(빌 3:8-14).

"상은 '하나님께서 믿음과 순종을 격려하시려고' 대가 없이 베풀어 주시는 은혜이다. 믿음과 순종의 공로로 베풀어지는 것이 아니라 주권적인 풍성을 통하여 그러한 믿음과 순종을 격려하실 양으로 베풀어 주시는 은혜임에 분명하다."(John Owen)

73강

모세의
믿음 III

11:26 그리스도를 위하여 받는 수모를 애굽의 모든 보화보다 더 큰 재물로 여겼으니 이는 상
주심을 바라봄이라 11:27 믿음으로 애굽을 떠나 왕의 노함을 무서워하지 아니하고 곧 보이
지 아니하는 자를 보는 것 같이 하여 참았으며

히브리서 11:24-26에 대한 두 번에 걸친 강론에서, 우리는 세상의 존귀와 부요와 즐거움을 능가하는 믿음의 능력에 대한 두드러진 표본을 보았습니다. 이제 우리는 '세상의 유혹'을 극복하고 승리하는 믿음의 능력을 본문을 통하여 살펴보려고 합니다. 믿음은 감각적인 기쁨을 뛰어넘도록 마음을 고양시킬 뿐 아니라, 사람을 두려워하는 데서도 마음을 건져냅니다. 믿음과 두려움은 정반대입니다. 그러나 이상하게 들릴지 모르나 믿음과 두려움이 한 사람의 가슴 속에 함께 공존할 때가 흔합니다. 그러나 믿음이 지배적인 곳에서는 두려움이 활동하지 못합니다. 그리스도인은 부단하게 "하나님은 나의 구원이시라 내가 의뢰하고 두려움이 없으리니."(사 12:2)라는 자세를 취해야 합니다. 그러나 안타깝게도 마땅히 그래야 한다는 것과, 현실적으로 우리가 흔히 빠져드는 실상 사이에 엄청난 차이가 있습니다. 그럼에도 불구하고 믿음의 은혜가 역사하고 있을 때에 믿음은 이렇게 말합니다. "내가 두려워하는 날에는 주를 의지하리이다."(시 56:3) 모세도 그러하였습니다.

그래서 성령께서는 모세의 믿음의 용기를 여기서 추천하시는 것입니다.

우리가 이제 숙고하려는 것은 모세의 믿음의 역사 속에서 특별하게 주도적으로 나타나는 특징입니다. 그것은 바로 모세의 믿음이 가진 '인내'입니다. 우리는 지난 강론에서 우리의 영웅인 모세가 '장성하였을 때' 그가 거머쥘 수 있는 두 번의 기회를 주목해 보았습니다.

그로부터 40년의 기간이 지나갔습니다. 그는 그 기간에 여러 체험을 하였고 지독한 시련을 겪어냈습니다. 그러나 80세가 된 지금에도 그 안에 믿음이 여전히 역사하고 있는 것입니다. 그 영적인 은혜가 그로 하여금 애굽의 궁전에서 물러나게 했으며, 그 애굽의 존귀와 부요를 누릴 수 있는 자리를 포기하게 했습니다. 그 은혜가 하나님의 멸시받는 백성과 함께 거하게 하였습니다. 그런데 이제 그는 믿음으로 왕의 진노를 참아내고 있습니다.

하나님께서 주신 믿음은 시험을 저항할 뿐 아니라 시련을 참아내고, 가장 극심한 위험 앞에서도 결코 움츠려 들지 않습니다. 믿음은 성령님의 이슬방울을 머금고 잘 자라나지만, 사탄의 무서운 불의 공격 속에서도 살아남습니다. 참된 믿음은 사람들의 미소를 구하지 않을 뿐 아니라 사람들의 불쾌를 두려워하지도 않습니다. 여기에서 우리는 하나님의 자녀들로 자처하는 수천의 사람들이 가진 '본성적인 믿음(natural faith)'[23]이 하나님께서 주신 믿음과 근본적으로 얼마나 다른지를 보게 됩니다. 어제 한 친구로부터 한 통의 편지를 받았습니다. 그 내용은 이러하였습니다. "나는 그리스도인이라고 스스로 말하는 사람들을 알고 있습니다. 그들은 자기들의 일자리를 잃어도 문제가 없다고 자랑했습니다. 왜냐하면 자기들에게 필요한 모든 것이 공급될 것을

---

23) 여기서 필자는 이 표현으로 '거듭나지 못하고 자기의 종교적 본성의 성향을 따라 행하는 믿음'을 말하는데, 그런 '믿음'은 구원 얻을 만한 믿음이 아니다. - 역자 주

자기들은 알고 있기 때문이라는 식입니다. 그런데 그들이 막상 일자리를 잃어버리고 나서는 확신은커녕 이 세상에서 앞으로 어떻게 살아나갈지 몰라 당황하고 있습니다." 우리 주님의 비유의 말씀 중에 돌밭과 같은 마음이 그러합니다. "돌밭에 뿌려졌다는 것은 말씀을 듣고 즉시 기쁨으로 받되 그 속에 뿌리가 없어 잠시 견디다가 말씀으로 말미암아 환난이나 박해가 일어날 때에는 곧 넘어지는 자요."(마 13:2,21) 그러나 모세는 그렇게 하지 않았습니다.

히브리서 11:27
"믿음으로 애굽을 떠나 왕의 노함을 무서워하지 아니하고
곧 보이지 아니하는 자를 보는 것 같이 하여 참았으며."

모세가 애굽을 떠난 경우가 두 번 있었습니다. 히브리서 기자가 여기서 그 둘 중에 어떤 경우를 여기에서 말하는지에 대하여 주석가들마다 의견이 분분합니다. 우리 입장에서는 의심할 여지가 없다고 생각합니다. 성령께서 여기서 첫 번째 경우를 지시할 리가 없다는 생각입니다. 첫 번째 경우를 가리키는 대목을 들어 보십시오. "그가 이르되 누가 너를 우리를 다스리는 자와 재판관으로 삼았느냐 네가 애굽 사람을 죽인 것처럼 나도 죽이려느냐 모세가 두려워하여 이르되 일이 탄로되었도다 바로가 이 일을 듣고 모세를 죽이고자 하여 찾는지라 모세가 바로의 낯을 피하여 미디안 땅에 머물며 하루는 우물 곁에 앉았더라."(출 2:14,15) 거기서 모세는 범죄자로 도망쳤던 것입니다. 그러나 여기서는 하나님의 백성들을 지휘하는 영도자(領導者)로 나선 것입니다! 그때는 두려움으로 애굽을 떠났지만 이제는 '믿음으로' 나선 것입니다.

그러나 어떤 이들이 이에 대하여 이의를 제기합니다. 여기서 모세가 애굽을 떠난 일이 유월절을 지키고 피 뿌림을 얻는 일 이전에 언급된다는 사실에서

난제를 찾아냅니다. 바로 다음 구절인 28절에서 "믿음으로 유월절과 피뿌리는 예를 정하였으니…"라고 말하는데, 그 일보다 먼저 모세가 애굽을 떠난 일을 언급하고 있다는 식입니다. 그러나 그런 식의 발상은 근거가 전혀 없는 것입니다. 우리가 다루는 27절의 본문을 모세의 전반적인 행실을 가리키는 것으로 보지 않고 단 한 사건에만 국한시켜 괜한 난제를 스스로 만들어 내고 있을 뿐입니다. 여기서 그가 '애굽을 떠난 일'을 표현한 것이 애굽에서 계속 머물기를 싫어하여 거기를 떠날 확고한 결심을 견지하였음을 지적하기 위한 것입니다. 그러므로 "임금의 노함을 무서워하지 않았다."는 표현을 애굽을 벗어난 직후의 그의 마음의 상태만을 나타내는 것으로 생각하지 말아야 합니다. 도리어 바로와 만날 때마다 내내 그가 가졌던 결심과 용기를 말하는 것으로 이해해야 합니다. 여기서 우리는 모세의 믿음의 '견고함(stability)'을 다시 한 번 인식하게 됩니다. 그것으로 모세는 정말 맹렬한 호된 시련을 참아냈으며, 끝까지 견고한 자세를 지속시켰던 것입니다. 그래서 그는 "너희는 말세에 나타내기로 예비하신 구원을 얻기 위하여 믿음으로 말미암아 하나님의 능력으로 보호하심을"(벧전 1:5) 받는 사람의 복된 전형(典型)을 보여 주었습니다.

모세가 겪은 체험들과, 그 믿음이 만난 여러 시금석들은 결코 보통의 것들이 아니었습니다. 먼저 그는 바로 앞에 가서 하나님의 명을 그대로 전하였습니다. "이스라엘 하나님 여호와의 말씀에 내 백성을 보내라 그들이 광야에서 내 앞에 절기를 지킬 것이니라."(출 5:1) 40년 동안 모세가 미디안에서 목자 생활을 한 사실을 신중하게 생각해 봅시다. 거기서는 그를 지키는 군대가 없었습니다. 애굽의 바로의 궁전에는 그의 요청을 후원할 사람이 하나도 없었습니다. 그런데도 그는 그 당시 지상에서 가장 큰 제국을 통치하고 있었던 그 콧대 높은 군왕에게 이 요구를 해야 했습니다. 그는 호의어린 대접을 받지 못했습니다. 오히려 "바로가 이르되 여호와가 누구이기에 내가 그의 목소리를 듣고 이스라엘을 보내겠느냐 나는 여호와를 알지 못하니 이스라엘을 보내지 아니하리라."(출 5:2) 우상을 섬기는 왕은 모세의 요청을 정면으로 거절하였을 뿐 아니라 이렇게 말하였습니다. "모세와 아론아 너희가 어찌하여 백성의 노역(勞役)을 쉬게 하려느냐 가서 너희의 노역이나 하라… 너희는 백성에게 다시는 벽돌에 쓸 짚을 전과 같이 주지 말고 그들이 가서 스스로 짚을 줍게 하라."(출 5:4,7) 그러한 처지에서 아무리 가장 용감한 마음을 가진 사람일지라도 흔들릴 수 있습니다. 그러한 고통에 이스라엘 사람들이 책임을 모세에게 돌리며 원망하였습니다. "너희가 우리를 바로의 눈과 그의 신하의 눈에 미운 것이 되게 하고 그들의 손에 칼을 주어 우리를 죽이게 하는도다."(출 5:21) 아, 믿음은 시험해 보아야 합니다. 믿음은 사람들로부터 어떠한 격려와 도움을 받을 것을 기대하지 말아야 합니다. 그리고 우리 형제들로부터도 그렇게 받으리라는 것을 생각지 말아야 합니다. 믿음은 하나님의 능력으로 홀로 서야 합니다.

그 후 모세는 바로와 다시 만나 이야기하라는 명령을 하나님께로부터 받습니다. 하나님께서는 모세에게 내가 바로의 마음을 "완악하게 하겠다."는 말씀을 듣습니다. 그러면서 바로에게 다음과 같이 이르라고 명령하십니다. "그에게 이르기를 히브리 사람의 하나님 여호와께서 나를 왕에게 보내어 이르시되 내 백성을 보내라 그러면 그들이 광야에서 나를 섬길 것이니라 하였으나 이제까지 네가 듣지 아니하도다 여호와가 이같이 이르노니 네가 이로 말미암아 나를 여호와인 줄 알리라 볼지어다 내가 내 손의 지팡이로 나일 강을 치면 그것이 피로 변하고 나일 강의 고기가 죽고 그 물에서는 악취가 나리니 애굽 사람들이 그 강 물 마시기를 싫어하리라 하라."(출 7:16-18) 행복의 비결을 알고 있는 우리가 이 시련의 혹독성을 '낮게 평가'하기가 쉽습니다.

그 장면을 생생하게 그려보도록 하십시오. '노예'의 부류에 들어 있는 무의미한 한 히브리 사람이 여기에 있습니다. 그 히브리 노예들을 지원하기 위해서 준비된 강력한 '동맹군'이 하나도 없습니다. 반면에 애굽의 군주는 강력하였습니다. 그는 인간적으로 말해서 자기 신하에게 말 한 마디만 하면 모세를 잡아 매우 치고 고문하여 죽일 수도 있었습니다. 그럼에도 불구하고 모세는 "임금의 노함을 무서워하지" 않았습니다.

우리는 지금 모세가 바로와 겨룬 그 위대한 경주의 모든 단계들을 다 추론하여 생각할 수는 없습니다. 다만 마지막 장면으로 나아가 볼 뿐입니다. 열 가지 재앙이 있은 후 바로는 모세에게 한 가지 타협안을 제시합니다. 그러나 모세는 그것을 거절하였습니다. 그러자 바로는 이렇게 말합니다. "너는 나를 떠나가고 스스로 삼가 다시 내 얼굴을 보지 말라 네가 내 얼굴을 보는 날에는 죽으리라."(출 10:28) 그러나 모세는 "임금의 노함을 무서워하지" 않았습니다. 그리고 담대하게 마지막 재앙을 선언합니다. 그뿐 아니라 바로의 종들이 모세 자기에게 절하게 될 것을 선언합니다(출 11:4-8). 존 오웬(John Owen)은 이 대목을 주해하면서 이렇게 지적하였습니다.

"그는 피에 굶주린 군주 앞에 서 있었다. 애굽의 모든 권력을 쥐고 있는 그 왕은 모세에게 위협하며 죽이겠다고 하였다. 모세가 하나님께서 모세에게 명령하신 그 일과 의무를 계속 고집한다면 죽이겠다 하였다. 그러나 모세는 두려워하거나 자기가 해야 할 일을 조금이라도 약화시키기는커녕 결연한 자세로 나아가며, 그 군주가 결국 멸망하게 될 것이라고 공언한다."

"믿음으로 애굽을 떠나 왕의 노함을 무서워하지 아니하고." 열 번째 재앙이 있은 후 모세는 이스라엘 자손들을 이끌고 그들이 종노릇하면서 그처럼 오랫동안 신음하였던 땅에서 나갑니다. "믿음으로 애굽을 떠나 왕의 노함을 무서워하지 아니하고." 그 성난 군주가 어떻게 할 것을 예상하면서도 두려워하지 않았습니다. 성난 군주가 그를 추격하기 위하여 보낸 강력한 군대 앞에서도 두려워하지 않았습니다. 오히려 그는 하나님을 바라보며 하나님의 보호하심을 확신했습니다. 자기 용기를 꺾는 그 어떤 희미한 조짐도 용납하지 않았습니다. 그러나 다시 한 번 우리는 이렇게 말해봅니다. 우리는 (그 귀추를 아는 지식에 비추어) 이 기이한 일을 낮게 평가하기가 십상입니다. 다시 그 장면을 그려보세요. 한 쪽에는 강력한 나라가 있습니다. 그 나라는 오랫동안 히브리 사람들을 노예로 잡고 있었습니다. 그러므로 그 히브리 사람들이 도망치는 것을 내버려 두는 일은 참을 수 없었습니다. 그러나 다른 한 편은 무장(武裝)도 없고 여행에도 익숙하지 않은 오합지졸(烏合之卒)의 집단입니다. 수만(數萬)의 여인들과 어린아이들이 포함되어 있었고 무장도 전혀 하지 않은 채였습니다. 그들은 이제 그 황량한 광야를 향하여 나가야 합니다.

이 책을 읽는 독자들이여, 대충 앞에서 그려본 그 정황만 가지고도 정말 절망적으로 보이지 않습니까? 성공할 확률은 천분의 일도 되지 않아 보입니다. 그러나 모세의 심령은 움츠러들지 않았습니다. 하나님께서는 모세의 믿음의 용기와 결연한 자세를 본받으라고 우리에게 명하십니다. 그러나 더 나아가 봅시다. 병거 600대와 무장한 큰 군사들을 거느린 바로가 그들을 추격하여 왔습니다. "바로가 곧 그의 병거를 갖추고 그의 백성을 데리고 갈새 선발된 병거 육백 대와 애굽의 모든 병거를 동원하니 지휘관들이 다 거느렸더라… 바로가 가까이 올 때에 이스라엘 자손이 눈을 들어 본즉 애굽 사람들이 자기들 뒤에 이른지라 이스라엘 자손이 심히 두려워하여 여호와께 부르짖고 그들이 또 모세에게 이르되 애굽에 매장지가 없어서 당신이 우리를 이끌어 내어 이 광야에서 죽게 하느냐 어찌하여 당신이 우리를 애굽에서 이끌어 내어 우리에게 이같이 하느냐."(출 14:6,7,10,11) 정말 일촉즉발(一觸卽發)의 중대한 순간이었고, 모세가 견뎌내기 가장 힘든 시금석이었습니다. 그 때 모세의 마음이 낙담했습니까? "임금의 노함을 무서워" 어쩔 줄을 몰랐나요? 아닙니다. 그러기는커녕 그는 조용하고 확신에 차 백성들에게 말했습니다. "너희는 두려워하지 말고 가만히 서서 여호와께서 오늘 너희를 위하여 행하시는 구원을 보라 너희가 오늘 본 애굽 사람을 영원히 다시 보지 아니하리라 여호와께서 너희를 위하여 싸우시리니 너희는 가만히 있을지니라."(출 14:13,14)

오, 그 움츠러들지 않는 모세의 그 용기는 가련하게 두려워하는 우리 자신을 얼마나 부끄럽게 합니까! 우리는 무슨 이유 때문에 얼굴을 붉히며 우리의 머리를 떨굽니까? '왕의 노함보다 훨씬 더 적은 것'을 두려워하는 사람들이 많습니다. 어둠과 고독, 아니 가랑잎 하나 바스락거리는 소리에도 그들은 놀랄 것입니다. 의심할 여지없이 어떤 사람들에게는 그러한 두려움이 아주 체질화되어 있습니다. 그러나 대다수의 사람들에게는 죄책감 어린 양심 때문에 그림자만 보아도 놀랍니다. 연약한 자들로 하여금 겁이 많은 것을 극복하게 하는 가장 좋은 방법은 하나님께서 함께 하신다는 의식을 자꾸만 갖게 하는 것입니다. 죄책감에 사로잡혀 있는 사람들에게는 죄를 고백하고 버리라고 해야 합니다. "악인은 쫓아오는 자가 없어도 도망하나 의인은 사자같이 담대하니라."(잠 28:1) 두려움은 하나님을 믿지도 바라보지도 않고 어리석게도 어려움과 고통거리들만 생각한 결과입니다.

그러면 모세로 하여금 그처럼 확신에 차 담대하게 했던 것은 무엇이었던가요? 무엇이 왕의 진노를 두려워하지 않도록 그 마음을 붙잡았습니까? 오로지 "믿음"이 그렇게 하였습니다. 순전하고 초자연적인 믿음, 하나님께서 주시고 하나님께서 힘을 공급하시는 믿음이 그렇게 그를 붙잡았습니다. 독자들이여, 그대들은 체험적으로 그러한 믿음에 대해서 무엇인가 알고 있습니까? 다시 우리는 여기서 "믿음은 들음에서 나며 들음은 그리스도의 말씀으로 말미암는다."(롬 10:17)는 말씀을 상기하게 됩니다. 모세는 하나님께로부터 무엇인가를 들었습니다. 그리고 모세의 믿음은 그 들은 말씀을 붙잡고 그 말씀을 의지했습니다. 그가 들었던 것은 무엇입니까? "하나님이 이르시되 내가 반드시 너와 함께 있으리라 네가 그 백성을 애굽에서 인도하여 낸 후에 너희가 이 산에서 하나님을 섬기리니 이것이 내가 너를 보낸 증거니라."(출 3:12) 그처럼 우리가 그리스도인이라면, 하나님께서 우리에게 "내가 과연 너희를 버리지 아니하고 과연 너희를 떠나지 아니하리라."고 말씀하십니다. 그러므로 "우리가 담대히 가로되 주는 나를 돕는 자시니 내가 무서워 아니하겠노라 사람이 내게 어찌하리요."(히 13:5,6) 그것이 바로 우리의 말이 되는 것입니다.

아마 어떤 사람은 이렇게 물을 것입니다. 그러나 모세의 믿음에는 "요동하는 것이 전혀 없었는가?" 있었습니다. 사랑하는 독자여, 그도 우리와 똑같은 성정(性情)의 사람이었기 때문입니다. 구름이 끼든 폭풍이 일든 해가 빛나는 맑은 날씨든 어떤 날에도 언제나 같은 모습을 취하고 있는 믿음을 가진 자들은 사실상 진정한 믿음의 사람들이 아닙니다. 그들은 그들 자신들의 본성을 따라서만 문자적으로 믿음을 이해하는 것 뿐입니다. 영적이고 초자연적인 믿음은 우리로부터 나온 믿음이 아닙니다. 또한 우리가 믿음을 행사하고 싶을 때에 마음대로 행사할 수 있는 믿음도 아닙니다. 믿음은 하나님께서 나눠주신 것입니다. 하나님께서만이 그 믿음을 새롭게 하시고, 그 믿음을 행동화시킬 수 있습니다.

이스라엘 지도자들이 모세를 대적하여 불만을 표시했고, 자기들의 목숨을 위태롭게 한다고 모세를 비난하였습니다(출 5:21). 그 때에 모세는 주께 돌아서서 탄원하였습니다. "주여 어찌하여 이 백성으로 학대를 당하게 하셨나이까 어찌하여 나를 보내셨나이까 내가 바로에게 와서 주의 이름으로 말함으로부터 그가 이 백성을 더 학대하며 주께서도 주의 백성을 구원하지 아니하시나이다."(출 5:22,25) 넘어지는 당신의 종을 인내하시는 하나님의 모습을 보는 것은 참으로 복됩니다. 하나님께서 그 모세를 위로하고 힘을 북돋아 주시는 방식을 보는 것도 아름답습니다(출 6:1-8).

"믿음으로 애굽을 떠나." 믿음은 '어떤 것을 하나님께서 버리라고 하실 때는 더 나은 몫으로 되돌려 주시려 하신다.'는 마음의 확신을 갖게 합니다. 우리의 감각적인 차원에서 볼 때에 그것이 얼마나 매력적이든지 간에, 또한 우리의 동료 이웃들에게 그것이 얼마나 인기있든지 간에, 우리 가족의 이해관계를 위해서 그것이 얼마나 필요하든지 간에, 하나님께서 버리라는 대로 순종하면 우리로 하여금 상실된 자가 되지 않게 하실 것이라는 확신을 믿음은 갖게 합니다. "나를 존중히 여기는 자를 내가 존중히 여기고 나를 멸시하는 자를 내가 경멸하리라."(삼상 2:30) 그래서 아브라함은 갈대아를 떠났고, 룻도 모압을 버렸습니다(룻 1:16). 여기에 참된 믿음을 분간해 내는 한 방식이 있습니다. 우리가 우상의 자리에서 태어나서 양육되었고 그 자리의 존귀와 즐거움과 보배를 누릴 수 있었음에도 양심에 걸려 그 자리를 버렸다면, 우리는 확실히 '영적 믿음(spiritual faith)'을 가진 것입니다. 아브라함이 한 것 같이 하라는 요구를 하나님께 받는 사람이 지금은 거의 없습니다. 그러나 하나님께서는 모든 이들에게 순종하라고 명령하십니다. "너희는 믿지 않는 자와 멍에를 함께 메지 말라 의와 불법이 어찌 함께 하며 빛과 어둠이 어찌 사귀며… 그러므로 너희는 그들 중에서 나와서 따로 있고 부정한 것을 만지지 말라 내가 너희를 영접하여."(고후 6:14,17)

애굽(세상)의 악과 즐거움을 버렸으면서도 '애굽(세상)의 종교'에서는 떠나지 않은 이들이 많습니다. 모세의 믿음이 극복해야 하는 최종적인 시금석의 중심 요점이 바로 그것이었습니다. 바로는 거듭해서 타협을 요구해 왔습니다. 그러나 모세는 조금도 누그러뜨리지 않는 확고함으로 자기의 위치를 지켰습니다. 하나님의 요구는 이러합니다. "내 백성을 보내라 그들이 광야에서 내 앞에 절기를 지킬 것이니라."(출 5:1) 세상의 종교에서 완전히 분류되는 것이 있어야 합니다. 그러나 세상은 바로 그것을 참을 수 없어 합니다. 왜냐하면 하나님의 백성들이 세상의 종교에서 물러나면 세상에 속한 이들의 존귀가 상실되기 때문입니다. 그래서 바로는 "너희는 가서 이 땅에서 너희 하나님께 희생을 드리라."(출 8:25)고 말했던 것입니다. 그러나 모세는 요동치 않았습니다. "우리가 사흘 길 쯤 광야로 들어가서 우리 하나님 여호와께 제사를 드리되 우리에게 명령하시는 대로 하려 하나이다."(출 8:27)

그 다음에 바로가 이렇게 말하는 것을 듣습니다. "내가 너희를 보내리니 너희가 너희 하나님 여호와께 광야에서 희생을 드릴 것이나 너무 멀리는 가지 말라."(출 8:28) 그것은 이렇게 말하는 것이나 같은 것이었습니다. "만일 너희가 더 거룩한 태도를 취하기로 결심하였다해도 우리 사이의 관계를 완전히 끊어버릴 이유가 전혀 없는 것입니다." 여호와께서 애굽을 더 혹독하게 치시니 왕은 다시 사람을 모세와 아론에게 보내어 "갈 자들이 누구냐?"고 물었습니다. 모세는 대답했습니다. "우리가 여호와 앞에 절기를 지킬 것인즉 우리가 남녀노소와 양과 소를 데리고 가겠나이다."(출 10:9) 그러나 바로에게는 너무 심한 것이었습니다. "그는 불가하니 너희 장정만 가서 여호와를 섬기라."(출 10:11) 독자여, 우리의 큰 원수인 바로 속에 우리로 미봉책을 쓰게 하려고 애쓰고 있음을 주목하십시오. 너희가 교회를 나오지 않기로 마음 먹어도 너희 자녀들은 주일학교에는 보내라! 마귀는 얼마나 교활한지요! 하나님의 말씀은 '정말 살아있는' 말씀입니다. 현재 우리에게 그 말씀이 얼마나 필요하고 긴요한지요!

바로는 모세가 하나님의 명령을 부분적으로만 순종하게 하려고 또 하나의 시도를 합니다. "너희는 가서 여호와를 섬기되 너희 양과 소는 머물러 두고 너희 어린 것들은 너희와 함께 갈지니라."(출 10:24) 그 말은 이와 같은 암시나 다름이 없습니다. '만일 네가 그처럼 융통성 없이 굴어야 한다면 이렇게 해 보거라. 굳이 너희 자녀들로 주일학교에 보낼 필요가 없다. 그저 최소한 교회에 적은 두고, 이 때까지 한 것처럼 교회 헌금은 계속 드릴 수 있지 않니?' 만일 모세가 왕의 진노를 무서워했다면 이 점에서 굴복했을 것입니다. 그러나 오히려 그는 확고한 자세를 견지하였습니다. "왕이라도 우리 하나님 여호와께 드릴 제사와 번제물을 우리에게 주어야 하겠고 우리의 가축도 우리와 함께 가고 한 마리도 남길 수 없으니 이는 우리가 그 중에서 취하여 우리 하나님 여호와를 섬길 것임이며 또 우리가 거기에 이르기까지는 어떤 것으로 여호와를 섬길는지 알지 못함이니이다."(출 10:25,26) 사도는 정말 다음과 같이 잘 썼습니다. "이는 우리로 사탄에게 속지 않게 하려 함이라 우리는 그 계책을 알지 못하는 바가 아니로라."(고후 2:11) 그 사탄의 간계가 성경에 분명하게 밝혀져 있습니다.

"믿음으로 모세는 애굽을 떠나." 우리가 앞에서 생각한 모든 것이 그 표현 속에 들어 있습니다. "무엇이든지 전에 기록된 바는 우리의 교훈을 위하여 기록된 것이니 우리로 하여금 인내로 또는 성경의 위로로 소망을 가지게 함이니라."(롬 15:4) 이스라엘 사람들이 애굽을 완전히 떠나 여호와께 예배드리는 일을 하지 못하게 하려고 바로가 모세에게 제시한 타협안들은 그 중심에 하나님의 백성들이 지금 극복해야 하는 시험들이 들어 있습니다. 고린도후서 6:14,17의 말씀을 주목하고 순종하려면 바로 그 시험들을 이겨내야 합니다. "너희는 믿지 않는 자와 멍에를 함께 메지 말라 의와 불법이 어찌 함께 하며 빛과 어둠이 어찌 사귀며… 그러므로 너희는 그들 중에서 나와서 따로 있고 부정한 것을 만지지 말라 내가 너희를 영접하여." 오, 그리스도인 독자여, 타협하지 않는 모세의 정신을 가질 은혜를 구하십시오. '애굽'(번지르하고 그럴듯하게 존재하는 '세상에 속한 교회들')에서 하나님께 예배드리라고 종용하는 사탄의 시험 앞에서 '그런 일은 불가능하다.'고 단호하게 말하여야 합니다. 왜냐하면 "빛과 어두움이 어찌 조화될까요!" 어린 아이들을 세속적인 주일학교에 남겨두라고 강권하거나, 하나님을 두려워하지 않는 자들에게 가르침을 받게 하라고 종용하는 시험을 거절해야 합니다. 적어도 성령께서 떠난 '교회들'에 적을 두는 것만은 허락하여 그 교회들을 유지하는 데 필요한 헌금을 하라는 요청을 받아도 사양하여야 합니다.

"왕의 노함을 무서워하지 아니하고." 여기서는 모세의 용기를 세 번 나누어 표현하였습니다. 첫째로 그는 '사람'을 두려워하지 않았습니다. 그는 사람들 중에서 가장 큰 자인 '왕'을 두려워하지 않았습니다. 사람들이 가장 무서워하는 '왕의 노함'을 무서워하지 않았습니다. "왕의 노함은 사자의 부르짖음 같고."(잠 19:12) 이러한 두려움을 몰아낸 것은 하나님께 대한 그의 믿음이었습니다. 성도가 믿음을 행사할 때는 그 어떠한 공포도 그를 놀라게 하지 못합니다. 아, 사랑하시는 독자여, 애굽을 떠난 사람들, 특별하게 '애굽의 종교를 떠난' 사람들은 '사람의 노함'을 만날 각오를 해야 합니다. 한 사람의 하나님의 자녀로 인하여 세상적인 종교인들이 둘러쓰고 있던 얇은 외식(外飾)의 경건의 꺼풀이 탄로 날 때가 있습니다. 그 때 그들은 더 이상은 할 수 없을 정도로 격한 증오심을 보이며, 아주 잔인하게 행동하며, 그야말로 자기들의 본색을 그대로 드러내게 됩니다. 그러나 그 외식자들의 '노함'도 바로 왕의 노함에 비하면 아무것도 아닙니다. "하나님이 우리를 위하시면 누가 우리를 대적하리요."

"곧 보이지 아니하는 자를 보는 것 같이 하여 참았으며." 아, 여기에 모든 것을 이해할 수 있는 열쇠가 있습니다. 모세는 '참았습니다.' 그 표현이 모세의 마음의 상태를 말해 줍니다. 그는 매력적인 영예들에 대한 유혹을 이겨냈습니다. 애굽의 왕궁의 찬란한 즐거움들에 대한 생각도 이겨 '참아' 내었습니다. 반복되는 바로의 타협도 견뎌냈습니다. 그리고 자기 행동이 불러 올 수 있는 폭력도 예기되나 그것을 이겨 견뎌냈습니다. 그의 용기는 한 번 번쩍하는 섬광(閃光)에 불과한 것이 결코 아니었습니다. 또는 순간적인 만용(蠻勇)을 부린 것도 아닙니다. 그의 용기는 정말 끝까지 견뎌내는 것이었습니다. 오늘날 점점 하향세를 취하는 가련한 기독교국에서 이러한 믿음과 그 믿음이 가진 거룩한 담대함의 복된 열매를 찾으려면 얼마나 어려운지요. 모든 방면에서 세속성(世俗性, worldliness)이 사방에서 성령을 '소멸하였으니' 어떻게 그와 다른 것을 기대할 수 있겠습니까! 주권적인 은혜로 말미암아 영문 밖에 계신 그리스도께 이끌림을 받은 우리가 성령을 근심케 하는 일을 아주 분하게 여기며 싫어하여 깨어 있게 하옵소서!

여기 "참았다(endure)"로 번역된 헬라어 원어는 신약의 다른 곳에서는 사용되지 않는 말입니다. 신약 학자들은 그 말이 힘과 용기를 뜻하는 말의 어근(語根)에서 파생되었다고 말합니다. 그 말은 '악을 이기고, 결연하고 용기에 찬 자세로 위험을 극복하는 자세'를 뜻하는 말이라는 것이지요. 그래서 그러한 악과 위험들 속에서 쇠미해지기는커녕 끝까지 가던 길을 고수하는 것을 의미하는 것입니다. 이 어휘야 말로 믿음의 행사를 보이며 애굽을 떠난 모세의 확고한 자세를 표현하는 데 가장 적합한 말이었습니다. 그는 오랫동안의 역경에 직면해야 했습니다. 그리고 거듭하여 바로 왕의 위험을 받았습니다. 거기에 더하여 믿지 않은 자기 형제들과 큰 갈등도 견뎌내야 했습니다. 그러나 그는 굴하지 않고 신령한 용기와 결심을 가지고 자신을 지키며 끝까지 그 의무를 감당했습니다. 어떻게 그럴 수 있었습니까? 무엇으로 말미암아 그의 힘이 새롭게 되었습니까?

"곧 보이지 아니하는 자를 보는 것 같이 하여 참았으며." 모세 속에 그러한 결심을 일으켰던 것은 어떤 고집불통의 바보스러움이나 완고한 무모함이 아니었습니다. 하나님의 완전한 속성들을 늘 마음에 생각하여 부단히 그것들로 마음을 사로잡히게 하였습니다. 그것이 그런 결심을 일으켰던 것입니다. '마음이 부단하게 사로잡힘'이라는 표현을 우리가 여기서 썼습니다. 우리가 유심히 주목해야 하는 것이 있습니다. 본문에서 "눈에 보이지 않는 자를 '보았기' 때문에 참았다."고 하지 않았습니다. 도리어 "눈에 보이지 아니하는 자를 '보는 것' 같이 하여 참았다."고 말합니다. 이는 끊임없이 계속되는 행동이었습니다! 우리의 분량대로 "내가 여호와를 항상 내 앞에 모심이여."(시 16:8)라고 말할 수 있으면 얼마나 좋을까요. 누구든지 용기를 건전하게 지탱하려면 그것은 절대적인 진수가 됩니다. 다른 것은 그 어떤 것이라 할지라도 인생의 고통들과, 시련들, 세상의 매력과 소동, 사탄의 공략들에서 건져내게끔 할 것이 없습니다.

"곧 보이지 아니하는 자를 보는 것 같이 하여 참았으며." 이 대목을 존 오웬(John Owen)은 이렇게 주해하였습니다.

"하나님의 본질적인 국면에서 생각하면 하나님은 보이지 않으시는 분이다(절대적으로 존재하시는 분이시나). 그래서 성경에서 '하나님은 보이지 아니하시는 분이라.'는 표현이 자주 나온다(롬 1:20 ; 골 1:15 ; 딤전 1:17). 그러나 여기서 그렇게 하나님을 묘사하는 데는 특별한 이유가 있다. 모세가 그러한 조건과 상태에 있었고, 모세는 그러한 일을 해야 했다. 거기서 그는 끊임없이 하나님의 능력과 도우심을 필요로 하였다. 이러한 일이 진행되어 나갈 때에 자기 감각으로, 자기의 육신적인 눈으로 현재의 도우심을 분간해 낼 수도 없었고 볼 수도 없었다. 왜냐하면 하나님은 눈에 보이지 아니하시는 분이시기 때문이다. 그러므로 눈에 보이지 아니하시는 분으로부터 도움을 기대하려면 마음의 특별한 행사가 필요하였다. 모세가 그렇게 하였다. 그래서 여기서 그 표현이 있는 것이다. 그는 눈에 보이지 아니하시는 분을 보았다. 다시 말하면 '믿음으로 보았다'는 말이다. 자기 눈으로 볼 수 없는 분을 믿음으로 보았다."

"보이지 아니하는(invisible)." 이 말은 하나님을 나타내는 어떠한 형상을 만드는 것이 쓸모없음을 보여주는 것입니다(그것은 죄악이다). 또한 여기서 우리는 어떤 눈에 보이는 것의 모양을 따라 하나님을 마음에 그려봄으로써 이해를 도우려 하지 말라는 교훈을 받습니다. 하나님께서는 보이지 아니하시지만 그는 우리를 보십니다!

"곧 보이지 아니하는 자를 보는 것 같이 하여 참았으며." 여기서 존 오웬(John Owen)은 이렇게 말합니다.

"여기에 모세의 믿음의 이중적인 행동이 그려져 있다. 첫째로 하나님의 편재성(遍在性)과 하나님의 능력과 신실하심을 분명하고 뚜렷하게 보고 이해하는 행동이 표현되었다. 둘째로, 그러한 하나님의 편재성과 능력과 미쁘심을 따라 하나님을 확고하게 신뢰하였다. 어느 때나 어느 경우에서나 그렇게 하였다. 그는 믿었다. 하나님께서 어느 곳에서나 자기와 함께 계시며, 자기를 보호하실 수 있으시며, 당신의 약속을 이행하는 일에 있어서 신실하심을."

실로 하나님은 믿음의 정당한 대상이십니다. 믿음이 바로 의뢰할 대상이시고, 모든 선을 믿음으로 기대할 대상이십니다. 믿음은 모든 영광을 그 하나님에게 돌립니다.

오, 믿음의 그 초월적인 탁월함이여! 믿음은 영원하고 눈에 보이지 않고 무한한 대상들을 취합니다. 하나님께서는 섭리로 말미암아 자기 백성을 대적하시는 것 같은 모습을 보이실 때가 흔합니다. 그러나 믿음은 하나님이 자기 백성을 위하심을 압니다. 이 세상에서 우리는 많은 시련과 비참을 만나야 합니다. 그러나 믿음은 "하나님을 사랑하는 자들에게는 모든 것들이 합력하여 선을 이룬다."는 것을 압니다. 하나님의 자녀들의 몸이 죽어 장사되고 먼지로 돌아갑니다. 그러나 믿음은 그들의 영광스러운 부활을 바라봅니다. 눈에 보이는 감각적인 세계를 뛰어넘어 보게 하는 믿음의 그 놀라운 능력이 생성되고 자라납니다. 그런데 그 성장이 우리 자신의 능력에 속한 것이 아님은 사실입니다. 그러나 우리 믿음을 약화시키고 허물어뜨리는 것들을 피할 책임은 우리에게 있는 것입니다. 믿음을 자라게 할 책임도 우리가 지고 있습니다. "보이지 아니하시는 하나님을 보는 것 같이 하려고" 애를 쓰는 진지한 노력을 기울이는 이가 얼마나 적은지요!

74강

모세의
믿음 IV

11:28 믿음으로 유월절과 피 뿌리는 예식을 정하였으니 이는 장자를 멸하는 자로 그들을 건
드리지 않게 하려 한 것이며

히브리서 11장에서 다른 어떤 믿음의 위인들보다 모세에 대한 기록이
더 많습니다. 모세의 믿음의 모습을 다섯 가지나 기록하고 있습니다. 이에
대한 이유를 찾는 것은 어렵지 않습니다. 유대인들은 모세가 율법을 주었다
고 생각하고 있었습니다. 그리스도 때에 그들은 "우리가 모세의 제자들이
라."(요 9:28) 자랑하였습니다. 그들은 자신들의 행위를 기초하여 하나님께
서 자신들을 가납하여 주시기를 바랐습니다. 모세의 규례들을 외면적으로
준행하면 하늘에 들어갈 허가를 얻을 것이라고 상상하였습니다. 그래서 "하
나님의 의(義)를 모르고 자기의 의를 세우려고 힘써 하나님의 의를 복종하지
아니 하였느니라."(롬 10:3) 회심한 이 히브리 그리스도인들은 바로 그런 영
향 아래서 자랐습니다. 그러므로 성령께서는 그들에게 다음과 같은 사실을
강조하신 것입니다. "너희의 명성 높은 선조가 '믿음으로' 살고 행동한 것이
지 율법 정신으로 살고 행동한 것이 아니라."

  우리가 이제 숙고하려고 하는 모세 믿음의 특별한 국면은, 성령께서 인도

하시는 자에게 유달리 부합되는 것입니다. 모세의 믿음은 '어린양'을 신뢰하였음을 드러냅니다. 모세가 뿌려진 피에 가치를 두었음은 모세의 믿음을 증거합니다. 이스라엘의 지도자로서 모세는 유월절 규례를 세우고 지키었습니다. 그것을 무시하면 참으로 치명적인 결과를 만나게 됨을 보여주는 한 본(本)을 세워 놓았습니다. 인간 편에서 어떤 일을 수행하면 그것이 공로가 되어 하나님의 진노에서 벗어난다는 참으로 무섭고 그릇된 생각을 완전하게 불식시키는 것이었습니다. 그것은 또한 죄인으로 하여금 죄인의 오직 유일한 소망이신 그리스도만을 바라보게 하는 효과를 가집니다.

"유월절"이 이스라엘에게 주어진 첫 번째 규례라는 사실을 신중하게 숙고해야 합니다. 율법에 열심이던 자가 설교하는 것을 보는 것이 얼마나 놀라운 일입니까. 성경의 본문에 기록된 대로 하면 이러합니다. "너희가 그 은혜를 인하여 믿음으로 말미암아 구원을 얻었나니 이것이 너희에게서 난 것이 아니요 하나님의 선물이라 행위에서 난 것이 아니니 이는 누구든지 자랑치 못하게 함이라."(엡 2:8,9) 믿음으로 구원을 받는 것이 신약 시대에만 국한되었다고 생각하는 것은 얼마나 큰 오류입니까! 마치 하나님께서 죄인들을 구속(救贖, redemption)하시는 방식을 다양하게 가지고 계신 것 같이 생각하니 말입니다. 결코 그런 일은 없습니다.

사랑하는 나의 독자들이여, 인간 역사의 시작부터 끝까지 타락한 아담의 후손들 중에서 하늘에 들어간 자들 모두는 다 하나님의 주권적인 은혜의 빚을 진 자들입니다. 지정된 믿음의 통로를 통해서 그 은혜가 그 사람에게 흘러 들어간 것입니다. 그가 그리스도를 믿기 전에 어떤 종교를 가졌든지, 아니면 종교성이 많든 적든 간에 그의 모든 행실은 전혀 완전히 계산에 들어가지 않습니다. 그래서 아벨이 구원을 받은 것입니다(히 11:4). "그러나 노아는 여호와께 은혜를 입었더라."(창 6:8) "아브라함이 하나님을 믿으매 그것이 그에게 의로 여겨진바 되었느니라."(롬 4:3) 이스라엘 백성들이 죽음의 천사로 부터 건짐을 받은 것은 그들이 '어린양'의 피 아래 숨었기 때문입니다.

우리가 이제 숙고해 보려는 구절은 히브리서 11장에 기록된 모세의 믿음의 행사가 도달한 독특하고 복된 절정을 소개합니다. 다른 국면들은 다 바로 이 요점에 모아지는 것입니다. "모세는 장성하여 바로의 공주의 아들이라 칭함 받기를 거절하고." 그리고 더 나아가 "하나님의 백성과 함께 고난 받기를 잠시 죄악의 낙을 누리는 것보다 더 좋아하고." "그리스도를 위하여 받는 수모를 애굽의 모든 보화보다 더 큰 재물로 여겼으니." 또한 그는 "애굽을 떠 났습니다." 그러나 이 모든 것들이 그 자체들로는 모세를 구원하는 영적인 문제에 있어서는 아무런 효력이 없었습니다. 다른 말로 해서, 그가 "어린양 과 그 피의 효력"을 믿었기 때문에 그런 행사들을 한 것이 아니라면 아무 소용이 없다는 말입니다. 세상에 등을 돌려대는 것만으로는 충분치 못합니다. 하나님께 돌아오는 것이 있어야 합니다. 죄를 버리는 것만으로는 충분치 못합니다. 그리스도를 붙잡는 것도 있어야 합니다. 이 본문 속에서 모형적으로 '바로 그 점'을 보여주고 있습니다.

히브리서 11:24-28에 제시된 '진리의 순서'에 면밀한 주의를 기울이는 것이 매우 중요합니다. 그렇게 한다면, 현대의 많은 복음전도가 가진 결함들은 단번에 사라질 것입니다.

히브리서 11:28

"믿음으로 유월절과 피 뿌리는 예식을 정하였으니 이는 장자를 멸하는 자로 그들을 건드리지 않게 하려 한 것이며."

유월절을 지키고 피를 뿌리는 것은 모세에 대해 기록된 첫 번째 사항이 아니었습니다. 마음이 여전히 세상에 휩싸여 세상을 믿는 마음을 버리지 못하는 한, 다시 말해 '돼지 앞에 진주를 던지는' 잘못을 범하고 있는 한, 누구도 그리스도의 피를 합당하고 존귀하게 여길 수 없습니다. 사람이 잠시 죄악의 낙을 누리기로 마음의 결심을 하는 한, 누구도 그리스도를 향해 구원받을 만한 믿음을 가질 수 없습니다. "회개가 믿음보다" 앞섭니다. "이르시되 때가 찼고 하나님의 나라가 가까이 왔으니 회개하고 복음을 믿으라 하시더라."(막 1:15) "유대인과 헬라인들에게 하나님께 대한 회개와 우리 주 예수 그리스도께 대한 믿음을 증언한 것이라."(행 20:21) 회개는 죄를 미워하고 죄를 슬퍼하고 죄에서 돌이키는 것입니다. 진정한 회개가 없는 곳에서는 "진정한 죄 사함"도 있을 수 없습니다. "세례 요한이 광야에 이르러 죄 사함을 받게 하는 회개의 세례를 전파하니."(막 1:4) 이 강론을 주의 깊게 읽는 모든 설교자들은 모세에 대해 여기에 기록된 모든 것을 심사숙고해야 합니다. 그리고 히브리서 11:24-27에 기록된 마음의 여러 행사들이 28절에 진술된 것보다 '앞서야 함'을 회중에게 신실하게 가르쳐야 합니다.

우리가 위에서 지적한 바와 같은 진리의 요소적인 국면들을 바로 이 시대에 강조할 필요성이 너무나 절실합니다. 그 경우가 비극적이라는 말입니다. 라오디게아 교회는 자기 부요함을 자랑했으며, 자기가 가련하고 가난하고 헐벗고 있음을 알지 못했습니다. 오늘날 교회가 큰 소리로 떠벌리는 그 부요함의 일부는 '큰 빛의 증대'입니다. '예언자적'이고 '세대주의적(dispensational)'인 진리가 우리에게 큰 빛을 불러 왔다고 상상하는 것입니다. 그러나 그것은 '광명의 천사'로 가장하는 사탄의 교활한 간계입니다(고후 11:14). 그 뿐 아니라 사람들의 총명을 어둡게 하며, 마귀 자신의 거짓말을 '놀라운 발견'이라 자랑하며, 그것으로 성경을 풀어 해석해야 한다고 믿게 만드는 사탄의 간사

한 술책입니다. 뿐만 아니라 현세대는 1세기 전에 교회가 누렸던 '진실한 빛'
을 훨씬 못 가지고 있습니다. 이 말로 우리가 뜻하는 바는 이러합니다. 실천
적인 경건과 거룩한 삶을 이룩하는 것들을 신실하고 두려움 없이 설교하는
일이 훨씬 줄어들었다는 말입니다. 그러나 그보다 더 악한 것이 있습니다.
성경적인 복음전도가 지상에서 거의 사라져 버렸다는 사실입니다.

 '오늘날 설파되는 복음'은 영혼들을 속이고 부추겨 거짓된 소망을 갖게 만
드는 것뿐입니다. 사람들이 본질상 하나님의 진노 아래 있는 데도 불구하고
(요 3:36), 하나님이 그냥 사람들을 사랑하신다고 믿게끔 하는 것은 비만증
환자에게 먹고 싶은 대로 먹어도 아무 탈이 없다고 말하는 의사(醫師)보다
더 나쁜 짓입니다. '율법'이 무엇입니까? 율법의 신적(神的) 권위와 감해질 수
없는 율법의 요구들, 율법의 준행 여부를 내면적인 마음의 순종으로 판단하
는 그 율법의 영성(靈性), 율법의 무서운 저주 등을 설교하지 않는 것은 죄에
대한 참된 지식을 전하기를 포기한 것입니다. "나는 너희에게 이르노니 형제
에게 노하는 자마다 심판을 받게 되고 형제를 대하여 라가라 하는 자는 공
회에 잡혀가게 되고 미련한 놈이라 하는 자는 지옥 불에 들어가게 되리라…
나는 너희에게 이르노니 음욕을 품고 여자를 보는 자마다 마음에 이미 간음
하였느니라."(마 5:22,28) "그러므로 율법의 행위로 그의 앞에 의롭다 하심을
얻을 육체가 없나니 율법으로는 죄를 깨달음이니라."(롬 3:20) "그런즉 우리
가 무슨 말을 하리요 율법이 죄냐 그럴 수 없느니라 율법으로 말미암지 않고
는 내가 죄를 알지 못하였으니 곧 율법이 탐내지 말라 하지 아니하였더라면
내가 탐심을 알지 못하였으리라."(롬 7:7) "믿으라, 믿으라"고 소리치면서도
'회개'에 대해서는 전혀 말하지 않는 것은 구원의 참된 의미를 거짓되게 전하
는 것입니다. "또 그의 이름으로 죄 사함을 받게 하는 회개가 예루살렘에서
시작하여 모든 족속에게 전파될 것이 기록되었으니."(눅 24:47) "알지 못하던

시대에는 하나님이 간과하셨거니와 이제는 어디든지 사람에게 다 명하사 회개하라 하셨으니."(행 17:30) 그리스도를 주로 받아 승복하기 전에 그를 '구주'로 영접하라고 죄인들을 초청하는 것은 '거짓된 구원의 길'을 제시하는 셈입니다. 잃어버린 자들에게 세상을 버리라고 먼저 말하지 않고 '그리스도께 오라.'고 종용하는 것은 '교회'를 회심되지 않은 영혼들로 채우는 셈입니다. 그리스도의 멍에를 메지 않아도 영혼의 안식을 얻을 수 있다고 말하는 것은 주님의 교훈을 거짓되다 하는 격입니다. "나는 마음이 온유하고 겸손하니 나의 멍에를 메고 내게 배우라 그리하면 너희 마음이 쉼을 얻으리니."(마 11:29)

어느 사람이 다루는 주제에서 벗어난 것 같다고 비판한다 해도 우리는 변명하지 않을 것입니다. 다시 한 번 지적해 두고자 합니다. 우리는 지금 히브리서를 주석하고 그 본문을 단순하게 주해하는 것을 목표하고 있지 않습니다. 이 강해를 시작할 때 주해 이상의 일련의 강론을 하겠다는 간절한 열망을 가졌습니다. 성령께서 그 기뻐하심을 따라 독자들의 마음에 직접 오시어 각 구절을 독자들의 영혼 개개인에게 현재 처한 상황에서 적용하시기를 바랍니다. 이 강해를 처음 게재한 '성경 연구지'의 독자들 중에 많은 부분이 '속임 당한 영혼들'이었을 것으로 사료됩니다. 우리는 심판 날에 이 책을 읽는 독자들의 영혼에 대한 책임을 지기 싫습니다. 그 중 많은 이들이 오늘날의 '마취적인 복음전도'로 잠들어 있습니다.

그러므로 우리는 이 문단을 읽고 있는 각 사람에게 진지하고 엄숙하게 자신을 점검하며 자문하라고 탄원하는 바입니다. '지금까지 살아오는 중 내 마음 속에 여기 히브리서에서 모세에 대하여 말하는 것과 같은 것이 있었는가?' 그런 것이 없고 세상에 대하여 십자가에 못 박힌 적이 없었다면(갈 6:14), 내가 그리스도의 피 아래 있다고 생각하는 것은 사탄의 치명적인 속임수에 빠져 있는 셈입니다.

사랑하는 독자여, 저로 하여금 잠시만 더 여러분에게 직접 대놓고 말하도록 허락하십시오. 우리는 먼저 '당신이 그리스도의 이루신 일을 믿느냐?'고 묻지 않으렵니다. 회심하지 않았음에도 불구하고 자기들이 그리스도의 하신 일을 믿고 있다고 생각하는 사람들이 무수히 많습니다. 오히려 우리는 '당신이 하나님과 더불어 화평하였느냐?'고 묻고 싶습니다. 자기는 지극히 영적이며 성경을 통해서 예외적으로 잘 배웠다고 생각하는 어떤 계층은 바로 그러한 표현을 비웃고 기각시켜 버릴 것을 우리는 잘 알고 있습니다. 그러나 그들은 말씀을 모르고 있음을 드러내고 있을 뿐입니다. 이사야 27:5, 누가복음 14:32의 말씀을 보십시오. '하나님과 더불어 화평하였느냐?'고 묻는 의도는 이러합니다. '하나님과 싸우는 일을 중단하고 하나님의 요구에 복종했느냐? 모반의 무기를 버리고 하나님께 복종하기로 정직하고 진지한 마음의 결심을 하였느냐? 자신의 길로 행하는 것이 일종의 방자무도한 행위임을 인식하고 하나님의 요구에 자신을 진실로 복종시켰느냐?'

"믿음으로 유월절과 피 뿌리는 예식을 정하였으니 이는 장자를 멸하는 자로 그들을 건드리지 않게 하려 한 것이며." 모세의 이전 행사들이 바로 이 요점에 이르는 도중의 일들이었음을 다시 지적해 두는 바입니다. 마음으로 세상을 사랑하고 세상의 우상들로 가득 차 있는 동안에 '유월절을 지킬 수도, 피 뿌림 아래 보호' 받을 수 없습니다. 그것이 진리입니다. 그럼에도 불구하고 하나님께 반대되는 모든 것으로부터 자신에게 분리시키고, 그 모든 것을 버리는 것만으로는 구원을 얻지 못합니다. 믿음으로 그리스도의 속죄(贖罪)를 마음으로 받아들이기까지는 우리 죄를 씻는 것이 허락되지 않습니다. 그래서 히브리서 11:24-28의 말씀을 전체로 취급해 보면 하나님의 의(義)와 하나님의 은혜 둘 다를 높이고 크게 칭송하고 있음을 발견합니다.

이 28절은 출애굽기 12장에 기록된 것을 되돌아보게 하며, 그것을 줄여 간단하게 설명합니다. 그것은 초자연적인 믿음의 또 다른 열매를 보여줍니다. 많은 사람들은 그것을 언뜻 보고는 '여기 묘사되는 모세 믿음의 특별한 행사는 앞 강론에서 우리가 주목해 본 행사들보다 훨씬 더 못하다.'고 말합니다. 그러나 당시의 모든 상황을 자세하게 숙고하고 신중하게 생각해 보면, 이 경우의 모세의 행동은 인간 이성이나 육신적인 지혜와는 전혀 상반되는 것입니다. 이러한 행동은 그 마음속에서 역사했던 하나님의 은혜로부터 나오는 것임을 알게 됩니다. 마치 아브라함이 갈대아를 떠나 알지 못하는 땅으로 간 것이나, 이삭을 제물로 드리는 것이나, 요셉이 "이스라엘 자손들의 떠날 것을 말한 것"과 같이 하나님의 은혜에서 나온 것입니다. 우리는 이제 이 요점을 알아보기 위하여 가장 강력하고 도움을 주는 방식으로 은혜를 나타냈던 다른 사람들의 경우를 인용하여 비추어 봅시다. 특히 실명을 밝히지 않고 다만 이름의 첫 글자 E. B. W.로 자신을 밝힌 이가 이 대목에 대하여 무엇이라고 주석하는지 길게 인용하여 보겠습니다.

"유월절 제도는 노아가 방주를 예비한 것과 유사한 믿음의 행사였다. '믿음으로 노아는 아직 보이지 않는 일에 경고하심을 받아 경외함으로 방주를 준비하여 그 집을 구원하였으니 이로 말미암아 세상을 정죄하고 믿음을 따르는 의의 상속자가 되었느니라.'(7절) 그 때 모세의 믿음의 실상을 알아보기 위하여 우리는 '그 밤'으로 돌아가서 그 특별한 정황을 살펴보아야 한다. 그래야만 '믿음으로'라는 말의 의미를 설명할 수 있다. 애굽의 왕과 백성들에게 하나님의 심판이 내려지고 있었다. 정말 절박한 위기가 당도했던 것이다. 아홉 가지 재앙이 있은 후에도 바로와 애굽 사람들은 여전히 고집을 부렸다.

바로가 모세를 향하여 위협하였다. '내 앞에 다시 한 번만 나타나면 너는 죽을 것이라.'고 위협하였다(출 10:28,29). 반면 히브리 사람들은 그 전보다 더 심하게 어려운 상태에 있었다. 그들을 구원해 낼 것이라고 하던 모세는 약속을 이행하지 못했다.

"그런 순간에 하나님께서 모세에게 할 일을 명(命)하셨다. 그 명령은 사람의 섣부른 판단에 가장 부당하게 느껴졌을 것이다. 더구나 그 명령을 수행함으로 바람직한 결과를 얻는다는 것이 거의 불가능하게 보였을 것이다. 아홉 가지 재앙으로도 성공하지 못하여 실패감이 누적되어 공포심이 가중되어 있었다. 아홉 가지의 재앙으로도 이루지 못한 일을 어떻게 그것으로 해 내리라 어떻게 믿으란 말인가? 그저 피 뿌리는 일만 가지고 그렇게 큰 일을 어떻게 이루어 낼 수 있다는 말인가? '그 밤'에 애굽을 떠나야 한다면, 떠날 준비를 마땅히 하고 있어야 할 바로 그 시간에 그 모든 세밀한 의식(儀式)들을 백성들이 어떻게 다 감당해 낼 수 있겠는가!"

"그 믿음이 아니고는 그 어떤 것도 이 정황을 설명할 수 없다. 모든 것은 인간의 이해와 이성에 대치되는 것이었다. 성공할 가망이 거의 없다고 생각할 수밖에 없었다. 모세는 백성들에게 가서 유월절을 지키는 모든 복잡한 규례들을 알려주어야 했다. 그 달 제 십일에 어린양들을 극히 조심하여 선별하여 제 십사일에 죽이고, 무의미한 의식(儀式)과 함께 먹으라고 말이다. 그런데 모세는 하나님의 명하신대로 했다. 모세로 하여금 그렇게 하게 한 것은 무엇인가? 믿음이었다. 살아계신 하나님을 믿고, 그 하나님에게서 들은 것을 역시 신실하게 믿었다. 모세의 그 행위를 믿음으로 밖에 설명할 길이 무엇이란 말인가!

"모세가 하나님께로부터 들었던 것을 그냥 보통으로 신뢰한 것만 가지고는 그 형제들에게 가서 말하지 못했을 것이다. 형제들은 깊은 침체에 빠져 그의 말을 들으려 하지 않았던 자들이 아닌가? 육신의 눈으로 볼 때에, 지금까지와 같이 그의 노력으로 사람들을 설득하여 유월절의 복잡하고 상세한 규례의 모든 부분들을 지키는 것이 절대 필요함을 확신하게 하다니. 그 일이 전혀 불가능한 일이 아니라 할지라도 지극히 어려운 일이었을 것이다. 그러나 바로 여기에 믿음이 개입된 것이다. 믿음의 가장 큰 승리를 거둘 마당이 바로 거기에 있었다. 그래서 우리는 이 대목에서 '믿음으로' 모든 어려움을 극복했다는 교훈을 듣게 되는 것이다. 그 유월절 전체는 지켜졌다. 그리고 애굽을 빠져나오게 되었다. 그 모든 일은 '믿음의 청종(聽從, the hearing of faith)'을 기반으로 일어난 일이다. 여호와의 말씀이 믿음을 산출하였다. 그러니 그 말씀이 단번에 모든 복락의 원인과 결과로 드러난 것이다."

위에서 지적한 말을 통해서 명백하게 드러난 요점이 이것입니다. 곧 출애굽기 11장과 12장에 기록된 모세의 행동들은 단순한 육신적인 믿음에서 우러나온 것이 아니라 초자연적인데 뿌리를 둔 것이었다고 말입니다. 그의 행실은 분명 애굽 사람들의 조소를 샀을 것입니다. 그러나 여호와의 지혜와 놀라운 자비하심과 미쁘심에 대한 결연한 확신을 가지고 모세는 행동했습니다. 여기서 다시 믿음과 순종이 분리될 수 없음을 보십시오. 본문에 언급된 모세의 '믿음'은 바로 주께서 지정해 주신 모든 규례들을 마음으로 수용하는 것을 그 내용으로 삼았습니다. 그는 친히 유월절을 지켰고 자기 백성들한테 그렇게 하라고 하였습니다. 물론 그 일에 수천의 어린양들을 확보하는 일이 필요했습니다. 그는 히브리인들의 장자(長子)들이 구원받으려면 유월절을 지켜야 한다는 가장 충만한 확신을 갖고서 지켰던 것입니다. 물론 모든 이스라엘 사람들이 유월절을 지켰지만, 모세를 통하여 유월절 제도를 주신 분은 하나님이셨습니다.

유월절은 구약의 가장 엄숙한 제도 중 하나입니다. 또한 그리스도를 가장 탁월하게 모형화한 절기 중 하나입니다.

이에 대하여 존 오웬(John Owen)의 말을 들어 봅시다.

"(1) 그 규례를 지키는 소재는 어린양이었다(출 12:3). 그것은 그 후에 제정된 모든 다른 제사들에게까지 연결된다. 그리스도를 '하나님의 어린양'이라고 부른다(요 1:29). (2) 이 어린양은 양떼들 중에서 취한 것이다(출 12:5). 주예수 그리스도께서도 우리의 인성(人性)을 취하심으로서 인간 교회의 양떼 중에서 취함을 입어 우리를 위한 희생제물이 되신 것이다(히 2:14-17). (3) 양떼 중에서 취한 어린양을 그 양떼에서 완전하게 분리시켰다(출 12:6). 그처럼 주 예수 그리스도께서도 사람들 중에서 취한 바 되어 죄인들과 분리되셨다(히 7:26). 다시 말하면 다른 사람들은 죄로 오염되어 있었으나 그리스도께서는 죄의 모든 오염과 전혀 무관한 분이셨다. (4) 이 어린 양은 흠이 없어야 했다(출 12:5). 이 점 역시 주 예수 그리스도께 적용된다. '오직 흠 없고 점 없는 어린양 같은 그리스도의 보배로운 피로 된 것이니라.'(벧전 1:19) (5) 이 어린양은 죽임을 받아야 했고, 따라서 살해되었다(6절). 그리스도께서도 우리를 위해서 죽임을 당하셨다. 그 죽음의 효력의 차원에서 우리 주님은 사실상 창세전에 죽임을 당하신 어린양이셨다(계 13:8). (6) 이 어린양은 그렇게 죽임 당하여 희생제물이 되었다(출 12:27). 그리스도께서도 우리를 위해서 유월절 희생양이 되셨다(고전 5:7). (7) 죽임당한 어린 양은 불에 태워졌다(출 12:8,9). 이것은 그리스도께서 우리의 구원을 위해서 당하셨던 하나님의 맹렬한 진노를 의미하는 것이다. (8) '뼈도 꺾지 말라'(출 12:46). 그리스도의 죽음의 방식을 노골적으로 선언한다(요 19:33-36). (9) 그 어린양을 온전히 다 먹으라고 하셨다(출 12:8,9). 그것은 '그리스도의 살과 피가 영적 양식'이란 것을 교회에 가르치려고 주신 명령이었다. 믿음으로 말미암아 그 중보의 열매가 우리에게 전달됨으로 그리스도의 살과 피가 신령한 양식이 되는 것이다."

"믿음으로 유월절과 피 뿌리는 예식을 정하였으니 이는 장자를 멸하는 자로 그들을 건드리지 않게 하려 한 것이며." 여기에 나타난 두 가지 요점을 따로 생각해야 합니다. 곧 '어린양'과 '그의 피'입니다. 그 두 가지를 함께 합해서 보면 모형적으로 그리스도의 인격과 사역(事役)을 보여줍니다. 그리스도의 하신 일의 가치가 어떠함을 알기 위해서는 그리스도의 '인격'의 정체성을 알아야 합니다. 그리스도의 신적 격위(格位)가 그 인성(人性)의 제사를 '거룩하게 하는 제단'입니다. "맹인들이여 어느 것이 크냐 그 예물이냐 그 예물을 거룩하게 하는 제단이냐."(마 23:19) 성경의 순서는 언제나 그러합니다. "볼지어다 (1) 하나님의 어린양을 (2) 세상 죄를 지고 가는(Behold (1) the Lamb of God, which (2) taketh away the sin of the world- KJV)(요1:29)[24] ; "내가 너희 중에서 (1) 예수 그리스도와 (2) 그의 십자가에 못 박히신 것 외에는 아무것도 알지 아니 하기로 작정하였음이라."(고전 2:2) "장로들 사이에 (1) 한 어린양이 서 있는데 (2) 일찍이 죽임을 당한 것 같더라."(계 5:6) 여기에 오늘날 설교자가 따를 믿음의 유추가 있습니다. 죄인들에게 먼저 선포해야 하는 것은 그리스도의 피가 아닙니다. 자기 백성들을 위해서 피를 흘리신 그 영광스럽고 놀라우신 신인(神人) 중보자로서의 인격을 먼저 선포해야 합니다.

히브리 사람들도 애굽 사람들과 동일하게 죽음의 신적(神的) 보응을 만나게 되어 있었습니다. 죽음의 사자(使者)가 그 절박한 밤에 무서운 일을 시행하여 나갈 때 그러하였습니다. "모든 사람이 죄를 범하였으매 하나님의 영광에 이르지 못하더니."(롬 3:23) 죄의 책임을 지고 있는 자들과 거룩한 하나님 사이에 무죄한 대속 희생물의 죽음의 다리가 놓이지 않고는 공의로 선언

---

24) 우리말 개역개정이나 개역한글은 우리말의 구조상 "보라 세상 죄를 지고 가는 하나님의 어린 양이로다."라 하였다. - 역자 주

되는 심판에서 피할 자가 없습니다. 아브라함의 자손이라는 것이 효력을 발할 수 없습니다. 자기들의 선행과 종교적인 여러 의무(義務)를 감당했노라고 호소해 보았자 충분하지 못했습니다. 금식하며 밤새도록 기도해 보았어도 소용이 없었습니다. 자기들의 죄를 회개하며 고백하고 긍휼을 구하며 하나님께 울부짖어도 소용이 없었습니다. 그러한 행사들 중 그 어느 것도 그들을 안전하게 지켜주지 못했습니다. 그러나 "내가 피를 볼 때에 너희를 넘어가리니."(출 12:13) 그것이 진수적인 요구사항인 것을 하나님은 알려주셨습니다. 지금도 그러합니다. "그리스도의 피"가 아니고는 죄를 깨끗하게 하거나 하나님의 율법을 어긴 죄책인 사망의 중벌에서 사람을 구해낼 것이 없습니다.

"믿음으로 유월절과 피 뿌리는 예식을 정하였으니." "믿음으로(through faith)." 이를 더 낫게 번역하면 '믿음에 의하여(by faith)'입니다. 이 경우의 헬라어는 바로 앞 절 27절과 같습니다. "그는 유월절을 지켰다." 다시 말하면, 그 유월절 제도를 제정하였고 지켰습니다. 구속주께서 친히 '성만찬'을 제정하시고 그 만찬을 드신 것과 같습니다. "피 뿌리는 예식." 여기서 중요한 구분이 있음을 강조해야 합니다. "피 흘림이 없은즉 사함이 없느니라."(히 9:22) "피 뿌림"(벧전 1:2 참조)이 없이는 그리스도의 속죄의 효력이 영혼에 미치지 못합니다. "피 뿌림"은 그 피의 효력을 자신에게 '적용함'을 가리킵니다. 그리스도의 '피 흘리심'은 자기 백성들의 죄를 속(贖)하는 '근거'입니다. '피 뿌림'은 그 효력을 얻게 하는 방편입니다. 출애굽기 12:13에서 이르는 '집의 문에 피를 뿌리는 것'은 멸하는 자에게 그 집에 들어오지 말라는 표시가 되기도 했고, 그 집의 가족들의 안전을 보증하는 것이기도 하였습니다.

그 모든 은혜가 우리에게 미치는 것은 그리스도의 피를 영적으로 '뿌리거나 적용함'으로 말미암습니다. 그것은 마치 상처에 고약을 바르는 것이나, 건강하게 하는 약을 마시거나, 음식을 먹거나, 두루마기를 입는 것에 비유될 수 있습니다. 이 모든 것의 '은혜'는 그것들을 '합당하게 적용함'으로 발생하는 것입니다.

그리스도의 피는 두 가지 방식으로 영혼에 '뿌려집니다.' 첫째로 성령님으로 말미암습니다. "너희 중에 이와 같은 자들이 있더니 주 예수 그리스도의 이름과 우리 하나님의 성령 안에서 씻음과 거룩함과 의롭다 하심을 받았느니라."(고전 6:11) 성령께서는 내적으로 영혼을 설득하시어 그리스도와 우리의 구속을 위해서 고난 받으신 모든 것을 자기 것으로 삼을 '한 권리'를 믿게 하십니다. 둘째로 그리스도의 피가 '뿌려지는 일'은 피를 믿음으로 말미암습니다. "믿음으로 그들의 마음을 깨끗이 하사 그들이나 우리나 차별하지 아니하셨느니라."(행 15:9) 왜냐하면 믿음은 모든 영적 은혜들을 받는 영혼의 '손(hand)'이기 때문입니다. 믿음은 거듭난 영혼을 부추기어 죽기까지 순종하신 그리스도의 복음의 은혜를 개인적으로 적용하도록 그리스도를 의지하게 만듭니다. 이러한 근거 위에서 사도는 "우리가 마음에 뿌림을 받아 악한 양심으로부터 벗어나고 몸은 맑은 물로 씻음을 받았으니 참 마음과 온전한 믿음으로 하나님께 나아가자."(히 10:22)고 권면합니다.

"내가 그 밤에 애굽 땅에 두루 다니며 사람이나 짐승을 막론하고 애굽 땅에 있는 모든 처음 난 것을 다 치고 애굽의 모든 신을 내가 심판하리라 나는 여호와라… 여호와께서 애굽 사람들에게 재앙을 내리려고 지나가실 때에 문 인방과 좌우 문설주의 피를 보시면 여호와께서 그 문을 넘으시고 멸하는 자에게 너희 집에 들어가서 너희를 치지 못하게 하실 것이니라."(출 12:12,23) 도구적으로 그 일을 천사가 대대적으로 수행합니다(삼하 24:16와 왕하 19:35를 참조 비교).2) 그리스도의 피 '뿌림'을 받지 못한 자마다 하나님의 진노를 받게 되어 있습니다. 그러나 그리스도의 피 뿌림 아래에 있는 사람들은 너무 안전한 나머지 멸하는 자가 '건드리지도' 못합니다. 멸하는 자가 그들에게 아무 해도 끼치지 못합니다. "하나님께로부터 난 자는 다 범죄하지 아니하는 줄을 우리가 아노라 하나님께로부터 나신 자가 그를 지키시매 악한 자가 그를 만지지도 못하느니라."(요일 5:18) 하나님께서는 애굽 사람들의 죄를 따라 그들을 심판하셨습니다. 바로는 그 백성들에게 명령하여 히브리 사람에게서 낳은 아들마다 강에 던지라고 하였던 것입니다(출 1:22). 그런데 이제는 그들의 장자들이 죽임을 당하였습니다. 그래서 하나님께서는 그들을 대적하시는 행사가 의로움을 친히 입증하셨습니다. "스스로 속이지 말라 하나님은 업신여김을 받지 아니하시나니 사람이 무엇으로 심든지 그대로 거두리라."(갈 6:7)

이 구절은 전체적으로 그리스도인을 가르칩니다. 하나님께서 지정하신 방편들과 제도들을 바르게 사용하기 위해서는 반드시 '믿음을 행사해야 한다.'고 가르칩니다. 말씀을 듣거나 기도를 하거나, 세례를 받거나 아니면 주의 만찬에 참여하거나 믿음으로 해야 합니다. "믿음이 없이는 하나님을 기쁘시게 못하나니."(히 11:6) 참된 믿음은 하나님께서 보증하지 않으신 것은 무엇이든지 사용하지 않음을 이 구절은 보여줍니다. 명령을 내리시는 그리스도의 권위에 능동적으로 복종을 하는 것이야말로 하나님께 예배를 드리는 모든 행사 속에서 적확하게 요구되는 요점입니다. 모세의 모범은 히브리 그리스도인들의 경우에 잘 맞았습니다. 모세는 '어린양'을 믿는 믿음을 행사하였고, 하나님께서 지정하신 의무들을 수행하였습니다. 육신적 지혜로 보면 불합리하게 보여도, 또는 아무리 불편하고 박해를 몰고 올만한 것이라도 주님을 의뢰하고 순종하는 것이 그들 히브리 그리스도인들의 마땅한 도리요 복락이었습니다. 아멘.

75강

이스라엘의
믿음 I

11:29 믿음으로 그들은 홍해를 육지 같이 건넜으나 애굽 사람들은 이것을 시험하다가 빠져 죽었으며

히브리서 11장에서 사도가 의도하는 바가 무엇입니까? 하나님을 믿는 진실한 믿음의 능력을 보여주는 데 있습니다. 그 믿음은 초자연적인 행사를 산출하며, 단순한 본성을 압도하는 여러 난경(難境)을 극복합니다. 또한 믿음은 혈육으로써는 감당하기 너무 힘든 시련들을 이겨냅니다. 사도는 그 요점을 예증하기 위하여 사례(事例)들을 제시하고 있습니다.

우리는 여기서 주목할 만한 또 하나의 실례를 만납니다. 이스라엘 사람들로 하여금 두려움 없이 물들이 산처럼 쌓여 이룬 이상하게 생긴 벽 사이 '골짜기'로 들어가 반대편 해안에 이를 수 있게 한 믿음의 한 방식을 여기서 봅니다. 같은 방식으로 하나님을 믿는 진실한 믿음은 그리스도인으로 하여금 수를 헤아릴 수 없는 많은 사람들을 멸망시키는 시련과 고통도 통과할 수 있게 하고, 때가 되면 그들 믿음의 사람들로 하여금 완벽한 복락을 누리게 인도할 것입니다.

이상의 믿음의 표본이 가진 강점은 정말 두드러지고 엄숙한 대조를 통하여 더욱 크게 강화됩니다. 이스라엘로 하여금 홍해를 안전하게 건너게 한 믿음의 능력은 애굽 사람들이 힘없이 절망적으로 멸망해 가던 모습을 통해서 더욱 두드러져 보입니다. 그 애굽 사람들은 이스라엘 사람들을 추격해 왔습니다. "애굽 사람들과 바로의 말들, 병거들과 그 마병들이 다 그들의 뒤를 추격하여 바다 가운데로 들어오는지라."(출 14:23) 그러나 그들은 믿음을 갖지 못했습니다. 그들은 히브리 사람들에 대한 증오심과 분노로 움직였습니다. 하나님의 군대가 이상한 순례의 여행을 행한 것은 밤이었습니다. 그런 어두움 속에서 애굽 대군들은 주제넘게 맹목적으로 따랐습니다. 그러나 하나님께서 오랫동안 모독을 받고도 참아내셨으나 이제는 보응하실 시간이 당도한 것입니다.

"새벽에 여호와께서 불과 구름 기둥 가운데서 애굽 군대를 보시고 애굽 군대를 어지럽게 하시며 그들의 병거 바퀴를 벗겨서 달리기가 어렵게 하시니 애굽 사람들이 이르되 이스라엘 앞에서 우리가 도망하자 여호와가 그들을 위하여 싸워 애굽 사람들을 치는도다."(출 14:24, 25) 그러나 때는 너무 늦었습니다. 애굽의 콧대 높은 군주와 그를 따르는 힘 있는 군인들이 여호와께서 지키시는 군대를 거슬러 돌진하는 것은 무모하기 짝이 없었습니다. 믿는 이스라엘 사람들에게는 구원의 통로가 되었던 것이 그들 원수들에게는 무덤이 되었습니다. 우리는 그것을 통해서 알게 되는 것입니다. 믿음의 비밀한 것을 얻기 위해 불신자들이 아무리 노력한다 할지라도 소용이 없어 반드시 좌절할 수밖에 없습니다.

그러나 여기에 하나의 난제가 떠오릅니다. 그것은 그것과 맞붙어 싸우는 거의 모든 자들에게 업신여길 수 없는 무서운 난제입니다. 본문에 보면 "믿음으로 저희가 홍해를 육지같이 건넜다."고 되어 있습니다. 반면에 히브리서 3:18, 19에는 무어라 되어 있습니까? "또 하나님이 누구에게 맹세하사 그의 안식에 들어오지 못하리라 하셨느냐 곧 순종하지 아니하던 자들에게가 아니냐 이로 보건대 그들이 믿지 아니하므로 능히 들어가지 못한 것이라." 그러면 그들의 믿음이란 돌짝밭과 같은 마음을 가진 자들 같이 잠시적인 것에 불과했습니까? 아닙니다. 바로 이 히브리서 11장의 여러 구절들에서 언급된 '믿음'은 구원받을 믿음입니다. 여기 29절에서만 전혀 다른 믿음을 말했으리라고 감히 고집할 수 없습니다.

현재의 이 난제를 해결하려면 성경이 여기서 채용하는 대명사를 주의 깊게 주목해 보아야 합니다. "믿음으로 '그들은' 홍해를 육지같이 건넜으나." 여기서 "믿음으로 이스라엘 자손들은"이라고 말하지 않았습니다. 이스라엘 중 대다수의 사람들이 "믿음이 없는 심히 패역한 종자들이었다."(신 32:20)는 사실이 이후의 역사 속에서 분명하게 드러나기 때문입니다. 그러므로 우리가 다루는 이 본문에서 모세와 아론, 갈렙과 여호수아, 히브리 사람들 중에 믿는 남아있는 이들을 가리키고 있는 것입니다. 그러나 '그 이스라엘 족속 중에서 믿지 않는 부류에 속한 사람들도 안전하게 홍해를 건너지 않았느냐?'고 물을 수 있습니다. 정말 그러합니다. 여기서 우리는 하나의 사실에 대한 실례를 대하는 셈입니다. 불신자들도 흔히 하나님 백성들과 연합하여 잠시 복락에 참여하게 된다는 사실입니다. 이 동일한 원리를 보여주는 또 다른 실례가 사도행전 27:24에 나타나 있습니다. 거기에 보면 배에 탔던 모든 사람들이 바울 때문에 목숨을 건진 것을 알게 됩니다.

히브리서 11:29
"믿음으로 그들은 홍해를 육지 같이 건넜으나
애굽 사람들은 이것을 시험하다가 빠져 죽었으며."

이 구절을 강해하려고 하면서 그 점에 대해서 청교도인 맨튼(Thomas Manton)의 방법을 받아들이는 것이 가장 현명할 것입니다. 그는 그것을 세 가지 방면으로 생각하고 있습니다. 역사적으로, 성례적(聖禮的)으로, 실천적으로 생각하고 있습니다.

1. 먼저 역사적인 방면을 생각해 봅니다.

우리가 다루는 본문은 출애굽기 14장을 뒤돌아보게 합니다. 거기에 보면 바로가 히브리 사람들을 가도록 겨우 허락하였을 때 금방 그는 자기가 허락한 것을 후회합니다. 또한 정탐꾼들을 통해서 이스라엘 사람들이 비하히롯 해협에서 장막을 친 것을 알게 되고, 이스라엘 사람들을 추적하여 다시 애굽으로 끌고 오든지 아니면 멸하든지 해야겠다고 마음을 먹습니다. 바로는 그 큰 군대의 진두에서 이스라엘 사람들을 추적하여 재빠르게 나아갔습니다. 그 추이는 이러하였습니다. "바로가 가까이 올 때에 이스라엘 자손이 눈을 들어 본즉 애굽 사람들이 자기들 뒤에 이른지라 이스라엘 자손이 심히 두려워하여 여호와께 부르짖고 그들이 또 모세에게 이르되 애굽에 매장지가 없어서 당신이 우리를 이끌어 내어 이 광야에서 죽게 하느냐 어찌하여 당신이 우리를 애굽에서 이끌어 내어 우리에게 이같이 하느냐 우리가 애굽에서 당신에게 이른 말이 이것이 아니냐 이르기를 우리를 내버려 두라 우리가 애굽 사람을 섬길 것이라 하지 아니하더냐 애굽 사람을 섬기는 것이 광야에서 죽는 것보다 낫겠노라."(출 14:12-14)

모세와 함께했던 이스라엘 사람들은 정말 절망적인 상황에 직면한 것입니다. "그들은 큰 요새 믹돌과 바다 사이에 갇혀서 꼼짝 하지 못하는 상태가 되었다. 믹돌 요새는 수루까지 뻗어 있었으며 애굽을 아시아 사람들의 침략에서 보호하기 위해서 건설된 성벽이었다. 그런데 바로의 군대가 뒤에 있다. 또 다른 쪽을 보니 광야다. 그러니 어쩔 수 없는 위치에 있었다(출 14:2,3). 정말 위기가 아닐 수 없었다."(E. W. B) 불쌍한 이스라엘 사람들이 무엇을 할 수 있었던가요? 이스라엘은 남녀노소가 함께 섞여 있었고, 훈련받지 않은 사람들이 대다수였습니다. 그러니 애굽 군사들과 싸운다는 것이 감히 상상이나 가겠습니까? 그러니 그들은 강력한 정규군의 추적을 받고 있었습니다. 그들은 날아갈 수도 없었습니다. 그들은 사방으로 완전히 포위당하였습니다. 겉으로 보기에 그들의 상황은 절망적이었습니다. 인간적인 이성으로 볼 때에 지독한 파멸 이외에 그 어떤 것도 기대할 수 없었습니다.

이스라엘이 직면한 그 상황은 절망적인 것이었습니다. 만일 그들을 위하시는 주님께서 강한 손을 드러내지 않으셨다면 그들은 영락없이 멸망했을 것입니다. 그러나 "하나님이 우리를 위하시면 누가 우리를 대적하리요?" 사랑하시는 독자들이여, 우리 각 자 명심해야 하는 큰 요점이 그것입니다. 우리가 그렇게 해왔다면 그 요점을 향한 흔들림 없는 확신을 가지고 하나님께서 우리를 위하신다는 믿음으로 서 있어야 합니다. 하나님께서 약속하지 않으셨습니까? "네가 물 가운데로 지날 때에 내가 함께 할 것이라 강을 건널 때에 물이 너를 침몰치 못할 것이며."(사 43:2) 믿는 마음으로 구할 수 있는 것보다 더 좋은 확신이 무엇입니까? 물이 아무리 깊고 멀리까지 뻗어 있다 한들, 원수 같은 환경이라는 '물'이 아무리 어둡고 불길한 예감을 준다 할지라도, "그 물이 우리를 침몰하지 못하게 할 것이라."고 선언하신 분이 거짓말하실 수 없는 하나님이 아닙니까!

"모세가 백성에게 이르되 너희는 두려워하지 말고 가만히 서서 여호와께서 오늘 너희를 위하여 행하시는 구원을 보라 너희가 오늘 본 애굽 사람을 영원히 다시 보지 아니하리라."(출 14:13) 백성의 질책에 흔들리지 않고 지혜롭게도 그들의 말에 아무 대꾸를 하지 않은 모세는 그들의 마음을 육신의 눈으로 보는 위험에서부터 떼내어 여호와를 향해 생각하도록 촉구하였습니다. 그들은 "눈을 들어 애굽 군사들"을 보았습니다(10절). 다시 말하면 "여호와의 구원"을 본 것입니다. 이것은 육신적인 눈을 가진 사람에게는 전혀 보이지 않습니다. 만일 그들의 마음이 전능하신 하나님을 향하여 부단하게 가 있어 하나님 생각에 사로잡혀 있다면 두려워 떠는 마음은 가라앉혀질 것입니다.

사랑하는 독자들이여, 모세의 마음속에서 역사했던 하나님의 은혜가 일으킨 그 담대한 확신은 얼마나 놀라운가요! 천성적으로 모세는 우리와 똑같은 감정과 연약성을 가진 유약한 사람이었습니다. 그러나 흔들리거나 자기 편에서 의심하지 않았습니다. "너희는 두려워하지 말고 가만히 서서 여호와께서 오늘 너희를 위하여 행하시는 구원을 보라 너희가 오늘 본 애굽 사람을 영원히 다시 보지 아니하리라."(출 14:13) 그것이 바로 믿음의 언어입니다. 초자연적인 하나님께서 주신 믿음의 언어였습니다. 모세는 그들이 직면한 어려운 상황의 위험과 난제들로 마음이 사로잡히지 않았습니다. 대신 그는 전능하신 하나님께 사로잡혔습니다. 그분 앞에서 모든 난제는 떠오르는 태양 앞에서 안개와 같이 사라집니다. "여호와께서 너희를 위하여 싸우시리니 너희는 가만히 있을지니라."(14절) 일단 그 사실에 안착할 수만 있다면, 의심은 끝나고 놀라움도 잦아듭니다.

"믿음은 들음에서 나며 들음은 그리스도(하나님)의 말씀으로 말미암았느니라."(롬 10:17) 믿음은 서 있어야 할 기초를 가져야 합니다. 오직 확고한 기초는 살아계신 하나님의 약속입니다. "너희는 두려워 말고 가만히 서서 여호와께서 오늘날 너희를 위하여 행하시는 구원을 보라… 여호와께서 너희를 위하여 싸우시리니 너희는 가만히 있을지니라." 이 말씀은 믿음 있는 히브리인들 각자가 믿음으로 서기에 필요한 터를 제공하였습니다. 믿음의 눈은 육신의 눈이 보기 전에 하나님의 '구원,' 또는 하나님의 구출을 보아야 합니다. 오직 분명한 것은 하나님의 말씀만이 그들의 마음에 힘을 주어 그들 앞에 놓인 대양(大洋)으로 나아가게 할 수 있었습니다. 그들에게 하나님의 약속이 '들려졌고' 그 다음에 "앞으로 나가라."는 명령이 따라왔습니다.

"여호와께서 모세에게 이르시되 너는 어찌하여 내게 부르짖느뇨 이스라엘 자손을 명하여 앞으로 나아가게 하고 지팡이를 들고 손을 바다에 내밀어 그 것으로 갈라지게 하라 이스라엘 자손이 바다 가운데 마른 땅으로 행하리라."(출 14:15,16) 그처럼 모세의 마음은 바로 이때에 고요한 묵상에 젖어 있었음을 알게 됩니다. 여기서 말씀하시는 여호와의 은혜를 간구하는 데 전념하였음을 배우게 됩니다. 여기서 하나님의 말씀을 책망으로 이해하지 말아야 합니다. 결코 아닙니다. 모세는 명령의 말씀을 기다리고 있었습니다. 그 것이 주어지기까지 그는 주님을 바라보며 계속 자신을 지키고 있었습니다. "이스라엘 자손이 바다 가운데 육지로 걸어가고 물은 그들 좌우에 벽이 되니."(22절)

이 부분에 대하여 토마스 맨튼(Thomas Manton)은 이렇게 주해합니다.

"모세가 지팡이로 신호하자 바다는 이적적으로 갈라지고, 양편에 쌓아 놓은 얼음덩이처럼 똑바로 서 있었다. 그들이 그것을 통과하는 동안에 그러하였다. 이런 가운데서 그들은 안전하게 진행해 나갔다. 바다는 그들 양편에서 출렁이고 있었다. 그들과 애굽 왕 바로의 군대 사이에 구름기둥과 불기둥이 있어 그들의 뒤는 안전하게 보호되었다. 모든 백성이 위험에서 온전히 벗어나 안전하게 저 편 해안에 도달할 동안 그러하였다. 어른이고 어린아이고 한 사람도 다치는 사람이 없었다. 애굽 사람들은 사냥감을 추적했다. 악이란 부패하여 눈을 어둡게 만드는 법이다. 하나님께서 멸하시고자 예비된 자들은 자신들의 머리 위에 덮히려 준비된 물길 사이로 들어섰다. 다시 모세가 지팡이를 내밀어 신호를 보내자 순식간에 그 물은 그들을 삼켜 버렸다."

존 오웬(John Owen)은 이에 대하여 이렇게 말하였습니다.
"하나님의 책인 성경 전체에서 이 대목 만큼 하나님의 섭리의 역사와 더불어 믿음의 능력을 더 크게 보여주는 실례가 없다. 완고한 주제넘음을 수반한 불신앙을 맞아 믿음이 그 힘겨루기에서 어떤 능력을 보여주는지를 이 대목은 참으로 잘 그려 보여주고 있다. 여기서 우리는 애굽 사람들과 이스라엘 사람들 사이에 오랫동안 끼어왔던 갈등의 결과와 그 종말을 대하고 있는 것이다. 이것은 어떤 의미에서 세상과 교회 사이의 싸움이 결국 어떻게 끝날 것인지를 보여주는 확실한 모형이요 증거다. 교회와 세상 사이의 오랫동안의 갈등은 교회의 완벽한 구원으로 끝을 맺을 것이다. 결국 그 때에 세상은 완전하게 멸망할 것이다."

밤이었지만 하나님의 구름 기둥이 이스라엘 사람들에게 '빛'을 비추었습니다(출 14:19). 양편의 물 벽은 분명 정말 무시무시하였을 것입니다. 바다는 양 물 벽까지 와서 가장 높은 파도 모양으로 출렁거렸을 것이니 말입니다. 그러한 물 벽 사이로 걸어가는 데는 보통 믿음이 필요한 게 아니었습니다. 그 물 벽은 자연의 법칙상 언제라도 그들에게 덮쳐 와 그들을 멸할 것 같이 보였을 것이고, 그 물 벽은 똑바로 서서 눈에 보이지 않는 한계 속에서 제자리를 지키고 있었을 따름입니다. 그러나 그들은 자기들의 안전을 위한 하나님의 보증과 약속을 나타내는 하나님의 명령을 들었습니다. 그 약속과 명령의 말씀을 붙잡기만 하면 모든 두려움과 위험을 극복하기에 충분합니다. 모세 자신도 그들을 인도하고 그들에게 용기를 주기 위해(그리스도의 모형으로서) 선두에 섰습니다. 그 요점은 이사야 63:11-13의 말씀을 통하여 분명하게 드러납니다. "그의 영광의 팔이 모세의 오른손을 이끄시며 그의 이름을 영원하게 하려 하사 그들 앞에서 물을 갈라지게 하시고."

2. 이제는 본문에서 설명되는 주목할 만한 사건을 '성례전(聖禮典)'의 관점에서 간단하게 숙고하여 보기로 합니다.

고린도전서 10:1, 2에서 우리는 이런 말씀을 듣습니다. "형제들아 나는 너희가 알지 못하기를 원하지 아니하노니 우리 조상들이 다 구름 아래에 있고 바다 가운데로 지나며 모세에게 속하여 다 구름과 바다에서 세례를 받고." 우리가 이 본문을 통하여 배우는 바는 이러합니다. 이스라엘이 홍해를 건넌 것은 그리스도인이 지금 세례를 받고 있는 것과 같은 일이었다는 것입니다. 두 사건들 사이에 유사점이 많습니다.

그 요점들을 토마스 맨튼(Thomas Manton)은 상세하게 밝히고 있으며, 가우지(W. Gouge)는 그것들을 더욱 상세하게 진술하였습니다. 우리는 여기서 가우지가 진술한 것을 몇 가지로 요약해 봅니다.

(1) 이 이적은 모세의 사역의 위치를 확증하여 줌으로써 이스라엘 백성이 모세를 자기들의 지도자와 율법을 전하여 준 자로 인정하지 않을 수 없게 되었다. 그와 같이 그리스도께서 행하신 이적들은 우리로 하여금 그분이 복을 주실 자로 하나님께 보내심을 받은 사실을 확증하여 주었다. 그래서 우리는 마땅히 그분의 말씀을 듣고 순종해야 함을 확신해야 한다.

(2) 이스라엘의 체험은(상징적으로) '세례를 나타냈는데, 그것은 하나님께서 당신의 백성들과 원수들 사이에 구별해 놓으신 차이를 의미하였다. 이스라

엘이 애굽에서 구원받은 것은 홍해를 건넘으로써 확정되었다. 세례는 노아의 방주에 대한 상징적인 표증이다(벧전 3:20,21). 방주에 타고 있던 사람들이 그 재난에서 벗어난 것처럼, 그리스도 안에 있는 사람들은 장차 세계를 압도하게 될 하나님의 진노의 재난에서 벗어나게 될 것이다.

(3) 그들은 "구름과 바다에서 세례"를 받았다. 왜냐하면 하나님의 명령에 순복하기 위해서 그들은 하나님의 모든 지시에 자신을 내어 맡기었다. 그와 같이 세례를 통해서 우리는 우리 자신을 그리스도께 바치며 그리스도를 우리 주와 상전으로 모시겠다고 서약한다.

(4) 홍해를 건너는 것과 세례를 받는 것은 동일하게 외적인 표증들을 갖고 있는데, 그것이 바로 '물'이다(마 3:6).

(5) 그 두 사건은 유사한 의식(儀式)들로서, 물로 들어가고 물에서 나오는 의식들이다(행 8:28,29).

(6) 그 둘은 하나님의 명령과 하나님의 약속이라는 동동한 근거를 가지고 있다(출 14:13,16 ; 마 28:19 ; 막 16:16). 그 둘은 하나님의 자녀들 모두에게 동등하게 주어졌다(마 28:19).

(7) 그 사건들은 딱 한번만 시행되는 것이었다(엡 4:5).

3. 우리는 주님께서 이 기이한 사건으로 우리를 가르치려는 실천적인 교훈들 몇 가지를 다음과 같이 정리해 봅니다.

(1) 하나님의 백성은 '큰 시련을 대면하라.'는 부르심을 받을 때가 있습니다. 고난과 역경의 홍해가 그들 앞에 당도할 때가 있다는 말입니다. 그들 앞에 바다를 놓으신 분은 원수가 아니라 하나님 자신이었음을 신중하게 주목해야 할 것입니다. 이 사실은 홍해가 때로는 우리를 연단하시는 하나님의 섭

리를 나타내는 표증임을 보여줍니다. 주님께서 거듭난 그리스도인의 길에 그것을 놓으시기도 합니다. 그리스도인의 믿음을 연단하시고 하나님을 신뢰함의 진정성을 테스트하기 위해서 그렇게 하신 것입니다. 때로 이러한 시련은 회심 다음에 즉각 주어지는 때도 있습니다. 때로는 우리 가족 중 경건치 않은 어떤 사람의 대적으로 그 모습이 드러나기도 합니다. 또한 어떤 사업상의 일을 통한 연단도 있습니다. 주일에 일을 하라고 요구하는 것과 같은 경우로 나타나기도 합니다. 여러분이 지금 양심을 가지고는 계속할 수 없는 일을 하라는 식으로 오기도 합니다. 만일 그것을 하지 않으면 생활의 방편을 포기하는 것을 의미하는 것이어서 어찌할 바를 모르게 되는 시점까지 가기도 합니다. 모든 사람들이 보기에 정직하게 일을 처리하지 못할 수 있는 입장에 서기도 합니다. 이스라엘이 애굽의 속박에서 벗어났을 때와 같이, 모든 것을 하나님께 맡겨 버리는 것이 쉬울 것 같아 보입니다. 그러나 지금 시련의 홍해가 여러분 앞에 있고, 그것을 건너는 것은 전혀 불가능해 보입니다.

(2) 때로 하나님의 자녀들은 '강력한 원수의 위협으로 말미암아 두려움에 빠지게' 되기도 합니다. 이스라엘을 추적하여 홍해까지 따라온 애굽 사람들은 그리스도인들 속에 있는 죄를 영적으로 표현해 주는 상징으로 볼 수도 있습니다. 그리스도인들은 자기들의 죄가 해결되었다고 생각을 하고 있었는데 여전히 아직 자기들 속에 남아 있는 죄의 세력을 만나게 됩니다. 회심한지 얼마 되지 않은 기간 동안에는 죄가 거듭난 신자를 그렇게 많이 괴롭히지는 않습니다. 주님께서 자기를 위해 행하신 그 큰일을 생각하면서 기쁨과 찬양으로 충만합니다. 그러나 오래지 않아 그는 사도가 처하였던 것과 같은 처지에 서 있는 자신을 발견합니다. "내 지체 속에서 한 다른 법이 내 마음의 법과 싸워 내 지체 속에 있는 죄의 법 아래로 나를 사로잡아 오는 것을 보는도

다."(롬 7:23) 사탄은 어린 성도를 추적하고, 때로는 지옥의 모든 권세가 풀려나 그를 대적하는 것처럼 보이기도 합니다. 그런 때 우리의 죄는 우리가 용서받기 전보다 더 극복할 수 없을 정도로 거센 모습을 드러내 보입니다. 애굽에서 우리를 감독했던 사람들은 회초리를 가지고 나타났지만, 이제 그들은 병거를 가지고 떼로 몰려왔습니다. 회심하기 전보다 회심한 후에 죄가 더 무시무시하게 보입니다. 그래서 우리는 마음의 부패를 더욱더 날카롭게 느끼게 되는 것입니다.

(3) 하나님의 백성은 흔히 '연약한 마음' 때문에 고통을 받습니다. 이스라엘 사람들이 애굽 사람들을 보았을 때에 그들은 지독하게 무서워하였습니다. 홍해를 쳐다보면서 자기들의 구원받은 사실은 잊고 불만을 토로했습니다. 연약한 마음은 그리스도인이 이 땅에서 가지는 것 중에서 가장 악한 원수입니다. 믿음의 닻이 반석 위에 깊이 고정되었을 때에 그리스도인은 더 이상 고통을 두려워하지 않습니다. 그러나 믿음의 손이 풀려지거나, 믿음의 눈이 희미해질 때 그 고통은 우리에게 어렵게 될 것입니다. 믿음이 잠잘 때의 우리는 가장 작은 시냇물이 흐르는 소리에도 놀라 소리지릅니다. 그럴 경우 홍수가 오면 영락없이 물에 빠지고 맙니다. 그러나 믿음이 다시 세력을 얻으면 어떠한 난관이나 위험의 대양(大洋)도 두려워하지 않습니다. 그리스도 안에서 갓난아이는 작은 믿음 밖에는 없습니다. 그는 작은 체험밖에는 하지 못한 사람입니다. 그는 하나님의 약속을 경험하지 않았으며, 하나님의 신실하심을 알지 못합니다. 그러나 은혜로 주님을 아는 지식 안에서 자라나게 되면 믿음에 견고하게 서게 되고, 그는 홍해나 애굽 사람 앞에서도 절망하지 않을 것입니다. 그러나 그 때에도 잠시 동안은 두려워 떨면서 "내가 어떻게 해야 구원을 얻겠는가?"라고 물을 것입니다.

(4) 하나님의 백성들은 여기서 큰 시련 가운데서 어떻게 행동해야 하는지를 배웁니다. 이스라엘 사람들이 바로 그 큰 위기 속에서 받은 첫 번째 말씀은 "두려워하지 말고 가만히 서 있으라."였습니다. 두 번째 말씀은 "여호와께서 오늘날 너희에게 행하시는 구원을 보라."는 것이었습니다. 그리고 세 번째 말씀은 "앞으로 나아가라."는 것이었습니다(출 14:13,15). 우리가 부지런히 이 세 가지 일들을 주장하시는 하나님의 순서를 주목하는 것은 대단히 중요합니다. 우리는 (믿음으로) "주의 구원을 보는 일을 먼저" 하지 않으면 앞으로 나아갈 준비가 되어있지 않은 셈입니다. 우리의 두려움이 잠잠해지고 가만히 서 있어야 그 '주의 구원'을 바르게 볼 수 있습니다. 다른 말로 해서, 우리 자신이 스스로 서려 하거나 육체의 열심히 일하려는 분주함을 정지하고 돌아서기까지는 '주의 구원'을 보지 못한다는 말씀입니다.

하나님께서 그리스도인에게 계속 요구하시는 것은 '앞으로 나아가라.'입니다. 마땅한 도리의 길을 벗어나지 말고 끝까지 견지하면서 하나님의 명령과 교훈이 인도하는 그 좋은 길로 향하라는 것입니다. 여러분 앞에 있는 장애가 어떠하다 할지라도, 또 여러분의 환경이 어떠하며 난관과 위험의 홍해가 여러분 앞에 어떻게 놓여 있다 하여도 "나아가라" 말씀하십니다. 하나님께서 여러분을 향하여 권위 있게 그리 말씀하시는 것입니다.

'그러나 그렇게 하는 것이 정말 쉽지 않은 경우들이 자주 있다.'는 반론이 나올 만합니다. 사랑하는 독자들이여, 그러나 우리는 그것을 보다 더 강력하게 진술하려 합니다. 그 일은 단순한 인간의 본성으로는 불가능합니다. 마음이 연약해져 있고, 난관과 위험이 크다는 것 때문에 압도당했다 합시다. 그러면서 자신의 뒤에서 위험이 서성거리고 있을 때에 무엇을 할 수 있다는 말입니까? 먼저 두 가지 일을 해야 합니다. 첫째로, "가만히 서 있는 것"입니다. 일을 더 낫게 하려는 그대의 노력은 아무 유익을 가져오지 못할 것이며,

그대의 지혜는 어떠한 문제 해결책도 되지 못할 것입니다. 그러니 "가만히 서 있으십시오." 둘째로, 자신이 모든 것을 해보려는 것을 중단하는 것입니다.

그러나 여러분은 이렇게 대꾸할 것입니다. '그러나 내게는 감당해야 할 책임들이 있고 내가 이행해야 할 의무가 있지 않은가!' 정말 그러합니다. 그러나 홍해가 여러분 앞에 놓여 있는 지점에 와 있음을 알아야 하는 것입니다. 그런 경우에 기가 막혀서 어디로 향해야 할지 알지 못하는 것입니다. 이런 곤궁한 위기 속에서 하나님께서 하시는 말씀은 "가만히 서 있으라."는 것입니다. 이 말씀은 여러분이 무릎을 꿇고 주님께 부르짖으라는 말씀입니다. 여러분의 어려움에 대해서 모두 하나님께 아뢰며, 모든 짐을 주 하나님께 짐을 부리고 자유롭게 되라는 것입니다. 그분 앞에 여러분의 긴박한 필요를 아뢰라는 말씀입니다. 그러면 아마 여러분은 이렇게 대꾸하고 싶겠지요? '그렇게 해보았지만 이때까지 홍해를 건널 그 어떤 길도 내 앞에 나타난 적이 없다.' 바로 그 때 이제 하나님의 다음 말씀을 받을 준비가 되어 있는 셈입니다.

"여호와께서 오늘 너희를 위하여 행하시는 구원을 보라." 이 말씀은 무슨 뜻입니까? 살아계신 하나님께 대한 '믿음의 행사'가 무엇임을 보여줍니다. 여러분을 위해서 행하시는 하나님을 믿는 것, 하나님께서 그렇게 하실 것이라는 확신 있는 기대감을 갖는 것이 '믿음의 행사'라는 것입니다. 성령께서 여러분 속에서 이 믿음을 일으켜 주십사고 울부짖으십시오. 여러분의 하늘 아버지께서 여러분을 위해서 자신의 강한 모습을 드러내 보이실 것임을 진실로 확신시켜 주시는 성령님의 역사가 있을 때까지 무릎을 꿇고 있으십시오. 하나님의 약속된 그 어느 하나가 마음속에 강하게 적용되기까지 하나님 앞에서 기다리십시오. 그런 다음에야 "앞으로 나아갈 준비"가 된 것입니다. 그럴 때에 여러분의 도리와 책임을 감당할 준비가 된 것입니다. 그 때에 여러분이 할 일을 찾게 되고, 새로운 힘으로 그 일을 위하여 진행하여 나갈 채비가 된 것입니다. 그리스도인은 눈에 보이지 않는 것을 눈에 보이는 것처럼 '볼' 때만 "앞으로 나갈" 준비가 되어 있는 셈입니다. 다시 말하면 그 구원이 실제적으로 우리를 위해서 행해지기 전에 먼저 믿음으로 그 여호와의 구원을 볼 수 있어야 한다는 것입니다.

세상에 있는 그리스도인들에게 요구되는 순례의 길은 "하나님 명령을 순종하는 길"입니다. 신령한 믿음이 아니고는 하나님의 요구에 부응하는 마음의 성향을 가지게 할 것이 없습니다. 또한 하나님의 자비를 기대하는 마음을 가지게 하는 것도 바로 그 신령한 믿음 밖에는 없습니다. "여호와여 내가 주의 구원을 바라며 주의 계명을 행하였나이다."(시 119:166) 이는 믿음이 행하는 위대한 일입니다. 이스라엘 사람들이 하나님께 복종하고, 하나님께서 그 위험천만한 자리에서 자신들을 구원해 줄 것을 기다리려 할 때에 바로 그 믿음을 가져야 했던 것입니다. 하나님께서 주신 믿음이 아니고는 참으로 어려운 위기 속에서 하나님께 복종할 용기를 갖지 못합니다. 만일 우리한테 홍해를 건너라고 명령하시면 우리는 머뭇거려서는 안 됩니다. 하나님의 계명은 그 어느 것이라도 불순종하지 말아야 합니다. 설령 그렇게 하는 것이 우리의 혈육과 대치되어도 순종해야 합니다. 믿음은 우리에게 가장 극단적인 상황 속에서도 하나님을 의지하라고 가르칩니다. 믿음은 하나님께서 지정하신 조건과 차원에서 하나님의 약속을 받아들입니다. 만일 이스라엘 사람들이 '주의 구원'을 받으려 한다면, 그들은 '반드시' 하나님의 명하시는대로 행합니다. 믿음과 구원은 태양의 빛과 열이 나눠질 수 없는 것처럼 분리될 수 없습니다.

아브라함이 하나님께 부르심을 받을 때에 갈대아 우르를 떠나게 되었습니다. 그 때에 "갈 바를 알지 못하고" 나아갔습니다. 이처럼 이스라엘 사람들도 "앞으로 나아가라"는 명령을 받았습니다. 바다가 그들 앞에 출렁거리고 있는 데도 말입니다. 그들의 발이 물가에 닿기 전까지는 그 일이 일어나지 않았을 것입니다.

본성은 '그러한 일을 못하겠다.'고 버티었을 것입니다. 그러나 믿음은 안전하게 그 바다를 건넜습니다. 그들은 바로의 대군에게 멸절당하지 않을까 두려워했었습니다. 그들은 바다 밖에는 피할 길이 없으니 이제 도피의 수단은 끝이 났다 생각하였을 것입니다. 그럼에도 불구하고 하나님의 계명에 순종하였습니다. 그렇게 함으로써 "이스라엘 자손이 바다 가운데 육지로 행하고 물은 그들의 좌우에 벽이 되니."(출 14:22)

사랑하는 독자들이여, 하나님께 순종하면 우리가 잃는 것이 결코 없음을 배웁시다.

"믿음으로 그들은 홍해를 육지 같이 건넜으나." 참된 믿음은 그 사람을 그 사람 자신보다 높이 들어 올립니다. 믿음은 인간적인 정신보다 더 높은 정신으로 그를 끌어 들이며, 이성과 감각의 모든 장애 요소들을 극복하게 만듭니다. 믿음은 지금까지 두려워하던 이스라엘 사람들로 물 벽 사이에 난 그 이상한 통로를 과감하게 건너게 했습니다. "육지 같이(마른 땅 같이)." - 이 말은 여자들이나 자녀들도 밟아 건널 수 있도록 그 대양(大洋)의 바닥에 길을 내신 하나님의 섭리를 크게 나타내려고 덧붙여졌습니다. - 마치 그 길은 잘 다져진 평지의 고속도로처럼 건넜었다는 말입니다. 믿음으로 그들은 '건넜습니다.' 그들은 몇 발자국만 걸어간 것이 아니라 계속해서 여러 마일을 몇 시간 동안 걸었습니다.

사랑하는 형제들이여, 하나님께서 그대에게 행하라고 하는 것은 무엇이든지 주저하지 말고 감행하십시오. 하나님께서 모든 난관과 위험을 무사히 통과하게 하실 것을 확신하십시오.

"애굽 사람들은 이것을 시험하다가 빠져 죽었으며." 이스라엘 사람들이 구원받은 그 방편이 애굽 사람들에게는 멸망의 방편이 되었습니다. 고린도후서 2:16의 말씀을 들어 보세요. "이 사람에게는 사망으로부터 사망에 이르는 냄새요 저 사람에게는 생명으로부터 생명에 이르는 냄새라 누가 이 일을 감당하리요." 히브리 남자 아이들을 죽인 바로가 저지른 죄악의 형벌을 물속에서 받게 하신 것입니다(출 1장).

(5) 우리가 이 대목에서 받는 또 다른 실천적인 교훈은 무엇입니까? 하나님의 백성들은 "하나님의 섭리를 확신"할 수 있게 된다는 것입니다. 이스라엘 사람들이 하나님께서 믿음으로 "앞으로 나아가라" 하신 명령에 순종했을 때, 하나님께서는 이적으로 그들의 곤궁한 상태에서 그들을 건져주셨습니다. 이것이 기록된 것은 우리의 마음에 용기를 주기 위함이었습니다.

거기에 홍해를 놓으신 분이 하나님이셨습니다. 또 하나님께서 그 홍해를 건너게 이스라엘 사람들에게 길을 여셨습니다. 그러므로 그리스도인 독자들이여, 지금 그대들에게 부닥쳐 온 그 난제와 위기와 위험을 가져다 놓으신 분이 마귀가 아니라 하나님이십니다. "이는 만물이 주에게서 나오고 주로 말미암고 주에게로 돌아감이라 그에게 영광이 세세에 있을지어다 아멘."(롬 11:36) 하나님께서 홍해를 만드셨습니다. 그러니 그분만이 그 홍해를 건널 길을 여실 수 있습니다. 그러므로 실수 없으신 하나님의 지혜를 믿으세요. 그대들을 위한 하나님의 전능하신 능력을 헤아리십시오.

가만히 서 있으십시오. 그리고 하나님의 명령에 순종하여 나아가십시오. 그러면 하나님께서는 친히 당신 자신을 위해서 그 강하심을 보여 주실 것입니다. 하나님께서는 당신을 온전하게 믿고 지체 없이 순종하는 사람들을 결단코 버리지 아니하실 것입니다. 아멘.

76강

이스라엘의
믿음 II

11:30 믿음으로 칠 일 동안 여리고를 도니 성이 무너졌으며

우리는 지난 강론에서는 29절에 있는대로 모세의 명령과 본을 따라 행한 이스라엘 중 믿음의 백성들, 곧 '남은 자들'의 믿음을 생각하여 보았습니다. 이제 우리가 이 강론에서 살펴 볼 30절의 본문은 여호수아의 지도 아래서는 그들의 믿음이 어떤 승리를 거두었고 어떤 모양이었는지를 발견하게 될 것입니다. 그들이 애굽에서 벗어날 때 믿음으로 무엇을 성취했는지를 보았다면, 여기 30절의 본문에서는 약속의 땅으로 들어갈 때에 그 믿음이 어떤 일을 성취했는지를 발견하게 됩니다.

그들 하나님의 백성은 믿음으로 멍에를 벗어 버렸듯이, 같은 믿음으로 가나안 땅을 소유하게 된 것입니다. 우리는 이 사실을 통해서 성도의 참된 생활은 처음부터 끝까지 믿음의 삶임을 배웁니다. 믿음이 없이는 더 이상의 삶의 진전이 있을 수 없으며, 승리는 더욱 못 얻고, 하나님의 영광을 이루는 은혜를 맺지도 못합니다.

히브리서 11:29과 11:30 사이에는 40년의 시간적 간격이 있습니다. 그 점을 유념하는 것이 중요합니다. 그들은 이 40년 동안을 광야에서 있었습니다. 그들은 불신앙 때문에 하나님께 판단을 받았습니다(히 3장). 독자 여러분, 만일 여러분의 삶을 기록에 옮긴다면 살아온 삶의 날들 중에서 하나님의 은혜에 부합한 믿음의 행동을 한 날들로 기록될 시기는 언제일까요?

히브리서 11:30

"믿음으로 칠 일 동안 여리고를 도니 성이 무너졌으며."

본문 속에서 나타난 그 주목할 만한 사건은 여호수아 6장에서 상세하게 진술되어 있습니다. 그 6장은 이렇게 시작합니다. "이스라엘 자손들로 말미암아 여리고는 굳게 닫혔고 출입하는 자가 없더라." 이스라엘 사람들은 가나안 변경에 당도하게 됩니다. 그들은 요단강을 안전하게 건넜으나 여리고 때문에 그 땅에 들어갈 수 없었습니다. 여리고 성은 강력한 요새를 구축하고 있어 그들이 쉽게 들어갈 수 없었습니다. 그 성을 탐지하고 돌아온 정탐꾼들은 너무 놀란 나머지, "그 백성은 우리보다 장대하며 그 성문은 크고 성곽은 하늘에 닿았다."(신 1:28)고 보고하였습니다. 그들의 눈에는 그 땅의 성들이 난공불락(難攻不落)으로 보였으며, 그 성들이 너무 강하여 도저히 함락할 수 없게 보였습니다.

여리고는 맨 앞에 위치한 도성이었습니다. 그 도성은 가나안 땅으로 들어가는 열쇠와 같은 길목에 있었던 것입니다. 이스라엘 사람들이 그 땅을 정복하여 그 약속의 기업을 차지하기 위하여 나아갈 수 있으려면 반드시 그 도성을 함락시키는 것이 반드시 필요하였습니다. 그것을 함락시키지 못하면 이스라엘 자손들은 낙망할 뿐 아니라, 가나안 사람들의 사기를 크게 진작시키는 일이 되었을 것입니다. 그 도성은 원수의 주도적인 성채였으며, 의심할 여지없이 그들은 '그 성이야말로 도저히 공격당할 수 없는 성이라.'고 생각했을 것입니다. 그러나 그 성이 대포와 같은 병기를 전혀 갖지 않은 백성들 앞에서 무너졌으며, 어떠한 전투도 해보지 않은 사람들에게 주어진 것입니다. 여호수아의 명령에 따라서 그들이 행한 일은 다만 믿음으로 매일같이 한 바퀴씩 엿새 동안 도는 일이었습니다. 그리고 제 칠일에는 일곱 번을 돌았습니다. 그때 그들이 큰 고함을 쳤더니 그 성이 그들 앞에 폭삭 무너져 내렸습니다. 여기서 우리는 매우 중요하고 많은 교훈을 배우게 됩니다. 우리가 그 놀라운 사건에 대해서 보다 상세하게 생각하기 전에 먼저 몇 가지 간단하게 언급해야 할 것이 있습니다.

첫째, 하나님의 길은 우리의 길과 전혀 다를 때가 흔하다는 점입니다. 그처럼 강력한 성채가 그 주위를 돈 사람들의 고함소리에 의해 완전히 무너져 내렸다는 일을 들어본 적이 있습니까? 아, 하나님께서는 사람의 교만을 꺾어 버리시기를 좋아하십니다. 이스라엘의 지도자와 율법을 준 자는 갈대 상자에서 생명의 보존함을 입었습니다. 블레셋의 대단한 거인이 물매와 돌 하나에 맞아 쓰러졌습니다. 엘리야 선지자는 과부가 가진 한 움큼의 밀가루를 통해 연명하였습니다. 세례 요한은 광야에서 메뚜기와 석청으로 연명했습니다. 구주께서는 짚더미에서 태어나시어 구유에 누이셨습니다. 주께서 선택하신 제자들은 대부분 많이 배우지 못한 어부들이었습니다. 이와 같은 두드러진 예증들은 바로 이 문단을 시작하는 문장에 부합한 것들입니다. 사람들 중에 크게 높임을 받는 것이 하나님 보시기에는 혐오거리입니다. 이 점을 기억하는 것이 좋습니다.

둘째, 하나님께서는 모든 자연적인 방편에 의존하지 않으시고 '자연보다 훨씬 뛰어나신 분'이십니다. 일반적인 법칙으로 하나님께서는 자연적인 방편을 사용하시어 복을 주시기를 기뻐하시는 것이 상례입니다. 주 하나님께서 그 자연법칙을 세우셨습니다. 그리고 그 법칙을 따라서 하나님의 목적을 이루신다는 것도 사실입니다. 그러나 하나님께서 이런 저런 법에 매여 계시는 분으로 생각하는 것은 큰 잘못입니다. 이스라엘 사람들이 요단강을 건널 때에나 여리고 성을 함락시킬 때 무슨 자연적인 '방편'을 사용하셨습니까?

다니엘이 사자 굴속에서 자기 생명을 보존한 사실이나 요나가 물고기 뱃속에서 죽지 않고 살아났을 때에 자연적 '방편'이 사용되었습니까? 이삭의 탄생이나 까마귀를 통해서 엘리야가 먹을 것을 얻은 것이나, 바벨론의 맹렬한 용광로 속에 들어갔던 그 세 히브리 사람들이 모두 생명을 보존하였는데, 그 때 '자연법'이 적용되었습니까? 그러나 하나님께서는 모든 방편이나 법칙들보다 뛰어나신 분이십니다. 우리가 이 점 역시 기억하는 것이 좋습니다.

셋째, 말로 할 수 없는 어려움과 강력한 대적들이 믿음의 싸움에서 모습을 드러냅니다. 어떤 사람은 자기의 모든 용기를 꺾어버리려 하거나 자기의 타고난 지략과 힘을 무색하게 하는 것과 대면하기 전에는 믿음의 길을 전혀 따르려 하지 않을 것입니다. 요단강과 여리고 성채가 여전히 존재하고 있습니다. 그러나 비록 그 요단강이 도저히 건널 수 없고, 여리고 성이 난공불락의 성으로 보인다 하여도 전능하신 분께는 그런 것들이 가장 하찮은 것에 불과합니다. 우리의 시야에 그것들이 어떠한 크기로 보이느냐는 우리의 마음이 전능하신 분과 관계하는 정도에 따라서 대번에 결정이 되는 것입니다. 도저히 극복해 갈 수 없는 것처럼 보이는 난관과 강력한 장애물들이 우리의 길을 가로막고 있는데, 그것들을 놓으신 분은 '하나님'이십니다. 우리를 시험하고, 우리의 믿음을 연단시키시려 하나님께서 주시는 것입니다. 주님을 믿고 영화롭게 할 기회로 우리에게 주시는 것입니다.

넷째, 그 성이 아무리 사탄의 강력한 요새라도 살아계신 하나님께 순종하고 온전하게 하나님을 의뢰하는 이들 앞에서는 견뎌낼 수 없는 것입니다. 이 사실은 여호수아 6장에 상세하게 기록되어 있습니다. 가나안 사람들은 악한 자의 지배를 받고 있었습니다. 그러나 여기서 우리는 그들의 성채 중 가장 강력한 성채라도 강한 바람이 불어 올 때에 날아가는 쭉정이처럼 무너져 내린 것을 봅니다.

불신앙을 가진 사람들에게는 이 성들의 성벽이 하늘에 닿을 정도로 높아 보여 도저히 넘을 수 없는 것처럼 보입니다. 그러나 믿음은 그런 것들을 비웃습니다. 하나님께서 숨을 한번 내쉬면 그러한 것들이 단번에 붕괴된다는 사실을 알기 때문입니다. 그래서 기독교의 초기 시대에 사도들의 믿음 있는 사역 앞에서 이교도의 거창한 성채(城砦)들이 무너져 내린 것입니다. 16세기 위대한 종교개혁 때에도 그러하였습니다. 루터와 그 당대의 사람들의 용기 있는 설교에 의해서 교황 정치가 그 밑바닥까지 흔들려 버렸습니다. 많은 부분에서 지금부터 한 50여 년 전에[25] 그러한 일이 있었습니다. 선교사들의 공략 앞에서 대단하다는 이교도 국가들이 무너져 내린 것입니다.

우리 시대에 그와 동일한 복음적 승리를 목격하지 못하는 이유는 어디에 있습니까? 어째서 로마 가톨릭이 그들의 잃어버린 땅을 다시 찾아 많은 곳에서 선두를 유지하고 있습니까? 어째서 이국땅에 사탄의 세력이 물러가기는커녕 더욱더 번창하고 있습니까? 어째서 소위 기독교 나라라고 하는 곳에서 여리고 백성들이 점점 많아지며 성도들의 기도와 노력이 비웃음을 사고 있습니까? 하나님의 능력이 부족해서입니까? 정말 그런 생각은 버려야 합니다. 성경이 이 20세기의 필요에 적합하지 못하고 뒤떨어진 것입니까? 천만에 말씀입니다. 그럼 무엇이 문제인가? 우리 마음으로 성령님을 근심케 하고 있기 때문입니다. 그래서 성령의 능력이 철회되었습니다. 하나님의 성령을 소멸한 죄

---

25) 저자는 1880년대를 가리키고 있다. 그 시절에 우리나라도 최초의 선교사들을 맞이한다. - 역자 주

를 지었습니다. "성령을 소멸하지 말며."(살전 5:19) 그러므로 오늘날 기독교 국에서 아무리 애를 쓰고 열심을 부려도 소용이 없게 된 것입니다.

그러면 어째서 하나님의 성령님을 '근심시켜' 드리고 있는 것입니까? 우리 속에서 하나님의 능력을 '소멸한' 것은 무엇입니까? 이것입니다. 곧 우리가 '하나님의 길'을 떠났으며, 하나님의 명령을 무시하고 대신 인간적인 꾀를 좇았습니다. 우리의 육체의 무기를 신뢰하였습니다. 하나님의 명령을 따라서 여리고 성벽을 도는 대신, 세상의 미끼로 사람들에게 호소했으며, 육신적인 매력으로 가나안 땅을 이기려고 했습니다. 형제들이여, 우리가 홍해를 건너고 여리고를 말씀을 따라서 돌고 돌던 이스라엘 사람들의 본을 따르기 전에는 이스라엘이 맛본 승리를 얻길 바라지 말아야 합니다. 우리가 진실로 사도의 방식들을 따르기 전에는 사도가 말하는 진보(apostolic progress)로 회복되는 일을 다시 보지 못할 것입니다. 우리가 진실로 "만군의 여호와께서 말씀하시되 이는 힘으로 되지 아니하며 능력으로 되지 아니하고 오직 나의 영으로 되느니라."(슥 4:6)고 하신 그 내용을 인식하기 전에는 어떠한 개선도 있을 수 없습니다. 우리가 순종의 길에 들어서서 하나님께서 제시하신 방식 속에서 하나님의 일을 행하며, 확신 있게 하나님께 나아가 '우리의 그런 노력을 존귀하게 보시고 복을 주옵소서.'라고 간구해야 합니다. 그러기 전에는 성령의 능력이 우리 속에서 나타나지 않을 것입니다.

다섯째, 그러나 이 사건을 통해서 배워야 할 뛰어난 교훈이 우리 본문 속에 기록되어 있습니다. 여리고의 함락은 믿는 이스라엘 사람들의 '믿음' 때문이라고 말하고 있습니다. 하나님의 전능하신 사랑에 의해서 선택된 믿음이 그 사건의 통로가 되기에 충분했다고 생각합니까? 하나님께서만이 위대한 기사(奇事)를 행하십니다. 그러나 그 성도들의 믿음을 통해서 그 일을 행하십니다. 이스라엘 사람들의 모든 승리는 믿음으로 말미암아 이루어졌습니다. 하나님의 능력과 은혜가 그 기념할만한 밤에 그들을 구속(救贖)하였습니다. 그러나 유월절을 지키고 피를 뿌렸던 것은 모세의 믿음이었습니다. 홍해를 가르시는 분은 하나님이셨습니다. 그러나 하나님의 종의 마음에서 우러나온 고요한 믿음의 기도에 응답하여 그러한 일을 하셨습니다. 복음서에 기록된 모든 치유의 이적들은 믿음으로 말미암아 이루어졌습니다. 예수님께서 아버지께 기도하셨습니다. 그런 다음에 물고기 두 마리와 보리떡 다섯 개로 수천 명을 먹이셨습니다. 예수님께서 눈을 들어 하늘을 우러러 보시면서 "에바다(열릴지어다)"라고 말씀하셨습니다. 예수님은 하나님께서 당신의 기도를 언제나 들어주심을 믿는 믿음으로 감사하고 나서 그 전능하신 능력의 말씀으로 "나사로야 나아오라." 하셨습니다.

이에 대하여 아돌프 사피어(Adolph Saphir)가 한 말을 두 문단으로 나누어 여기에 소개합니다.

"믿음은 또한 하나님의 은총을 받는 사람들 속에서 행사된다. '네 믿음이 너를 낫게 하였느니라,' '믿음대로 될지어다.' 그리스도께서는 흔히 그런 식으로 말씀을 하셨다. 광야에서 죽은 사람들은 불신앙 때문에 하나님의 안식에 들어가지 못했다. 믿지 않기 때문에 어떤 곳에서는 예수님이 많은 이적을 행하지 아니하셨다. '믿기만 하라 그리하면 하나님의 영광을 보리라.'

"이스라엘 역사는 하나님의 전능하신 구원의 은혜와 사랑의 믿음을 말하는 역사이다. 이적은 하늘로부터 내려오고 믿음은 땅에서부터 올라온다. 아브라함의 선택에서 모세의 탄생까지, 유월절과 홍해에서부터 요단강을 가르기까지의 모든 것들은 다 이적들이었다. 그리고 그 모든 것들은 어떤 선택된 성도의 믿음을 통해서 일어났다. 이스라엘은 성벽으로 둘러싸인 여리고 성 앞에 이르렀다. 그들이 그것을 함락시킨 것은 힘과 능력으로가 아니라 믿음으로였다.”

　우리는 이 기억할 만한 기회를 통해서 믿는 이스라엘 사람들로 말미암아 드러나는 ‘믿음의 여러 국면들’을 숙고해 보며 배웁시다.

1. 우리는 여기서 믿음의 “모험성”을 배워야 합니다.

　이스라엘 사람들이 요단강을 건널 때에 자기들의 다리들(bridges)과 보트들(boats)을 등 뒤로 던져 불살라 버린 셈입니다. 그들은 도망갈 길도 없었습니다. 그들이 들어가 쉴 집도 없었고, 그들이 피해갈 성채도 없었습니다. 그들은 원수의 땅에 있었고, 승리냐 죽음이냐는 것만 남아 있었습니다. 여리고 성벽 주위를 평화롭고 고요하게 행진하는 것은 위험천만한 일로 보였을 것입니다. 가나안 사람들이 화살을 쏘거나 바위를 위에서 내려 던지려 하면 무슨 수로 막겠습니까? 그것은 실로 믿음의 모험이었습니다. 하나님께서는 바로 그 ‘모험 어린’ 믿음을 존귀하게 하시기를 기뻐하십니다. 불신앙은 주저하고 겁을 먹습니다. 그러나 담대한 믿음은 확신과 용기를 가집니다. “너희가 주 안에서와 그 힘의 능력으로 강건하여지고.”(엡 6:10)

　믿음의 단계는 셋입니다. 첫째로 ‘받는(receive)’ 믿음입니다. 아무것도 없는 거지처럼 우리는 그리스도께 나아가서 그리스도를 우리의 구주와 주님으로 영접합니다(요 1:12). 두 번째로 ‘간주하는(reckon)’ 믿음입니다. 하나님께서 당신의 약속을 우리를 위해 이루어 주실 것이라고 간주하는 믿음입니다. “이로 말미암아 내가 또 이 고난을 받되 부끄러워하지 아니함은 내가 믿는 자를 내가 알고 또한 내가 의탁한 것을 그 날까지 그가 능히 지키실 줄을 확신함이라.”(딤후 1:12) 그리고 세 번째는 ‘위험을 무릅쓰는(risk)’ 믿음입니다.

주님을 위해서 무엇인가를 감히 행하는 믿음입니다. 모세는 애굽 왕에게 나아가서 감히 여호와의 명령을 알렸습니다. 그 때에 모세는 믿음의 그 국면을 본으로 보인 것입니다. 이 모험을 무릅쓴 믿음은 다윗을 통하여 드러나기도 합니다. 그는 거인 골리앗과 싸우러 나갔습니다. 엘리야를 통해서도 그 믿음을 봅니다. 그는 갈멜 산 위에서 당대의 수많은 거짓 선지자들을 혼자 맞아 싸웠습니다. 다니엘이 우상을 섬기라는 바벨론 왕의 칙령에 타협하기보다는 사자 굴에 던져질 것을 감히 선택하였습니다. 우리는 사도 바울의 선교 사역에서 그러한 것을 발견합니다. 그는 그리스도의 말로 할 수 없는 부요를 알리기 위해서 위험천만한 상황 앞에서 움츠러들지 않았습니다.

우리는 위에서 언급한 각 경우를 통해서 하나님께서 이러한 위험을 무릅쓰기까지 하는 마음들을 어떻게 '존귀하게' 높이셨는지를 봅니다. 하나님께서는 모험어린 믿음을 항상 기뻐하시어 상을 주십니다. 때를 따라 돕는 은혜를 얻기 위하여 거룩한 땅으로 '담대함'을 가지고 은혜의 보좌 앞에 나아가라고 명령하신 분도 하나님이십니다. 오, 이 사실을 볼 때 우리의 겁먹고 주저하는 태도가 얼마나 부끄러운가요. 오늘날 우리 주님을 섬기기 위해 '모험을 무릅쓰는' 일을 하려고 준비된 이들이 얼마나 적습니까! 우리의 선조들의 용기와 그 모험심이 얼마나 적게 나타납니까! 오늘날 그리스도의 군대 속에서 겁을 먹고 두려워하는 군인들을 얼마나 많이 보는가요. 나아가서 윌리엄 케리(William Carey)처럼 부르짖는 성령 충만한 믿음의 사람이 지금 얼마나 필요한가요. 그는 말하였습니다. "하나님의 위대한 일들을 구하라. 하나님께로부터 큰 일들을 구하라. 하나님을 위해서 위대한 일들을 감행하라." 뛰기 전에 살펴보는 것이 좋습니다. 그러나 너무 오랫동안 살펴보느라 전혀 뛰지 않는 이들이 얼마나 많은가요!

2. 우리는 여기서 믿음의 '순종성'을 배워야 합니다.

여호수아 6:3,4,6-8의 말씀을 들어 보십시오. "너희 모든 군사는 그 성을 둘러 성 주위를 매일 한 번씩 돌되 엿새 동안을 그리하라 제사장 일곱은 일곱 양각 나팔을 잡고 언약궤 앞에서 나아갈 것이요 일곱째 날에는 그 성을 일곱 번 돌며 그 제사장들은 나팔을 불 것이며… 눈의 아들 여호수아가 제사장들을 불러 그들에게 이르되 너희는 언약궤를 메고 제사장 일곱은 양각 나팔 일곱을 잡고 여호와의 궤 앞에서 나아가라 하고 또 백성에게 이르되 나아가서 그 성을 돌되 무장한 자들이 여호와의 궤 앞에서 나아갈지니라 하니라 여호수아가 백성에게 이르기를 마치매 제사장 일곱은 양각 나팔 일곱을 잡고 여호와 앞에서 나아가며 나팔을 불고 여호와의 언약궤는 그 뒤를 따르며."

여기서 우리는 믿음이 순종하는 성질을 가지고 있음을 발견합니다. 거기에 관련된 사람들은 주님께서 가르치신 대로 행했습니다. 여리고 성벽을 도는 일밖에는 하지 않았으니 그것이 유치하고 우스워 보일 수 있었을 것입니다. 그러나 믿는 '남은 자들'은 주님의 명령대로 준행하였습니다. 하나님께서는 여리고를 그들의 손에 붙이시겠다고 약속하셨습니다. 여호수아와 그의 믿음의 추종자들은 그 말씀을 의뢰하여 준행하였습니다. 주님께서는 무슨 방편을 지정해 주시든지 그 방편을 사용하라고 요구하십니다. 그것이 아무리 좋아 보이지 않거나 합당해 보이지 않더라도 그리해야 한다 하십니다. 하나님의 능력이 여리고 성을 무너뜨린 것이 사실입니다. 그러나 그 성이 무너진 것은 '믿음의 순종'을 통해서였습니다. 여기서 하나님께서는 바로 그 특별한 경로를 통해서 당신의 능력이 나타나심을 알리신 것입니다. 그것은 하나님의 백성들이 수행해야 할 어떤 행동들과 불가분의 관계를 가지고 있습니다.

이스라엘 사람들이 그 가나안의 강력한 성채들을 어떻게 함락시켰습니까? 그들의 조건을 생각해 보세요! 수세기 동안 그들은 노예 민족이었습니다. 40년 동안을 광야에서 보냈습니다. 이제 그들의 지도자 모세도 죽었습니다! 그들은 어떤 군사적인 체험도 해본 적이 없었습니다. 어떠한 병기도 가지고 있지 않았으며, 훈련받은 군인도 없었습니다. 정말 그렇습니다. 그들은 홀로 있었던 셈입니다. 그러나 살아계신 하나님께서 그들을 위하고 계셨습니다. 특히 계시된 하나님의 뜻에 복종하기만 하면 모든 일이 잘 되었습니다. 그와 마찬가지로 하나님께서는 우리의 꾀를 이용하도록 우리를 내버려 두지 않으시고 분명하고 확실한 방향을 제시하십니다. 그리고 하나님께서 명령하신 방식으로 일하라고 지시하십니다. 하나님의 명령에 노골적으로 순종하는 것은 하나님의 복을 받는데 절대적인 진수입니다.

하나님의 알려진 뜻에 분명하게 순종하는 것이 여리고를 함락시키는 모든 이스라엘 사람들의 질서정연한 모습의 특징이었습니다. 그들의 그 이상한 행동을 위해서 아주 세부적인 지침이 주어졌습니다. 그들은 어떤 질서를 가지고 행진해야 했습니다. 각 사람은 자기에게 주어진 위치에 서야 했습니다. 그들은 정해진 시간에 행진했고, 정해진 수만큼 그 성을 돌았습니다. 주님의 명령을 따라서 그들은 침묵을 지키고 있다가 주님 명령 따라서 소리쳐야 했습니다. 인간적인 계획이 들어설 자리도, 육신적인 생각으로 궁리할 자리도 없었고, 무엇을 해야 하는지 인간적인 이성의 잠음도 필요 없었습니다. 모든 것이 그들에게 지시되어 있었고, 그들에게 요구되는 것은 오직 믿음의 순종뿐이었습니다. 하나님께서 여호수아에게 주신 명령들은 불합리해 보였고 무모해 보였습니다. 그러나 승리를 얻으려면 그 명령들을 신실하게 준행해야 했습니다. 그 때에도 그러하였듯이 오늘날도 그러합니다. 그러나 이러한 교훈을 배우기에 우리는 얼마나 더딘가요!

독자 여러분, 하나님의 명령과 교훈이 육신의 지혜로 볼 때에 이상하게 보일 적이 아주 흔합니다. 나병에 걸린 나아만에게 몸을 요단강에 잠그라는 명령은 그 대단한 사람 나아만이 보기에 얼마나 무모해 보였던지요! 한 움큼의 밀가루와 기름 조금밖에 없는 과부를 통해서 엘리야 선지를 몇 달 동안 먹이신 하나님의 행사가 인간적 관념으로 볼 때에 얼마나 모순되게 보였습니까! 그리스도께서 그 수천의 무리들을 먹기에 편한 자세로 앉게 하셨습니다. 그런데 눈에 보이는 것은 다만 보리떡 다섯 개와 생선 두 마리 밖에 없었습니다. 그 때에 열두 사도들이 보기에 그 일이 얼마나 불합리해 보였을까요! '교회들'에 들여왔던 그 세상적인 모든 잔꾀들을 버리고 대신 금식하며 기도한다는 말을 들을 때에, 신앙 있다 고백하는 수많은 그리스도인들이 그 일을 얼마나 이치에 합당치 않게 봅니까! 하나님께서 '믿음의 순종'을 요구하시는 것을 인식하기에 우리는 얼마나 더딥니까!

3. 우리는 여기서 그들 '믿음의 연단(discipline of faith)'을 배웁니다.

"여호수아가 백성에게 명령하여 이르되 너희는 외치지 말며 너희 음성을 들리게 하지 말며 너희 입에서 아무 말도 내지 말라 그리하다가 내가 너희에게 명령하여 외치라 하는 날에 외칠지니라."(수 6:10) 그들이 처음에 침묵한 것은 마지막 단계에서 소리친 것과 같이 꼭 같이 필요한 일이었습니다. 어째서입니까? 이 사람들은 이제까지 지구상에 살았던 사람들 가운데에서 가장 투덜대던 사람들의 직계 자손들이었습니다. 그들의 선조들은 불평했고 불만을 나타내 결국 하나님께서는 진노하시므로 그 안식에 들어가지 못할 것이라고 맹세하신 것입니다. 만일 각 사람한테 자기의 '의견'을 표현하도록 내버려 두었다면 얼마나 엄청난 실책이 발생했을까요! 여호수아에게 전략을 가르쳐

주려고 했던 사람들이 얼마나 많았겠습니까! 어떤 사람은 '여리고를 함락하는 오직 유일한 길은 계속 그 성을 오래 포위하고 있다가 그 섬 주민들로 굶어죽게 하는 것이라.'고 제안했을 것입니다. 또 어떤 사람은 '사다리를 타고 그 성벽을 넘자.'고 했을 것이고, 다른 이는 '무거운 충차(衝車)로 문을 계속 두드려 부수고 들어가자.'고 했을 것입니다. 또 어떤 이들은 '성채 밑에 터널을 뚫자.'고도 했을 것입니다. 사람의 생각대로라면 여호수아가 제안한 계획을 모두 다 비웃었을 것이란 말입니다. 만일 하나님의 백성이 직면한 그 여리고 성을 함락하려면, 불평하는 사람들의 입을 막아야 할 뿐만 아니라 우리 자신의 총명에 의지하려는 모든 시도를 버려야 합니다.

그리스도인 친구들로 자처하는 사람들의 조소와 비협조적인 비평으로 말미암아 믿음의 힘이 제한당하는 적이 얼마나 잦습니까. 하나님의 사람이 그리스도를 모독하는 의심과 자기 이웃 동료의 육신적인 제한으로 말미암아 박해를 받는 적이 얼마나 흔합니까! 사욕을 떠나 주 안에 있는 한 형제가 최근에 우리에게 편지를 보내왔는데, 자기의 궁핍한 사정을 자기 친구들에게 말하지 않았다고 해서 질책을 당했다는 내용이었습니다. 성령께서 '복된' 사람을 묘사하신 시편의 첫 구절에서 "복 있는 사람은 악인의 꾀를 따르지 아니하며"(시 1:1)라고 말씀하신 것을 잊지 맙시다. 우리 앞에 부닥친 일의 '어려움들'을 끊임없이 말하는 사람들을 통해서 얼마나 큰 실수가 자행됩니까. 모든 진정한 기독교적 사역은 많은 난관들에 둘러싸여 있습니다. 사탄은 그 점을 노리고 있습니다!

그리스도의 군사들은 훈련을 받아야 합니다. 믿음은 단련되어야 합니다. 주님의 군대에 속한 각 사람은 '잠잠할 때와 말할 때가 있다.'는 것을 배워야 합니다. "찢을 때가 있고 꿰맬 때가 있으며 잠잠할 때가 있고 말할 때가 있으며."(전 3:7) 하나님께서 이스라엘 자손들한테 전투 대형으로 진군하라 명령하지 않으셨습니다. 가나안 사람들의 요새를 공격하라고 하지도 않으셨습니다. 오히려 엄숙한 침묵을 지키고, 거룩한 행렬을 지어서 그 성을 돌라고 말씀하셨습니다. 그 절차가 바람직한 목적을 수행하기에는 매우 불합리하게 보였을 것입니다. 바로 그것이 믿음을 시험하는 큰 시련이었습니다. 그뿐만이 아니라 그 모습은 원수들에게 큰 격려를 주는 일로 보였을 것입니다. 그 원수들은 이스라엘 사람들이 아무런 해를 끼치지 않고 행렬을 지어 성 주위를 돌고 있는 것을 보고 비웃었을 것입니다. 그러나 하나님께서 바로 그 방식을 명령하신 것입니다. 하나님께서는 영광을 받으시기 위해서 경멸당할 수 있는 방편들을 통해서 큰 일을 이루시기를 좋아하십니다.

4. 우리는 여기서 그들의 믿음의 '인내하는 성질'을 배웁니다.

"믿음으로 칠 일 동안 여리고를 도니 성이 무너졌으며." 그 성들은 이스라엘이 그 성벽 주위를 돌던 첫 날에 무너진 것이 아닙니다. 둘째 날도 아니었고 셋째 날도 아니었습니다. 그들이 그 성 주위를 열세 바퀴를 돌았을 때에야 하나님의 능력이 나타났던 것입니다. 어째서요? 그들의 믿음과 순종뿐만 아니라 그들의 인내를 시험하기 위해서입니다. 주께서 그처럼 연약하고 불합리해 보이는 방편을 사용하라고 명령하실 때, 그들이 정말 주님의 약속을 믿는지 안 믿는지를 확인하기 위해서였습니다. 또한 가나안의 정복은 그들에게 달려 있는 것이 아니라 주님의 손에 달려 있음을 더욱더 명백하게 알게 하시려고 그렇게 명하신 것입니다. 여리고 성을 열두 번 돌 때까지 아무 일도 일어나지 않았습니다. 그럼으로써 그 원수들을 사람의 힘으로 아니라 하나님에 의해 정복한다는 것이 더 명확하게 드러난 것입니다.

그 자비로운 일뿐 아니라 그 자비로운 일의 '시간' 역시 하나님의 손에 달려있습니다. 그러므로 "여호와 앞에 잠잠하고 참아 기다려라"(시 37:7). 안타깝습니다. 우리는 이 점에서 얼마나 서글프게 실패합니까. 우리의 여리고가 한 번 두 번 돌았는데도 무너지지 않으면 우리는 얼마나 쉽게 좌절합니까. "이 묵시는 정한 때가 있나니 그 종말이 속히 이르겠고 결코 거짓되지 아니하리라 비록 더딜지라도 기다리라 지체되지 않고 반드시 응하리라."(합 2:3) 그러나 육체는 얼마나 참을성이 없습니까. 아브라함은 바로 이 점에서 실패했던 것입니다. 사라가 약속된 아들을 잉태하지 못하자 하갈을 통해서 그 아들을 얻기로 결심했습니다. 모세도 먼저 이 점에서 실패했습니다. 하나님의 때를 기다리는 대신 일들을 자기 손으로 처리하려고 했던 것입니다(출 2:11,12). "예루살렘을 떠나지 말고… 기다리라."는 말씀은 구속주께서 승천하시기 전에 제자들에게 주신 마지막 말씀이었습니다.

"예수께서 그들에게 항상 기도하고 낙심하지 말아야 할 것을 비유로 말씀하여."(눅 18:1) 그들은 이 말씀을 얼마나 많이 마음에 두어야 합니까. 승리가 거의 눈앞에 있는데도 '연약해져 있을 때'가 얼마나 잦습니까! 그리고 성벽이 결코 무너지지 않으리라고 생각합니다. 그러나 정한 때에 그 성벽은 무너졌습니다. 하나님께서는 결코 서두르지 아니하십니다. 우리에게 "그것을 믿는 이는 다급하게 되지 아니하리로다."(사 28:16)라는 말씀이 얼마나 필요합니까. 그러나 우리가 믿기 위해서 행하는 것보다 기다리는 것이 훨씬 어려울 때가 많습니다. 아마 그것이 우리의 갑주(甲冑)에 있어서 가장 연약한 점일 것입니다. 가장 흔하게 넘어지는 점이 바로 그 점일 것입니다. 그러나 우리는 더욱 열심이 성령께 간구하여 인내하는 신령한 은혜를 우리 속에서 일으키시기를 간구하십시오. "우리가 선을 행하되 낙심하지 말지니 포기하지 아니하면 때가 이르매 거두리라."(갈 6:9)는 말씀을 붙잡는 은혜를 추구합시다.

5. 우리는 여기서 그들의 믿음의 '내다보며 기대함(anticipation)'의 특성을 배웁니다.

"이에 백성은 외치고 제사장들은 나팔을 불매 백성이 나팔 소리를 들을 때에 크게 소리 질러 외치니 성벽이 무너져 내린지라 백성이 각기 앞으로 나아가 그 성에 들어가서 그 성을 점령하고."(수 6:20) 우리에게 주어진 지면이 다했으니 우리는 함축적으로 표현해야 합니다. 우리가 지금 특별하게 주목해야 할 것은 성들이 "무너져 내리기 전에" 백성들이 소리쳤다는 사실입니다. 그것은 승리를 내다보는 믿음이었습니다. "무엇이든지 기도하고 구하는 것은 받은 줄로 믿으라 그리하면 너희에게 그대로 되리라."(막 11:24) 그것은 우리로 하여금 모파트(Moffatt)라는 선교사를 생각나게 합니다. 그는 '베추아나'란 곳에서 수 년 동안 일했습니다. 그러나 그의 사역에 열매가 하나도 나타나지 않았습니다. 멀리 영국에 있는 친구 가운데 어떤 사람이 선물을 하나 보내고 싶다고 하면서 무엇을 선물했으면 좋겠냐고 물었습니다. 그는 '성찬 그릇 세트'를 보내 달라고 했습니다. 몇 달 후에 그 성찬 그릇이 도착했습니다. 그 때 회심한 수 십 명의 원주민들이 주의 죽으심을 기념하기 위해서 그와 함께 앉았습니다.

여호수아 6장 전체는 우리의 교훈을 위해서 기록된 것입니다. 아돌프 사피어(Adolph Saphir)가 이에 대하여 무어라 했는지 들어보십시오.

"믿음의 의심과 불경건의 성벽이 육신적인 무기나 힘 앞에서는 결코 굴복하지 않는다. 위협해도 안 되고 합리적으로 해도 안 된다. 이 성벽이 무너지는 것은 이 세상이 제공하는 무기들로 말미암지 않는다. 하나님의 말씀, 믿음으로 선포된 말씀을 통해서다. 사역자들과 하나님의 사람들, 나팔을 불어야 했던 사람들, 그들과 함께 있었던 사람들은 하나님의 능력 속에서 함께 연합해야 하는 것이다."

우리들 각자는 여리고를 만납니다. 하나님께서 우리에게 하라고 맡기신 사역의 분야 속에서 설교자가 되든 교회 앞에서 부름을 받아 주일학교 선생이 되든, 어떤 습관이나 성향을 고치려고 애쓰는 어떤 그리스도인의 입장에 서든지 간에 우리는 다 여리고를 만나게 되어 있습니다. 여호수아를 기억하고 용기를 내십시오! 모범적인 믿음을 가지고 절제하며 순종하며 인내하며 믿음으로 내다보면, 하나님의 정하신 때에 승리는 확실히 보장이 됩니다.

우리는 다시 한 번 단순한 본성을 훨씬 능가하는 진정한 믿음의 귀한 능력을 보았습니다. "이르시되 너희 믿음이 작은 까닭이니라 진실로 너희에게 이르노니 만일 너희에게 믿음이 겨자씨 한 알 만큼만 있어도 이 산을 명하여 여기서 저기로 옮겨지라 하면 옮겨질 것이요 또 너희가 못할 것이 없으리라."(마 17:20) "무릇 하나님께로부터 난 자마다 세상을 이기느니라 세상을 이기는 승리는 이것이니 우리의 믿음이니라."(요일 5:4) 계속 견지하는 믿음과 순종은 이스라엘로 하여금 그렇지 않았으면 불가능한 일을 성취하게 했습니다. 다시 하나님께서 보호해 주시겠다는 약속과 하나님께서 지정하신 방편을 사용할 것을 믿는 믿음이 세상적인 방어 방식을 훨씬 능가한다는 것을 알게 되었습니다. "이에 백성들이 아침에 일찍이 일어나서 드고아 들로 나가니라 나갈 때에 여호사밧이 서서 이르되 유다와 예루살렘 주민들아 내 말을 들을지어다 너희는 너희 하나님 여호와를 신뢰하라 그리하면 견고히 서리라 그의 선지자들을 신뢰하라 그리하면 형통하리라 하고."(대하 20:20)
그리고 외면적으로 물리적인 것들이 얼마나 무가치하다는 것을 알게 되었습니다. 여리고 성벽은 강하고 높았습니다. 그러나 하나님의 능력을 거스른 자들은 결코 안전하지 못했습니다.

"사람의 도움이 헛되도다." 하나님께서 이스라엘 사람들에게 그들의 순종, 용기와 인내를 사용하라고 요구하셨습니다. 그렇지만 하나님께서는 친히 그들의 노력을 복되게 하시고 그들의 힘이 효력을 발하게 하신 것입니다. 그리스도와 거룩 사이에 여리고 성보다 훨씬 더 어려운 장벽이 서 있습니다. 그러한 것들을 어떻게 치울 수 있겠습니까? 믿음의 순종을 통해서입니다.

"우리의 싸우는 무기는 육신에 속한 것이 아니요 오직 어떤 견고한 진도 무너뜨리는 하나님의 능력이라 모든 이론을 무너뜨리며 하나님 아는 것을 대적하여 높아진 것을 다 무너뜨리고 모든 생각을 사로잡아 그리스도에게 복종하게 하니."(고후 10:4,5)

77강

라합의
믿음

11:31 믿음으로 기생 라합은 정탐꾼을 평안히 영접하였으므로 순종하지 아니한 자와 함께 멸망하지 아니하였도다

우리가 숙고하려는 본문에 신령한 믿음의 말로 다할 수 없는 가치가 아주 두드러지게 표현되어 있습니다. 사도는 에녹이나 노아나 아브라함이나 모세와 같은 괄목할 만한 인물들의 믿음을 인용하였습니다. 그리고 나서 홍해를 건너고 여리고를 돌아 행진할 때에 믿는 무리들이 가졌던 그 믿음을 언급한 바 있습니다. 이제 그는 악명 높았던 한 죄인의 믿음의 경우를 우리에게 보여줍니다. 마치 우리의 믿음이 한 때 창기였던 그녀의 믿음만 못하다면 마땅히 부끄러워해야 한다고 말하는 것과 같은 인상을 받습니다.

앞에서는 우리는 유대인들에게 존경받았던 인물들이 오직 자신들의 믿음과 그 열매로 인하여 하나님께 높임을 받던 족장들의 경우를 살펴보았습니다. 이제 우리는 저주받은 족속에 속한 한 이방 여인이 믿음으로 말미암아 구약교회의 지체로 받아들여지던 방식을 살펴보게 되었습니다.

존 칼빈(John Calvin)은 이에 대하여 이렇게 말하였습니다.

"아무리 뛰어난 사람이라도 믿음을 갖지 않는 한 하나님께 전혀 존귀함을 받지 못함이 틀림없다. 반면에 이교도적이고 타락한 사람들 속에서마저 자리를 차지하기 곤란한 사람들이라도 믿음으로 말미암아 천사들의 무리 속으로 들어오게 되었다."

라합은 가나안 사람이었습니다. 그러므로 본성상 "이스라엘 나라 밖의 사람이요 약속의 언약들에 대해서 외인"이었습니다(엡 2:12). 회심하고 나서 구약교회에 가입된 후 그녀는 특별한 방식으로 '이방인들'을 부르시는 하나님의 행사에 대한 한 모형과 징표의 역할을 하게 되었습니다. 이방인들이 신약시대에 그리스도의 교회로 받아들여질 것을 보여주는 모형이 되었습니다. 그래서 앞으로 일어날 사건들을 그림자로 보여주는 모델이 되었습니다. 라합과 룻의 경우를 통하여 하나님께서는 구속(救贖)의 목적을 어떤 한 단일 백성들에게만 국한하지 않으시고 모든 나라 사람들에게까지 확장하실 것을 일찌감치 시사하신 것입니다. 라합이 히브리 사람들에게 가입된 것은 "돌감람나무가 참감람나무의 뿌리와 가지에" 참여하게 됨을 분명하게 미리 보여주었습니다(롬 11:17).

라합의 구원은 하나님의 '주권'을 보여주는 특이한 한 표증이었습니다. 존오웬(John Owen)은 이 점에 대하여 다음과 같이 주해하였습니다.

"그녀는 이방인이었을 뿐 아니라 아모리 사람이었다. 그리고 일반적으로 그 아모리 사람들은 전적으로 멸망 받을 족속이었다. 그러므로 하나님의 보시기에 좋은대로 적극적인 법들을 시행하시는 그 주권성을 보여주시는 한 경우로 그녀를 세우신 것이다. 하나님께서는 그 기뻐하심을 따라 그녀의 혈통과 전통에 속한 모든 사람들을 향해 공포된 멸망의 운명에서 그녀를 건지셨던 것이다."

하나님께서는 최고의 권위를 가지고 계십니다. 그러니 어떤 법에 얽매이시는 분이 아닙니다. 자신의 절대적인 의지(意志) 외에 다른 어떤 것에 매이시는 분이 결코 아닙니다. 그러므로 하나님께서는 긍휼히 여기실 자에게 긍휼을 베푸시고 완악하게 하실 자를 완악하게 하십니다(롬 9:18).

우리는 여기서 또한 하나님의 기이한 은혜를 매우 복되게 주목합니다. 라합은 이교적인 족속에 속해 있었을 뿐 아니라 자기의 정조를 버린 '창기'였습니다. 하나님께서는 그 여인 한 사람만 당신의 구원의 은총을 받는 사람이 되게 하셨습니다. 그 사람의 이전의 사람됨을 전혀 개의치 아니하심을 분명하게 밝히셨습니다. 그녀는 자신의 결정과 의지로 가장 비열한 죄에 자신을 방임했습니다. 그러나 하나님의 결정에 의해서 그녀는 사람을 가장 악하게 만드는 효력을 가진 그 죄악에서 구원받기로 예정된 사람이었습니다. 그 사람은 그리스도의 보배로운 피에서 눈보다 더 희게 씻어지며, 그리스도의 가족 중에 한 자리를 차지하도록 되어 있었습니다. 아무 공로 없어도 베풀어 주시는 하나님의 값없는 은혜가 그런 경우들 속에서 더욱 놀랍게 빛납니다. 하나님의 은총을 받을 만한 요소가 그 불쌍하게 타락한 여인 속에는 하나도 없었습니다. 그러나 죄가 더한 곳에 은혜는 더욱 넘쳤습니다.

히브리서 11:31
"믿음으로 기생 라합은 정탐꾼을 평안히 영접하였으므로
순종하지 아니한 자와 함께 멸망하지 아니하였도다."

우리는 라합의 경우에서 신적 주권의 행사와 신적 은혜의 나타남을 주목합니다. 그 뿐 아닙니다. 하나님의 '능력'의 귀한 역사에 대하여 감탄하여 찬미하지 않을 수 없게 됩니다. 그녀의 경우에 나타난 거의 유례없던 요소를 주의 깊게 생각해보면 그 점을 가장 잘 인식할 수 있습니다. 여기서 성령께서는 우리의 일반적인 방편과 전적으로 떨어져 행동하십니다. 여리고에서는 안식일을 지키는 일이나 성경을 읽어주는 일도 없었으며, 하늘로부터 온 어떤 메시지를 전하는 선지자들도 없었습니다. 그럼에도 불구하고 라합은 살리심을 받고 새 생명을 얻었으며, 참되신 하나님을 아는 구원 얻는 지식을 갖게 되었습니다. 전에 뻔뻔스런 죄에 빠졌던 이 여인이 거듭나서 회심한 '이후에' 이스라엘의 정탐꾼들이 그녀 집에 왔음을 신중하게 주목해야 할 것입니다. 정탐꾼들이 한 일은 그녀의 믿음을 공적으로 시인하고 서약할 기회를 제공한 것뿐입니다.

우리는 이 경우를 통하여 나타난 '하나님의 섭리'가 이루는 귀한 일을 묵상합시다. 여호수아가 여리고에 보낸 두 정탐꾼들이 그 이교도의 성채에 가까이 이르렀을 때에 거기에 하나님의 택하신 백성이 있으리라 생각한 적이 없었습니다. 만일 그 사람들이 이 사실을 이미 알고 있었다 해도 그렇게 큰 도성에서 그녀를 찾아낼 방도가 없었습니다. 두 정탐꾼들을 인도하여 그 사랑하시는 자녀가 거하는 집으로 인도하여 들이신 하나님의 비밀스런 손을 찬양하고 칭송할지어다. "여호와께서는 자기 백성들을 아시어" 구름 끼고 어두운 날 그들을 밖으로 불러내십니다. 아나니아를 '직가'(Straight)라 하는 거리로 보내시어 눈 먼 사울을 구출하게 하신 바로 그 하나님께서 두 정탐꾼들을 라합의 집으로 들여보내시어 그녀를 그 파멸에서 구출하게 하신 것입니다. 같은 방식으로 이교도의 어두움이 왕노릇하는 곳이 어디이든지 하나님께서 당신의 말씀과 종들을 보내십니다. 그런 일들을 통하여 그 하나님의 백성에게 빛을 주시고 믿음 안에서 자라게 하십니다.

"믿음으로 기생 라합은 정탐꾼을 평안히 영접하였으므로 순종하지 아니한 자와 함께 멸망하지 아니하였도다." 우리가 주로 생각해야 하는 바는 "라합의 믿음"입니다. 히브리서 기자는 여리고의 함락을 말한 다음에 라합을 언급하는 것은 의미가 있습니다. 그녀가 "정탐꾼을 평안하게 영접한" 후에 그 도성이 멸망하였는데도 여리고의 함락을 먼저 언급하고 있습니다. 그렇게 한 이유는 이스라엘 대군이 칠일 동안 그 성을 포위한 후에도 그녀는 가만히 참고 있었기 때문입니다(그것은 그녀의 믿음의 열매임).

라합의 믿음에 대해서 성경에 기록된 것을 숙고하기 위해서 우리는 그녀의 믿음의 터전과 효과, 그녀 믿음의 본질, 신앙고백, 그 믿음의 폭과 불완전성을 따로 세분하여 살펴보는 것이 좋습니다.

1. 라합의 '믿음의 터전'

"믿음은 들음에서 나며 들음은 그리스도의 말씀으로 말미암았느니라."(롬 10:17) 이는 하나님의 말씀을 들음으로 말미암아 믿음이 기원됨을 뜻하는 표현은 아닙니다. 햇빛이 비취는 것이 눈에게 빛을 나누어 주는 것이 아님과 같습니다. 믿음은 성령님의 주권적인 역사로 부여됩니다. 그래서 그 믿음이 말씀에 의해서 양육 받고 가르침 받는 것입니다. 모세가 홍해를 건넌 뒤에 백성과 함께 부른 예언적 노래 속에 그 요점이 이렇게 선언되어 있습니다. "여러 나라가 듣고 떨며 블레셋 거민이 두려움에 잡히며 에돔 두령들이 놀라고 모압 영웅이 떨림에 잡히며 가나안 주민이 다 낙담하나이다 놀람과 두려움이 그들에게 임하매 주의 팔이 큼을 인하여 그들이 돌 같이 침묵하였사오되 여

호와여 주의 백성이 통과하기까지 곧 주의 사신 백성이 통과하기까지였나이다."(출 15:14-16)

라합이 두 정탐꾼에게 한 말 속에서 위에서 예고된 말씀의 결정적인 성취가 드러나 보입니다. "말하되 여호와께서 이 땅을 너희에게 주신 줄을 내가 아노라 우리가 너희를 심히 두려워하고 이 땅 주민들이 다 너희 앞에서 간담이 녹나니 이는 너희가 애굽에서 나올 때에 여호와께서 너희 앞에서 홍해 물을 마르게 하신 일과 너희가 요단 저쪽에 있는 아모리 사람의 두 왕 시혼과 옥에게 행한 일 곧 그들을 전멸시킨 일을 우리가 들었음이니라 우리가 듣자 곧 마음이 녹았고 너희로 말미암아 사람이 정신을 잃었나니 너희의 하나님 여호와는 위로는 하늘에서도 아래로는 땅에서도 하나님이시니라."(수 2:9-11) 여기 히브리서 11:31에 언급된 말씀은 여리고에 사는 믿지 않는 자들에 대하여 설명하는 것입니다. 그들은 '믿지 않았기 때문에' 멸망한 것입니다. 그들이 하나님과 그 기이한 일에 대하여 자기들의 귀에까지 이른 소문을 통해서 알게 되었으니, 몰랐다는 핑계를 댈 수 없게 된 것입니다.

방금 우리가 생각한 것은 자주 되풀이되는 정말 엄숙한 사실을 보여주는 한 실례를 제공합니다. 진리의 감동을 받고 금방 그 감동받은 인상을 떨쳐버리는 사람들이 얼마나 많이 있습니까? 여리고 사람들은 악인들에 대한 하나님의 심판의 소문을 듣고 마음이 크게 요동하였습니다. 그들은 그 다음 차례는 자기들임을 알고 두려워했고, 그로 인하여 그들의 마음이 녹았습니다. 그러면 그들이 즉각적으로 긍휼을 베풀어 달라고 하나님께 간절히 부르짖는 일에 모든 사람들이 다 참여하는 것이 아님을 우리가 어떻게 설명해야겠습니까?

전도서 8:11에서 그 해답이 발견된다고 믿습니다. "악한 일에 징벌이 속히 실행되지 않으므로 인생들이 악을 행하기에 마음이 담대하도다." 많은 사람들이 매일같이 여리고 성 주위를 한 바퀴 돌고는 조용히 자기들의 진영으로 돌아가는 것을 그들은 보았습니다. 그러니 그들 여리고 사람들에게 회개할 기회가 주어진 것입니다. 그러나 엿새가 지나도 성벽이 언제나처럼 튼튼하게 보존되어 있으니 자기들은 안전하다고 여기고 마음을 완악하게 하였습니다.

그러면 그들과 라합이 태고에 있어서 다른 것을 보여준 것을 어떻게 설명해야 되겠습니까? 다음과 같은 방식으로 설명됩니다. 여리고 성의 다른 거민들은 양심의 격동을 받고 본성적으로는 두려운 마음을 가졌으나 그것이 금방 사라졌습니다. 그러나 라합의 경우는 하나님의 성령의 능력이 그녀 속에서 역사하신 결과였습니다. 하나님께서 '그녀의 마음을' 여셨습니다. 그래서 그녀는 "많은 것들을 청종"했습니다. "두아디라 성의 자주 장사로서 하나님을 공경하는 루디아라 하는 한 여자가 들었는데 주께서 그 마음을 열어 바울의 말을 따르게 하신지라."(행 16:14) 다른 말로 해서 라합은 하나님의 주권에 의해서 새 생명을 얻게 되었습니다. 그로 인하여 그녀는 하나님께 구원받을 만한 지식에 참예하여 그 말씀을 온유하게 받았습니다. 데살로니가의 성도들도 역시 그러하였습니다. 사도는 그들에게 "우리 복음이 말로만 너희에게 이른 것이 아니라 또한 능력과 성령과 큰 확신으로 된 것"(살전 1:5)을 그들에게 상기시켜 주었습니다. 근본적이고 지속적인 효과는 바로 그러한 경우에만 산출되는 것입니다.

그러므로 우리는 세 가지를 구별해야 합니다. '믿음의 신적 선물,' '그 믿음을 지탱시키기 위해서 주어진 터전,' '그 터전에 믿음을 견고하게 서게 하는 확신'이 바로 그것입니다.

믿음의 선물은 거듭난 때에 나누어 받는 것입니다. 그것이 새로운 본성

(new nature)의 여러 속성들 가운데 하나입니다. "믿음은 모든 사람의 것이 아니니라."(살후 3:2) 왜냐하면 모든 사람들이 다 거듭나는 것은 아니기 때문입니다. 믿음이 서 있을 견고한 '터전'은 하나님의 순전한 말씀입니다. 그 말씀을 통해서만 믿음이 지탱되며, 그 말씀을 통하여 믿음이 양육 받고 가르침 받습니다. 믿음이 그 터전 위에 견고히 서므로 나오는 '확신'은 하나님의 말씀을 믿음으로 받아들일 때에 채워지는 확신과 담대함입니다. 라합의 경우에도 그러하였습니다. 성령으로 살리심을 받은 믿음이 그녀의 영혼 속에 심겼습니다. 하나님의 귀한 일에 대한 소문이 그녀에게 당도하였을 때에 그녀는 그것을 들었습니다. 그리고 "그 들은 바 하나님의 말씀을 받을 때에 사람의 말로 아니하고 하나님의 말씀으로" 받았습니다. "이러므로 우리가 하나님께 끊임없이 감사함은 너희가 우리에게 들은 바 하나님의 말씀을 받을 때에 사람의 말로 받지 아니하고 하나님의 말씀으로 받음이니 진실로 그러하도다 이 말씀이 또한 너희 믿는 자 가운데에서 역사하느니라."(살전 2:13) 그래서 그녀는 "여호와께서 이 땅을 너희에게 주신 줄을 내가 안다."고 말했던 것입니다.

2. 라합의 믿음의 효력

하나님께서 선택하신 사람들이 가진 믿음은 살아 있고 활동하는 원리입니다. "사랑으로써 역사하는"(갈 5:6) 믿음이며, 하나님의 영광을 위한 믿음의 열매를 산출합니다. 그런 점에서 개념적이고 역사하지 않는 가식적인 신앙고백자의 믿음과는 근본적으로 다른 것입니다. 그러한 외식적인 신앙고백은 어떤 교리적인 진리들에 대해서는 지적(知的)으로 찬동을 하기는 하나 결국 정서나 의지 등 전인적으로까지 이어지지 못하고 빈 말로 끝나버리고 마는 것입니다. 순종의 행위가 따르지 않고 선한 일에 부요하지 않는 믿음은 "그 자체가 죽은 것"입니다(약 2:17). 라합의 믿음은 그런 것과는 전혀 달랐습니다. 그녀에 대해서 우리는 이런 말씀을 듣습니다. "또 이와 같이 기생 라합이 사자를 접대하여 다른 길로 나가게 할 때에 행함으로 의롭다 하심을 받은 것이 아니냐."(약 2:25) 이 말씀은 그녀의 선행이 공로가 되어 하나님께서 그녀를 받아들였다는 뜻이 아닙니다. 그녀의 선행이 신령한 원리가 그녀에게 전달되었음을 사람들 앞에서 증거하였다는 것입니다. 그래서 그 원리의 열매들이 그녀의 신앙고백의 진실성을 입증하고 정당하다 말해주었습니다. 아울러 그녀의 행위는 그녀가 '믿음의 가족의 일원임'을 보여 주었습니다.

"믿음으로 기생 라합은 정탐꾼을 평안히 영접하였으므로." 이 말씀으로 그녀가 하나님의 백성들을 위하여 돕고 최선을 다할 마음의 준비가 되어 있음을 명백하게 표현하였습니다. 우리가 숙고하려는 이 소절은 여호수아 2장에 나오는 그 두 사람에게 친절하게 행한 그녀의 행위에 대해서 기록된 모든 것을 요약합니다. 그녀는 그들을 자기 집으로 영접하여 중요한 대화를 나눴고, 그들의 안전을 위한 거처를 마련했으며, 위험하지 않게 숨겨 주어 배반하지 않았습니다. 히브리서 13:1-3이 그녀의 친절을 은근하게 지적하고 있는 듯합니다(아브라함의 경우와 같이). "손님 대접하기를 잊지 말라 이로써 부지중에 천사들을 대접한 이들이 있었느니라 너희도 함께 갇힌 것같이 갇힌 자를 생각하고 너희도 몸을 가졌은즉 학대받는 자를 생각하라." 야고보서 2:25에서 '사자들'로 번역된 말이 히브리서 13:2에서는 '천사들'로 표현되었습니다. 그런데 오늘날 그리스도인으로 자처하는 수많은 사람들은 이런 권면에 주의를 기울이기는커녕 견해차를 보일 때마다 다른 사람과 갈라 설 준비가 되어 있습니다.

3. 라합의 믿음의 본질

그녀의 믿음은 '홀로 믿은 믿음'이었습니다. 여리고 성이 공격을 받게 되어 있었습니다. 그 성벽 안에는 모든 계층과 모든 성품의 사람들이 떼를 이루어 살고 있었습니다. 만일 그들은 자기들의 도성이 무너지고 함락된다면 다 죽는다는 것을 알았습니다. 그러나 이상한 것은 죄를 회개하고 긍휼을 구하는 사람들이 없었습니다. 오직 기생이었던 라합을 제외하고는 아무도 없었습니다. 그녀 혼자서 구원을 받았습니다. 그 수많은 사람들 가운데 단한 사람만이 구원을 받은 것입니다. 혼자 믿음을 가진다는 것은 매우 어렵다는 것을 느껴본 적이 있습니까? 모든 다른 사람이 믿을 때에 믿는 것은 세상에서 가장 쉬운 일입니다. 그러나 다른 모든 사람들이 자기가 생각하는 것과 같이 생각하지 않을 때에 어떤 일을 혼자 믿기는 어렵습니다. 원수가 수천의 군대를 거느리고 쳐들어 왔는데 혼자서 그들을 맞아 의로운 투쟁을 하는 것은 외로운 싸움입니다. 그런데 라합의 믿음은 그런 경우였습니다. 자기처럼 느끼고 그 믿음의 가치를 인식한 사람이 하나도 없었습니다. 그녀만 홀로 서 있었습니다. 멸시받는 진리를 혼자서 따른다는 것은 정말 고상한 일입니다.

스펄전(C. H. Spurgeon) 목사는 라합의 믿음을 설교하면서 다음과 같이 외쳤습니다.

"라합의 믿음은 '거룩하게 하는' 믿음이었습니다. 라합이 믿음을 가진 후에 계속 그 창기 일을 했습니까? 그렇지 않습니다. 정탐꾼 남자들이 그녀의 집에 왔을 그때에 그녀는 기생이 아니었습니다. 물론 그 별명이 여전히 그녀에게 붙여져 있었습니다. 그녀를 부를 때마다 그 악한 이름을 붙일 것입니다. 그러나 그 후부터는 창기가 아니었다고 저는 확신합니다. 왜냐하면 유다 왕 살몬이 그녀와 결혼을 했기 때문입니다… 믿음을 가지면서 죄 가운데 살 수는 없습니다. 믿는다는 것은 거룩해지는 것입니다. 두 가지 일은 반드시 함께 가야 합니다. 은혜를 더하게 하려고 죄에 거하는 삶을 사는 믿음은 죽고 부패한 믿음입니다. 라합은 거룩함을 입은 여인이었습니다. 하나님께서 여기 있는 분들을 그렇게 거룩하게 하시기를 원하나이다."

이 부분에 대한 토마스 맨튼(Thomas Manton)의 주해를 요약하여 여기에 소개합니다.

"그녀의 믿음은 '자신을 부인하는 믿음'이었다. 자기 나라의 안전보다 하나님의 뜻을 더 따랐다. 자기 나라 사람들을 기쁘게 하는 것보다 낯선 사람들을 숨겨줌으로써 그 점을 보여주었다. 참되신 하나님을 경배하는 여호수아의 사자들을 배반하는 것보다 자기 자신의 생명을 버리는 편을 택하는 그 모험심 어린 태도를 보인 것이 바로 그런 성격의 믿음을 가장 현저하게 드러냈다. 그녀의 행동은 자기에게 위험천만한 결과를 가져올 수 있는 일이었다. 그러나 하나님께 대한 그녀의 충성심은 그녀가 속한 나라 사람들의 모든 위협을 비웃게 만들었고, 정신을 혼미하게 하는 전쟁의 사건들과 그녀가 사는 도성이 불타는 것을 개의치 않게 만들었다. 그래서 결과적으로 그녀는 믿음으로 말미암아 하나님을 위해서 모든 것을 버린 것이다. 하나님께서 우리에게 그러한 일을 하라고 하실 때에, 우리가 이 세상에서 가깝게 지내며 사랑하던 모든 자들과 절연해야 되는 것이다. 신령한 믿음은 자신을 부인하고 순종하는 행동을 통해서 가장 잘 입증이 되는 것이다."

4. 라합의 신앙고백

여호수아 2:9-11에 라합의 신앙고백이 기록되어 있습니다. "말하되 여호와께서 이 땅을 너희에게 주신 줄을 내가 아노라 우리가 너희를 심히 두려워하고 이 땅 백성이 다 너희 앞에 간담이 녹나니 이는 너희가 애굽에서 나올 때에 여호와께서 너희 앞에서 홍해 물을 마르게 하신 일과 너희가 요단 저편에 있는 아모리 사람의 두 왕 시혼과 옥에게 행한 일 곧 그들을 전멸시킨 일을 우리가 들었음이라 우리가 듣자 곧 마음이 녹았고 너희의 연고로 사람이 정신을 잃었나니 너희 하나님 여호와는 상천 하지에 하나님이시니라." 이 대목은 그녀가 처음 믿음을 가질 때부터 믿음의 진실성을 가지고 있었음을 나타내 보여줍니다. 그녀의 신앙고백은 아주 함축적인 것이었습니다. 그녀의 신앙고백은 여호와께서 행하신 귀한 사실을 인정하는 것이었고, 하나님께서 당신 백성들에게 가나안 땅을 주셨다고 확신했고, 하나님을 하늘과 땅의 하나님으로 인정했습니다. 그럼으로써 그녀는 그 이교도 땅에서 가졌던 모든 우상들을 버리고 자기 입술로 하나님을 영화롭게 하여 로마서 10:10에 기록된 신앙고백의 원리를 입증했던 것입니다. "사람이 마음으로 믿어 의에 이르고 입으로 시인하여 구원에 이르나이다." 더 나아가서 창문에 붉은 줄을 달아 내림으로써 자기 믿음의 색깔을 공적으로 드러내 보였으며, 자신이 내건 깃발아래 자기가 있음을 분명히 보여주었습니다. 그녀의 그 행동은 오랫동안 진리를 믿는다고 고백은 하면서도 위험이 닥치면 단번에 무서워 떠는 사람을 얼마나 부끄럽게 합니까! 핍박받는 사람들로부터 안전하게 멀리 떨어지려고 신중을 기하는 것이 옳다고 생각하는 사람들을 얼마나 부끄럽게 만듭니까!

존 오웬(John Owen)은 이에 대하여 다음과 같이 주해하였습니다.

"사람들 앞에서 신앙을 선언하므로써 그 믿음 자체를 드러내 보이는 것이 참되고 진실하고 구원받은 믿음의 본질이다. 그 점이 단번에 드러나는 것이다. 우리의 신앙고백은 우리의 믿음과 절대적으로 나눠질 수 없는 것이다. 어떤 빛이나 어떤 확신들을 가지고 자신들이 믿음을 가졌다고 하면서도 부끄럽게도 성경에 지시된 대로 그것을 나타내는 길을 회피하면, 그 믿음은 헛된 것이다. 그러므로 우리 주 예수 그리스도께서는 복음을 믿는 것 자체뿐 아니라 그 신앙고백의 자세에 대해서도 동일하게 부단하게 강조신다. '누구든지 사람 앞에서 나를 부인하면 나도 하늘에 계신 내 아버지 앞에서 그를 부인하리라.'(마 10:33) '누구든지 나와 내 말을 부끄러워하면 인자도 자기와 아버지와 거룩한 천사들의 영광으로 올 때에 그 사람을 부끄러워하리라.'(눅 9:26) 그러므로 핍박과 위험이 닥쳐 올 때에 두려움 때문에 믿음을 대담하게 고백하지 못하는 사람들은 불신자들과 다름없이 하늘의 예루살렘에서 제외될 것이 뻔하다."

5. 라합의 믿음의 폭

정탐꾼들에게 한 그녀의 말을 주목해 보는 일은 참으로 복된 일입니다. "그러므로 이제 청하노니 내가 너희를 선대하였은즉 너희도 내 아버지의 집을 선대하도록 여호와로 내게 맹세하고 내게 증표를 내라 그리고 나의 부모와 나의 남녀 형제와 그들에게 속한 모든 사람을 살려 주어 우리 목숨을 죽음에서 건져내라."(수 2:12,13) 도량이 좁아 인간적인 친절과 아량을 거두어 버린 것 같은 사람들은 라합의 요청을 정말 주제 넘은 것으로 여길 것입니다. 그러나 그녀는 개인적으로 자기 같이 버림받고 가련한 영혼을 돌아 보사 베푸신 주님의 구원에 너무나 감사하였습니다. 그래서 이제는 하나님의 긍휼의 무한성을 지각하고, 그 하나님께서 자기 가정 전체에 은혜를 베푸실 것임을 믿었던 것입니다. 그녀는 결코 낙담하지 않았습니다.

오, 라합의 믿음의 폭은 우리 마음에 무엇인가를 말하고 있지 않습니까? 복되신 성령님이시여, 우리의 믿지 않는 친척들과 친구들을 불쌍하게 여기는 긍휼의 마음으로 우리를 채워주시기를 원하오며, 우리를 격동시켜 그들을 위하여 기도함으로 씨름하게 하시옵소서! 우리와 가까운 사랑하는 사람들에게 긍휼을 베풀어 주십사고 하나님께 간청하는 일은 옳은 일입니다. 그렇게 하지 않는 것은 육친에 대한 애정이 부족하다는 것을 보여주는 셈입니다. 간청하는 대신 하나님의 주권을 무시하는 것도 잘못이지만 간구하지 않고 막무가내로 나가는 것도 그릇된 것입니다. "너희 믿음대로 될지어다," "믿는 자에게는 모든 것이 가하니라."고 말씀하신 분이 라합의 믿음에 응답하셨습니다. 물론 그들은 '붉은 줄'이 매달려 있는 그녀의 집에 같이 있었으므로 건짐을 받았습니다. 피 아래 있을 때에만 안전합니다.

6. 라합의 믿음의 불완전성

여리고 왕이 라합에게 사람을 보내어 그 두 정탐꾼을 끌어내라고 했을 때에 그 여리고 왕에게 대답한 말이 있습니다. "그 사람들이 내게 왔으나 그들이 어디에서 왔는지 나는 알지 못하였고 그 사람들이 어두워 성문을 닫을 때쯤 되어 나갔으니 어디로 갔는지 내가 알지 못하나 급히 따라가라 그리하면 그들을 따라잡으리라."(수 2:4,5) 그녀는 그 두 정탐꾼들의 생명이 위태롭다 여기고 거짓말을 하여 "그들이 어디서 온 사람들인지 조차 모른다."고 하였습니다. 그리하여 그들이 더 이상 자기 집에 없다고 확언하였습니다. 그 사실 자체만 보면 그녀 측에서 그러한 행동을 취하는 것은 결코 정당화될 수 없습니다. 왜냐하면 그녀의 대답은 알려진 사실과 배치되는 것이기 때문입니다. 그러나 그녀가 취한 행동은 리브가가 아들 야곱에게 한 본을 따른 것입니다. 보편적으로 리브가의 행동을 큰 믿음의 열매로 봅니다. 왜냐하면 그것은 하나님의 약속을 존경하는 자세에서 나온 것이었기 때문입니다. "야곱이 이르되 오늘 내게 맹세하라 에서가 맹세하고 장자의 명분을 야곱에게 판지라."(창 25:33) 그러나 여러 방면에서 상세히 따져보면(창 27:6,7 등) 결코 그런 것이 정당화 될 수 없습니다. 주님은 자비로우심 속에서 자기 자녀들의 많은 연약을 눈감아 주시기를 기뻐하십니다. 주님께서 정직한 마음을 보시고, 하나님의 약속을 이루려는 간절함을 아실 때에 그리하십니다. "여호와여 주께서 죄악을 감찰하실진대 주여 누가 서리이까."(시 130:3) 하나님께서는 많은 연약을 참아내시되, 특히 당신의 양떼 중에 있는 '어린 양들'에 대하여 더욱 그러하십니다.

토마스 맨튼(Thomas Manton)은 이에 대하여 다음과 같이 주해하였습니다.

"이런 행동은 공적인 거짓말 속에 많은 연약이 섞여 있음을 주목하게 한다. 물론 하나님께서 자비하심으로 그 모든 것을 용서하신다. 그럼에도 불구하고 그것을 정당하다고 구실을 댈 수는 없다. 우리는 그런 본을 따르지 말아야 한다. 그것은 우리의 교훈을 위하여 기록된 것이다. 그것은 우리에게 믿음이란 처음엔 많은 연약을 가지고 시작함을 보여준다. 믿음을 가졌다고 해서 모든 행동을 다 믿음으로 행하는 것은 아니다. 신령한 행위 속에 육신적인 것들이 여전히 들어있다. 다만 그런 것을 하나님께서 은혜로 용서하실 뿐이다. 하나님께서는 믿음을 갖기 전에 우리가 지은 죄에도 불과하고 우리를 받으신다. 또한 믿을 때에 여전히 연약 가운데 있음을 아시면서도 우리를 받으실 수 있다. 믿음을 갖기 전에 그녀는 창기였다. 믿음을 갖고 있는 그녀는 거짓말을 한다. 하나님께서는 우리의 행동의 선함을 칭찬하사 상을 주시고, 우리의 행동의 악함을 용서하신다. 그렇다고 해서 우리로 하여금 죄 짓도록 용기를 주신다는 말은 아니다. 그렇게 큰 죄의 빚을 사해주시고, 우리를 은혜롭게 받아 주시고, 우리의 많은 연약을 용서해 주시는 그 분에 대한 우리의 사랑을 고양시키실 양으로 그리하시는 것이다."

야고보서 2:25나 우리가 다루는 이 히브리서의 본문은 성령께서 라합의 실수를 전혀 언급하지 않습니다. 그것을 보는 것은 복됩니다. 오히려 성령께서는 두 경우 모두에서 칭찬받을 만하고 믿음직한 그녀의 믿음을 언급하십니다. 하나님의 자녀가 행한 선한 일은 간과하고 악한 일만 들추어내려는 악의에 찬 세상과는 얼마나 정반대입니까! 은혜로운 심령은 그리스도 안에 있는 형제자매들의 연약과 허물을 사랑으로 감싸줍니다. 성령께서 그리스도 안에 있는 형제들 속에서 일으키시는 그 선한 것을 주목하는 것은 하나님을 영화롭게 하는 것입니다. 만일 우리 자신의 서글픈 실수를 판단하는 일에 빠르다면, 우리 동료의 허물을 질책하려고 그렇게 벼르지 않을 것입니다. 우리 각자 다음의 권면의 말씀을 지키는 은혜를 구합시다. "종말로 형제들아 무엇에든지 참되며 무엇에든지 경건하며 무엇에든지 옳으며 무엇에든지 정결하며 무엇에든지 사랑할 만하며 무엇에든지 칭찬받을 만하며 무슨 덕이 있든지 무슨 기림이 있든지 이것들을 생각하라."(빌 4:8)

7. 라합이 믿음으로 받은 상(賞)

"믿음으로 기생 라합은 정탐꾼을 평안히 영접하였으므로 순종하지 아니한 자와 함께 멸망하지 아니하였도다." 이에 대한 역사적인 기록이 여호수아 6:22,23의 말씀입니다. "여호수아가 그 땅을 정탐한 두 사람에게 이르되 그 기생의 집에 들어가서 너희가 그 여인에게 맹세한 대로 그와 그에게 속한 모든 것을 이끌어 내라 하매 정탐한 젊은이들이 들어가서 라합과 그의 부모와 그의 형제와 그에게 속한 모든 것을 이끌어 내고 또 그의 친족도 다 이끌어 내어 그들을 이스라엘의 진영 밖에 두고." 바로 뒤에 여리고 성이 불탔습니다. 그러나 라합의 가족 전체가 건짐 받았습니다. 그러나 여호수아 6:25가 말하는 바와 같이 그녀는 "이스라엘 중에" 거하였습니다. 그래서 그녀가 사탄의 노예로 있는데서 하나님의 가족으로 옮겨져 받아들여진 것입니다. 이교도의 기생이던 여리고의 한 시민이 이제는 주님의 백성의 회중에 자리를 차지한 것입니다. 그것만이 아니었습니다. 후에 그녀는 유다의 한 왕의 아내가 되는 영예를 차지합니다. 그녀는 보아스의 어머니가 되어, 다윗의 할머니 중 한 사람이 됩니다. 그녀의 이름이 성경 역사(歷史)의 지워지지 않는 두루마리에 새겨져 있습니다. 마태복음 1장에 기록된 구세주의 조상들 가운데 그녀의 이름이 기록되어 있습니다. 그럼으로써 그녀는 예수님의 선조들 가운데 한 사람이 된 것입니다!

주권적인 하나님의 은혜가 이 가련한 여인을 얼마나 깊은 죄악과 수치에서 건져냈습니까! 그리고 주권적인 은혜가 그녀로 하여금 얼마나 높은 영예와 존귀에 올려 주었습니까! 실로 믿음의 상급은 놀랍고 영광스럽도다! 아멘.

78강

사사들의
믿음

11:32 내가 무슨 말을 더 하리요 기드온, 바락, 삼손, 입다, 다윗 및 사무엘과 선지자들의 일
을 말하려면 내게 시간이 부족하리로다

우리가 지금 살펴보려는 구절은 여러 부면에서 히브리서 11장에서 가장 난해한 부분입니다. 이 대목에서 사도는 자기의 방식을 바꾸고 있습니다. 믿음을 보여준 어떤 개인을 지적하여 특별하게 언급하는 것을 멈추고, 여러 사람을 몰아서 그들의 믿음의 행위를 요약하여 말하고 있습니다. 언급될 수 있는 다른 많은 사람들 가운데서 선별하여 여기에 거론하는 이름들을 보면 참으로 놀라운 일입니다. 우리 생각으로는 그런 이름들이 이 영예로운 두루마리에 올려지지 않아야 할 것 같습니다. 그런데도 우리가 전혀 생각지 아니한 뜻밖의 사람의 이름들이 나타납니다. 그 이름들이 열거된 순서도 이상합니다. 전혀 연대순으로 열거되지도 않았습니다. 이 때문에 어떤 사람들은 당황했습니다. 어떤 뛰어난 주석가는 '사도가 엄격한 순서를 지키지 않은 것을 보니 급하게 그들을 열거한 것이라.'고 논평하였습니다. 물론 그 말을 얼른 받아들일 수 없습니다. 왜냐하면 그 말은 이 서신을 쓸 때 성령께서 감독하시고 인도하신 사실을 무시한 말이기 때문입니다. 또 어떤 이들은 이렇게 말하기도 합니다. '이 사람들이 행한 방탕한 행동들은 우리의 모본으로 주어질 수 없는 것이다.' 그러면 어째서 이러한 사람들의 이름이 언급되었을까요?

여기 언급된 사람들을 선별하는데 주도적인 원리는 '하나님의 주권적인 은혜'임에 틀림없습니다. 다른 방도로는 갈렙이나 드보라나 한나 아삽과 같은 사람들을 간과해 버리고 입다나 삼손 같은 사람을 거론한 것을 도저히 설명할 길이 없습니다. - 입다나 삼손의 경우에서 하나님의 값없는 은혜가 더욱 현격하게 드러났습니다. 그 사람들을 연대순으로 늘어놓은 것도 아닙니다. 도리어 '존귀함'의 순서를 따라서 언급되었습니다. 바락은 기드온보다 먼저 태어났고, 입다도 삼손보다 앞서며, 다윗보다 사무엘이 앞서기 때문입니다. 하나님께서는 믿음의 가장 훌륭한 열매를 맺는 자들을 가장 탁월하게 여기시는 것입니다. 우리의 믿음이 뛰어나면 뛰어날수록 하나님께서는 우리를 더 명예롭게 하십니다. 믿음이 가장 밝게 빛나는 곳에서 '가장 작은 자'가 '가장 큰 자'로 여겨지며, '가장 나중 된 자'가 '가장 처음 된 자'가 됩니다. 그러므로 우리가 믿음을 크게 하려고 매일 얼마나 애를 써야 합니까!

여기 본문에 언급된 여섯 명 중 다섯 사람들은 비록 비천한 신분에서 부르심을 받았지만 이스라엘을 다스렸던 사사(士師, judge)들이었습니다. 이로부터 우리가 배우는 바는 이러합니다. 믿음이란 성전(聖殿, temple)에 부합된 신령한 은혜일뿐만 아니라 법정적(法廷的) 지위와 제왕(帝王)의 보좌에도 부합한 신령한 은혜라는 것입니다. 또한 믿음은 개인의 사적인 생활 속에서도 자리를 차지하고, 공적인 직무를 감당하는 이들에게도 긴요하다는 점을 배웁니다. 다스리는 자들은 다스림을 받는 자들과 동등하게 살아계신 하나님을 믿는 참된 믿음을 가져야 합니다. 믿음은 그들에게 주어진 중요한 의무들의 이행을 불가능하게 만들기는커녕 말로 할 수 없이 귀한 가치로 여기게 합니다. 믿음은 그들로 하여금 여러 난관과 위험들을 조용하게 대처하게 하며, 용기를 북돋아 주고 지혜를 주며, 높은 자리에 있는 사람들에게 부닥쳐 오는 많은 시험을 참아 견뎌내게 합니다. 신령한 믿음을 통해서 가장 큰 복을 받은 사람은, 바락이나 기드온이나 다윗 같이 자신을 비천하게 생각할 것입니다.

우리 앞에 열거된 사람들은 주목할 만한 성취를 이룬 사람들이었습니다. 우리가 사사기에서 그들에 대한 역사적인 기록을 읽어보면 그들의 행한 일을 보고 놀랄 것입니다. 그러나 히브리서 11장에서 말씀하는 것에 비추어 볼 때에만 그들을 바로 이해할 수 있습니다. 이 사람들이 아니라도 사자들을 찢어버렸고, 군대들로 무서워 도망가게도 했고, 나라들을 제압하기도 했습니다. 그럼에도 불구하고 '그들의' 행동은 매우 다른 원리에서 나왔습니다. 주님께서는 구약에 나타난 사람들의 능한 사역들을 보여주심으로 우리로 그와 같은 일을 사랑하도록 하시려는 더 높은 목적을 갖고 계십니다. 기드온과 바락과 삼손과 다윗의 업적들이 성경에 기록된 것은 그 일들이 '믿음으로' 말미암아 이루어진 것이기 때문입니다. 그러심으로써 성령께서는 자신의 일을 높이신 것입니다.

하나님의 사람들이 행한 많은 특이한 업적들과, 세상에 속한 사람들이 행한 비범한 일(prodigy)들을 구별하는 뛰어난 특징이 바로 그것입니다. 곧, 성령께서 거룩하게 구별하신 역사가(歷史家)들을 감동하시어 믿음의 역사(役事)가 진행될 때 그 믿음의 사람들 속에 여전히 공존하고 있던 허물들(infirmities)과 그 허물들을 낸 연약을 역사록(歷史錄)에 근실하게 등재하게 하셨습니다. 이 사람들의 믿음은 완전한 것과는 거리가 멀었습니다. 정도 상의 차이가 있어도 견고하거나 완전하게 순전한 것과는 거리가 멀었습니다.

그들의 믿음도 우리의 믿음과 같이 어떤 때는 두려움에 휩싸이기도 했으며, 불신앙의 압박을 받기도 하고 육신의 생각으로 넘어지기도 했습니다. 우리는 사사기 6장을 통해서 기드온의 믿음이 고통스러울 정도로 더디게 일하였음을 읽습니다. 그러나 은혜로 말미암아 그 믿음은 후에 대단한 힘을 발휘합니다. 그 사람들은 우리와 똑같은 성정을 가지고 있었습니다. 그 사실을 통해서 우리도 위로를 받을 수 있습니다. 물론 우리가 그러한 사실을 들어 마땅하게 할 일을 하지 않을 구실로 삼으려고 하지 말아야 합니다. 도리어 우리 믿음이 낮은 수준으로 떨어졌을 때에 절망하지 않도록 위로 받을 수 있습니다.

이 본문 속에 언급된 모든 사람들에게 공통적으로 나타난 삶의 독특성이 있습니다. 성경에 소개된 그들 각자의 내력(來歷)은 그들이 영적으로 크게 침체되었던 날에 관련된 것이라는 점입니다. 그들이 살던 시대가 사사기에서 상세하게 묘사되어 있습니다. 모세와 여호수아가 죽고 난 후 이스라엘은 정말 심각하게 주님을 떠났습니다. 하나님의 율법을 버리고 이방의 우상들을 섬겼습니다. "그 때에 이스라엘에 왕이 없으므로 사람이 각기 자기의 소견에 옳은 대로 행하였더라."(삿 21:25) 어둠이 땅을 덮었고, 거대한 흑암이 사람들을 덮고 있었습니다. 그럼에도 바로 그 날에 그들을 그냥 버려두지 않으신 하나님께서는 당신 자신을 드러내셨습니다. 증거가 부족한 중에서도 그들의 믿음이 빛났다는 것을 주목하는 것은 말로 표현할 수 없이 복된 일입니다. 여기 저기 여전히 등불이 남아 있어 어둠을 조용히 밝히고 있었습니다. 여기에 언급된 사람의 수가 여섯이라는 것이 전혀 무의미하지 않습니다. 그 여섯 사람들을 언급한 다음에 "선지자들"(그 배교의 때에 역시 사역했던)이 언급되고 있기 때문입니다. 그러므로 모두 합해서 일곱이 된 것입니다. - 그것은 하나님의 은혜로 말미암아 완벽한 것이 주어졌음을 뜻하는 것입니다.

그래서 우리는 알 수 있습니다. 만일 이스라엘이 그처럼 심각하게 하나님을 떠났을 때를 염두에 두지 않으면, '믿음의 삶'을 상세하게 묘사하는 히브리서 11장이 불완전해 보일 것이라는 점입니다. 믿음이 가장 강력한 행사를 나타내고 가장 주목할 만한 승리를 이루는 때는 바로 그 영적인 흑암과 암흑의 시대였습니다. 우리는 믿음의 좋은 외적인 조건에 의존하고 있는 것이 아니기 때문입니다. 믿음은 모든 조건을 무한하게 능가하시는 분에 의해서 지탱되고 힘을 얻기 때문입니다. 여기 우리 본문과 바로 다음에 나오는 구절들에서 언급하는 내용은 '우리의 용기'를 위하여 기록된 것입니다. 우리는 지금 교회가 매우 심각한 상태에 처해 있는 시대에 살고 있습니다. 또한 하나님과 하나님의 말씀은 많은 사람들에게 떠나 있으며, 생명 있고 실제적인 거룩이 낮은 수준에 떨어진 시대에 살고 있습니다. 그러나 주의 팔은 결코 짧지 않습니다. 그 주님의 팔을 견고히 붙잡는 사람들은 지탱하심을 받으며, 그 이름으로 놀라운 행사를 할 수 있게 됩니다.

히브리서 11:32

"내가 무슨 말을 더 하리요 기드온, 바락, 삼손, 입다, 다윗 및
사무엘과 선지자들의 일을 말하려면 내게 시간이 부족하리로다."

사도는 이미 "믿음은 바라는 것들의 실상이요 보지 못하는 것들의 증거라."(히 11:1)고 한 말을 입증하는 풍부한 증거를 제시하였습니다. 또한 "믿음으로 선진들이 증거를 얻었다."(히 11:2)는 것도 보여 주었습니다. 그러나 사도는 그 믿음의 주제에 대해서 말할 수 있는 모든 것을 다 말한 것은 아닙니다. 믿음의 능력과 열매를 보여 주는 셀 수 없이 많은 주목할 만한 실례들을 대할 수 있습니다. 다른 많은 사람들을 더 열거할 수 있습니다. 그러나

구약에 기록된 믿음의 기록들을 모두 열거하는 것은 용이하지 않습니다. 그렇게 하려면 이 히브리서 지면만으로는 모자랄 판입니다. 그래서 다른 사람들의 이름 몇을 열거한 뒤에 그들의 믿음이 가졌던 효력을 보편적인 차원에서 묘사하고 있습니다.

우리는 그리스도의 사도들처럼 이 인물들을 숙고하여 보려합니다. 엄밀히 말해서 '암흑시대가 끝이 나고' 나타났던 종교개혁자들은 특이한 사람들이었으며, 위기의 시대에 하나님의 교회와 그 나라의 영광을 위해서 하나님이 크게 들어 쓰신 사람들입니다. 이 점을 마음에 둘 필요가 있습니다. 그렇지 않으면 거짓된 시야를 가지고 그들을 보게 될 것입니다. 그들의 소명이 특이하였고, 그들이 한 일도 특이하였습니다. 그들은 비상한 능력을 부여 받았습니다. 특별한 일을 위해서 초자연적 힘도 부여 받았습니다. 그들로 하여금 카이사르나 칼 대제나 나폴레옹 같은 사람들과 다르게 한 것은 '믿음'이었습니다. 사도는 결코 그들이 행한 '모든 일'을 다 추천하고 있는 것은 아닙니다. 또한 그들의 많은 불완전함을 감추어 두고 미화시키려 하지도 않습니다. 그들에게 있었던 불완전함을 정당화할 수는 없습니다. 사도가 강조하여 언급하고 있는 것은 바로 그들의 '믿음'이었습니다.

1. 기드온

이 사람은 이스라엘의 운명이 내리막을 치닫고 있을 때에 하나님께 높여진 사람입니다. 그보다 앞서 세 사람의 사사가 있었습니다. 그들은 원수들의 손에서 하나님의 백성들을 건져 내었습니다. 그러나 그들은 그 세 사사들의 시대를 지나서 또 하나님께 범죄하여 등을 돌렸습니다. 그래서 미디안 사람들의 압제 하에서 신음하고 있었습니다. 그들의 영토에 침입한 미디안 사람들의 수가 어찌나 많던지요! "이스라엘이 파종한 때면 미디안과 아말렉과 동방 사람들이 치러 올라와서 진을 치고 가사에 이르도록 토지 소산을 멸하여 이스라엘 가운데 먹을 것을 남겨두지 아니하며 양이나 소나 나귀도 남기지 아니하니."(삿 6:3,4) 그러나 죄악의 요건은 그것이 아니었습니다. 바알을 섬기는 것을 반대하면 정죄하여 사형을 당하게 하는 일도 있었습니다. "그 성읍 사람들이 아침에 일찍이 일어나 본즉 바알의 제단이 파괴되었으며 그 곁의 아세라가 찍혔고 새로 쌓은 제단 위에 그 둘째 수소를 드렸는지라 서로 물어 이르되 이것이 누구의 소행인가 하고 그들이 캐어물은 후에 이르되 요아스의 아들 기드온이 이를 행하였도다 하고 성읍 사람들이 요아스에게 이르되 네 아들을 끌어내라 그는 당연히 죽을지니 이는 바알의 제단을 파괴하고 그 곁의 아세라를 찍었음이니라 하니."(삿 6:28-30)

그럼에도 불구하고 하나님께서는 약속하셨습니다. "참으로 여호와께서 자기 백성을 판단하시고 그 종들을 불쌍히 여기시리니 곧 그들의 무력함과 갇힌 자나 놓인 자가 없음을 보시는 때에로다."(신 32:36) 자, 이제 다시 한 번 하나님께서 이 말씀을 이행하려 하셨습니다. 이스라엘 사람들이 처하여 있는 그 곤궁한 상황에서 벗어나려면 '용기가 대단한 사람'이 필요하였습니다. 그 사람이 바로 기드온이었습니다. 여호와의 천사가 나타나서 먼저 기드온에게 한 말을 들어보면 그가 누구인지 알 수 있습니다. "여호와의 사자가 기드온에게 나타나 이르되 큰 용사여 여호와께서 너와 함께 계시도다 하매."(삿 6:12) 그러나 여호와께서 쓰실 사람에게는 본성적인 용기나 모험심보다 더 한 것이 요구됩니다. 먼저 하나님의 '경건한' 사람이어야 합니다. 영광을 오직 하나님께만 돌리기 위해서 그것이 긴요합니다. 그 목적을 위해서 하나님께 쓰임 받는 사람은 먼저 그 행할 일을 위해서 준비해야 합니다. - 하나님의 종은 그가 해야 하는 일을 위해서 합당해야 합니다.

"하나님께서 먼저 기드온에게 당신의 일을 행하셔야 한다. 그런 후에야 기드온은 하나님을 위해서 자기 일을 행할 수 있었다. 하나님께서 이 일을 이루시기 위해서 요아스의 포도주 틀을 이용하여 기드온을 훈련하신다. 모세를 훈련하시기 위해서 사막의 뒤안길을 사용하신 것과 같이 말이다."(E. W. B)

하나님의 종은 먼저 자기 연약을 느껴야 합니다. 그런 후에 주 안에서 충분한 힘이 자기에게 주어질 수 있음을 배웁니다. 기드온의 경우에도 그러하였습니다. 오늘날도 역시 마찬가지입니다.

기드온을 다루시는 주님의 처사를 주목하는 것은 복됩니다. "여호와께서 너와 함께 계시도다."라고 말씀하셨습니다(삿 6:12). 언제나 가장 필요한 진수가 되는 마음의 연단을 위해서 그 말씀이 주어진 것입니다. 각성 받은 기드온은 하나님께 여쭙습니다. "오 나의 주여 여호와께서 우리와 함께 계시면 어찌하여 이 모든 일이 우리에게 일어났나이까 또 우리 조상들이 일찍이 우리에게 이르기를 여호와께서 우리를 애굽에서 올라오게 하신 것이 아니냐 한 그 모든 이적이 어디 있나이까 이제 여호와께서 우리를 버리사 미디안의 손에 우리를 넘겨 주셨나이다."(삿 6:13) 그 질문에 대하여 하나님께서 말씀하십니다. "여호와께서 그를 향하여 이르시되 너는 가서 이 너의 힘으로 이스라엘을 미디안의 손에서 구원하라 내가 너를 보낸 것이 아니냐 하시니라."(삿 6:14) 많은 주석가들이 이 사건을 이해하는데 바로 이 점에서 혼란을 겪고 있습니다. '성도의 힘'은 자신의 무능을 깨달았을 때에 주어지는 것입니다. "내가 약할 그 때에 강하니라."(고후 12:10) 여호와의 말씀은 이스라엘을 미디안 사람들의 멍에에서 건져내기에 그 자신은 전혀 무능하다는 것을 깨닫게 하기 위해 주어진 것입니다.

주께서 사람을 당신의 일에 쓰시기 전에 그 사람으로 하여금 그 일의 도구되기에 합당하게 하시는 체험적인 과정을 거치게 하십니다. 그 진리에 합당하게 하는 과정의 첫 번째 부분은 자신만만한 생각을 버리고 전적으로 주님 자신을 의지하게 하시는 일입니다. 기드온의 '힘'은 연약을 느낄 때에 나온 것입니다. 그 사실을 인식하자마자 기드온은 "네가 이스라엘을 구할 것이라."라는 여호와 하나님의 선언을 믿지 않을 수 없게 된 것입니다. 그것이 그 마음에 주어졌던 첫 번째 말씀이었습니다. 그는 그 말씀을 자기 믿음의 터로 삼게 되었습니다. 기드온은 이제 여호와께 여쭈었습니다. "주여 내가 무엇으로 이스라엘을 구원하리이까 보소서 나의 집은 므낫세 중에 극히 약하고 나는 내 아버지 집에서 가장 작은 자니이다."(삿 6:15) 기드온의 겸비한 신앙고백이 진짜임이 드러났을 바로 그 때는 하나님의 화살이 과녁을 맞힌 셈입니다.

자신의 무능을 아는 사람에게 하나님께서는 오직 한 가지 반응을 하십니다. "내가 반드시 너와 함께 하리니 네가 미디안 사람 치기를 한 사람을 치듯 하리라."(삿 6:16) 얼마나 복됩니까! 믿음의 사람이 이 사실을 진정으로 깨달을 때 이렇게 선언합니다. "내게 능력주시는 자 안에서 내가 모든 것을 할 수 있느니라."(빌 4:13) 기드온은 전능하신 이의 보증의 말씀을 통해서 자기가 하나님 보시기에 "은혜를 입었다."는 것을 알았고 하나의 표적을 요구했습니다.

"그가 그렇게 한 것은 의심해서가 아니라 믿었기 때문이다. 여호와의 말씀의 진실성을 시험하려고 그리한 것이 아니라, 그가 드리겠다고 한 제물을 하나님께서 받아 주시면 그 하나님의 은혜가 진실하다는 표증을 얻기 위해서였다. (삿 6:17,18 참조)"(E. W. B.)

기드온은 제물을 준비하여 바쳤습니다. "기드온이 가서 염소 새끼 하나를 준비하고 가루 한 에바로 무교병을 만들고 고기를 소쿠리에 담고 국을 양푼에 담아 상수리나무 아래 그에게로 가져다가 드리매."(삿 6:19) 하나님께서는 기드온에게 반석 위에 제물을 놓으라고 명하셨습니다. "하나님의 사자가 그에게 이르되 고기와 무교병을 가져다가 이 바위 위에 놓고 국을 부으라 하니 기드온이 그대로 하니라."(삿 6:20) 그런 다음에 이적이 일어나 반석에서 불이 나왔고 그 제물을 태웠습니다. 그것을 통해서 기드온은 자기가 여호와의 보시기에 은혜를 입었음을 '목격'했습니다. 초자연적인 불은 기드온이 하나님께 가납되었음을 지시하는 것이었습니다. 기드온은 주님을 경외하는 두려움에 사로잡혔습니다. 그 때 주님께서는 즉시 "너는 안심하라 두려워 말라 죽지 아니하리라."(삿 6:23)고 말씀하심으로 그의 마음을 평안케 하셨습니다. 기드온이 그런 방식으로 여호와의 복락을 받은 것입니다. 기드온의 믿음이 그 축복의 말씀을 부여잡고 있었다는 것이 다음 구절을 통해서 매우 명백하게 드러납니다. "기드온이 여호와를 위하여 거기서 제단을 쌓고 그것을 여호와 살롬이라 하였더라 그것이 오늘까지 아비에셀 사람에게 속한 오브라에 있더라."(삿 6:24) '여호와 살롬'이란 '여호와께서 평강을 보내셨다.'는 의미입니다.

기드온의 마음이 그 일에 합당하게 준비되었고 견고하게 되었을 때에 하나님께서 그에게 처음 명령을 내리십니다. "네 아비의 수소 곧 칠 년된 둘째 수소를 취하고 네 아비에게 있는 바알의 단을 헐며 단 곁의 아세라 상을 찍고 또 이 견고한 성 위에 네 하나님 여호와를 위하여 규례대로 한 단을 쌓고 그 둘째 수소를 취하여 네가 찍은 아세라 나무로 번제를 드릴지니라."(삿 6:25,26) 이 확실한 말씀은 기드온에게 무엇을 확증하여 주었습니까? 하나님께서는 그의 모든 것을 아시는 분이심을 그로 깨닫게 하신 것입니다. 그의 부친과 그 당시 사람들이 수소를 우상시한다는 사실도 알고 계시는 하나님과 함께 일해야 한다는 것을 확실하게 인식하였습니다. 선조 아브라함과 같이 기드온은 하나님을 믿었고 하나님의 명령에 순종했습니다. "이에 기드온이 종 열을 데리고 여호와의 말씀하신 대로 행하되 밤에 행하니라."

그 먼 옛날 그가 행한 일이 우리가 볼 때에는 하찮은 일처럼 보일 수도 있습니다. 그러나 그 다음의 추이를 보면, 기드온이 자기 생명을 걸고 그 일을 했다는 것을 알게 될 것입니다. "성읍 사람들이 요아스에게 이르되 네 아들을 끌어내라 그는 당연히 죽을지니 이는 바알의 제단을 파괴하고 그 곁의 아세라를 찍었음이니라 하니."(삿 6:30) 그 뒤에 즉각적으로 일어난 일들은 기드온이 그보다 훨씬 더 혹독한 시험대 앞에 선 것을 보여줍니다. "그 때에 미디안과 아말렉과 동방 사람들이 다 함께 모여 요단강을 건너와서 이스르엘 골짜기에 진을 친지라."(삿 6:33) 미디안 사람들은 바알의 단을 허물어뜨린 것에 분노하여 힘을 합해서 그 동맹군과 함께 이스라엘을 치러 올라왔던 것입니다. 사탄이 자기 영토가 침략당하고 자기가 왕노릇 하는 곳에서 여호와의 이름이 높아질 때 횡포를 부릴 것은 당연한 일입니다. 그렇기 때문에 그리스도인이 자기의 의무를 감당했을 때에 자기의 고통을 더 증가시켜 일을 더 나쁘게 만든 것처럼 보이는 경우가 매우 흔합니다. 자기 행동이 너무 '성급한 것이 아니었나' 하는 후회심이 들기도 하고, '차라리 타협할 걸 그랬다.'는 생각이 들어오기도 합니다. 믿음으로 행하면 그런 시험을 지독하게 받을 수 있습니다. 그러한 시험은 정말 단호하게 거부해야 합니다. 더 나아가 믿음대로 행한 것이 가져올 더 많은 고통은 믿음의 더 많은 행사와 행동을 위해서 황금과 같은 기회라고 생각해야 합니다. 기드온은 그렇게 행동했고 우리도 그렇게 행동해야 합니다.

기드온이 그 무시무시한 사람들의 강력한 협박을 어떻게 대응하였는지에 대하여 상세하게 주석하는 것은 지금은 어렵습니다. 사사기 6장에서 8장까지의 말씀에 그에 대한 자세한 기록이 있습니다. 그러니 독자들이 바로 그 대목을 찬찬히 살펴보기를 바랍니다.

먼저 "여호와의 영이 기드온에게 임하시니."(삿 6:34) 이 말씀이 그 다음에 나오는 모든 내용의 열쇠가 됩니다. 우리가 기드온에게 영광을 돌리지 않고 오직 하나님께만 영광을 돌리도록 우리 마음을 안전하게 지키라는 사활을 좌우하는 교훈이 이 말씀 속에 들어 있습니다. 우리는 자신의 힘으로는 사탄도 이길 수 없고, 그 힘도 거절할 수도 없습니다. 우리는 우리 자신이 마음의 결심이나 어떤 의지의 행동을 통해서 믿음을 증가시킬 수도 없고, 그 믿음이 계속적으로 역사하게 할 수도 없습니다. 우리 자신의 능력을 가지고는 우리 하나님의 영광을 찬미하는 승리를 거둘 수도 없습니다. 우리 속사람이 성령님으로 말미암아 능하게 되어 힘을 얻을 때만 악의 세력에 대하여 싸울 준비를 갖춘 셈입니다. 그럴 때만이 우리는 부지런히 그 힘을 달라고 하나님께 신실하게 추구하게 될 것입니다.

미디안 사람들을 추방하려면 큰 군대를 몰고가야 한다고 생각한 기드온의 모습 속에서 그의 연약이 드러나 보입니다. 그 마음은 교훈을 조금씩 조금씩 받고 있습니다. 하나님께서는 '수(數)'에 연연하지 않으신다는 교훈을 배운 것입니다. 기드온이 계속적으로 확증하는 표증을 보여 달라고 요구한 것은(삿 6:36-40), 성도가 눈에 보이는 것을 포기하고 믿음으로 나아가는 법을 단번에 배우지 못한다는 것을 알게 해줍니다. 그러나 주께서는 우리를 오래 참으십니다. 하나님 앞에 정직하게 서 있으면 우리의 연약을 참아내시는 것입니다. 하나님께서는 기드온이 요구하는 표증을 허락하셨습니다. 물론 그것이 하나님께서 우리를 위해서도 그렇게 해주실 것이라는 보증은 전혀 아닙니다. 도리어 '큰 군대가 필요하다.'는 기드온의 생각을 고쳐주신 것입니다. 작은 조각을 하나님은 요구하십니다. "이 물을 핥아 먹는 삼백 명으로 너희를 구원하리라."(삿 7:7)

그런 다음에 기드온이 주님을 믿고 그 명령에 순종했을 때에, "일어나 내려가서 적진(敵陣)을 치라 내가 그것을 네 손에 붙였느니라."(삿 7:9. 개역한글)는 하나님의 말씀이 주어졌습니다. 그 다음에 일어난 일들의 추이를 통하여 그 말씀이 완벽하게 입증됩니다. 그처럼 주님께서 자기 자신을 생각할 때에 가련하고 연약하다고 생각하며(삿 6:15), "여호와의 말씀하신 대로 행한"(삿 6:27) 사람을 사용하시어 큰일을 하십니다.

2. 바락

우리에게 할애된 지면이나 시간이 바락의 생애의 내력과 한 일에 대해서 상세하게 생각하지 못하게 합니다. 그러므로 이 사람에 대해서는 줄여서 말하겠습니다. 바락은 가나안 왕 야빈이 "이스라엘 자손을 심히 학대했던"(삿 4:3) 20년의 기간이 끝나갈 무렵 하나님께 사용된 사람입니다. 그 당시 드보라가 사사로 활동하고 있었습니다. 그것은 언약의 백성들이 얼마나 처참할 정도로 낮은 상태에 처해 있었는지를 보여주는 증거입니다(삿 3:12). 그녀는 진정한 의미에서 사사(士師, judge)는 아니었습니다(삿 4:3과 2:18의 말씀을 자세히 주목하여 비교할 것). 도리어 그녀는 '여 선지'였습니다. 그러므로 그녀는 하나님의 대변인이었습니다. 그녀를 통해서 하나님께서는 바락에게 말씀하셨습니다. "이스라엘의 하나님 여호와께서 이같이 명령하지 아니하셨느냐 너는 납달리 자손과 스불론 자손 만 명을 거느리고 다볼 산으로 가라 내가 야빈의 군대 장관 시스라와 그의 병거들과 그의 무리를 기손 강으로 이끌어 네게 이르게 하고 그를 네 손에 넘겨주리라 하셨느니라."(삿 4:6,7)

그 말씀이 바로 바락의 믿음의 기초가 되었습니다. 다른 말로 해서 그 말씀이 그가 '믿고 바라는 실상'을 묘사한 순전한 하나님의 약속이었습니다. 사사기 4:8에 바락의 연약이 나타납니다. "만일 당신이 나와 함께 가면 내가 가려니와 만일 당신이 나와 함께 가지 아니하면 나도 가지 아니하겠노라 하니." 그러나 그가 믿음으로 순종하는 모습이 사사기 4:10에 나타납니다. "바락이 스불론과 납달리를 게데스로 부르니 만 명이 그를 따라 올라가니라" 그런 다음에 또 다른 말씀이 주어집니다. "일어나라 이는 여호와께서 시스라를 네 손에 넘겨 주신 날이라 여호와께서 너에 앞서 나가지 아니하시느냐."(삿 4:14) 그는 '들었고, 믿었고, 순종'했습니다. 그리고 큰 승리를 얻게 된 것입니다. 바락이 시스라의 많은 군사들을 대적하여 나가 그들을 추방한 것은 하나님의 약속을 믿음으로 말미암은 것이었습니다.

3. 삼손

사사기에는 삼손이 행한 여러 가지 능한 일이 기록되어 있습니다. 사자를 마치 어린 아이를 다루듯 찢은 일이나 일천 명의 블레셋 사람들을 손에 든 나귀 턱뼈로 쳐 죽인 일, 경사진 언덕에서 그 어깨로 가사의 문과 그 기둥들을 옮긴 일, 그 원수들이 그를 묶었던 가장 강한 끈들을 끊어버린 일, 큰 다곤 신전(神殿)을 받치고 있는 기둥들을 들어 그 신전이 한 번에 무너지게 한 일들이 기록되어 있습니다. 삼손은 이러한 엄청난 일들을 어떻게 했습니까? "믿음으로" 하였습니다. 구약의 말씀에는 "여호와의 신(神, Spirit)이 그에게 임하셨다."고 되어 있습니다. 그러나 그 말은 그 사람이 신적 능력에 억지로 끌려다녔다는 말은 아닙니다. 마치 허리케인이 여러 가지 물건들을 공중으로 날려 보내는 것과 같은 식으로 끌려다닌 것은 아니란 말입니다. 성령께서는 사람들을 다루실 때에 바위나 돌처럼 다루지 않으시고, 도덕적인 인격으로 다루십니다. 그들의 마음을 조명하시고 그들의 생각을 통제하시며, 그들의 의지를 주장하시며, 하나님께서 무엇을 맡기든지 그 일을 위한 육체의 힘을 제공하십니다.

"믿음은 들음에서 나며."(롬 10:17) 삼손의 경우에도 "말씀을 듣는 일"이 우선하였습니다. 삼손도 그의 부모들을 통해서 자기에 관하여 하신 하나님의 약속의 말씀을 들었습니다. "보라 네가 임신하여 아들을 낳으리니 그의 머리 위에 삭도를 대지 말라 이 아이는 태에서 나옴으로부터 하나님께 바쳐진 나실인이 됨이라 그가 블레셋 사람의 손에서 이스라엘을 구원하기 시작하리라 하시니."(삿 13:5) 그의 어머니의 믿음의 힘이 사사기 13:23에 아름답게 드러나 있습니다. 거기에 보면 그녀의 남편이 두려워하는 것을 보고는 남편을 안정시키면서 이렇게 말합니다. "그의 아내가 그에게 이르되 여호와께서 우리를 죽이려 하셨더라면 우리 손에서 번제와 소제를 받지 아니하셨을 것이요 이 모든 일을 보이지 아니하셨을 것이며 이제 이런 말씀도 우리에게 이르지 아니하셨으리이다 하였더라."(삿 13:23) 삼손은 부모들의 강한 믿음 속에서 양육되고 그 부모들을 통해서 '들은 하나님의 말씀'을 믿었습니다. 따라서 그는 믿음의 확신 속에서 자라났고, 그대로 행했습니다. 그의 마지막 행동은 가장 위대하고 가장 선한 일이었습니다. 그 일은 하나님을 믿는 믿음의 가장 강한 증거였고, 하나님의 교회를 위해서 가장 유익한 일이었습니다. 그는 자기 죄에 대한 지독한 징계를 그렇게 받았고, 자기가 처한 상황을 깊이 생각하였습니다. 사사기 16:28-30에 기록된 일은 주님을 향한 보통 믿음으로는 안 되는 일이었습니다.

4. 입다

하나님께 사사로 부르심을 받을 때에 기드온은 농부였고, 바락은 군인이었고, 삼손은 종교적인 나실인이었습니다. 다윗은 자기 가족 중에서 가장 어렸고, 자기 형들에게 멸시를 받고 있었습니다. 사무엘은 어린 아이였을 때에 하나님께 쓰임을 받았습니다. 그래서 하나님께서는 겸손하고 연약한 도구들을 사용하기를 기뻐하시는 일을 알게 되었습니다. 그러나 보십시오. 그 두드러진 사실이 여기 우리 앞에 주어져 있습니다. 입다는 출생이 명예롭지 못했습니다. 그는 사생아였습니다. "길르앗 사람 입다는 큰 용사였으니 기생이 길르앗에게서 낳은 아들이었고 길르앗의 아내도 그의 아들들을 낳았더라 그 아내의 아들들이 자라매 입다를 쫓아내며 그에게 이르되 너는 다른 여인의 자식이니 우리 아버지의 집에서 기업을 잇지 못하리라 한지라."(삿 11:1,2) 율법은 사생아를 총회 회중에 들어오지 못하도록 제외시켰습니다(신 23:2). 그러나 하나님께서는 특별하고 특이한 방식으로 그의 영을 입다에게 부어 주셨고, 가장 존귀한 신분으로 높여 주셨고, 그로 백성들 중에서 역할을 감당하게 하시며 번창하게 하셨습니다. 그를 통하여 우리가 배우는 교훈은 무엇입니까? 어떤 외적인 조건이라도, 심지어 그것이 아무리 비천하다 할지라도 하나님의 은혜에 장애가 될 수 없다는 점입니다. 사사기 11:9,10을 보면 그 사람이 주를 두려워하는 사람임에 틀림이 없습니다. 계속해서 사사기 11:14-27에 기록된 바, 그가 암몬 왕에게 한 말을 참조하여 보십시오. 그러면 그가 진리의 성경에 기록된 것을 믿을 수 있습니다. 그는 이스라엘의 승리를 여호와께 돌렸습니다. "이스라엘의 하나님 여호와께서 시혼과 그의 모든 백성을 이스라엘의 손에 넘겨주시매 이스라엘이 그들을 쳐서 그 땅 주민 아모리 족속의 온 땅을 점령하되 아르논에서부터 얍복까지와 광야에서부터 요단까지 아모리 족속의 온 지역을 점령하였느니라 이스라엘의 하나님 여호와께서 이같이 아모리 족속을 자기 백성 이스라엘 앞에서 쫓아내셨거늘 네가 그 땅을 얻고자 하는 것이 옳으냐."(삿 11:21-23) 이스라엘과 암몬 사이에 판단하여 주시기를 하나님께 요청하는 대목도 그가 믿음의 사람이었다는 것을 보여줍니다. "내가 네게 죄를 짓지 아니하였거늘 네가 나를 쳐서 내게 악을 행하고자 하는도다 원하건대 심판하시는 여호와께서 오늘 이스라엘 자손과 암몬 자손 사이에 판결하시옵소서 하였으나."(삿 11:27) 여호와께서 암몬 사람들을 그 손에 붙이심으로 그에게 믿음의 상을 주신 것입니다. 그가 충성되게 그 믿음을 지킨 것도, 자기 딸을 계속 처녀로 있게 하겠다고 공언한 서약을 지킨 것을 통해서도 드러납니다.

5. 다윗

다윗의 믿음의 역사(役事)들과 그 열매들을 여기서 일일이 다 열거할 필요는 없습니다. 또한 다윗으로 말미암아, 또는 다윗 속에서 얼마나 자주 불신앙이 드러났는지에 대해서 말할 필요도 없습니다. 우리는 존 브라운(Jon Brown)과 같은 의견을 취합니다. 그는 자신의 견해를 다음과 같이 설파하였습니다.

"이 본문을 통해서 다윗이 골리앗과 싸워 이긴 것을 특별하게 언급하고 있는 것 같다. 그 때에 다윗의 나이는 어렸고, 전쟁의 기술과 전략을 전혀 경험하지 않았었다. 다만 물맷돌 몇 개로 싸우러 나아갔다. 그는 블레셋의 거장과 맞싸웠던 것이다. 그 블레셋의 거장은 야전의 베테랑이었고, 결투를 위해서 대단한 무장을 하고 있었다. 다윗의 무모한 행동과 다윗의 성공을 어떻게 설명할까? 오직 믿음으로 한 일이었다. 그는 하나님께로부터 한 계시를 받았다. 사무엘상 17:46,47의 기록이 그 점을 시사한다.[26] 그는 마음의 확신으로 그것을 받았고 그대로 행동했다. 믿음으로 그는 모험을 행했고 믿음으로 그는 극복해 이겼다."

6. 사무엘

이 사람에 대해서도 존 브라운(John Brown)의 이해를 존중하고 싶습니다.

"여기 본문을 기록할 당시 사도가 아마 사무엘상 12:16-18에 기록된 사건을 염두에 두었을 것 같다. 그 사건의 이적적인 성격 때문에 그랬을 것 같다. '너희는 이제 가만히 서서 여호와께서 너희 목전에서 행하시는 이 큰 일을 보라 오늘은 밀 베는 때가 아니냐 내가 여호와께 아뢰리니 여호와께서 우레와 비를 보내사 너희가 왕을 구한 일 곧 여호와의 목전에서 범한 죄악이 큼을 너희에게 밝히 알게 하시리라 이에 사무엘이 여호와께 아뢰매 여호와께서 그 날에 우레와 비를 보내시니 모든 백성이 여호와와 사무엘을 크게 두려워하니라.' 하나님께서 사무엘에게 계시를 주셨다. 하나님의 지시하시는 대로 말하면 그 말대로 하나님의 능력이 나타날 것이라. 그는 그 계시를 믿었다. 그는 말씀을 믿었고, 그 사건이 말씀대로 일어났다."

---

26) "오늘 여호와께서 너를 내 손에 넘기시리니 내가 너를 쳐서 네 목을 베고 블레셋 군대의 시체를 오늘 공중의 새와 땅의 들짐승에게 주어 온 땅으로 이스라엘에 하나님이 계신 줄 알게 하겠고 또 여호와의 구원하심이 칼과 창에 있지 아니함을 이 무리에게 알게 하리라 전쟁은 여호와께 속한 것인즉 그가 너희를 우리 손에 넘기시리라."(삼상 17:46,47)

7. 선지자들

그들은 믿음의 능력을 실증적으로 보여주었습니다. 그들이 행한 일과 그들이 고난당한 일을 통해서 말입니다. 그들은 믿음으로 말미암지 않고는 도저히 감당하거나 견디지 못할 일을 해냈습니다. 그들은 자기들이 받은 것만 전달했습니다. 그래서 그들은 늘 이런 식으로 말했습니다. "여호와께서 이렇게 말씀하셨도다." 그들은 자기들이 받은 것을 하나도 숨기지 않았습니다. 물론 그것이 자기들에게는 무거운 짐이었습니다(말 1:1 등이 말하는 바와 같이). 그들은 하나님께서 맡기신 메시지가 백성들이 듣기 좋아하는 말이 아님을 알았습니다. 그럼에도 불구하고 그들은 하나님의 말씀을 신실하게 전했습니다. 그들은 사람들의 대적을 보고 움츠러들지 않고 그 일을 해냈습니다. 특별히 엘리야와 엘리사가 그러하였습니다. 이 모든 것들은 살아계신 하나님께 대한 참된 믿음의 효력과 능력을 나타낸 것입니다.

"주여, 우리의 믿음을 더하소서."

79강

믿음이
이룩한 일들

11:33 그들은 믿음으로 나라들을 이기기도 하며 의를 행하기도 하며 약속을 받기도 하며 사자들의 입을 막기도 하며 11:34 불의 세력을 멸하기도 하며 칼날을 피하기도 하며 연약한 가운데서 강하게 되기도 하며 전쟁에 용감하게 되어 이방 사람들의 진을 물리치기도 하며

참된 믿음은 모든 체험적인 경건에서 탁월한 역할을 수행합니다. 믿음의 은혜가 전혀 없는 사람은 하나님도 없고 세상에서 소망도 없는 사람이 됩니다. 그러나 신령한 원리가 그 사람 속에 있으면 그 정도가 아무리 미미하여도 그것이 기이하고 이적적인 변화를 일으킵니다. 그러한 신령한 원리를 소유한 사람이 잠시 동안 그 본질을 이해하지 못하여 아주 큰 실수를 저지를 수도 있습니다. 그럼에도 불구하고 그러한 변화는 사람이 사망에서 생명으로 옮겨지는 것과 마찬가지의 변화입니다. "만일 너희에게 믿음이 겨자씨 한 알 만큼만 있어도."(마 17:20) 작은 알갱이지만 그 안에 생명의 원리가 있고 장차 그 씨에 날 나무의 눈이 있으면 되는 것과 같이, 그 마음에 은혜의 원리가 숨어 있다면 그것은 발전하여 결국 영광으로 나아갈 것입니다.

우리 각자는 우리 믿음의 '기원(origin)'을 확인하는 수고를 아끼지 말아야 합니다. 성경에는 여러 종류의 믿음이 나타나 있습니다. '죽은 믿음,' '귀신의 믿음,' '억지로 마지못해 믿는 믿음,' '가식적이고 위선적인 믿음,' - 이 모든 종류의 믿음들은 정말 가증스러운 것들입니다. 왜냐하면 그런 믿음은 위로부터 난 것이 아니기 때문입니다. 그러나 신령한 믿음은 그 기원이 '신적(神的)'입니다. "믿음은 하나님의 선물"입니다(엡 2:9). 참된 믿음은 본성에서 나오는 것이 전혀 아닙니다. 오히려 하늘로부터 나는 것입니다. "가장 좋은 은사와 온전한 선물이 다 위로부터 빛들의 아버지께로서 내려오나니 그는 변함도 없으시고 회전하는 그림자도 없으시니라."(약 1:17) 신령한 믿음은 하나님의 진리를 마음으로 확신하는 것입니다. 그리고 그 신령한 믿음은 전능하신 성령님의 능력으로 말미암아 우리 속에서 산출되는 것입니다. 성령께서 생명을 주시는 능력으로 말씀을 우리 영혼에 적용하실 때에 일어나는 것입니다.

자, 이러한 믿음은 하나님께서 주시는 것일 뿐 아니라, 하나님께서 '지탱하십니다.' 신령한 믿음은 자체의 힘으로 지탱되거나 사람의 힘으로 보존되는 것이 아닙니다. 이것은 전적으로 하나님께 달린 것입니다. 오늘날 그리스도인이라 자처하는 정말 부지기수의 사람들이 그 점을 인식하지 못하고 자신의 능력으로 믿음을 견지하고 있다는 기만에 빠져 있습니다. 믿음은 하나님께서 친히 우리 마음에 산출하신 것입니다. 그러니 그리스도 안에서 하나님을 의뢰하고 성령님의 지탱하시는 능력이 아닌 믿음은 참된 믿음이 전혀 아닙니다. 그러나 오늘 대다수의 사람들이 가진 믿음을 보면 전혀 그런 성질을 띄고 있지 않습니다. 우리는 바울의 말을 그들에게 적용시켜 말할 수 있습니다. "너희가 이미 배부르며 이미 풍성하며 우리 없이도 왕이 되었도다."(고전 4:8) 또한 하나님께서 힘을 주셔서 역사하게 하는 믿음입니다. 하나님이 살리시는 능력에 의해서만 그 믿음은 역사합니다. 그리스도께서는 "나를 떠나서는 너희가 아무것도 할 수 없다."고 하셨습니다(요 15:5). 분명하게 주님께서 우리를 능하게 하지 않으시면 주님과 주님의 약속을 믿는 믿음을 행사할 수 없는 것입니다. 그러니 단순한 본성에서 나온 믿음, 자기 자신이 지어내고 자기 스스로가 지탱하는 믿음은 저 혼자 일하는 믿음입니다. 그러니 그런 믿음을 소유한 사람들은 자기들이 원하는 때에 자기들의 방식으로 자기들이 믿고 싶은 것을 믿을 수는 있습니다. 그리스도도 믿고, 그리스도도 붙잡을 수 있습니다. 또한 약속들을 부여잡을 수도 있습니다. 그리스도의 약속을 자기들에게 적용할 수도 있습니다. 또한 그리스도의 직무(職務, office)들에 대한 믿음도 가질 수 있습니다. 거기에 입각하여 믿음을 행사할 수도 있습니다. 그러나 안타까운 것은 그런 능력으로는 하나님께서 택하신 백성에게 주시는 믿음의 향취를 전혀 풍길 수 없습니다. 하나님께서 자기 백성에게 주신 믿음은 사람들로 하여금 겸비한 간구로 하나님의 긍휼의 발등상 앞에 엎드리게 합니다.

그러한 믿음이 또한 '하나님께서 더해 주시는' 믿음입니다. "주여 우리에게 믿음을 더하소서."(눅 17:5) 그렇게 '더함'이 그리스도인으로 하여금 하나님의 성령을 덜 의지하게 만들지 않음을 지적할 필요가 있습니다. 만일 하나님의 성령을 덜 의지하게 한다면 그것은 비참한 '더함'입니다. 그것은 마치 탕자가 자기에게 돌아올 분깃을 자신을 위하여 다 허비한 것이나 마찬가지입니다. 그러한 믿음의 '더함'은 믿음을 언제나 같은 수준에 머물게 하지도 못합니다. 또 어떤 능력으로 항상 역사하거나 동일한 생명의 역사를 나타내는 믿음을 유지하게 하지도 못합니다. 정말 그렇게 하지 못합니다. 진정한 그리스도인은 자주 자기들의 믿음이 낮은 수준에 떨어지는 것을 고통스럽게 체험합니다. 믿음을 가장 필요로 할 바로 그 때에 믿음을 행사하려고 하니 자기 믿음이 정말 연약한 상태로 떨어져 있는 것을 발견하기도 합니다. 믿음이 더해진다고 해서 그 장본인이 그 사실을 반드시 의식하는 것도 아닙니다. 모세는 자기 믿음이 빛나고 있는 줄을 알지 못했습니다. 백부장이나 가나안 여인도 자기들이 믿음을 가지고 있다는 것은 느꼈을지라도 자기들이 '큰 믿음'을 가지고 있다고 느낀 적은 거의 없었을 것입니다. 반면에 적은 믿음을 가지고 있으면서도, 자기들에게 좋은 것들이 더해져서 부자라고 말하기도 합니다.

'믿음의 더함'의 구체적인 내용은 무엇입니까? 그리스도인으로서의 성장입니다. 신자로서 참되고 생명 있고 신령하고 체험적인 지식을 가짐으로써 자기가 죄인임을 알고, 그리스도 안에서 하나님께 대하여 참되고 살아있는 신령한 지식을 가짐으로 자기의 아버지 하나님을 아는 면에서의 성장이 아니면 무엇이겠습니까? 믿음은 지식으로 말미암아 그 양식을 얻습니다. 단순하게 머리의 관념으로 믿음이 양육받지 못한다는 말입니다. 그런 단순한 관념으로만 믿음을 키우려는 사람들은 거짓되고 주제넘은 확신만 키울 뿐입니다. 하나님을 아는 지식을 통해서 믿음이 자랍니다. 이러한 지식이 자라나면서 믿음이 더해집니다. 이러한 지식이 영혼 속에 견고해질 때에 그 믿음도 견고해지고 힘을 얻습니다.

"여호와여 주로부터 징벌을 받으며 주의 법으로 교훈하심을 받는 자가 복이 있나니."(시 94:12) "여호와께서 그를 황무지에서, 짐승이 부르짖는 광야에서 만나시고 호위하시며 보호하시며 자기의 눈동자 같이 지키셨도다."(신 32:10) 하나님께서는 백성을 다양한 환경으로 이끌어 들이시며, 이런 여러 처지들 속에서 그들로 교훈을 받게 하십니다. 그 길에서 하나님의 백성들은 진리를 '체험적인' 방식으로 배우며, 그 방식을 통하여 말씀으로 받은 것이 확증됩니다. 그들은 그렇게 세상의 허망함과 피조물의 변덕스러움, 그리고 자신들의 마음의 부패성을 배우는 것입니다.

이렇게 하나님께서 주시고 지탱하시는 믿음은 성령님의 역사로서 새롭게 되며 작용하며 '그에 합당한' 열매를 맺습니다. 다른 말로 해서, 그 본질에서 영적이고 그 초자연적인 성격의 열매를 맺는다는 말입니다. 그것이 바로 믿음이 역사하는 원리입니다. 그 믿음은 "사랑으로 역사"합니다(갈 5:6). 그 믿음을 주신 분이 힘을 주실 때에, 그 믿음은 단순한 인간 본성으로는 도저히 산출해 낼 수 없는 것을 내게 됩니다. 우리가 읽는 이 본문 속에서 그에 대한 확실한 증거가 나타나 있습니다.

히브리서 11:33, 34
"그들은 믿음으로 나라들을 이기기도 하며 의를 행하기도 하며
약속을 받기도 하며 사자들의 입을 막기도 하며."

이 구절의 주목할 만한 내용을 두 방면에서 숙고할 수 있습니다. 자연스러운 방식으로 표현된 단어들을 문자적으로 살펴볼 수도 있고, 아니면 기름부음 받은 눈으로 숙고할 수도 있다는 말입니다. 물은 수평 이상의 높이로 저절로 흐르지는 못합니다. 거듭나지 않은 자연인의 마음은 영적인 일에 대해서 낯설어 합니다. 그래서 영적인 일이 눈앞에 있어도 그것을 분별하지 못합니다. 대다수의 주석가들이 성경이 기록될 때의 역사적이고 문법적이고 지리학적인 배경에만 크게 열심을 내는 이유가 거기에 있습니다. 본문의 각 소절이 역사적인 것을 지시하는 면이 없지 않아 있습니다. 그러나 참된 그리스도인이 원하는 것은 그 구절의 영적인 의도를 알고 그것을 자신에게 실천적으로 적용하는 것입니다. 그렇게 할 때만이 성경은 그 사람에게 '살아 있는' 말씀이 되는 것입니다. 우리가 히브리서 11장의 말씀을 한 구절 한 구절 살펴나갈 때에 우리 마음으로 늘 견지해야 하는 시각이 바로 그것입니다. 우리는 지금 그 일에 온 힘을 기울이기 위해서 애를 쓸 것입니다.

"그들은 믿음으로 나라들을 이기기도 하며." 이렇게 시작되는 말씀은 우리로 하여금 앞에서 열거된 가치 있는 사람들의 행사를 돌이켜 바라보게 하니

다. 여기서 우리는 그들이 수행한 놀라운 일들 몇가지를 보충적으로 듣습니다. 그들의 믿음에 아홉 가지 열매가 언급되어 있습니다. 갈라디아서 5장에 나타난 "성령의 아홉 가지 열매"와 비교해 보십시오. 거기서 우리는 다시 한 번 신령한 믿음의 기이하고 이적적인 효력을 봅니다. 존 오웬(John Owen)은 이에 대하여 이렇게 주석합니다.

"우리가 어떤 유와 관계하고 있든지 그것들이 믿음을 돕지 못한다면 아무 것도 아님을 보여주려고 모든 경우들에서 이것들을 선별한 것이다."

여러분의 처지가 어떠하다 할지라도 '유쾌하든 고통스럽든,' 우리가 서 있는 위치가 어떠하든 - 높은 지위든지 낮은 지위든지, 우리가 직면한 장애물이 아무리 극복할 수 없고 어려운 것이라도, "믿는 자에는 능치 못할 일이 없느니라."(막 9:23)

"저희가 믿음으로 나라를 이기기도 하며." "이긴다"는 말은 '싸우거나 다투거나 힘이나 용기를 겨루거나 전투에서 이기는 것'을 의미합니다. 역사적으로 여호수아나 다윗의 업적을 암시하고 있습니다. "여호수아는 가나안 족속들을 이겼고 다윗은 모압이나 암몬이나 앗수르 같은 나라들을 이긴 것이다. 여호수아나 다윗은 둘 다 믿음으로 이 나라들을 이겼다."(John Brown)

여기서 인식해야 할 중요한 요점은 '정복당한 나라들'이 하나님의 백성 이스라엘을 막아 하나님께서 그들에게 주신 정당한 기업으로 들어가지 못하게 하였으며, 그 기업을 확장하지 못하게 하려고 방해하였습니다. 자, 우리는 그 사실을 영적으로 이해합시다. 그리스도인은 '기업'을 물려받은 사람들입니다(벧전 1:3,4). 다시 말하면 그 '기업'은 '지금' 믿음으로 말미암아 누려야 할 '기업'입니다. 왜냐하면 "믿음은 바라는 것들의 실상이요 보지 못하는 것들의 증거이기" 때문입니다. 그러나 우리를 저해하고 방해하는 강력한 원수들이 있습니다. 우리는 그들을 "이겨야" 합니다.

그리스도인이 반드시 '이겨야 하는' 주요한 '나라들'이 있습니다. 한 나라는 우리 자신 속에 있으며, 다른 나라는 우리 밖에 있습니다. 곧 '육체'와 '세상'이 바로 그것들입니다. 사도가 "내가 내 몸을 쳐 복종하게 한다."(고전 9:27)고 말할 때에 육체를 가리켜 말한 것입니다. 그리스도인에게 바로 그 육체를 이겨야 하는 일이 주어져 있습니다. "너희 육신이 연약하므로 내가 사람의 예대로 말하노니 전에 너희가 너희 지체를 부정과 불법에 내주어 불법에 이른 것 같이 이제는 너희 지체를 의에게 종으로 내주어 거룩함에 이르라."(롬 6:19) '육체,' 또는 우리의 죄악적인 본성을 "이겨야" 합니다. 그렇지 않으면 그것이 우리를 죽일 것이 틀림없습니다. 그러면 우리가 영원한 파멸을 당하게 될 것입니다. "너희가 육신대로 살면 반드시 죽을 것이로되 영으로써 몸의 행실을 죽이면 살리니."(롬 8:13)

"노하기를 더디하는 자는 용사보다 낫고 자기의 마음을 다스리는 자는 성을 빼앗는 자보다 나으니라."(잠 16:32) 독자들이여, 외치십시오. '그러한 일은 가망 없는 일이다!' 여호수아가 가나안에 첫발을 디뎌 놓으면서 거기에 강력하고 결의에 찬 사람들이 그 성을 장악하고 있음을 발견하였을 때에 그와 똑같은 말을 할 수도 있었을 것입니다. 그러나 이 책을 읽는 독자들이여, 여호수아가 하루 만에 그들을 "이겨 내거나" 일 년 만에 그들을 이겨낸 것이 아닙니다! 그 일은 조금씩 조금씩 이루어져 나갔습니다. 그 말은 격렬한 싸움이 있었음을 지시하는 것이며, 거기에 많은 용기와 인내를 필요로 했다는 것입니다. 그 일에는 여러 번의 좌절을 맛보는 일도 포함되어 있었습니다. 그러나 결국 하나님께서는 그의 노고에 성공의 관을 씌워 주셨습니다. 그가 "나라들을 이긴 것"은 믿음으로 말미암아 된 것임을 잊지 마십시오. 믿음은 하나님을 바라보며, 그로부터 힘과 능력을 받아들이는 것입니다. 참으로, 내 자신은 약하고 참을성이 없습니다. 그러나 "내게 능력 주시는 자(그리스도)안에서 내가 모든 일을 할 수 있느니라."(빌 4:13)

그리스도인이 이겨야 하는 '또 다른 나라'가 있습니다. 그 나라를 이기지 못하면 그 나라가 우리를 파멸합니다. "그런즉 누구든지 세상과 벗이 되고자 하는 자는 스스로 하나님과 원수되는 것이니라."(약 4:4) 어떻게 하면 세상을 이길 수 있는가요? 요한일서 5:4는 그 해답을 제시합니다. "세상을 이기는 승리는 이것이니 우리의 믿음이니라."(요일 5:4) 아가(雅歌)의 말씀에 그것을 아주 달콤하게 표현해 놓았습니다. "그의 사랑하는 자를 의지하고 거친 들에서 올라오는 여자가 누구인가."(아 8:5) 이 말씀은 하나님의 자녀를 소개하고 있습니다. 비록 지치고 수고하고 곤비하지만 세상을 이기고 일어서는 하나님의 자녀를 소개하고 있는 것입니다. 어떻게 그런 일이 일어났습니까? 그리스도의 신부가 "육신의 정욕과 안목과 이생의 자랑"(요일 2:16)이라는 거대한 장애물을 이기고 올라오는 일을 어떻게 감히 해내지요? "세상에 있는" 그러한 것들을 어떻게 이길 수 있었습니까? 아가의 말씀은 그리스도의 신부를 "그 사랑하는 자를 의지한 사람"으로 묘사합니다(아 8:5). 우리가 우리를 사랑하시는 그리스도를 의지하는 목적을 견지하면 세상이 우리에게 힘을 쓰지 못하며, 그분이 우리의 힘이 되십니다. 그래서 우리가 세상을 이기는 것입니다.

"의(義)를 행하기도 하며." 좁은 의미에서 이 말씀은 "판단하며, 율법의 공의를 강화시켰다."는 뜻입니다. 역사적으로는 여호수아 11:10-15, 사무엘상 24:10, 사무엘하 8:15과 같은 것을 가리킨다고 할 수 있습니다. 그러나 더 넓은 의미로 "의를 행하였다."는 것은 거룩한 삶을 영위했다는 뜻입니다. "여호와여 주의 장막에 머무를 자 누구오며 주의 성산에 사는 자 누구오니이까 정직하게 행하며 공의를 실천하며 그의 마음에 진실을 말하며."(시 15:1,2) "각 나라 중 하나님을 경외하며 의를 행하는 사람은 다 받으시는 줄 깨달았도다."(행 10:35) "의"란 '하나님의 요구하시는 수준에 이르렀음'을 의미합니다. 그리고 '의를 행한다.'는 것은 하나님의 말씀의 법칙을 따라 행하는 것을 의미합니다. "그러므로 무엇이든지 남에게 대접을 받고자 하는 대로 너희도 남을 대접하라 이것이 율법이요 선지자니라."(마 7:12)

바른 행동은 바른 원리에서 나오는 것입니다. 또한 바른 행동은 바른 목적을 가지고 수행되어야 합니다. 그렇게 해야만 하나님께 가납될 수 있습니다. 다른 말로 해서 바른 행동은 살아있는 믿음에서 나와야 하며 하나님의 영광을 바라고 행해져야 합니다. 오늘날 세상의 모든 불공정과 압제의 원인은 '불신앙'과 주님을 존귀케 하지 않는 '이기주의'입니다.

그러나 "나라를 이긴 것"이 "의를 행한 것"보다 앞서 있음을 유심히 주목해야 합니다. 이 순서는 변하지 않습니다. 선(善)을 사랑할 수 있으려면 먼저 악을 미워해야 합니다. "너희는 악을 미워하고 선을 사랑하며 성문에서 정의를 세울지어다."(암 5:15) 그리스도를 따르게 하려면 자신을 부인해야 합니다. "이에 예수께서 제자들에게 이르시되 누구든지 나를 따라오려거든 자기를 부인하고 자기 십자가를 지고 나를 따를 것이니라."(마 16:24) 새 사람을 입으려면 옛 사람을 벗어 버려야 합니다. "너희는 유혹의 욕심을 따라 썩어져 가는 구습을 따르는 옛 사람을 벗어 버리고 오직 너희의 심령이 새롭게 되어 하나님을 따라 의와 진리의 거룩함으로 지으심을 받은 새 사람을 입으라."(엡 4:22-24) 다른 말로 '영'이 나타나기 위해서는 '육'이 죽어야 합니다.

"약속을 받기도 하며." 그들은 "약속된 복락을 확보하기도" 했습니다. 하나님께서는 여호수아에게 "네가 가나안을 정복할 것이라."는 확신을 주셨습니다. 또 기드온에게는 "네가 미디안 사람을 물리칠 것이라," 다윗에게는 "네가 모든 이스라엘을 다스리는 왕이 될 것이라."고 확증하셨습니다. 그러나 외적인 상황은 그런 일들이 성취되는 길목에 정말 거대한 어려움이 도사리고 서 있었습니다. 정말 그런 약속 성취가 불가능해 보이는 것들이 그들의 앞을 막아섰습니다. 기드온이 삼백 명만 취하여 그 엄청난 대군을 맞아 멸하라는 명령을 받았을 때에 정말 앞뒤가 맞지 않는 이야기 같았습니다. 다윗과 그 적은 군대가 강력하게 무장을 한 사울의 군대를 대적하지 못할 것처럼 보였습니다. 사울이 죽은 후 몇 년 간은 다윗에게 주시겠다던 그 왕좌가 영원히 빗나가는 것처럼 보였습니다. 그러나 살아계신 하나님을 진실로 믿는 곳에서 도저히 극복할 수 없는 난관들을 이길 수 있는 것입니다.

"약속을 받기도 하며." 다른 사람의 믿음이 확보한 그 놀라운 일에 대해서 듣고 있는 것은 별개의 문제입니다. 문제는 여러분 자신이 그러한 것을 체험했느냐는 것입니다. 여러분이 하나님의 순전한 약속을 믿고 의뢰하고 있다고 진실하게 생각할 수 있습니다. 그러나 여러분 자신의 삶속에서 그것을 체험하셨는지가 문제입니다. 하나님의 약속의 말씀 속에서 제시된 복락들을 실제 자신의 것으로 소화하였는지요? 그렇지 않다면 여러분이 앞서 말한 것을 주목하지 못한 것을 핑계할 수 있습니까? '약속을 얻는 것'보다 '나라들을 이기고' '의를 행하는 것'이 먼저 와야 합니다. 우리가 육체를 이기고 하나님의 법칙을 따라서 행하기를 부지런히 실천하지 않으면 약속으로 우리 앞에 놓인 보배로운 것들을 얻으리라 기대하지 말아야 합니다. 우리 삶을 그 하나님의 교훈과 명령을 따라 통제하는 일들이 먼저 있어야 합니다.

"사자들의 입을 막기도 하며." 사자들의 입을 막기도 하며 물론 사자 굴에 들어갔던 다니엘을 가리켜 하는 말입니다. 그것은 기이한 믿음의 능력을 다시 보여줍니다. 다니엘 6:23에 그것이 분명하게 기술되어 있습니다. "다니엘을 굴에서 올린즉 그 몸이 조금도 상하지 아니하였으니 이는 그가 자기 하나님을 의뢰함이었더라." 이것이 우리에게는 얼마나 도움을 주는지요. 그에 대한 대답을 멀리서 찾으려 합니까? 광포한 짐승들뿐만 아니라 악의에 찬 사람들도 있습니다! 온유하고 해를 끼치지 않는 그리스도인을 멸절시키지는 못하더라도 주눅 들게 하려고 애쓰는 야비한 압박자들과 박해자들이 있습니다. 사실 그들이 우리를 무섭게 만들지 못하게 해야 합니다. 우리의 등불을 말 아래 숨겨두게 함으로 우리의 증거를 망치지 못하게 해야 합니다. 다니엘은 바벨론의 사자들의 위협에도 결코 타협하려 들지 않았습니다. 우리도 또한 오늘 세상에서 악의에 차서 우는 사자들 같은 모습과 말과 행동을 보고 타협하려 해서는 안됩니다. 그 옛날의 믿음의 영웅들처럼 "내가 주님을 의뢰하리니 무서워 아니하리로다."고 말해야 합니다.

"사자들의 입을 막기도 하며." 어떻게 해서 믿음이 그렇게 전능한 힘을 가지고 있는 것처럼 보일 수 있습니까! 진정한 믿음이 해낼 수 없는 일이 무엇입니까? 우리는 감히 그 믿음에 어떤 제한도 두지 않습니다. 믿음은 살아계신 하나님과 관계하는 것이기 때문입니다. 하나님께서는 그 어떠한 것도 어렵지 않습니다. 아, 사랑하는 독자들이여, 믿음은 "전능하신 이"를 붙잡습니다. 여러분의 믿음이 그렇게 행하는 것을 배우게 될 때 그 믿음이 가치가 있습니다. 주 하나님께서 여러분에게 살아있는 실체이십니까, 아니면 하나님께 대한 이론적인 지식만 가지고 있습니까?

본문은 궁극적으로 마귀를 가리켜 말하고 있습니다. "근신하라 깨어라 너회 대적 마귀가 우는 사자 같이 두루 다니며 삼킬 자를 찾나니."(벧전 5:8) 마귀는 많은 하나님의 자녀들을 대적하며 입을 벌려 거짓을 말하며 '너의 신앙이 거짓이다.'고 말합니다. 여러분은 "그의 입을 막는" 법을 배웠습니까? 그의 거짓된 참소를 듣고도 더 이상 무서워하지 않습니까? 이제 마귀가 여러분을 당황하게 만드는 일은 더 이상 쓸모가 없다고 여기게 만들었습니까? 그 모든 것은 여기에 달려있습니다. "약속을 받기도 하며"라는 말이 "사자들의 입을 막기도 하며"라는 말보다 먼저 나왔습니다.

히브리서 11:34
"불의 세력을 멸하기도 하며 칼날을 피하기도 하며 연약한 가운데서
강하게 되기도 하며 전쟁에 용감하게 되어
이방 사람들의 진을 물리치기도 하며."

"불의 세력을 멸하기도 하며." 바벨론의 풀무불 속에 들어갔던 세 히브리 사람들을 가리킵니다. 더 큰 위험, 아니 확실히 죽을 것 같은 상황 앞에서도 하나님의 능력을 의지하는 믿음의 효력을 보여줍니다. 이 세 히브리 사람들은 자기들의 의무를 이행하기로 결심했습니다. 하나님의 주권적인 뜻에 의해서 주어진 어떤 사건이라도 하나님께서 기뻐하시는 바를 행하도록 그 능력을 주실 것임을 확신했습니다. 그래서 하나님의 영광을 위해서 놀라운 일이 있을 것을 그들은 알고 있었습니다. 그런 믿음의 행사는 우리에게 매우 귀해 보입니다. 아, 다니엘과 그 친구들은 평안과 번영의 시대뿐만 아니라 역경과 위험의 시절에도 하나님을 의뢰했습니다. 그 점을 마음에 명심해야 합니다. 만일 우리가 믿음으로 살면 믿음으로 죽는 것이 어렵지 않을 것입니다.

"불의 세력을 멸하기도 하며." 이 말씀은 영적으로 두 방면으로 조명할 수 있습니다. 첫째, 우리는 "악한 자의 모든 불화살"(엡 6:16)에 대해서 읽습니다. 이러한 불화살은 "믿음의 방패"로 말미암아 "소멸되어야" 합니다. 만일 우리가 "나라를 이기고, 의를 행하고 약속을 얻었다면" 사자의 입이라도 우리를 겁내게 할 수 없을 것입니다. 마귀의 시험도 우리를 정복하지 못했을 것입니다. 둘째, 우리는 '불로 연단된 믿음'(벧전 1:7)에 대하여 읽습니다. 아니면 맹렬한 환난으로 연단된 믿음에 대하여 성경에서 읽습니다. 이 불(바벨론과 같은)은 꺼지지 않습니다. 그러나 그 세력과 해할 능력은 '소멸되고' 맙니다. 영혼이 하나님께 붙어 있으면 아무것도 그를 해할 수 없습니다. 불을 끄는 것은 물이 아니라 믿음입니다. 순교자들이 불꽃 가운데서도 '찬송을 부른 것'을 보십시오.

"칼날을 피하기도 하며." 사무엘상 18:4, 열왕기상 18:10, 19:1-3, 예레미야 39:15-18과 같은 대목을 가리키고 있습니다. 이런 여러 경우에서 그 탁월한 하나님의 성도들이 마치 믿음으로가 아니고 두려워 그 위험에서 도망친 것처럼 보입니다. 그들의 목숨을 위협하는 자들로부터 달아난 것입니다. 믿음의 사람은 많은 국면을 가지고 있습니다. 균형을 이루기 위해서 많은 주의가 필요합니다. 한 쪽 국면만 너무 치우치지 않도록 주의할 필요가 있습니다. 한 쪽 국면만 너무 지나치게 강조하거나 또는 다른 쪽 방면을 환상적으로 지나치게 주장하지 말아야 합니다. 그리스도인은 믿음으로 행해야 하지만 여전히 씨름하고 싸워야 할 일이 있습니다(엡 6:12 ; 딤전 6:12) 우리는 은혜를 구하며 용기와 용맹과 고난을 견디어내는 것 같은 모든 영웅적인 미덕을 계발하기를 추구해야 합니다(딤후 2:3). 또한 하나님의 도우심을 받아, 하나님 보시기에 가장 좋은 상태로 들어가지 못하게 막는 모든 것을 이기려고 해야 합니다. 반면에 그리스도인은 위험한 때에 모든 합법적인 방법을 사용하고 그것의 도움을 거절하지 말아야 합니다. "이 동네에서 너희를 핍박하거든 저 동네로 피하라."(마 10:23) 그렇게 하지 않겠다는 것은 믿음이 아니라 만용입니다.

"칼날을 피하기도." 이 말씀의 더 깊은 의미는 무엇입니까? 이 표현을 들으면 히브리서 4:12의 말씀으로 우리 생각이 금방 돌아갑니다. "하나님의 말씀은 살았고 운동력이 있어 좌우에 날선 어떤 검보다 예리하여."(개역한글) 우리가 다루는 본문의 헬라어 원문은 "칼의 '양날'을 피하였다."로 읽어야 하는데, 그 사실 속에서 우리는 그 점을 확증하게 됩니다. 그러나 그리스도인이 성령님의 칼의 양날을 '어떻게' 피해야 합니까? 성경이 우리에게 제시하는 방식은, '하나님의 말씀의 가르치시는 교훈에 실천적으로 복종하고 하나님과 동행하는 것'입니다. 우리가 뒤로 물러가 실족한 상태로 들어가 육체의 정욕에 자신들을 방임할 때에, 말씀은 우리의 귀를 정죄하며 우리의 양심을 찌르고 우리의 마음에 두려움을 갖게 합니다. 하나님께서는 상처 내거나 고통을 주고 싶어하시는 분이 아닙니다. "주께서 인생으로 고생하게 하시며 근심하게 하심은 본심이 아니시로다."(애 3:33) 그러나 우리의 행위가 하나님을 불쾌하게 할 때만 그렇게 하십니다. 만일 우리의 마음이 하나님과 바른 관계에 있다면, 하나님의 말씀은 우리를 찔러 상처내기보다는 힘을 주고 위로를 주는 것입니다. 만일 우리가 그릇된 모든 것에 대해서 우리 자신을 판단하면 그 말씀의 칼은 우리를 치지 않을 것입니다. 우리가 그렇게 하지 못할 때에 말씀은 우리를 탐사하고 우리의 잘못을 지적하여 깨닫게 할 것입니다.

요한계시록 19:15를 주목해 보십시오. 거기 보면 '예리한 칼'과 같은 것이 그리스도의 입에서 나와 그 원수를 멸하는 것으로 묘사되어 있습니다! "그의 입에서 예리한 검이 나오니 그것으로 만국을 치겠고 친히 그들을 철장으로 다스리며 또 친히 하나님 곧 전능하신 이의 맹렬한 진노의 포도주 틀을 밟겠고."

"연약한 가운데서 강하게 되기도 하며." 이 말씀이 삼손의 생의 마지막 장면을 은밀히 암시할 수도 있습니다. 그러나 역사적으로 히스기야를 가리켜 말할 가능성이 더 많습니다. 열왕기하 20:1는 히스기야가 병들어 죽게 된 일을 말합니다. 그 때 그가 주 하나님께 기도합니다. 히스기야는 아하시야(왕하 1:2)나 아사(대하 16:12)와는 두드러진 대조를 이루는 왕이었습니다. 열왕기하 20:3은 많이 오해받는 구절입니다. "여호와여 구하오니 내가 진실과 전심으로 주 앞에 행하며 주께서 보시기에 선하게 행한 것을 기억하옵소서 하고 히스기야가 심히 통곡하더라." 이 구절을 바르게 이해하게 하는 열쇠가 열왕기상 2:4에 있습니다. "여호와께서 내 일에 대하여 말씀하시기를 만일 네 자손들이 그들의 길을 삼가 마음을 다하고 성품을 다하여 진실히 내 앞에서 행하면 이스라엘 왕위에 오를 사람이 네게서 끊어지지 아니하리라 하신 말씀을 확실히 이루게 하시리라." 히스기야는 순결한 마음으로 하나님을 기쁘시게 하려는 진정한 소원을 가지고 있었습니다. 그러나 그 왕조를 이을 아들이 없었습니다. 그래서 그는 하나님의 약속을 생각했습니다. 주님께서는 그의 믿음에 반응하시고 그의 건강을 회복시키셨고, 그의 생명을 15년 연장시켜 주셨으며 그에게 한 아들을 주셨습니다.

"연약한 가운데서 강하게 되기도 하며." 이 표현은 "연약한 자가 강하게 되었다."는 것이 아니라, "연약한 가운데서 강하게 되었다."는 말입니다. 이 말씀은 그 유약함의 정도가 심했음에 강조를 두고 있습니다. 믿음의 힘은 몸의 건강에 달려 있는 것이 아님을 보여주는 말씀입니다! "믿음의 기도(장로들의 기름부음이 아니라)는 병든 자를 구원하리니."(약 5:15 ; 빌 2:27 참조) 그러나 본문은 '육체의 연약'에 국한되지 않습니다. 하나님께서는 교리적으로나 영적으로 연약한 자를 굳게 세우실 수 있습니다. "남의 하인을 비판하는 너는 누구냐 그가 서 있는 것이나 넘어지는 것이 자기 주인에게 있으매 그가 세움을 받으리니 이는 그를 세우시는 권능이 주께 있음이라."(롬 14:4) 그리스도인의 힘의 비밀은 자기가 약하다는 것을 항상 기억하는 데 있습니다. "그러므로 내가 그리스도를 위하여 약한 것들과 능욕과 궁핍과 박해와 곤고를 기뻐하노니 이는 내가 약한 그 때에 강함이라."(고후 12:10) 문제는 우리가 그리스도인의 생활을 하면 할수록 더욱 주님을 의지 하지 않고 자기 자신으로 충분하다는 생각을 하는데 있습니다. 가장 오래 믿었다고 생각하는 어떠한 그리스도인도 '그리스도 안에서 갓난 아이' 때에 가졌던 힘보다 더 강한 힘을 스스로 가졌다는 생각을 하지 말아야 합니다. 그런 일은 없기 때문입니다. 우리가 하나님 앞에서 연약함을 인식하지 못하면, 우리는 하나님의 은혜와 충분성을 입증하는데 실패합니다! 매일 하나님께로부터 오는 능력을 구해야 합니다.

"전쟁에 용감하게 되어 이방 사람들의 진을 물리치기도 하며." 아마 이 말씀은 삼손(삿 15:15)과 다윗의 경우를 가리킬 것 같습니다. 이 소절은 무엇을 말하고 있습니까? '이 믿음의 영웅들이 그들의 원수들의 힘과 수에 기겁하지 않았고, 자기들을 대항하는 그 이상한 일들에 주눅들거나 겁내지 않았고, 그들의 원수를 대항하여 담력을 가지고 전투에 임했다는 것입니다(신 31:23 ; 수 1:7 ; 시 3:6 ; 행 4:29 참조).' 우리는 여기서 다시 한 번 '순서의 중요성'을 강조해야 할 것입니다. "전쟁에 용감하게 되어"라는 말이 "연약한 가운데서 강하게 되기도 하며"라는 말 뒤에 나옵니다. 더 나아가서 "칼날을 피하기도 하며"라는 말이 더 먼저 나왔습니다. 우리가 영적인 원수들에게 왜 그렇게 빨리

지고 넘어지는지 그 이유를 쉽게 느낄 수 없겠습니까?

"이방 사람들의 진을 물리치기도 하며." 여호수아 10:1-10과 사무엘하 5:17-25과 같은 대목은 이 표현이 지시하는 요점을 보여주는 전형적인 실례가 될 것입니다. 하나님의 능력이 여호수아의 노력과 다윗의 노력에 승리를 가져다주는 주요한 요인이 되었습니다. 그 때에 그런 일들이 '믿음'을 도구로 하여 행해진 것을 명심해야 합니다.

믿음의 길은 갈등의 길입니다. 가는 길마다 원수 대적이 벼르고 있습니다. 그리스도인이 영적 싸움에서 그처럼 적은 승리 밖에는 체험하지 못하는 주요한 이유는 '믿음의 연습'이 너무 적은데 있습니다. 더하여 말하자면, 집단적으로 교회가 "이방인의 진을 물리치는 데에" 그처럼 서글프게 실패하는 주요 원인은 교회 지체 간에 시기와 다툼을 일으켜 너무 많은 힘을 빼기 때문입니다.

80강

믿음의
정점 頂點
I

11:35 여자들은 자기의 죽은 자들을 부활로 받아들이기도 하며 또 어떤 이들은 더 좋은 부활을 얻고자 하여 심한 고문을 받되 구차히 풀려나기를 원하지 아니하였으며 11:36 또 어떤 이들은 조롱과 채찍질뿐 아니라 결박과 옥에 갇히는 시련도 받았으며

하나님의 성령께서는 히브리서 11장을 통하여 믿음의 삶에 대하여 정말 복되고 상세하게 묘사하여 주셨습니다. 믿음의 삶의 국면들을 하나하나 살펴 나가시며 우리를 가르치셨습니다. 이제 믿음의 삶의 묘사 전체를 끝마치기 전에 윤곽적으로 묘사되어야 할 또 다른 국면이 있습니다. 우리는 그것을 가리켜 '믿음의 정점(頂點)'이라고 이름 붙였습니다. 그 이유는 이러합니다. 하나님께서 우리에게 부여하신 고난의 몫이 어느 것이라도 하나님을 위해 그 고난을 오묘하게 참아내며, 필요하다면 하나님의 진리를 위해서 우리의 목숨도 내놓아야 합니다. 바로 그것이 믿음이 도달할 가장 높은 지점입니다. 그와 같이 우리가 주목해야 하는 이 본문에서 성령께서는 사도를 움직여 앞 구절들에서 언급했던 믿음의 열매들과는 전혀 다른 열매들로 나아가게 하셨습니다. 또한 성령께서는 고난 받는 영혼을 지탱하는 믿음의 능력을 보여 주십니다. 심지어 인간의 마음과 몸으로 받을 수 있는 것 중에서 가장 예리한 환난을 겪고 있는 영혼들을 붙들어주는 믿음의 능력을 보여주고 계십니다. 이에 대하여 존 오웬(John Owen)이 무엇이라고 주석하였는지 먼저 들어 봅시다.

"이러한 위대하고 영광스러운 일들에 참예한 이들에게 대하여 들으면, 사람들은 그런 일들은 자기들과는 직접적인 연관이 없다고 생각하기 쉽다. 왜냐하면 그런 이들이 극히 가난하였고, 박해 속에서 모든 악에 노출되어 있었고, 복음으로 인하여 목숨을 잃을 극단적인 조건에 처하여 있었기 때문이다. 그러므로 사람들의 관심거리는 그러한 조건에 처하였을 때에 믿음으로부터 어떤 도움과 어떤 구조를 기대할 수 있는가 하는 것이었다. 사람들이 압제를 받고 핍박을 받고 죽임을 당할 때 믿음은 무엇을 할 것인가? 그러므로 사도는 그들의 조건을 직접 다루고 있다. 그들이 받는 고난과, 더 나아가서 복음을 믿는 신앙 때문에 받는 위협을 다루고 있다. 그는 많은 실례들을 제시한다. 인간 본성이 당할 수 있는 가장 큰 고난을 받을 때에 믿는 자들의 영혼을 온전하게 지켜주고 보존하는 믿음의 능력을 보여주는 참으로 많은 증거를 제시한다."(John Owen)

구약 성도들이 당했던 이러한 고통들은 사도 바울 시대의 히브리 그리스도인들의 처지와 맞아 들어갔습니다. 뿐만 아니라 하나님을 믿고 그 진리에 충성하는 것이 어떤 일을 수반할지를 아는 것이 우리에게도 필요합니다. 그리스도인의 삶을 시작할 때에 "앉아서 비용을 계산하라."는 주님의 명령을 받습니다(눅 14:28). 그 말씀은 그리스도를 따른다는 것이 어떠한 고난을 수반함을 숙고할 필요가 있음을 지시합니다. 우리가 무시로 우리 자신에게 "하나님 나라에 들어가려면 많은 환난을 겪어야 한다."(행 14:22)는 사실을 상기하는 것이 좋습니다. 하나님의 종으로 자처하는 사람이 자기의 설교를 듣는 이들에게 다음과 같은 사실을 말하지 않고 숨기는 것은 범죄입니다. 곧, '그리스도를 믿는 참된 신앙고백자'는 필연 세상 사람들의 조롱과 대적을 만날 뿐 아니라, 거짓된 종교계로부터 미움과 핍박을 받게 된다는 사실 말입니다. 그 점을 말하지 않고 침묵하는 것은 죄악적입니다. "사랑하는 자들아 너희를 연단하려고 오는 불 시험을 이상한 일 당하는 것 같이 이상히 여기지 말고."(벧전 4:12)

주 예수 그리스도께서 이런 문제를 노골적으로 다루시면서, 주님을 따르는 자들에게 어떤 일이 일어나기 쉬운지를 분명하게 알려 주셨습니다. 자신을 부인하고 자기 십자가를 지고, 그리스도와 그리스도 복음을 위해서 받는 모든 종류의 고통을 감당할 각오를 하지 않는 자는 주님의 제자에 들지 못함을 분명하게 확언해 주셨습니다. 우리 주님께서는 부드럽게 '이 세상을 쉽게 지낼 것이라.'는 그럴듯한 약속으로 사람들을 속이신 적이 없습니다. 주님의 사도도 우리가 살펴본 구절들 속에서 히브리 그리스도인들에게 그들의 믿음의 선조들이 행했던 장엄하고 영광스러운 업적을 보여주었습니다. 그런 다음에 이제 가장 비참한 상황에서 믿음을 행사해야 했던 다른 사람들의 경우를 상기하게 합니다. 믿음의 길에서 큰 환난과 지독한 시련을 만날 각오를 해야 합니다. 구주께서 친히 그러한 일들을 만나셨고, 제자가 그 선생되신 주님께서 당하신 것과 같은 것을 당하는 것이 족하다고 말씀하셨습니다. 존 오웬(John Owen)이 이 점에 대하여 말한 것을 인용하겠습니다.

"여기에 열거된 모든 악한 일들을 만난 이들은 믿음과 그 신앙고백이 투철한 사람들이었다. 사도는 히브리인들에게 제 허물 때문에 비참한 처지에 처했던 자들을 소개하지 않았다. 또한 단순한 하나님의 섭리로 인하여 세상에서 자기들의 몫을 박탈당하여 고통의 상태에 들어간 사람들도 말하지 않는

다. 그런 경우는 많다. 그러나 여기에 언급된 모든 고통은 순전히 하나님을 믿는 믿음 때문에 당한 일들이다. 참된 신앙을 고백하였기 때문에 주어진 고통들이다. 그러므로 그런 식으로 고통을 당한 이들은 하나님께 받은 소명대로 산 사람들이었다."

이러한 고난들을 하나님께 충성하는 길에서 만났습니다. 그러나 그 뿐만이 아닙니다. '믿음의 행사'가 그들 구약의 존경받을 만한 성도들로 하여금 그런 일들을 영적으로 인내하게 한 점을 유념해야 합니다. 믿음은 하늘로부터 내려오는 은혜입니다. 성도에게 있어서 하나님의 어떤 복주심이 필요하든지 간에 말입니다. 그러므로 믿음은 그 사람이 낮과 같이 번영할 때만이 아니라 밤과 같은 역경을 맞을 때에도 똑같이 그를 든든히 세워줍니다. 믿음이란 영혼 속에 있는 새로운 창조의 원리입니다. 그 원리가 그들로 큰일을 하게 할 뿐 아니라, 그를 위협하며 다그치는 어두운 물결 위로 머리를 쳐들 수 있게 합니다. 믿음은 그리스도인으로 하여금 위험을 담대히 감내하기에 충분하게 합니다. 그리고 믿음은 정말 너무 커서 감당할 수 없어 보이는 의무라도 견실하게 계속 이행하게 합니다. 또한 가장 지독한 고난의 위협을 받을 때에도 믿음은 그 사람을 든든히 서게 합니다. 믿음은 그 사람으로 하여금 처음 가진 목적을 계속 끝까지 견지하게 하며, 고상한 용기를 계속 갖게 하며, 평정한 마음을 유지하게 합니다. 그런 믿음은 실로 인간의 교육이나 육신적인 그 어느 노력으로도 산출할 수 없는 것입니다. 믿음은 의인(義人)을 사자처럼 담대하게 합니다. 당황스러운 고문과 순교자의 죽음 이외에 다른 길이 없음을 보면서도 신앙고백을 버리지 않게 붙잡아 주는 것이 바로 믿음입니다.

믿음은 역경에서도 인내하게 합니다. 왜냐하면 믿음의 사람은 그 믿음으로 성경적인 빛으로 그 역경을 보기 때문입니다. 그는 그리스도의 능하게 하시는 능력으로 말미암아 그러한 것들을 참아냅니다. 사람을 거룩하게 하는 환난은 얼마나 선하고 유익합니까! 그러나 '믿음으로 화합할' 때에만 그 환난이 우리로 거룩함을 입게 합니다. 믿음이 역사하지 않으면 마음은 눈에 보이는 세상적인 것들로 가득 채워집니다. 피조물의 손이나 피조물의 반역적인 모습만 드러나 보이는 것이고 조급함과 분노만 일어납니다. 더욱더 악한 것은 하나님을 대적하여 완고한 생각을 갖고 싶은 충동을 받는 일입니다. 또한 "주께서 나를 버리셨나보다, 주께서 나를 버리셨어."라고 말하고 싶은 유혹을 받습니다. 그러나 성령께서 내면적인 우리의 마음을 새롭게 하시어 믿음이 다시 역사하면 얼마나 다른 모습이 드러납니까! 그러므로 우리가 일을 하면서 우리 영혼에게 이렇게 말해야 합니다. "내 영혼아 네가 어찌하여 낙심하며 어찌하여 내 속에서 불안해 하는가 너는 하나님께 소망을 두라 그가 나타나 도우심으로 말미암아 내가 여전히 찬송하리로다."(시 42:5)

지상에 있는 교회가 통과해야 하는 그 외적인 조건을 결정짓는 것은 하나님의 주권적인 선하심에 속한 일입니다. 하나님께서 가장 좋다고 여기실 때에 번영의 시기를 주기도 하시고, 또 역경의 시기를 주기도 하십니다. 평안하고 안전할 때와 핍박을 당하고 위험할 때가 서로 교차적으로 주어집니다. 낮과 밤과 여름과 겨울이 바뀌는 것처럼 말입니다. 그러나 하나님께서는 변덕을 부리시는 분은 아닙니다. 아브라함이 벧엘과 그 제단을 떠나 남으로 향하기까지는 그 땅에 기근이 일어나지 않았습니다. 그러나 거기에 기근이 들어 아브라함이 애굽으로 내려갔습니다(창 12:8-10). "이스라엘 자손이 여호와의 목전에 악을 행하여 바알들을 섬기며 애굽 땅에서 그들을 인도하여 내신 그 열조의 하나님 여호와를 버리고 다른 신 곧 그 사방에 있는 백성의 신들을 좇아 그들에게 절하여 여호와를 진노하게 했을" 바로 그 때에 비로소 그 여호와의 진노가 그들을 향하여 격발되었습니다. 그래서 하나님께서 주변에 있던 원수들의 손에 그들을 붙이셨습니다(삿 2:11-14). "원수가 와서 곡식 가운데 가라지를 덧뿌리고 갔던" 때가 언제인가요? 바로 그들이 "잠들었을 때"였습니다(마 13:25). 에베소 교회가 "처음 사랑"을 버렸을 때 터커족 스미르나인(Smyrnean)으로부터 박해를 받는 일을 만났습니다(계 2:4,9,10). 우리가 지금 교회와 가정과 나라 속에서 불법이 판을 치는 일로 골머리를 앓고 있는 것은 하나님의 종들이라 자처하는 이들이 이전 세대에 하나님의 율법을 버렸기 때문입니다.

하나님께서는 조롱을 받지도 않으실 것이고, 그 의로우심으로 조상들의 불의의 댓가를 그 자손들에게 갚아 주십니다. 그래서 번영의 시기 다음에 역경의 시기가 도래하는 것입니다. 그러나 이러한 역경의 시기에도 영적인 죽음이나 어떤 육신적인 위험의 형태를 띤다 하여도, 소위 공적인 '예배당'이라 불리는 곳에서 발견되는 혐오스러운 것 때문에 합심하여 부르짖는 그 남은 경건한 사람들이 있습니다. 그들은 가식적인 신앙고백자들의 핍박을 온유하게 참아내며, 뻔뻔하고 불경건한 세상의 핍박을 아름답게 견뎌내는 사람들은 역시 하나님께 가납받고 하나님 보시기에 보배로운 자들입니다. 그들은 세상적인 면에서 가장 큰 번영을 이루었던 시기에 자기들의 몫을 포기하였던 자들만큼 하나님께 귀하게 여기심을 받은 자들입니다.

밤이 어두우면 어두울수록 구름 사이에 간혹 드러나 보이는 별들이 더 반짝거리게 보입니다. 신앙을 고백하는 기독교회 전체 상태가 침체되어 있을수록 그것을 배경으로 하나님의 자녀들이 자신들의 색깔을 더욱더 선명하게 보입니다. 신령한 믿음을 향해서 반대가 거세면 거셀수록 그 믿음의 가장 결정적인 열매를 드러낼 기회는 더 커지는 것입니다. 하나님께서 우리에게 무엇을 부여하시든지 마음으로 온유하게 복종하게 하며, 하나님의 주권적인 뜻에 순응하는 것보다 믿음의 더 높은 국면이 없는 것입니다. 그러한 믿음은 "아버지께서 주신 잔을 내가 마시지 아니하겠느냐?"(요 18:11)라고 말합니다. 흔히 '고난 받는' 믿음은 자기의 승리를 드러내 놓고 자랑할 수 있는 믿음보다 더 위대합니다. "사랑은 모든 것을 견디느니라."(고전 13:7) 믿음이 최고 절정의 순간에 이르게 될 때에, "그가 나를 죽이실지라도 나는 그를 의뢰하리이다(Though he slay me, yet will I trust in him)."[27]라고 선언합니다.

존 오웬(John Owen)이 이 대목에 대하여 길게 주석한 것을 여기서 인용하겠습니다.

"사도는 신령한 눈으로 볼 때에 믿음의 여러 효과들 속에서 많은 영광이 보인다. 지금까지 생각한 국면들에서 만큼 많은 영광이 그런 효과들 속에 있다. 교회가 모든 악과 이 세상에서 생각될 수 있는 모든 무시무시하고 비참한 상황으로 둘러싸여 있을 때에도 교회가 가장 평안하고 번성하는 경우만큼 아름답고 영광스럽다. 그 교회의 외적인 모습만 바라보면 참으로 참아낼 수 없는 무서운 상황이다. 그러나 그러한 모든 상황 속에서도 효력적으로 역사하는 하나님께 대한 믿음과 사랑을 보고, 평안이 깃들고 위안이 넘치고 거룩을 향하여 진행해 나가고, 하나님을 영화롭게 하고, 세상을 정죄하고, 사람들의 영혼을 유익하게 하고, 결국 그 모든 것을 이겨 승리낸다고 하자. 그것이야말로 참으로 아름답고 영광스러운 것이다.

"사도는 이러한 경우는 모두가 아니라 할지라도 대부분의 경우를 마카베오서(Maccabees) 시대의 수리아 왕 안디오쿠스(Antiochus) 아래서 교회가 핍

---

27) 욥기 13:15의 KJV 역문(譯文)이다. - 역자 주

박당하던 시대에서 사례들을 취하여 설명하고 있다. 우리가 그 점을 주목하여야 한다. 우리는 그 이유에 대해서 다음과 같이 생각할 수 있다. (1) 그 시대는 구약의 정경(正經)이 완성되었던 시대다. 다른 말로 해서 신적 영감에 의해서 구약성경의 기록이 완성된 직후였다. 그러므로 사도가 기억에도 생생한 그 악명 높은 역사적인 사실로부터 이러한 것들을 대표적으로 끌어냈을 것이다. 그 때 여전히 지금 남아있는 마카베오서(Maccabees)와 같은 몇 가지 책들이 그 역사적 사건들을 기록 보존하고 있었을 것이다. 그러나 사도가 그러한 것들을 교회에 전달할 때에는 신적 영감이 그를 주장한 것이다. (2) 이러한 일들이 일어났던 그 당시의 교회 안에 어떤 특이한 선지자가 없었다. 유대인들이 고백하는대로 제2성전 시대에는 예언이 그쳤다. 이 사실은 말씀의 원리와 교회의 일반적인 사역으로도 신자들에게 의무를 감당하도록 지도하는데 충분함을 분명하게 보여준다. 당시의 신자들이 어떤 대적을 만나고 있었다 해도 그러하다. (3) 구약시대 교회가 마지막 박해를 받은 것은 수리아 왕 안디오쿠스 때였는데, 그것은 적그리스도 하에서 그리스도의 교회가 받을 마지막 박해를 모형적으로 그려주었다. 다니엘 8:10-14, 23-25, 그리고 11:36-39의 말씀을 요한계시록의 여러 대목과 비교해 보면 그 점이 명백하게 드러난다. 로마의 적그리스도 아래서 고난을 당했던 사람들의 순교사는 언어로 표현된 어느 것보다 이 문맥의 요지를 더 잘 주석해 준다."

히브리서 11:35
"여자들은 자기의 죽은 자들을 부활로 받아들이기도 하며
또 어떤 이들은 더 좋은 부활을 얻고자 하여 심한 고문을 받되
구차히 풀려나기를 원하지 아니하였으며."

"여자들은 자기의 죽은 자들을 부활로 받아들이기도[28] 하며." 어떤 이들은 이 소절이 34절 끝에 붙이지 않았다고 불만합니다. 그들은 35절이 33, 34절에서 열거한 믿음의 여러 이적적인 승리를 더 효과적으로 나타내는 부분이므로 이 소절을 35절에 속하게 하지 말고 34절 끝에 붙이는 것이 합당하다고 주장합니다. 앞서 나열된 특별한 사항들이 여러 종류의 이적들에 속하는 것은 사실입니다. 그러나 우리는 개인적으로 그것을 35절에서 38절 사이의 내용의 머리에 놓는 것이 합당하다고 생각합니다. 왜냐하면 그것은 이 항목에서 저 항목으로 넘어가는 합당한 '전환점'이기 때문입니다. 이런 방면에서 그러합니다. 곧, 그 여인들은 지독한 고난을 받고 살 희망까지 포기한 고통을 겪은 다음에 자기들의 사랑하는 자녀들을 다시 받았던 것입니다. 그들이 하나님의 종들을 친절하게 대접한 일로 인하여 하나님의 상급을 받은 것입니다.

"여자들은 자기의 죽은 자를 부활로 받기도 하며."(개역한글) 열왕기상 17:22-24, 열왕기하 4:35-37에 기록된 역사적인 사건을 지시하고 있는 것입니다.[29] 이 주목할 만한 역사적인 실례들이 우리에게 놀랍게 다시 보여주는 요점은 무엇입니까? 하나님의 계시된 뜻을 믿음으로 행하면 어떤 어려움과 고통 속에서도 반드시 그 믿음의 효력을 본다는 것입니다. 그러나 이것을 오늘날 우리에게 영적으로 적용시키면 어떠합니까? 믿음으로 사모하는 심령은 성령께서 은혜를 늘 새롭게 하시기를 추구한다는 사실을 배우게 합니다. "그

---

28) 이 개역개정판의 표현 '받아들이기도 하며'라는 표현 보다 개역한글의 '받기도 하며'가 문맥의 의도상 더 나은 번역이라는 생각이 든다. 여기서는 마지막 주님 오실 때에 모든 신자들의 부활을 말하는 것이 아니고 실제 극심한 박해 가운데서 주님의 위로로 실제 죽었다 했는데 다시 살아나게 하시는 은혜를 가리키기 때문이다. - 역자 주

29) 열왕기상 17:22-24에는 엘리야가 묵었던 집의 주인의 아들이 죽었다가 엘리야의 기도로 다시 살아난 일이 기록되어 있다. 열왕기하 4:35-37에는 수넴에서 엘리사를 대접하였던 집에서 있었던 일이 기록되어 있다. 그 집에 아들이 없었는데 엘리사의 예언대로 아들이 생겨 낳았다. 그러나 그 아들이 자랐으나 갑작스런 두통으로 죽게 된다. 그 때 엘리사의 기도로 죽은 아이가 살아났다. - 역자 주

남은 바 죽게 된 것을 굳게 하라."(계 3:2)는 말씀을 실제적으로 주목해 보십시오! 아니면 보다 극단적인 경우를 생각한다면, 겉으로 보기에 완전히 거듭나지 않은 상태로 돌아가 버린 것 같은 낙담한 그리스도인에게 소망의 빛을 주시는 말씀이 아닙니까? 그것은 그리스도인들에게 주신 말씀, "잠자는 자여 깨어서 죽은 자들 가운데서 일어나라 그리스도께서 네게 비취시리라 하셨느니라."(엡 5:14)는 말씀에 대한 믿음의 반응이 아니면 무엇이겠습니까!

"또 어떤 이들은 더 좋은 부활을 얻고자 하여 심한 고문을 받되 구차히 풀려나기를 원하지 아니하였으며." 이 말씀을 처음 기록한 그 손이 하나님의 성도들을 고문하는 일에 참예하였었음을 기억하는 것은 감동적입니다(행 8:3 ; 9:1). 그러나 이제는 주님의 은혜로 말미암아 성도들의 고통에 동참하는 사람이 되었습니다(고후 11:24-27). 여기서 "심한 고문"이라고 표현한 것은 "고문 틀에 사람을 넣고 몸을 늘이는 것과 같은 고문"을 의미합니다. 구약 시대에는 성도들을 어떤 장치에 묶어놓고 나사를 돌려 압력을 가하여 관절을 탈골시키는 고문을 자행하기도 하였습니다. 그 악마 같은 로마의 사람들이 프로테스탄트들로 하여금 억지로 믿음을 바꾸게 하려고 그런 고문 방식을 채용하기도 하였습니다. 이런 무서운 고난의 형태를 통해서 하나님의 백성들의 은혜가 시험을 받고 시련을 겪었습니다.

"고문을 받되 구차히 풀려나기를 원하지 아니하였으며." 살려주는 대신 믿음을 버리라는 식으로 제안이 주어졌습니다. 그들 앞에 두 길이 주어진 것입니다. 주님을 배반하느냐, 아니면 가장 극한 고난을 감내하면서도 진리에 복종하느냐? 그대로 인간의 탈을 쓴 마귀에게 고문을 당하느냐? 그런 고문에서 자유로우려면 자기들의 신앙고백을 버려야 했습니다.

마카베오서에 기록된 엘리에셀과 그의 일곱 형제들에 관한 이야기는 이 점을 분명하게 증거합니다. 그들에게 큰 상급과 대단한 호의가 약속되었으나 그들은 그것을 완강하게 거절했습니다. 하나님의 성도들 앞에 고문 틀을 가져다 놓고 악을 행하려는 귀신들의 가장 주요한 의도는 그들의 몸이 아니라 그들의 영혼을 죽이는 것이었습니다. 그 사람들이 믿음을 버릴 기회를 언제나 허용하였습니다. 그들의 신앙고백을 버리도록 유인하려고 위협과 함께 회유책도 썼습니다.

그래서 진정한 시금석은 하나님의 성도들이 보다 귀하게 여기는 것이 무엇이냐의 문제였습니다. 현재의 육신의 평안함이냐, 아니면 그들의 영혼이 영원토록 복락을 누리는 것이냐? 그 사람들도 우리와 성정이 같은 사람들임을 잊지 말아야 합니다. 그들의 몸도 우리와 같이 여리고 아픔을 쉽게 느끼는 육체로 이루어진 것입니다. 그러나 그들이 존귀하게 여기는 것은 자기들의 영혼이었습니다. 그들의 믿음과 더 나은 부활에 대한 소망이 진실했기 때문에 겉사람의 호소와 간청에 귀를 기울이지 않았던 것입니다. 오늘날도 형태는 다르지만 그러한 제안들이 그리스도인 앞에 주어집니다. 안타깝게도 수를 헤아릴 수 없는 수백만의 사람들이 자기들의 낮은 몸의 잠시적인 유익을 위해서 자기들의 영혼을 영원토록 버리고 있다니요! 독자들이여, 여러분은 영혼과 몸 중 어느 것을 더 귀하게 여기고 있습니까? 여러분의 행동거지가 그 질문에 대한 답이 될 것입니다. 둘 중 어느 것을 더 생각하고, 어느 것을 더 염려하고, 어느 것에 더 주목하는가? 둘 중 어느 것을 '부인하고' 어느 것을 '더 영광스럽게 생각하는가?

"구차히 풀려나기를 원하지 아니하였으며." 여기서 "풀려나기(deliverance)" 란 말은 신약성경 전체에서 거의 '구속(救贖, redemption)'이라는 말로 번역됩니다. 이 구절에서 그 말이 사용된 것은 그 중요한 어휘에 대한 더 분명한 이해를 가지도록 돕기 위한 것입니다. 또한 '구속(redemption)'과 '속전(贖錢, ransom)' 사이의 차이를 강조하기 위한 것입니다. '속전'은 공의가 요구하는 값을 지불하는 것을 의미합니다. 그러나 '구속'은 그 값을 지불받은 사람을 실제로 해방시키는 것을 뜻합니다. 여기서의 성도들은 잠시적인 '구속' 또는 '구출' 제안을 받아들이지 않았습니다. 왜냐하면 그것을 받아들이면 배도하는 것이 되었기 때문입니다. 그들이 이 고상한 결정을 내린 것도 '믿음으로' 말미암은 일이었습니다. 진리에 대한 사랑을 귀하게 여겼습니다. 그것이 그들로 하여금 육신의 고뇌에서 탈피하는 것보다 그들에게 무한히 더 영광스러웠습니다. 그들은 '세상을 등지는 대가를 지불하고' 대신 진리를 샀습니다. 이전의 세상 친구들도 그들을 떠났고, 심지어 그 친구들로부터 조소와 혐오를 받았습니다. 이제 그들은 몸의 평안함을 위해서 진리를 파는 것을 거부합니다. "진리를 사되 팔지는 말며 지혜와 훈계와 명철도 그리할지니라."(잠 23:23)

"또 어떤 이들은 더 좋은 부활을 얻고자 하여 심한 고문을 받되 구차히 풀려나기를 원하지 아니하였으며." 여기서 "더 좋은 부활을 얻고자"라는 표현은 그들의 확고한 자세의 근거를 보여줍니다. 여기 이 표현에 가장 주요한 힘은 성경적인데 있습니다. 그 구절 전체가 보여주는 바와 같습니다. 그들은 자기들의 믿음을 버린다는 조건으로 '죽음의 자리에서 다시 살려주겠다.'는 제안을 받았습니다. 다시 말하면 비난받는 자리에서 영예로운 자리로, 궁핍의 자리에서 부요함의 자리로, 고통의 자리에서 안일과 쾌락의 자리로의 '부활'을 제안받았습니다. 그들을 위협했던 그 무서운 고문에서 벗어나 '다시 살아나는' 편을 택하라는 제안과 회유를 받았습니다. 히브리서 11:19에 나오는 표현대로 "죽은 자 가운데서 도로 받는 것"과 같은 일을 해주겠다는 제안을 그들을 고문하는 이들로부터 받았습니다. 그러나 그들의 마음은 훨씬 다른 것, 세상의 위안과 명예보다 훨씬 더 좋은 것으로 가득 차 있었습니다. 그러므로 그들의 믿음은 구름 한 점 없는 그날 아침을 내다보았습니다. 그들의 몸이 영화롭게 부활하여 그리스도의 몸과 같이 될 그 때, 그들은 영원토록 그리스도와 함께 있기 위하여 취해 가심을 받게 될 것입니다. 그들은 그 때를 바라보았습니다. 그 소망이 그들의 영혼을 그 극한 위험 속에서 지탱해 주어, 그들은 그 가장 날카로운 고난의 아픔을 견디게 한 것입니다.

"더 좋은 부활을 얻고자 하여." 우리가 지나치면서 주목해야 할 것은 하나님께서 구약의 성도들에게도 부활의 소망을 주셨다는 점입니다. 그들은 세대주의자(dispensationalist)들이 말하는 것처럼 부활에 대해서 모르고 있던 사람들이 아니었습니다. 사실 그들은 현대인들보다 훨씬 지혜로웠습니다. '믿음'이라는 '집'에서 부활은 언제나 머릿돌이었습니다. "내가 알기에는 나의 대속자가 살아 계시니 마침내 그가 땅 위에 서실 것이라 내 가죽이 벗김을 당한 뒤에도 내가 육체 밖에서 하나님을 보리라."(욥 19:25,26) 그것이 영원한 상급을 약속하였으며, 순종하는 그들에게 생명을 주었습니다. 이 사실에 대한 또 다른 증거는 사도행전 24:14-16에서 발견됩니다. "그러나 이것을 당신께 고백하리이다 나는 그들이 이단이라 하는 도를 따라 조상의 하나님을 섬기고 율법과 선지자들의 글에 기록된 것을 다 믿으며 그들이 기다리는 바 하나님께 향한 소망을 나도 가졌으니 곧 의인과 악인의 부활이 있으리라 함이니이다 이것으로 말미암아 나도 하나님과 사람에 대하여 항상 양심에 거리낌이 없기를 힘쓰나이다."(행 24:14-16) '선진들'의 믿음은 "의인이든 악인이든 죽은 자가 다시 산다."는 진리를 포용하고 있었습니다. 그러므로 '영광스러운 부활'은 그리스도인이 그리스도를 위해서 어떤 일을 당한 일에 대한 보상을 훨씬 상회하는 것입니다. 그리스도인이 그 믿음 때문에 육신적으로 어떤 고난을 당하거나, 육체를 부인함으로 어떤 손해를 보거나, 어떤 시험을 당하였어도 그에 대한 정당한 보상의 수준을 훨씬 넘어서는 것이 '영광의 부활'입니다.

히브리서 11:36

"또 어떤 이들은 조롱과 채찍질뿐 아니라
결박과 옥에 갇히는 시련도 받았으며."

이 구절은 어떤 구약의 성도들이 진리에 대한 충성 때문에 고난당하게 된 상세한 국면들을 더 보충 설명해 줍니다. 그 고난들은 기독교 시대에 자주 반복되었습니다. 우리는 여기서 하나님의 원수들이 하나님의 백성들을 괴롭게 할 때 채용하는 여러 방식들을 알게 됩니다. 원수들은 믿음을 부인하도록 집요하고 잔인한 시도를 하였으며 돌 하나도 돌 위에 놓이도록 그대로 두지 않았습니다. 이러한 것들이 우리의 감정을 갈기갈기 찢어 놓지만, 그러한 고통스런 시련이 하나님의 사람들을 붙잡아 주는 하나님의 은혜의 충분성을 명백히 드러내게 하는 기회를 제공하기도 합니다. 그래서 연약한 자를 그 가장 맹렬한 원수의 공격에서도 든든히 능히 서게 하시는 분께 감사와 찬송을 돌리게 하는 것입니다.

"또 어떤 이들은 조롱과 채찍질뿐 아니라." 우리가 하나님의 진리를 고집하기 때문에 조롱을 받고 그리스도를 위해서 비난을 받을 때 명심해야 할 것이 있습니다. 우리 앞서 순례자의 삶을 살았던 선진들이 당한 고난에 비하면 이런 것들은 아주 부드러운 것이라는 사실입니다. 우리 원수들의 조소와 불친절한 말들이 다른 신자들이 참아내야 했던 그 지독한 고통에 비하면 정말 번민할 가치조차 없는 것들입니다. 하나님의 종들과 사람들은 탈취당하고 언제나 비난과 모욕을 받았습니다. 갈라디아서 4:29, 역대하 36:16, 예레미야 20:7, 예레미야애가 3:14를 보세요.[30]

---

30) 갈 4:29 - "그러나 그 때에 육체를 따라 난 자가 성령을 따라 난 자를 박해한 것 같이 이제도 그러하도다."
역대하 36:16 - "그의 백성이 하나님의 사신들을 비웃고 그의 말씀을 멸시하며 그의 선지자를 욕하여 여호와의 진노를 그의 백성에게 미치게 하여 회복할 수 없게 하였으므로."
예레미야 20:7 - "여호와여 주께서 나를 권유하시므로 내가 그 권유를 받았사오며 주께서 나보다 강하사 이기셨으므

사랑하는 독자들이여, 만일 우리가 조롱을 받고 있지 않거나, 우리를 비웃는 사람이 없다면, 그것은 우리 생활방식이 너무 느슨하고 우리의 행위가 너무 세상적이기 때문입니다. 인간의 본성은 변하지 않았습니다. 사탄도 변하지 않았습니다. 세상도 변하지 않았습니다. 우리가 그리스도를 닮은 삶을 살면 살수록, 우리는 주께서 마신 잔을 더 많이 마시게 될 것입니다. 우리의 분량대로 말입니다.

"채찍질." 이 말은 가장 큰 고통을 일으키는 가죽 채찍으로 등을 맞는 것을 가리킵니다. 그 채찍은 살을 찍고, 피를 뚝뚝 흘리게 하며, 몸을 조이게 합니다. 이것은 고통스러운 고난의 증표일 뿐만 아니라 가장 비굴하게 느껴지게 하는 것입니다. 왜냐하면 채찍질은 가장 비열하고 가장 저질의 사람들에게 가해지는 것이기 때문입니다. 주 예수께서는 그 원수들로부터 이러한 징표의 멸시와 고난을 받으셨습니다(마 27:26). 사도들도 그러하였습니다(행 5:40 ; 16:23). 지금(바로 현재)은 이러한 외형적인 채찍을 당하지 않고 있는 것이 사실입니다. 그러나 혀로 상처받는 일이나, 마음에서 괴롭힘을 받는 일 같은 것이 있습니다. 그럼에도 불구하고 우리가 그리스도의 고난에 동참하는 영예를 얻는다면 우리는 행복합니다(마 5:10-12). 그러나 우리는 우리 편에서 그 고통에 대응하지 않아야 함을 명심하십시오. 그런 경우 주의 깊게 숙고하고, 그것을 열심 있는 기도로 바꾸십시오.

"결박과 옥에 갇히는 시련도 받았으며." 여기서는 그들을 꽁꽁 묶었던 끈과 쇠사슬과 족쇄와 형틀을 가리켜 말합니다. 이 용어를 통해서 땅의 '존귀한 자들'(시 16:3)이 가장 흉포하고 비열한 사람들같이 취급당하였음을 알 수 있습니다. 사랑하는 독자들이여, 그들에 대해서 연민의 감정을 느낍니까? 만일 여러분이 그보다 더한 것, 외면적이고 물리적인 줄과 사슬로 묶이는 것보

로 내가 조롱 거리가 되니 사람마다 종일토록 나를 조롱하나이다."
예레미야애가 3:14 - "나는 내 모든 백성에게 조롱거리 곧 종일토록 그들의 노랫거리가 되었도다."

다 더 한 것에 '묶인다면' 어떻게 하겠습니까? 많은 사람들은 습관에 꽁꽁 묶여서 거기서 벗어날 수가 없습니다. 그 영혼들은 불의의 족쇄로 채워져 자신들을 해방시킬 수가 없습니다. 죄가 그들을 사로잡고 포로삼아 완전한 지배권을 행사하고 있습니다. 죄가 여러분을 지배합니까? 그렇지 않으면 그리스도께서 여러분을 자유하게 하셨습니까? 강해자는 지금 여러분에게 '영혼이 죄의 혐오스러운 임재로부터 자유하게 되었느냐?'고 묻고 있는 것이 아닙니다. 도리어 '죄가 왕노릇하는 세력으로부터 자유하게 되었는가?'를 묻고 있습니다. 마땅히 우리는 매일 영적으로 우리를 제한시키는 모든 것과 싸워 이기기 위해서 필사적으로 기도해야 합니다.

"옥에 갇히는 시련도 받았으며." 그것은 보통 강도들이나 살인자들에게 주어지는 형벌입니다. 여기서 다시 우리는 하나님의 성도들이 세상의 찌꺼기와 같이 취급을 받고 있음을 발견합니다. 그 당시에 감옥은 오늘 범죄자들이 수용되는 암울한 건물과는 전혀 다른 질서를 가지고 있었습니다. 예레미야 38:11-13에 기록된대로 예레미야가 당한 일을 읽어보면 우리 본문에 나오는 그 말이 어떤 의미를 가지고 있는지 그 개념이 잡힐 것입니다. 하나님의 자녀들을 어둡고 습기 찬 지하 동굴에 던져 넣었으며, 지면보다 훨씬 낮은 지하 깊숙한 곳에 처넣었습니다. 그곳은 따뜻하지도 않았고, 불빛도 하나도 없었으며, 벽을 발라 놓지도 않았습니다.

우리가 이 소절을 읽으면 사랑하는 존 번연(John Bunyan)이 생각날 수밖에 없습니다. 사랑하는 독자들이여, 살아계신 하나님을 믿는 진정한 믿음이 아니고는 그들로 죽기까지 충성하게 할 수 있는 것이 없었습니다. 우리가 생각해 본 그 모든 말씀들은, 사람들과 마귀가 줄 수 있는 가장 악한 시련들을 견뎌내게 하는 신령한 믿음의 효력과 충분성을 드러내었습니다.

여러분은 그저 '안락의자에 앉아 있는 믿음'을 가지고 있지는 않습니까?

81강

믿음의
정점 頂點
II

11:37 돌로 치는 것과 톱으로 켜는 것과 시험과 칼로 죽임을 당하고 양과 염소의 가죽을 입고 유리하여 궁핍과 환난과 학대를 받았으니 11:38 (이런 사람은 세상이 감당하지 못하느니라) 그들이 광야와 산과 동굴과 토굴에 유리하였느니라

인간 본성이 마귀와 닮았고 아주 부패하였음을 보여주는 가장 극한 실례를 우리는 어디서 찾을까요? 탁월한 지위에 있는 이들, 곧 황제나 왕이나 정부의 고관들이나 교권주의자들이 하나님을 참되게 의뢰하는 사람들의 순전한 생명을 칼로 끊는 것에 만족하지 않고 그들을 멸하기 위해서 가장 극악한 형태의 형(刑)을 고안하였다는 사실들에서가 아니면 어디겠습니까? 그들 높은 지위에 있던 이들은 소위 학식이 높은 남녀들이었습니다. 심지어 그리스도의 이름을 고백하고 자처하는 이들 중에서 그런 야비한 행동에 동참하며, '땅에서 존귀함을 입은 하나님의 사람들'에 대하여 흉포하고 비인간적인 압박을 가하여 그 사악함을 보였습니다. 그 사실은 하나님께서 인간으로부터 손을 떼시면 인간의 부패의 본성이 얼마나 무섭게 드러나는지를 보여줍니다. 지존자께서 멸망에 합당한 진노의 그릇들을 얼마나 무한하게 참아내시는지요!

그러나 어째서 하나님께서는 그렇게 수많은 당신의 사랑하시는 자녀들을 그토록 무서운 일을 당하게 내버려 두십니까? 다른 여러 대답들 가운데서 다음과 같은 대답을 생각해 낼 수 있을 것입니다.

첫째, 하나님께서는 당신의 믿음의 용사들로 하여금 보다 철저한 시련을 통과하게 하심으로써 그들의 믿음과 용기와 인내, 그리고 또 다른 은혜가 더욱더 드러나게 하시려 합니다.

둘째, 그들이 고백하는 진리를 더욱 명백하게 인치고 확증하게 하시려 합니다.

셋째, 그들의 더 연약한 형제들에게 믿음의 용기와 힘을 북돋아 주려 하심입니다.

넷째, 그리스도께서 그들을 위해서 인내하신 것이 무엇임을 더욱 섬세하게 알게 하려 하심입니다.

다섯째, 그들로 하여금 지옥의 고통이 얼마나 큰 것인가를 더욱더 깨닫게 하려 하심입니다. 하나님께서 사랑하시는 자들도 그러한 무섭고 고통스런 시련을 겪게 허용하신다면, 하나님의 진노 아래 있는 이들이 당하는 고통이 어떠할지 우리는 이해해야 합니다.

그런데 하나님께서 당신의 백성들로 하여금 사악한 사람들 속에서 고통을 받게 허용하시기도 하지만, 하나님의 백성들로 자처하면서 외식하는 이들로부터 그 참된 자녀들이 고통을 받게 내버려 두시는 경우들이 더 많습니다. 그에 대한 여러 이유를 가르쳐 주는 성경의 교훈은 가치 있는 보배를 가득 품고 있습니다. 그래서 우리는 그 성경의 교훈을 기도하면서 숙고해 볼 필요가 있습니다. 그렇게 함으로서 얻는 유익 가운데 하나는 무엇입니까? 하나님의 선택한 백성들이 가진 신령하고 초자연적인 믿음과, 수백만의 헛된 신앙 고백자들이 가지고 있는 관념적이고 육신적인 믿음 사이에는 정말 얼마나 근본적인 차이가 있는지를 더욱 분명하게 깨닫게 되는 것입니다. 하나님께서 어린양 되신 그리스도를 따르는 참된 성도들로 하여금 원수들의 손에서 공개적이고 맹렬한 핍박을 당하게 허락하시기를 기뻐하신다면, 방금 언급된 차이는 정말 뚜렷하게 드러날 것입니다. 왜냐하면 "말씀으로 말미암아 환난이나 박해가 일어날 때에" 돌밭 같은 마음을 가진 사람은 곧 "넘어지기" 때문입니다(마 13:21). 그런 이들은 누가복음 8:13이 표현하는 바와 같이 '배반'합니다. "바위 위에 있다는 것은 말씀을 들을 때에 기쁨으로 받으나 뿌리가 없어 잠깐 믿다가 시련을 당할 때에 배반하는 자요." 그러나 그런 경우 '좋은 땅과 같은 마음'을 가진 사람은 훨씬 다릅니다.

"너희 믿음의 확실함은 불로 연단하여도 없어질 금보다 더 귀하여 예수 그리스도께서 나타나실 때에 칭찬과 영광과 존귀를 얻게 할 것이니라."(벧전 1:7) '하나님의 선물로서의 믿음'은 '끝까지' 견뎌냅니다. 믿음을 시험하는 그런 맹렬한 시련은 '그 믿음이 하나님께로서 왔음'을 보다 더 명백하게 보여주는 역할을 합니다. 하나님께로부터 온 믿음만이 하나님의 허락하신 시련을 견디어 낼 수 있습니다. 순금과 다른 찌기들과 가장 빨리 구별하는 방식은 '용광로에 집어넣어' 보는 것과 같습니다. 영적인 믿음과 육적인 믿음의 차이가 보다 더 뚜렷하게 드러나는 것은 그 지독한 시련 가운데서입니다. 거짓된 믿음을 가지고 있는 사람의 꾸며진 그 믿음은 마치 가짜 보석처럼 눈부시고 커 보이고 매력적입니다. 그래서 하나님의 선택한 백성들의 순전한 믿음보다 그러한 믿음을 가진 사람들이 더 크게 보일 수 있습니다. 하나님의 선택한 백성들의 진실한 믿음이 크기에 있어서 어떤 때에는 작게도 보이고, 외모적으로 둔해 보이기도 하고, 인간적인 시각으로는 매력도 적어 보입니다.

그렇습니다. 사랑하는 독자들이여, 우리가 가지고 있는 믿음이 어떠한 종류인지를 드러내는 것은 그 불같은 시험입니다. 사람이 만들어 내고 사람의 의지로 역사하는 그 육신적인 믿음과, 창조를 사람이 할 수 없듯이 오직 하나님께서만 선물로 주실 수 있는 신령한 믿음을 다같이 도가니와 같은 호된 시련 속에 집어넣어 보십시오. 마치 금속의 진정성을 시험하기 위해 맹렬한 불의 도가니에 넣어보는 것처럼 말입니다. 뜨거운 불기운이 그 두 믿음에 와 닿아 그것들을 태우면, 거짓된 믿음은 황금 도금으로 된 쇳덩이가 곧장 녹아들어 모양 없는 덩어리로 변하는 것과 같이 될 것입니다. 그러나 참된 믿음은 그러한 불같은 시험에도 손상당하지 않고, 다만 없어져야 할 것만 없어지고 남을 것은 남는 것입니다. 그것과 함께 섞여 있었던 찌기는 없어집니다. 다니엘 3장에서 그 사실이 참으로 놀랍게도 표본적으로 예증되어 있습니다. 바벨론의 풀무불은 그 속에 던짐 받은 히브리 세 사람을 손상시키지 못했습니다. 다만 그들을 묶고 있던 사슬만 끊어졌을 뿐입니다. 그런데 그 불이 바벨론 사람들을 태워 삼켜 버렸습니다. "왕의 명령이 엄하고 풀무불이 심히 뜨거우므로 불꽃이 사드락과 메삭과 아벳느고를 붙든 사람을 태워 죽였고."(단 3:22)

우리는 베드로전서 1:7에서 사도가 믿음을 금(金)에 비교하면서 "불로 연단하여도 없어질 금보다 더 귀하다."한 말을 주목해야 합니다. 비록 용광로에 넣어보면 정금도 그것을 통해서 그 정금됨이 입증은 되나, 여전히 금은 없어져 가는 것입니다. 그것은 땅과 세상에 속한 것입니다. 사람들이 그것을 얻으려고 수고하며 영혼을 팔고 있습니다. 그러나 그 금은 죽음의 자리에서 아무 소용이 없습니다. 심판 보좌에서 그것이 무엇을 대신하여 설 수 있겠습니까! 죽음에 이르렀을 때에 그 금은 아무 짝에도 쓸모없어 뒤에 남습니다. 아무도 그것을 가지고 내세로 들어갈 수가 없습니다. 그러므로 믿음은 얼마나 더 귀한 것입니까! 믿음은 그 믿음을 소유한 자로 하여금 하나님의 진노에서 벗어나게 하여, "예수 그리스도의 나타나실 때에 칭찬과 존귀와 영광을 얻게" 할 것입니다.

그러나 우리가 여기서 특별히 주목해야 할 요점이 있습니다. 없어질 금보다 더 귀한 것은 "믿음의 시련"이지 그 믿음 자체는 아니라는 점입니다. 그들 신령한 마음을 가진 사람은 그 점을 명백히 알 수 있습니다. 시련과 시험은 영혼으로 하여금 하나님께서 주신 믿음의 실상과 그 능력을 더 명백하게 깨닫게 하는 방편입니다. 왜냐하면 모든 시련과 시험 속에는 지(知), 정(情), 의(意)의 인격적인 믿음을 반대하는 것이 있기 때문입니다. 시련과 환난은 말하자면 믿음의 생명력을 위협하는 요소를 가지고 있다는 말입니다. 어떻게 그러합니까? 대부분 시련의 때에는 하나님께서 자신의 얼굴을 숨기시기 때문입니다. 주님의 얼굴빛이 더 이상 보이지 않고, 그 미소(微笑)가 어두운 섭리로 말미암아 보이지 않습니다. 그럼에도 불구하고 하나님께서는 영혼을 붙잡는 비밀스러운 능력을 발하십니다. 그렇게 되지 않으면 그 영혼은 기가 막힌 절망에 깊이 빠져 들어갈 것이고, 불신앙의 능력에 사로잡히게 될 것입니다. 여기에 하나의 갈등이 있습니다. 믿음을 대적하여 싸우는 시련과, 그 시련을 맞아 싸우는 믿음의 갈등이 있다는 말입니다.

그러므로 이러한 뜨거운 풀무불 같은 시련 속에서 겪는 예리한 갈등에도 불구하고 초자연적이고 신령한 믿음은 타 없어지거나 멸망하지 않습니다. 그 참된 믿음은 오히려 하나님의 약속을 꽉 부여잡고, 그 약속을 주신 하나님의 미쁘심을 붙잡습니다. 그래서 믿음의 시련은 극히 존귀하게 되는 것입니다. 그것은 믿음을 가진 자에게 '존귀한 것'입니다. 그 믿음의 순전성이 그 믿음을 가진 자에게 더욱더 드러나게 되니 말입니다. 분별하는 영을 가진 하나님의 백성들의 보기에 그것은 '존귀합니다.' 그 백성들은 시련과 복락을 받은 동료 성도의 체험 속에서 목격한 것을 통하여 힘과 위안을 얻습니다. 그것은 하나님 보시기에도 "존귀한" 것입니다. 하나님께서는 자신의 명백한 인

중으로 그것을 영화롭게 하시며, 당신이 인정하시는 미소(微笑)로 그 위에 인(印)을 쳐주시는 것입니다. 그러나 무엇보다도 주 예수께서 영광중에 나타나는 마지막 날에 그것은 '존귀하게' 될 것입니다. 왜냐하면 그때에 그리스도 예수께서 "모든 믿는 자에게서 존귀히 여김을 받으실 것이기" 때문입니다(살후 1:10).

믿음으로 볼 때에 가장 위대한 일을 하는 것이나 가장 어려운 역경을 견뎌내는 것이 하나입니다. 하나님께서 요구하실 때에는 그 둘 다를 해야한다는 준비가 되어 있어야 합니다. 또한 하나님께서 힘을 주실 때에 그 둘 다 동등한 효과를 발하는 것입니다. 대단한 업적을 이루는 것이나, 무서운 고통을 견뎌내는 것은 육신적인 측면에서 볼 때 천국과 지옥의 차이와 같을 것입니다. 그러나 순종의 의무를 행할 때 믿음에 있어서는 둘 다 같은 것입니다. 내가 생각하는 히브리서 11:33-38로부터 그 점은 매우 분명하게 드러납니다.

이 대목은 히브리서의 마지막 부분으로서 이제 우리가 생각해 보려는 것입니다. 이 대목의 첫 부분에서 하나님께서 주신 믿음이 행한 기사들을 나열하고 있습니다. 마지막 부분에서는 하나님께서 지탱하여 주신 믿음으로 말미암아 인내하여서 용기 있게 참아냈던 그 무서운 고난과 역경을 나열하고 있습니다. 후자의 경우는 전자의 경우같이 초자연적인 믿음의 성격을 드러냅니다. 하나님께서 주시는 초자연적인 믿음은 히브리서 11장 전체에 걸쳐서 나타나는데 여기에서 가장 영광스러운 절정을 이룹니다.

하나님의 백성들이 당하는 그 무서운 고난이 믿음의 생명력을 붙잡고 계시는 성령님의 역사 속에서 복된 절정을 이룬다고 말해야 합니다. 사실 그러한 고난들은 믿음에 도달할 수 있는 최고의 정점을 표해줍니다. 어째서 그러합니까? 그러한 것들이 하나님께 완전히 복종하고, 하나님께서 무엇을 보내시기를 기뻐하시든지 거기에 공손히 순종하는 마음을 명백히 드러나게 하기 때문입니다. 그러한 마음을 소유한 사람은 하나님을 철저하게 복종한 나머지 하나님을 떠나 배도하는 것보다 악형과 죽음을 일부러 기꺼이 선택하였던 것입니다. "온유하고 안정한 심령"은 하나님 앞에 값진 것입니다(벧전 3:4).

우리 아버지께서 우리에게 무엇을 지정하여 주시든지 믿음으로 기꺼이 받아들이는 것처럼 그리스도인의 온유를 더욱더 명백하게 드러내는 것이 없습니다. 마치 토기장이의 손에 있는 진흙처럼 자신을 수동적으로 맡기는 그러한 자세라고 할 수 있습니다. 죽기까지 충성하는 것, 흔들리지 않고 주님을 신뢰하는 것, 비록 주께서 우리로 죽게 한다 할지라도 주님을 요동치 않고 확신하는 것, 눈으로 보기에는 우리를 버리는 것 같은 때에도 주님을 의뢰하는 것, 그것이 믿음의 모든 행사 중에서 가장 고차원적인 것입니다.

이 서론적인 문단을 끝맺기 전에, 우리는 위험과 시련과 박해의 시대에 나타난 '믿음의 여러 행사들'을 지적해야 할 것입니다.

첫째로, 믿음은 "전능하신 이가 통치하심"을 인식하는 것입니다(계 19:6). 하나님께서 하늘의 보좌에 앉으시어 우주를 통치하십니다. "땅의 모든 사람들을 없는 것 같이 여기시며 하늘의 군대에게든지 땅의 사람에게든지 그는 자기 뜻대로 행하시나니 그의 손을 금하든지 혹시 이르기를 네가 무엇을 하느냐고 할 자가 아무도 없도다."(단 4:35) 그렇습니다. 사랑하는 독자들이여, 신령한 믿음은 모든 일들이 우연하게 일어나지 않고, 주 하나님께서 모든 것을 통제하심을 깨닫습니다.

둘째로, 믿음은 우리 삶 속에 들어오는 그 어느 것이라도 우리 아버지 하나님에 의해서 주어진 것임을 인식합니다. 하나님의 직접적인 허락이 없이는 그 어떤 원수도 우리를 전혀 대적할 수 없다는 것을 압니다. 마귀는 주께로부터 허락을 받기까지 욥을 만지지도 못했고, 베드로를 가둘 수 없었습니다! 여기에 고통을 받으며 두려워하는 마음을 위한 얼마나 놀라운 확실한 안식처가 있습니까!

셋째로, 믿음은 사탄이 하나님께 허락받아 우리를 향해서 아무리 흉포한 불같은 시험을 행한다 할지라도, 또 사람들이 아무리 지독하게 핍박한다 해도 그들의 악한 노력은 합력하여 "우리의 선을" 이루게 됨을 인식합니다(롬 8:28).

넷째로, 믿음은 하나님의 약속을 믿음으로 화합하여 하나님께로부터 오는 현재의 도움과 힘과 위안을 얻습니다. 믿음은 확실한 말씀, "네가 물 가운데로 지날 때에 내가 함께 할 것이라 강을 건널 때에 물이 너를 침몰치 못할 것이며 네가 불 가운데로 행할 때에 타지도 아니할 것이요 불꽃이 너를 사르지도 못하리니."(사 43:2)라는 말씀으로부터 평안과 위안을 끌어냅니다. 또한 믿음은 이런 확신을 가지게 합니다. "사람이 감당할 시험밖에는 너희에게 당한 것이 없나니 오직 하나님은 미쁘사 너희가 감당치 못할 시험 당함을 허락지 아니하시고 시험당할 즈음에 또한 피할 길을 내사 너희로 능히 감당하게 하시느니라."(고전 10:13)

다섯째로, 믿음은 마음의 시선을 현재의 갈등에서 약속된 안식으로 옮깁니다. 믿음은 미래의 상급을 바라보고, 그 미래의 상급을 바라봄에 따라서 "현재의 고난은 장차 우리에게 나타날 영광과 족히 비교할 수 없다."(롬 8:18)는 확신을 가지게 합니다. 하나님의 자녀들이 풀무불과 같은 시련을 통과하게 될 때에 믿음은 그러한 역사를 나타내는 것입니다.

히브리서 11:37

"돌로 치는 것과 톱으로 켜는 것과 시험과 칼로 죽임을 당하고
양과 염소의 가죽을 입고 유리하여 궁핍과 환난과 학대를 받았으니."

이 37,38절은 계속해서 35절에서 시작한 고난을 열거하고 있습니다. 이 구절들은 구약의 많은 성도들이 당했던 여러 종류의 핍박을 열거합니다. 그 핍박들은 두 형태로 이루어져 있습니다. 첫째로, 원수들의 극악한 흉포 속에 성도들이 핍박을 당하여 결국 죽음을 당하였습니다. 둘째로, 죽음을 피하여 이 세상을 살아가면서 당하는 큰 비참 속에 자신들을 노출시키는 것입니다.

이 시점에서 다음과 같은 질문을 던져보는 것은 도움을 줄 수 있습니다. '그러한 무서운 고난과 주를 기쁘게 하는 길을 걷는 사람들에게 세상에서도 복을 주시겠다는 하나님의 약속이 어떻게 조화를 이루는가?' 세대주의자들은 구약 약속들의 세상적인 성격을 강조하기를 좋아하면서, 신약의 약속들이 크게 우세한 성격을 가지고 있다고 상상합니다. 이 점에 있어서 그들은 심각하게 오류를 범합니다. 한편 우리가 생각하고 있는 구절들은 구약의 가장 뛰어난 성도들 가운데 몇몇이 이 세상에서 잠깐 당한 경험들을 묘사하고 있습니다. 반면에 신약성경은 "경건은 범사에 유익하니 금생과 내생에 약속이 있느니라."(딤전 4:8)고 합니다. 우리가 이 문단을 시작하면서부터 던진 질문에 대한 답은 매우 간단합니다. 신명기 28:1-6[31](그 말씀은 믿음을 굳게 붙잡아 준다)에 언급된 약속들은 두 가지 예외를 염두에 두고 이해해야 합니다. 우리의 죄가 하나님의 징계를 불러오지 않거나, 하나님께서 고난을 통해서 우리의 은혜를 시험하고 싶으실 때가 아니면 그 약속은 우리에게 이루어진다는 것입니다.

"돌로 치는 것과." 이러한 형태의 죽음은 악한 음행을 저지른 사람들에게 하나님께서 지정해 주신 죽음의 형태입니다(레 22:2 ; 수 7:24,25). 그러나 우리가

---

31) 신명기 28:1-6 - "네가 네 하나님 여호와의 말씀을 삼가 듣고 내가 오늘 네게 명령하는 그의 모든 명령을 지켜 행하면 네 하나님 여호와께서 너를 세계 모든 민족 위에 뛰어나게 하실 것이라 네가 네 하나님 여호와의 말씀을 청종하면 이 모든 복이 네게 임하며 네게 이르리니 성읍에서도 복을 받고 들에서도 복을 받을 것이며 네 몸의 자녀와 네 토지의 소산과 네 짐승의 새끼와 소와 양의 새끼가 복을 받을 것이며 네 광주리와 떡 반죽 그릇이 복을 받을 것이며 네가 들어와도 복을 받고 나가도 복을 받을 것이니라."

다루는 본문은 하나님께서 세우신 제도를 사탄이 왜곡시킨 것을 가리키고 있습니다. 왜냐하면 여기에서 하나님의 원수들이 하나님의 사랑을 받고 신실한 백성들에게 심판의 고통을 가하기 때문입니다. "마귀가 하나님의 무기를 자기가 스스로 운영할 수 있는 것처럼 보이려 할 때보다 더 마귀적이고 더 악독할 수가 없다."(John Owen) 그리스도인의 첫 순교자인 스데반은 이러한 모양으로 죽임을 당하였습니다. 위 본문을 기록했던 사도 바울 자신도 스데반이 돌로 맞아 죽는데 '찬동하는 투표를 던졌다.'는 것을 기억하면 참 감회 어렵습니다(행 8:1). 후에 그 자신도 루스드라에서 돌로 맞았습니다.

"톱으로 켜는 것과." 이 방식은 가장 야비하게 사람을 죽이는 방식입니다. 흔히 유대인들이 이방 사람들로부터 이 방식을 배웠던 것 같습니다. 성경에는 이런 방식으로 죽은 사람들의 기록이 전혀 나타나 있지 않습니다. 물론 전해오는 바에 의하면 이사야가 이런 방식으로 지상 삶을 마감하였다고 합니다. 믿음의 여러 영웅들이 이런 방식으로 죽임을 당하였다는 것은 여기 본문을 통해서 명백하게 드러납니다. 마귀의 악독과, 맹수처럼 격렬하게 잔인하게 박해하는 모습이 이 표현으로 그려진 것입니다. 그러한 악형을 견뎌내었다는 것은 성령께서 지탱해 주시는 그 능력의 실상을 보여 준 것입니다. 그 능력이 그들로 하여금 하나님께 충성하는 믿음을 계속 유지하게 하였고, 그 고난 속에서도 자기들의 영혼을 하나님의 손에 달콤하게 의탁하게 만들었습니다. 그것을 보는 살인자들은 너무나도 놀랐습니다. 이 점은 우리가 만나는 훨씬 더 작은 시련을 참아내도록 얼마나 우리 자신을 격동시켜 줍니까!

"시험과." 이것은 그들의 고난의 '심대함,' 또는 믿음을 '떨어뜨리는' 시련, 이 두 방면으로 생각되어야 할 것입니다. 첫째로, 그들의 다른 시련이 더 깊어지는 것을 뜻하는 국면으로 생각한다면, 그들을 박해하는 자들이 '너희가 진리라고 믿는 것을 포기하면 살려 주겠다.'는 제안을 하였던 정황을 암시합니다. 그들의 배도의 대가로 그들을 풀어 주겠다는 언질을 주었던 것입니다. 다른 말로 해서, 그들을 박해하는 이들이 미끼를 던지며 회유하였다는 말입니다. 엄격한 믿음의 자세를 버리고 그 시대의 방종한 사람들의 삶 속에 영합해 들어간다는 조건으로 면책 특권을 주겠고, 앞으로 잘 살 보장을 해주겠다는 식의 미끼를 던진 것입니다. 우리가 다루는 본문은 또한 '사탄의 시험'도 내포하고 있다고 믿습니다. 사탄은 하나님의 선하심과 능력에 대하여 의심하는 생각으로 마음을 가득 채워서, 그들이 서 있는 터 위에서 떠나라는 권고를 강력하게 하였던 것입니다. 그들은 단호한 자세를 가진 채 박해자들의 교활함에 순응하지 않았습니다. 그 때문에 그들은 잔인한 칼질을 당했던 것입니다.

"시험과." 이 표현이 내포하는 두 번째 의도는 이러합니다. 박해자들이 믿음의 사람들에게 세상적인 출세와 부요와 안일과 쾌락의 삶을 주겠다는 약속을 하였다는 것입니다. 역사는 말해줍니다. 교황주의자들과 피에 굶주린 잉글랜드의 메리(Mary) 여왕 시절에 진리를 위해서 길고 잔인한 옥중 생활을 용기 있게 견딘 수많은 사람들이 있었습니다. 그런데 그들이 엘리자베스(Elizabeth) 여왕 시대에는 풀려나 높은 지위에 올랐고 부와 권력을 얻었습니다. 그리고 그들은 경건의 능력을 부인하고 선한 양심을 버리고 믿음에 파산하였습니다. 역사는 그 사실을 엄숙하게 기록하고 있습니다. 그러나 이 본문에 나타난 사람들은 모세와 같은 믿음을 가진 사람들입니다(히 11:24-26). 그래서 그들은 세상의 강력한 시험을 물리칠 수 있었던 것입니다. 사랑하는 독자들이여, 하나님께서는 때로 당신의 백성들이 부요함으로 걸릴 수 있는 위험스러운 덫에서 빠져 나오게 하려는 긍휼의 방편으로 궁핍을 보내시기도 합니다.

"칼로 죽임을 당하고." "칼로 죽임을 당하는" 경우는 두 가지입니다. 첫째로, 폭력의 칼입니다. 박해자들이 하나님의 종들과 백성들을 그들의 충성스러운 믿음 때문에 죽였습니다(삼상 22:18,21 ; 왕상 19:10). 둘째로, 공의(公義)라는 이름으로 불공정하게 몰아 죽였습니다. 성도들에게 법을 적용하여 그러한 고통을 주었던 경우를 가리킬 것입니다. 아마 이러한 형태의 죽음이 마지막으로 언급된 것은 진리로 인친 순교자들의 "수많은 무리"를 의미 있게 나타내기 위해서라고 할 수 있습니다. 문자적으로 우리가 다룰 본문을 번역한다면, "그들이 칼에 도살당했다."로 해야 할 것입니다. 그 점은 피에 주린 박해자들의 마음의 상태와, 그들이 죽인 대단히 많은 성도들의 수를 지시하는 것입니다. 교황주의자들은 이 점에 있어서 이교도들을 능가합니다. 프랑스와 다른 곳에서 그들의 잔인한 대량 학살이 있었습니다. 성령께서는 음란한 바벨론을 "성도들의 피에 취한 자들"로 잘 표현하셨습니다(계 17:6).

"양과 염소의 가죽을 입고 유리하고." 이 말은 그들의 집에서 쫓겨나 정해진 거처 없이 이리 저리 유리하는 것을 나타냅니다.

"그들은 짐승과 함께 하도록 내쫓김을 당했고, 사람이 지은 옷이 아니라 짐승의 가죽 옷을 입고 살게 되었다. 여기에서 이러한 형태의 고난이 언급되는 이유는 한편으로 종교적인 박해의 잔인성을 보여주기 위함이고, 또 한편으로는 믿음의 강력한 행동력을 보여주기 위함이다. 그 믿음의 힘은 얼마나 놀라운가! 그것은 사회법을 어긴 무법자에게 행해지는 것 같은 강제적인 것이 아니었다. 오히려 모세의 경우와 같이 의도적으로 그 길을 선택한 것이다(히 11:24-26 참조). 이렇게 집을 떠나 방황하는 사람들은 어느 때든지 원하기만 하면 자기 동료들에게로 돌이켜 그들 사회에서 함께 위안을 누릴 수 있었다. 그러나 그들은 하나님을 떠나 배도하는 대신 그것을 더 원했던 것이다."(E. W. B.)

"궁핍과 환난과 학대를 받았으니." 이 어휘들은 가정을 잃어버린 성도들의 당하는 여러 가지 고통과 그 고통의 강도를 나타냅니다.

"궁핍"은 생활에 필요한 일용할 양식을 박탈당했음을 의미하고, 더 나아가 친척이나 친구들의 도움을 거절했음을 보여줍니다. 그들은 어떤 생활대책 없이 쫓겨나고, 그들을 돌보는 모든 사람들의 원조를 받지 못하는 상태에 처하게 되었습니다.

"환난"은 그 마음의 상태를 가리킵니다. 그들은 감정이 없는 스토아 철학자들이 아니었습니다. 오히려 그들은 저희들의 서글픈 조건을 예리하게 느꼈습니다. 의심할 여지 없이 원수는 그들의 상태를 이용하여 그들의 마음에 많은 불신앙적이고 과격한 생각을 주입시켰을 것입니다.

"학대"는 여기에서 오히려 더 강한 말입니다. 이는 그들이 유리(流離)하면서 맞는 비우호적인 외인들로부터 당했던 악한 대접을 가리킵니다. 그 외인들은 그들을 전혀 불쌍히 여기지도 않고 악하게 대접하였습니다.

히브리서 11:38

"(이런 사람은 세상이 감당하지 못하느니라)
그들이 광야와 산과 동굴과 토굴에 유리하였느니라."

"이런 사람은 세상이 감당하지 못하도다." 괄호 안에 들어 있는 이 표현은 반론(反論)을 미연에 차단할 목적으로 여기에 놓여 있습니다. 많은 사람들은 생각할 수 있습니다. 이렇게 멸시받으며 유리하는 자들에 대해 '저들은 마땅히 받을 형벌을 받는 것이다.'라는 생각을 할 수 있습니다. 마치 이러한 사회 속에서 살기에 합당치 못한 사람들처럼 말입니다. 그러한 잘못된 생각을 미연에 방지하기 위해서 사도는 세상 사람들이 마땅히 받아야 할 책망을 하고 있는 것입니다. 아울러 그 사회는 하나님의 성도들을 그 중에 받아둘 만한 가치가 없는 곳임을 확증하고 있는 것입니다.

"세상." 넓은 의미에서 이 말은 불경건한 사람들 전체 집단을 가리키고 있습니다. 그러나 좁은 의미에서(문맥에 비추어) 배도적인 '세상'을 가리킵니다. 교회 역사나 모든 일반 세상 역사는 바로 이 점을 조화적으로 설명합니다. 하나님이 선택한 백성들을 가장 악독하고 비양심적으로 잔인하게 박해하였던 사람들은 '종교적인' 사람들이었습니다.

"이런 사람은 세상이 감당하지 못하느니라." 우리는 여기서 믿음의 자녀들에 대한 하나님의 평가와, 거듭나지 못한 종교인들의 평가가 얼마나 다른지를 발견합니다. 하나님께서는 당신이 기뻐하시는 그들을 "땅의 존귀한 자"들로 여기십니다. "땅에 있는 성도들은 존귀한 자들이니 나의 모든 즐거움이 그들에게 있도다."(시 16:3)

가우지(William Gouge)는 이에 다음과 같이 말하였습니다.

"참된 신자들은 그리스도와 연합하고 그 안에 거룩하게 하시는 성령님을 모시고 있다. 그래서 그들은 백만의 세상 사람들보다 더 존귀하다. 마치 값지고 보배로운 보석 하나가 수많은 진흙더미보다 더 가치 있듯이 말이다."

성도들의 탁월함은 그들의 거하는 곳에서 끼친 유익과 복락을 통해서도 드러납니다. 그들은 사실상 '세상의 소금'입니다. 물론 그들 주위에 있는 부패한 수많은 사람들은 그 사실을 알지 못합니다. 그들이 있으므로 하나님의 심판의 손을 막을 수 있는 것입니다(창 19:22). 그들은 하나님의 복을 가져오는 자들입니다. 때문에 다른 이들이 복을 받습니다. "라반이 그에게 이르되 여호와께서 너로 말미암아 내게 복 주신 줄을 내가 깨달았노니."(창 30:27)

그들의 기도는 하나님의 치유를 얻어냅니다. "아브라함이 하나님께 기도하매 하나님이 아비멜렉과 그의 아내와 여종을 치료하사 출산하게 하셨으니."(창 20:17) 세상 사람들은 자기들이 그렇게 악하게 대접하는 사람들로부터 많은 빚을 지고 있다는 사실을 얼마나 알지 못하고 있는지요!

"그들이 광야와 산과 동굴과 토굴에 유리하였느니라." 그들은 정해진 거처가 없었을 뿐만 아니라, 거친 들로 쫓겨나 짐승들이 사는 굴속에 거할 수밖에 없었습니다. 그들을 대적하는 원수들의 흉포함을 피하기 위해서 말입니다. 여기서 "유리하다"는 말은 앞 절에서 사용된 말과 다릅니다. 앞 절에서는 이 집 저 집으로, 이 마을 저 마을로 도움을 바라고 돌아다녔으나 얻지 못하였음을 말합니다. 그러나 이 구절에서는 알지 못하는 땅에서 유리함을 의미합니다. 그들은 어디로 갈지 알지 못했습니다(눈 먼 사람처럼). 히브리서 11:8에서 아브라함의 믿음을 말할 때 이 용어가 사용되었고, 창세기 21:2에서 하갈의 경우에도 이 용어가 사용되었습니다. 마태복음 18:12에서도 유리하는 양을 묘사하기 위해 이 말을 썼습니다. 이것은 타락한 인간 본성에 대해서 얼마나 잘 말해주고 있습니까!

이 하나님의 성도들은 마귀의 입김에 쏘여 마귀에게 조종당하는 종교계에서보다 들판에서 짐승들 틈에 있는 것이 더 안전했습니다. 이러한 구절이 읽혀지고 있는 지금도 어디에선가 낯선 나라에서 이와 같은 시험을 받는 하나님의 자녀들이 있을 것입니다.

살아계신 하나님을 믿는 믿음만이 이런 여러 가지 시련을 당하는 영혼을 지탱해 줄 수 있음을 알아야 합니다. 진리에 우리의 마음의 뿌리를 내리고 든든히 서기 위해서, 주님을 두려워하는 마음으로 수고하는 것이 얼마나 필요한지요! 그래야만 환난과 박해가 올 때에 이러한 신령한 은혜의 능력과 열매들을 낼 수 있습니다.

믿음은 세상을 사랑하는 것만 아니라 사람을 두려워하는 것도 극복해야 합니다. 하나님께서 우리가 행할 일 속에 어떠한 고난을 주신다 할지라도, 눈에 보이지 아니하는 그 분을 보는 것처럼 참고 이겨내야 합니다. 원수들이 그 증오감으로 만들어 낼 수 있는 가장 극악하고 무서운 형태로 죽음의 옷을 입고 나타난다 해도, 성도들의 믿음은 담대하게 그것을 맞아 참아내야 합니다. 하나님의 제어하시는 손이 여전히 하나님을 떠나 불신앙에 빠져 있는 사람들 위에 머물러 있음을 인하여 얼마나 감사해야 합니까! 왜냐하면 인간의 본성은 조금도 개선되지 않았기 때문입니다.

82강

믿음의
권속

11:39 이 사람들은 다 믿음으로 말미암아 증거를 받았으나 약속된 것을 받지 못하였으니 11:40 이는 하나님이 우리를 위하여 더 좋은 것을 예비하셨은즉 우리가 아니면 그들로 온전함 을 이루지 못하게 하려 하심이라

이 두 구절 속에 있는 섬세한 국면들은 보다 주의 깊은 생각을 요구합니다. 첫째로, "약속"이란 말이 여기서는 무엇을 가리키는가? 둘째로, 어떤 의미에서 구약 성도들이 "약속된 것"을 받지 못하였는가? 셋째로, 하나님께서 우리를 위해서 예비하신 더 좋은 것이 무엇인가? 넷째로, "온전함을 이룬다."는 것은 무슨 뜻인가?

이러한 질문에 대한 답변이 대단히 구구합니다. 심지어 믿을 만한 주석가들마저 일치를 보지 못하고 있습니다. 그러므로 하나님의 사람들이 서로 의견 차이를 보이는 곳에서 교리적으로 말하는 것은 우리에게 합당치 못합니다. 이런 여러 가지 관점들로 독자들을 고통스럽게 하는 대신 하나님께서 우리에게 주신 빛의 분량을 따라서 본문을 해석해야 할 것입니다.

우리가 이 일을 해나감에 있어서 마음에 명심해야 하는 몇 가지 사항이 있습니다. 그렇게 하지 않으면 조금도 도움이 되지 않을 것입니다.

첫째로, 우리가 다루는 본문이 앞에 있는 구절들과 서로 연관이 된다는 점을 확인하는 일입니다.

둘째로, 그 각 소절들이 정확하게 어떤 관계를 가지고 있는지를 발견하는 일입니다.

셋째로, 이것이 기록되어 있는 히브리서의 독특하고 주도적인 주제가 무엇인가를 생각하면서 이 부분을 연구해야 합니다.

넷째로, 이 대목과 병행되는 대목들 속에서 그 중요한 용어들이 어떻게 사용되었는지 비교해 보아야 합니다.

만일 이 네 가지 사항을 유념하며 이 대목을 해석한다면, 그리 크게 잘못되지는 않을 것입니다. 이러한 것들을 열거한 우리의 의도는, 어떤 난해 구절을 비평적으로 다룸으로써 나타나게 되어 있는 마이동풍(馬耳東風) 식의 오류를 피하려 함입니다.

이 본문들과 앞에 있는 구절들 사이에 어떤 관계가 있는지는 아주 분명하게 드러나 있어 어려움이 하나도 없습니다. 사도는 믿음의 놀라운 역사와 그 열매들을 통해서 믿음의 덕과 그 힘을 강력하고 거대하게 드러낸 다음에, 이제는 믿음의 실상을 보편적으로 요약(要約)하고 있습니다.

히브리서 11:39

"이 사람들은 다 믿음으로 말미암아 증거를 받았으나
약속된 것을 받지 못하였으니."

"이 사람들은 다 믿음으로 말미암아 증거를 받았으나." 우리가 다루는 본문 속에 들어있는 모든 각 소절마다의 관계는 다음과 같이 표현될 수 있습니다. "이 사람들이 다"라는 소절은 앞의 구절들에서 우리에게 제시된 그 모든 믿음의 사람들을 가리킵니다. 그들에게 "좋은 증거"가 주어졌습니다. 그러나 그들은 "약속을 받지" 못했습니다. 왜냐하면 하나님께서 신약 성도들을 위해서 '더 좋은 것'을 마련하셨기 때문입니다. 히브리서의 주도적인 주제는 유대교에 비하여 기독교가 말로 할 수 없이 탁월하다는 것입니다. 이 본문에서 주도적인 역할을 하는 어휘들은 다음과 같은 방법으로 숙고해 볼 문제입니다.

"이 사람들이 다 믿음으로 말미암아 증거를 받았으니." 여기서 두 가지 요점을 주목해 볼 필요가 있습니다. 여기에서 언급되는 사람들과, 그 사람들을 표현하는 술어적인 좋은 부분입니다. 여기서는 히브리서 11장에서 언급된 모든 사람들을 가리킵니다. 부연한다면, 그리스도의 성육신 이전에 참된 믿음을 나타냈던 모든 신자들을 가리킨다는 말입니다. "이 사람들이 다"라고 한 것은 믿음을 갖지 않은 다른 사람들을 제외시키는 제한적인 표현입니다. 윌리엄 가우지(William Gouge)는 이에 대하여 다음과 같이 잘 주석하였습니다.

"그리스도께서 나타나시기 전에 그런 믿음을 가진 사람들은 당대의 시공 (時空) 세계에 같이 있었으면서도 선한 증거를 전혀 받지 못한 다수의 사람들 속에 있었다. 가인도 아벨과 함께 제사를 드렸지만 그러한 증거를 전혀 받지 못했다. 함도 셈과 함께 방주에 있었고, 이스마엘도 아브라함의 가족 중에서 이삭과 함께 있었고, 에서도 야곱과 같은 태 안에 있었다. 다단과 아비람도 갈렙과 여호수아와 함께 홍해를 건넜다. 많은 다른 악한 불신자들이 신자들과 함께 섞여 있었다. 그럼에도 불구하고 그런 사람들은 그러한 '선한 증거'를 얻지 못했다. 비록 그들의 외향적 조건은 같아 보였으나 그들의 내면의 성향은 많이 달랐다."

    오늘날도 그러합니다. 하나님의 말씀이 전해지는 곳에 크게 다른 두 부류의 사람들이 있습니다. 말씀을 믿는 사람들과 그 말씀을 믿지 않는 사람들입니다. 믿는 사람 중에서도 또한 구분이 있습니다. 왜냐하면 말씀을 신령한 방식으로 유효하게 받는 사람들이 적고, 말씀의 문자적인 면을 육신적인 차원에서 받는 사람들이 많기 때문입니다. 오늘날 후자의 믿음을 가진 많은 이들이 자기들이 구원받을 만한 믿음이 있다고 자처합니다. 단순하게 성경의 신적 권위를 이지적으로 찬동하며, 그 성경내용의 순전성만을 인정할 뿐입니다. 마치 그러한 믿음은 그리스도의 날에 유대인들이 거의 다 가지고 있던 믿음입니다. 그 믿음이 외향으로 볼 때에는 훌륭해 보였지만, 마음을 변화시키거나 경건한 삶을 유발시키지 못했습니다. 성령의 작용을 통해서 영혼 속에서 초자연적인 믿음의 역사를 가지고 있는 사람들은, 초자연적인 역사를 나타냅니다. 여기 히브리서 11장에서 언급된 남자들과 여자들의 경우가 바로 그러한 경우입니다. 신적인 원리는 그것을 소유하고 있는 사람들로 하여금 세상을 이기게 하며, 가장 지독한 환난도 참아 견뎌내게 하며, 하나님과 그 진리를 목숨보다 더 사랑하게 합니다.

    "이 사람들이 다 믿음으로 말미암아 증거를 받았으나." 구원을 위해서 오직 그리스도만 믿고, 그리스도의 뜻에만 복종하면서 행했기 때문에 그들은 인정을 받았습니다. 우리가 살펴본 이 말씀의 뜻은 세 가지 내용을 가지고 있습니다.

    첫째, 그들은 하나님께서 그들에게 친히 주신 증거를 받았습니다. 하나님의 말씀 속에서 그것이 발견됩니다. 그 말씀 속에서 그들의 이름이 영예롭게 언급되었고, 그들의 믿음의 열매도 기록되어 있습니다.

둘째, 성령께서 그들의 영과 함께 더불어 그들이 하나님의 자녀인 것을 증거하였습니다. "성령이 친히 우리의 영과 더불어 우리가 하나님의 자녀인 것을 증언하시나니."(롬 8:16) 그래서 그들의 선한 양심의 증거로부터 그것을 가져 즐거워했던 것입니다. "하나님의 약속은 얼마든지 그리스도 안에서 예가 되니 그런즉 그로 말미암아 우리가 아멘 하여 하나님께 영광을 돌리게 되느니라."(고후 1:20) 세상이 그들을 평가하는 것과는 참으로 놀라운 대조를 이룹니다. 세상은 그 사람들을 만물의 찌기로 대접하며 취급하였습니다.

셋째, 그 사람들이 교회로부터 받았던 평가입니다. 그들의 동료 성도들이 그들의 삶 속에 세상적인 것이 없음을 증거합니다. 이 점은 우리의 믿음이 그처럼 선한 역사를 통해서 사람들 앞에 정당성을 드러내야 함을 보여줍니다.

"약속된 것을 받지 못하였으니(received not the promise)." 여기에서 단수로 그냥 "약속"이라고 한 것은 약속된 참으로 놀랍게 탁월한 것을 암시하기 위함입니다. 이것은 예수 그리스도, 신적인 구세주에 대한 약속입니다. 그리스도께서 그 "약속"을 따라서 오시기로 되어 있었습니다. "하나님이 약속하신 대로 이 사람의 후손에서 이스라엘을 위하여 구주를 세우셨으니 곧 예수라."(행 13:23) 하나님의 약속은 하나님께서 그리스도를 보내실 때에 이루어지리라고 선언된 것입니다(행 13:32,33). 사도행전 2:39와 26:6에서 그리스도는 "약속"의 차원에서 보내심을 받은 것입니다. 그리스도께서 친히 최고의 약속이십니다. 그가 타락 이후 주어졌던 첫 번째 약속의 본질이었기 때문입니다. "내가 너로 여자와 원수가 되게 하고 네 후손도 여자의 후손과 원수가 되게 하리니 여자의 후손은 네 머리를 상하게 할 것이요 너는 그의 발꿈치를 상하게 할 것이니라 하시고."(창 3:15) 뿐만 아니라 그는 역시 모든 약속들의 성취요 완결이십니다(고후 1:20). 하나님께서 당신의 아들을 여자에게서 나게 하시어 죄 중에 있는 그 백성들을 구원하시겠다는 위대한 약속을 하셨습니다. 그 약속이 바로 구약시대 전체를 통해서 교회가 가지고 있었던 믿음의 대상이었습니다. 여기서 우리는 맨 처음부터 당신의 성도들의 영적 필요를 채워 주셨던 하나님의 부요한 은혜를 알아차릴 수 있습니다.

"**약속된 것을 받지 못하였으니.**" 이 서신에서 "약속"이라는 말이 여러 번 반복되어 사용되었습니다. 여기서도 그 말은 약속된 것을 환유법(換喩法)의 형식으로 표현하기 위해서 사용되었습니다. "받지 못하였으니"라고 설명한 말이 그 점을 지시합니다. 존 오웬(John Owen)은 그것을 다음과 같이 표현하였습니다.

"장래 선한 것에 대한 신실한 서약으로 약속을 받았다. 그러나 그 선한 것 자체는 그들의 시대에 아직 나타나지 않았다. 그들은 살면서 역사적으로 믿음으로 특별하게 받아들였던 약속이 성취되는 것을 보지 못했다. 주 예수께서 그 제자들에게 선언하신 바와 같다. '내가 진실로 너희에게 이르노니 많은 선지자와 의인이 너희가 보는 것들을 보고자 하여도 보지 못하였고 너희가 듣는 것들을 듣고자 하여도 듣지 못하였느니라.'(마 13:17) 여기서 우리는 믿음의 힘과 견뎌내는 능력을 발견한다. 그들은 요동하지 않고 그처럼 수많은 세기동안 반드시 오시게 되어 있는, 그러나 자기들이 사는 시대에는 오시지 않았던 주님을 바라보았던 것이다."

히브리서 11:40
"이는 하나님이 우리를 위하여 더 좋은 것을 예비하셨은즉
우리가 아니면 그들로 온전함을 이루지 못하게 하려 하심이라."

"이는 하나님이 우리를 위하여 더 좋은 것을 예비하셨은즉." 여기서 사용된 동사 "예비하셨다(have provided)"는 하나님의 은혜의 영원한 뜻, 영원한 언약을 바라보며 사용된 말입니다. 그 말은 하나님의 결심, 곧 그리스도께서 화목제물이 되게 하시어 속죄하실 뜻을 정하시고 약속하신 것을 지시하는 말입니다. 또한 그가 강림할 정확한 시기를 지시하기도 합니다. "때가 차매 (하나님께서 하늘에서 정하신 때) 하나님이 그 아들을 보내사."(갈 4:4) 이 문장에서 '주어진 약속'과 '실행된 약속' 사이의 대조가 지시되어 있음이 분명합니다. 바로 이 요점을 통해서 우리는 구약 성도들의 믿음과 신약 성도들의 믿음의 본질적인 차이를 발견합니다. 구약 성도들은 오셔야 할 구세주를 내다보았습니다. 신약의 성도들은 이미 오신 구세주를 뒤돌아봅니다.

이처럼 명백하고 단순한 것을 많은 사람들이 모호하고 난해하게 생각하는 것이 정말 이상하게 보입니다. 벌링거(E. W. Bullinger)는 그의 「구름 같은 허다한 증인들(Great Cloud of Witnesses)」이라는 책에서 이 대목을 주석하면서 이렇게 시작했습니다. "베드로 사도가 바울의 서신을 언급하면서 '그 중에 알기 어려운 것이 더러 있다.'고 말했다. 바로 이 구절들 속에 알기 어려운 것이 있다. 솔직하게 말하여 이 구절들은 적지 않은 난제를 제시하기 때문이다."

그러나 여기에서 '알기 어려운 것'이 무엇입니까? 이 구절이 들어 있는 바로 이 히브리서에서 정확한 해석을 위한 확실한 열쇠를 제공합니다. 위에서 말한 바와 같이 히브리서의 대 주제는 '기독교가 유대교보다 말로 할 수 없이 탁월하다.'는 것입니다. 이 강해서를 읽어온 독자들이라면 이에 대한 예증이 우리 앞에 얼마나 많았던가를 알 수 있습니다! 11:39,40에 또 다른 예증이 나타나 있습니다. "저희가 약속을 받지 못하였으니." 그러나 우리는 그 약속 성취를 받았습니다. "이는 하나님이 우리를 위하여 더 좋은 것을 예비하셨은즉." 히브리서 7:19,22 ; 8:6 ; 9:23 ; 10:34를 참조하여 "더 좋은 것"이 무엇인지 생각해 보십시오.

"**하나님이 우리를 위하여 더 좋은 것을 예비하셨은즉.**" 이 본문 말씀을 거의 모든 현대 사람들이 어떤 식으로 이용하고 있는가를 알면 정말 애처롭고 통탄할 일입니다. 모세의 경륜과 그리스도의 경륜 사이를 대조하려고 애를 쓰면서, 구약성경의 많은 내용들을 모르고는 "하나님이 우리를 위하여 더 좋은 것을 예비하셨은즉"이라는 말에 사로잡혀 그만 그들이 저지르는 가장 큰 실수 가운데 하나를 범하고 맙니다. 그렇게 해서 시편이나 선지서들을 피상적으로나마 알고 있으면 깨닫는데 하등의 어려움을 느끼지 않을 본문을 어렵게 만들어 버리고 맙니다. 어떤 사람은 말하기를, '우리 그리스도인이 가진 더 좋은 것은 영생이라.'고 하기도 하고, 또 다른 이들은 '중생이나 성령의 내주하심이라.'고도 합니다. 또 어떤 사람들은 하늘의 소명을 받아 그리스도의 몸의 지체가 되는 것을 뜻한다고 주장합니다.

그렇게 주장하면 그런 복락을 구약의 성도들은 하나도 누리지 못했다고 주장하는 셈이 되는 것입니다. 오늘날 이 타락한 세대 속에서 구전(口傳)으로나 문서로 하는 '사역' 거의 대부분 그런 쓸데없는 표본들이 발견됩니다.

자신들을 "세대주의자"들로 부르는 사람들은 진리의 말씀을 바르게 구분한다는 주제넘고 과격한 시도를 통해서 하나님의 가족들을 그릇되게 나눠 버립니다. 은혜로 선택함을 받은 모든 사람들은 하나님을 아버지로, 그리스도를 자기들의 구주로, 성령을 자기들의 위로자로 삼습니다. 창세 이후 역사의 끝까지 구원받는 모든 사람들은 하나님의 영원한 사랑을 받는 대상들이고, 그리스도의 속죄(贖罪)의 은전을 같이 누리며, 한 성령님으로 낳으심을 받아 같은 기업을 물려받게 됩니다.

하나님께서는 오늘날 당신의 자녀들에게 주시는 것과 똑같은 믿음을 아벨에게 주셨습니다. 아브라함은 오늘날 그리스도인들이 '의롭다 하심을 받는' 방식과 동등하게 의롭다 하심을 받았습니다(롬 4장). 모세는 '그리스도의 능욕'을 짊어지고 우리 앞에 있는 '상급'을 우리와 동일하게 바라보았습니다(히 11:26). 다윗도 우리와 똑같이 지상에 있을 때에 나그네와 행인처럼 살았습니다(시 119:9). 그리고 우리처럼 그도 하나님의 우편에 있는 동일한 영원한 즐거움을 바라보았습니다. "주께서 생명의 길을 내게 보이시리니 주의 앞에는 충만한 기쁨이 있고 주의 오른쪽에는 영원한 즐거움이 있나이다."(시 16:11) "내 평생에 선하심과 인자하심이 반드시 나를 따르리니 내가 여호와의 집에 영원히 살리로다."(시 23:6)

"세대주의자들"이 저지른 가장 큰 실수는 다음과 같은 요점들에서입니다. 그들은 모세의 경륜과 그리스도의 경륜을 유기적으로 연합하는 일에 실패하였습니다. 그리고 '옛 언약'과 '새 언약' 아래서 '영원한 언약'의 복락을 나눠주시는 하나님의 행정이 차이가 있음을 인식하지 못하였습니다. 또한 '신령하게 남은 자들'과 '이스라엘 민족 자체'를 구분하지 못했습니다. 족장의 세대와, 모세의 세대와, 이 기독교 세대 사이의 관계를 다음과 같이 진술할 수 있습니다. 각 세대는 서로 상관관계를 가지고 있는데, 마치 그 관계는 부분적으로 처음과 나중의 관계요, 껍질과 알맹이의 관계입니다. 족장 세대와 모세 세대는 준비적인 단계였고, 이 기독교 세대는 온전히 발전된 단계였습니다. 처음에는(족장시대) 잎사귀만 난 상태와 같았고, 모세 시대에는 이삭이 맺혀진 상태였고, 기독교 시대는 그 이삭이 완전하게 영근 상태입니다. 구약 시대를 통해서 우리는 그림자와 모형을 보며, 후자 신약시대를 통해서 그 원형과 실체를 봅니다. 기독교는 이전 시대에 존재했던 것의 완전한 완성이거나, 아니면 이전시대에 계시되었던 진리와 원리들을 더 장엄하게 실증시킨 것입니다.

하나님께서 교회의 머리되신 그리스도와 맺으신 영원한 언약은 하나님께서 당신의 백성들을 다루시는데 있어서 기초를 형성했습니다. 그리고 하나님께서는 그 영원한 언약 사건의 차원과 축복들을 옛 언약과 새 언약 아래서 경영하셨습니다. 그 사실은 세상 역사를 통해서 예증될 수 있습니다. 실제로 모든 나라에는 주요한 두 정당이 있습니다. 서로 라이벌격인 정당들이 취하는 정책의 방식은 근본적으로 다릅니다. 그러나 이 정당이 다른 정당이 가지고 있던 정권을 인수할 수도 있고, 커다란 변화가 일어나 그들의 통치의 특징들을 나타낼 수도 있습니다. 또 많은 다른 법률이 다시 제정되거나, 때로 폐지되기도 합니다. 그러나 그 나라의 '근본 체제'는 여전히 변하지 않고 남아 있습니다. 모세의 경륜과 그리스도의 경륜 사이에는 그러한 차이가 있습니다. 많은 상세한 국면들 속에서 대단히 다른 것들이 드러납니다. 그럼에도 불구하고 하나님의 도덕적인 통치는 모세의 시대나 기독교 시대, 그 어느 시대를 불문하고 '은혜와 의와 긍휼과 공의와 진리와 미쁘심의 동일한 근본 원리'에 따라서 시행됩니다.

구약시대에 중생하여 남은 자들이 있었던 반면에 중생하지 못한 채 이스라엘 민족에만 속했던 사람들이 있었습니다. 그 차이는 오늘날 교회를 이루고 있는 진실한 그리스도인들과 수많은 거짓된 신앙고백자들 사이의 근본적인 차이와 동일합니다.

전자는 후자의 모형이었습니다. 거짓된 신앙고백자들이 "경건의 모양은 있으나 경건의 능력은 없듯이," 아브라함의 혈통에 속해 있는 수많은 사람들은 유대교의 껍질로만 싸여 있었습니다. - 그리스도의 날의 서기관들과 바리새인들을 보십시오. 우리 시대에 생명 없는 종교인들이 말씀의 '문자적인 면'에만 사로잡히고 그 말씀의 신령한 실상에는 체험적으로 친숙하지 못합니다. 그러하듯이 구약시대에도 생명을 갖지 못한 이스라엘 사람들이 그들의 의식

(儀式)의 겉모양에만 사로잡혀 있었습니다. 그들이 그 의식의 알맹이까지 침투하여 들어가지 못했습니다. 유대인 중에 진정으로 선택한 백성이 있었습니다. "이면적 유대인이었던 남은 사람들"이 있었습니다. "오직 이면적 유대인이 유대인이며 할례는 마음에 할지니 영에 있고 율법 조문에 있지 아니한 것이라 그 칭찬이 사람에게서가 아니요 다만 하나님에게서니라."(롬 2:29) 이같이 표면적으로 유대인의 이름만 가지고 있는 이들이 그 수많은 무리 속에 섞여 있었습니다.

구약시대의 하나님의 성도들 중 남은 자들이 누렸던 영적인 몫은 오늘날 신약시대의 그리스도인이 누리는 것과 동일한 것이었습니다. 그들은 그리스도 안에서 값없는 의의 선물을 받은 사람들이었습니다. "그러나 노아는 여호와께 은혜를 입었더라."(창 6:8) 그리스도 안에 있는 우리와 똑같았다는 말입니다. 진정 우리와 똑같이 그들도 영원한 생명을 소유했습니다. "헐몬의 이슬이 시온의 산들에 내림 같도다 거기서 여호와께서 복을 명령하셨나니 곧 영생이로다."(시 133:3) 그들은 우리가 마음으로 그러하듯이 죄 사함 받았다는 것을 알고 즐거워했습니다. "허물의 사함을 받고 자신의 죄가 가려진 자는 복이 있도다 마음에 간사함이 없고 여호와께 정죄를 당하지 아니하는 자는 복이 있도다."(시 32:1,2) 그들은 우리와 똑같이 성령님으로 가르치심을 받았습니다. "또 주의 선한 영을 주사 그들을 가르치시며 주의 만나가 그들의 입에서 끊어지지 않게 하시고 그들의 목마름을 인하여 그들에게 물을 주어."(느 9:20) 그들은 자기들을 기다리고 있는 영광스러운 장래를 전혀 모르는 채 있지 않았습니다. "이 사람들은 다 믿음을 따라 죽었으며 약속을 받지 못하였으되 그것들을 멀리서 보고 환영하며 또 땅에서는 외국인과 나그네임을 증언하였으니 그들이 이같이 말하는 것은 자기들이 본향 찾는 자임을 나타냄이라."(히 11:13,14)

여기서 "본향"이라는 말은 그냥 '코라(chora)'가 아니고 '파트리스'(patris)인데 고국, 모국을 의미합니다. 자기의 아버지가 살고 있는 그런 나라를 의미합니다.

이제 한 가지 문제가 남아 있습니다. 구약의 성도들이 오늘날 그리스도인이 누리는 모든 본질적인 신령한 복락을 누렸다면, 하나님께서 "우리를 위해서 예비하신 더 좋은 것"은 정확히 무엇이란 말입니까? 영원한 언약의 '탁월한 행정'이라고 대답하여야 할 것입니다. 어떤 특별한 국면에서 그러합니까?

첫째, 우리는 구약의 성도들보다 그리스도를 더 잘 보게 되었습니다. 그들은 모형과 약속을 통해서 그리스도를 알았지만, 우리는 그 모형과 약속이 성취되고 이루어진 가운데서 그를 보았습니다.

둘째, 믿음을 위해서 더 넓은 기초를 갖게 되었습니다. 구약의 성도들은 오시어 자기들의 죄를 없이 하실 그리스도를 내다보았습니다. 반면에 우리는 이미 오셔서 우리의 죄를 없이 하신 그리스도를 바라보고 있습니다.

셋째, 그들은 교사들과 다스리는 자들 아래서 그 수가 적었습니다. 반면에 우리는 시대적으로 같은 믿음을 가진 자들이 다수(多數)인 입장에 서 있습니다(갈 4:1-7).[32]

넷째, 구약 시대보다 지금 하나님께서 그 은혜를 더 넓게 부어 주십니다. 이제는 더 이상 한 민족 속에서 선택하신 남은 사람에게만 그 은혜를 주시지 않고, 모든 족속에 흩어져 있는 하나님의 사랑받는 백성들에게 다 그 은혜를

---

32) 갈 4-7 - "내가 또 말하노니 유업을 이을 자가 모든 것의 주인이나 어렸을 동안에는 종과 다름이 없어서 그 아버지가 정한 때까지 후견인과 청지기 아래에 있나니 이와 같이 우리도 어렸을 때에 이 세상의 초등학문 아래에 있어서 종 노릇 하였더니 때가 차매 하나님이 그 아들을 보내사 여자에게서 나게 하시고 율법 아래에 나게 하신 것은 율법 아래에 있는 자들을 속량하시고 우리로 아들의 명분을 얻게 하려 하심이라 너희가 아들이므로 하나님이 그 아들의 영을 우리 마음 가운데 보내사 아빠 아버지라 부르게 하셨느니라 그러므로 네가 이 후로는 종이 아니요 아들이니 아들이면 하나님으로 말미암아 유업을 받을 자니라."

부어 주십니다.

"우리가 아니면 저희로 온전함을 이루지 못하게 하려 하심이니라." "(율법은 아무것도 온전하게 못할지라) 이에 더 좋은 소망이 생기니 이것으로 우리가 하나님께 가까이 가느니라."(히 7:19) 어떤 일을 '온전하게 한다.'는 것은 그 일을 잘 마친다는 뜻이며, 그 일에 속한 모든 일을 온전하게 이룬다는 뜻입니다. 의심할 여지없이 이 본문이 가리키는 것은 하늘에 있는 믿음의 전체 가족의 영원한 영광입니다. 그러나 우리가 믿기로 그 온전함이 이루어지는 '여러 단계들'을 내포하고 있다고 생각합니다. 또한 그 온전함을 이루는 방편들을 함축하고 있습니다. 그것들을 나누어 설명하면 다음과 같습니다.

첫째로, 그들은 죄 사함을 받고 있습니다. 죄는 사람으로 하여금 가장 불완전하게 만들었습니다. 그리고 하나님께서는 죄인된 그 사람들에게 '의(義)의 옷'을 입혀주십니다. 그것을 통해서 그 사람은 하나님 앞에 온전하게 나타날 수 있습니다. 이러한 일들은 예수 그리스도의 삶과 죽음을 통해서 이루어졌습니다. 그 점에 있어서 구약의 성도들은 "우리가 아니면 온전함을 이루지 못하였다."고 할 수 있습니다. 왜냐하면 그들의 죄와 우리의 죄는 '동일한 희생제사'에 의해서 속(贖)함 받기 때문입니다. 또한 그들의 인격과 우리의 인격도 같은 '의(義)'로 말미암아 '의롭다 하심'을 얻습니다.

둘째로, 내주(內住)하는 죄의 능력을 제어하고, 의롭다 하심을 받은 사람들로 하여금 의의 길로 행하게 하는 것은 성령님의 능력으로 말미암습니다. 여기에서 구약의 성도들은 "우리가 없이는 온전하게 되지 못하였다(상대적으로)." 말해야 합니다. 시편 23:4와 51:11에서 그 능력이 나타납니다. [33]

셋째로, 성령께서는 그리스도와 연합된 사람들로 하여금 모든 자들의 공

---

33) 시편 23:4 - " 내가 사망의 음침한 골짜기로 다닐지라도 해를 두려워하지 않을 것은 주께서 나와 함께 하심이라 주의 지팡이와 막대기가 나를 안위하시나이다."
시편 51:11 - "나를 주 앞에서 쫓아내지 마시며 주의 성령을 내게서 거두지 마소서."

격을 이겨내도록 하시며, 영적인 성장을 계속하게 하십니다. 이런 점에서 구약의 성도들은 "우리 없이는 온전하게" 되지 못하였습니다. 시편 97:10을 베드로전서 1:15와 비교해 보면 그 점이 명백하게 드러납니다. [34]

넷째로, 영혼이 육체를 떠나면 영광을 받는데, 이런 면에서는 구약의 성도와 신약의 성도가 다 같습니다. 우리는 그리스도께서 죽기 전에 성도들의 영혼이 어떤 가상적인 낙원, '땅의 중심부'에 있었을 것이라고 상상하는 사람들이 주장하는 육적인 이론을 염두에 둘 필요가 없습니다. 그것은 어떠한 논박을 당해도 마땅한 로마 가톨릭의 '지하의 림보'(limbus) 이론과 거의 유사한 것입니다.

다섯째로, 몸의 부활의 문제입니다. 믿음의 모든 권속들은 다같이 그러한 몸의 부활을 동시적으로 누립니다. "아담 안에서 모든 사람이 죽은 것 같이 그리스도 안에서 모든 사람이 삶을 얻으리라 그러나 각각 자기 차례대로 되리니 먼저는 첫 열매인 그리스도요 다음에는 그가 강림하실 때에 그리스도에게 속한 자요."(고전 15:22,23) "그리스도께 속한 자"는 누구입니까? 아버지께서 그리스도에게 주신 모든 자들, 그리스도께서 당신의 피로 사신 모든 자들을 가리킵니다. 하나님의 말씀은 하나님의 백성들이 어떤 간격을 두고 여러 차례로 나누어서 부활하는 것에 대해서는 전혀 말하지 않습니다.

여섯째로, 그리스도께서 나타나실 때에 몸과 영혼 사이의 재 연합이 있습니다. 히브리서 12:23에서 구약의 성도들을 "온전하게 된 의인의 영들"로 언급하고 있으나, 그들은 여전히 "양자 될 것 곧 우리 몸의 구속(救贖)을 기다리고" 있습니다(롬 8:23). 여기에서도 구속받은 사람들은 다 같이 영광을 함께 나누며, "함께 구름 속으로 끌어 올려 공중에서 주를 영접하게 될" 것입니

---

34) 시편 97:10 - "여호와를 사랑하는 너희여 악을 미워하라 그가 그의 성도의 영혼을 보전하사 악인의 손에서 건지시느니라."
벧전 1:15 - "오직 너희를 부르신 거룩한 이처럼 너희도 모든 행실에 거룩한 자가 되라."

다(살전 4:17).

일곱째로, 구약이나 신약의 성도들이 모두 다 함께 영원한 영광에 들어가게 되어 "주님과 영원토록 함께" 거하게 될 것입니다. 그 때가 되면 실로에 대한 하나님의 말씀, "실로가 오시기까지 이르리니 그에게 모든 백성들이 복종하리로다."(창 49:10)라는 말씀이 온전하게 실현될 것입니다. 그 때가 되면 그 신비로운 일이 주님 말씀하신 대로 실현될 것입니다. "또 너희에게 이르노니 동 서로부터 많은 사람이 이르러 아브라함과 이삭과 야곱과 함께 천국에 앉으려니와."(마 8:11) 주 예수께서 말씀하셨습니다. "나는 양(구약의 양)을 위하여 목숨을 버리노라 또 이 우리에 들지 아니한 다른 양들(신약의 양들)이 내게 있어 내가 인도하여야 할 터이니 그들도 내 음성을 듣고 한 무리가 되어 한 목자에게 있으리라."(요 10:15,16) 그날이 되면 그리스도께서 "흩어진 하나님의 자녀들을 모아 하나가 되게 하실" 것입니다. "또 그 민족만 위할 뿐 아니라 흩어진 하나님의 자녀를 모아 하나가 되게 하기 위하여 죽으실 것을 미리 말함이러라."(요 11:52) 모든 족속들 속에서 뿐만 아니라, 모든 세대에 걸친 모든 하나님의 자녀들을 모으실 것입니다.

이상에서 말한 일곱 단계를 통해서 하나님의 택하신 백성들이 "온전하게" 됩니다. 이 모든 경우들에서 신약과 구약의 성도들은 다 같은 영광을 나누게 될 것이고, 모두 다 "하나님의 아들을 믿는 것과 아는 일에 하나가 되어 온전한 사람을 이루어 그리스도의 장성한 분량이 충만한 데까지 이르게"(엡 4:13) 될 것입니다. 하나님께서는 구약 성도들의 부활과 최종적인 영화를 신약 성도들을 다 불러 모아 한몸이 되게 하기까지 뒤로 미루셨습니다. 존 브라운(John Brown)은 이에 대하여 다음과 같이 주석하였습니다.

"하나님께서는 이를 어찌나 잘 질서 있게 조정하셨던지 구약이나 신약의 모든 성도들에 대한 약속 성취가 함께 일어나게 하실 것이다. '저희'가 온전하게 될 것이나 '우리가 아니면' 온전하게 되지 못할 것이다. 우리와 저희가 다 함께 완전함을 이루게 될 것이다."

"이는 하나님이 우리를 위하여 더 좋은 것을 예비하셨은즉 우리가 아니면 그들로 온전함을 이루지 못하게 하려 하심이라." 여기서 "온전함을 이룸"은 앞에서 언급된 "약속된 것을 받는 것"과 동일한 내용입니다. 곧 약속 성취를 받는 것입니다. 그리하여 구약의 성도들이나 신약의 성도들 모두 "더 나은 완벽한 실현"을 같이 누리게 될 것입니다. 히브리서 11:39,40의 두 구절은 서로 뗄레야 뗄 수 없게 연결되어 있습니다. 40절에서 사용된 표현이 39절에서 사용된 표현을 해석하는 데 도움을 줍니다. 둘 다 이 히브리서의 주도적인 주제로 채색되어 있습니다.

그래서 많은 주석가들로 하여금 그처럼 많은 고통을 당하게 하는 것 같은 이 두 구절에 대한 우리의 이해는 다음과 같습니다.

첫째, 비록 구약의 성도들이 우리보다 영원한 언약을 받는 면에서는 열등한 조건에 처하여 있었지만, 그들은 "좋은 증거"를 얻었습니다. 죽을 때에도 하늘에 갔습니다.

둘째, 하나님께서 신약 성도들을 위해서 예비하신 "더 좋은 것"은 '영원한 언약'을 이루어 나가시는 하나님의 최상의 행정(行政)의 소산입니다. 다시 말하면, 우리는 구약 성도들이 가졌던 것보다 더 탁월한 은혜의 방편을 가지고 있다는 말입니다. 신령하고 하늘에 속한 복락들이 족장 시대나 모세 시대에는 잠시적이고 땅에 속한 형상들을 통해서 교회에 주어졌습니다. 가나안은 하늘의 모형이었습니다. 그리스도와 그 속죄 사역이 상징적인 의식(儀式)

들과 모호한 여러 규례들을 통해서 제시되었습니다. 실체가 그림자를 능가하듯, '새 언약' 아래 있는 교회의 상태는 '옛 언약' 아래 있는 교회의 상태보다 더 우월합니다.

셋째, 하나님께서는 믿음에 속한 모든 권속들이 같은 희생제물을 통해서 "온전하게 되도록" 조정하셨습니다. 그래서 모든 하나님을 믿는 믿음의 가족들이 끝없이 영원토록 그 주님 피로 값주고 산 복락들을 함께 누리게 하신 것입니다.

이상에서 생각한 모든 것을 우리 마음에 '실천적으로 어떻게 적용해야 할지'를 존 칼빈(John Calvin)이 잘 표현하였습니다.

"아직 저들에게는 은혜의 빛이 그렇게 밝게 비춰지지 않았어도, 그들은 그 악한 날에 위대한 일관성을 보였다. 그런데 하물며 복음에 충만한 빛을 받은 우리가 우리 속에서 어떠한 것을 산출해야 마땅하겠는가! 작은 빛이 그들을 하늘로 이끌었다. 반면에 우리 위에는 태양이 비추고 있다. 그런데 우리가 여전히 세상만 생각하고 있다면, 무슨 핑계로 우리 자신을 정당화할 수 있겠는가?"

은혜의 방식 *The Method of Grace in Gospel Redemption*

존 플라벨 지음 | 서문강 옮김 | 신국변형 양장 648면 | 값 27,000원

이 책은 존 플라벨의 저작들 중에 가장 유명하고 가장 많이 읽혀진 책으로 19세기 프린스톤 신학대의 거장 아취벌드 알렉산더(Archibald Alexander)가 회심하는 데 이 책이 결정적 역할을 하였다. 목양적인 저자의 영적 지각과 충정으로 성도들의 마음속을 들여다보며, 그들의 마음을 움직여 구원하시는 하나님의 방식으로 데리고 가서 죄의 각성과 구원의 은혜와 그 확신에 이르게 한다.

영의 생각, 육신의 생각 *On Spiritual Mindedness*

존 오웬 지음 | 서문강 옮김 | 신국변형 양장 360면 | 값 16,000원

원제(原題)는 On Spiritual Mindedness로서 로마서 8장 6절의 "육신의 생각은 사망이요 영의 생각은 생명과 평안이니라."를 기초 본문으로 저자가 당시 목양하던 회중들에게 진정한 '영적 생각의 방식'을 연속 강론한 것이다. 저자는 '마음의 생각과 그 방식이 구원받은 이후 그리스도인의 성화(聖化) 생활을 지로하는 결정적 방향타(方向舵)임을 역설한다. 이 책을 다 읽고 나서 독자마다 성령께서 마태로 하여금 예수님의 산상설교를 마무리하게 하던 그 진술의 능력을 반드시 음미하게 될 것이다.

고린도전서 13장 사랑 *Charity and Its Fruits*

조나단 에드워즈 지음 | 서문강 옮김 | 신국변형 양장 456면 | 값 20,000원

조나단 에드워즈는 자신의 정체성을 진정한 설교자로서 헌신하는 데서 보여주었는데, 본서가 바로 그에 대한 가장 좋은 예증일 것이다. 성령님께 사로잡힌 사도 바울이 고린도전서 13장에 진술해 놓은 '사랑'의 진면모를 그가 가진 모든 신적 은사와 은혜의 축으로 더듬어내어 자기 회중들에게 연속 강론한 것을 묶어 이 책을 펴냈다. 이 책은 한번만 읽으면 단맛이 다 빠지는 종류의 책이 아니고 여러 차례 반복하여 읽을수록 그 영적 진미를 더 느끼게 하며, 하나님의 복음의 은혜의 풍성함에 겨워 더욱 더 만족을 주기에 충분하다.

사망의 잠 깨워 거듭나게 하는 말씀 *Sermons in the Natural man*

윌리엄 쉐드 지음 | 서문강 옮김 | 신국변형 양장 336면 | 값 16,000원

"사람이 거듭나지 아니하면 하나님 나라를 볼 수 없느니라…물과 성령으로 나지 아니하면 들어갈 수 없느니라"(요 3:3)고 하신 말씀은 예수 그리스도를 믿음으로 말미암아 구원에 이르는 복음의 이치에 눈을 뜨는 일은 거듭난 사람에게만 가능하다는 의미이다. 아직 거듭나지 못한 상태에 있는 자연인들은 영적으로 죽은 자들로서 깊은 사망의 잠을 자는 자들이다. 교회를 다니거나 교회 밖에 있거나 자연인의 상태에 있으면 그 이치를 모른 채 사망의 잠에 빠져 있게 된다.

하나님의 열심을 품은 간절목회 *An Earnest Ministry*

존 에인절 제임스 지음 | 서문강 옮김 | 신국변형 양장 392면 | 값 18,000원

이 책은 분명 '진정한 목회'를 지로하는 불후의 고전(古典)이다. 저자는 "하나님의 열심을 품어 사람들을 정결한 처녀로 그리스도께 중매하려 하면"(고후 11:2) 모든 사도들이 견지하던 사역의 본질과 실천을 '간절한 열심'(earnestness)이라는 개념 속에 응집시키고 있다. 그것을 분석하고 종합하고 적용하여 모든 사역자들에게 도전하고 격려한다. 실로 이 책은 리처드 백스터의 '참 목자상'(Reformed Pastor), 찰스 브릿지스(Charles Bridges)의 '참된 목회'(Christian Ministry)와 함께 나란히 '목회학'의 3대 고전이라 불려지기에 충분하다.

구원을 열망하는 자들을 위하여 *The Anxious Inquirer*

존 에인절 제임스 지음 | 서문강 옮김 | 신국변형 양장 256면 | 값 13,000원

영국에서 19세기 후엽 첫 출간 당시 50만부가 팔린 고전으로, 영적 각성을 받아 자신의 죄인 됨과 구원에 대한 '절박한 근심'을 하는 이들을 위한 책이다. 빌립보 감옥의 간수가 바울과 실라에게 "선생들아 내가 어떻게 하여야 구원을 얻으리이까?"(행 16:30)라고 간절하게 물은 것 과 같은 단계에 있는 이들을 가리켜 'Anxious Inquirer'(염려하여 묻는 자)라고 하는데, 이 책은 이 상태에 있는 이들을 구원으로 인도하시는 하나님의 성령님의 말씀이 담겨져 있다.

고통 속에 감추인 은혜의 경륜 *The Crook in the Lot*

토마스 보스톤 지음 | 서문강 옮김 | 신국변형 양장 328면 | 값 16,000원

"하나님께서 행하시는 일을 보라 하나님께서 굽게 하신 것을 누가 능히 곧게 하겠느냐?"(전 7:13)를 주제로 지상 성도들의 단골 메뉴인 '고통'의 문제를 하나님의 은혜와 그 능하신 손 아래 서 어떻게 접근해야 하는지를 가르치고 있다. 하나님께서는 지상의 자녀들 각자에게 분정(分 定)된 몫을 주시되, 그 속에 반드시 '굽은 것'을 넣어 주시어 그로 인해 '고통'을 느끼게 하신다. 그리하시는 하나님의 목적은 그들로 '고통 자체가 아니라 그것을 방편 삼아 사랑하시는 자녀 를 향해 그리스도 안에서 예정하신 그 하늘에 속한 신령한 '은혜의 경륜'을 이루고자 하심이다.

요한계시록 그 궁극적 승리의 보장

서문강 지음 | 신국변형 양장 320면 | 값 16,000원

이 책은 '요한계시록 바르게 깊이 읽기'를 선도할 개혁주의적 강해서다. 저자는 1:3의 말씀, "이 예언의 말씀을 읽는 자와 듣는 자와 그 가운데에 기록한 것을 지키는 자는 복이 있나니 때가 가까움이라." 하신 것에 착안하여, 성경의 다른 65권의 책들과 같이 동등하게 묵상하 고 강론되어 섭취할 영적 양식임을 확신한다. 또한 현대의 그리스도인들은 요한계시록을 처 음 받은 초대교회 성도들보다 그리스도의 재림에 더 가까이 서있으니, 요한계시록의 메시지 야말로 그 어느 때 보다 절박하게 필요함을 저자는 역설한다.

믿음의 깊은 샘 히브리서 시리즈(전 6권 완간)

아더 W. 핑크 지음 | 서문강 옮김 | 신국변형 양장

오늘을 사는 우리에게 로마서가 믿음의 본질을 창조주 하나님과 인간의 관계에 기초하여 접 근하게 한다면, 히브리서는 그리스도를 믿는 자들로 하여금 그 믿음의 절대성을 확신하게 하며, 믿기 이전의 상태로 회귀하게 하려는 사탄의 간계를 물리치고 믿음의 경주를 완주하게 하는 능력과 위로의 깊은 샘을 제공한다.

사도가 자랑한 복음의 진수 로마서 상,하

서문 강 지음 | 신국변형 반양장 상권 442면, 하권 393면 | 상권 값 20,000원, 하권 값18,000원

이 책은 단순한 주석을 뛰어넘어 로마서 전문(全文)을 관통하여 흐르는 복음의 은혜와 능력 을 목양적인 간결함으로 강해하고 설파하고 있다. 전체 52강을 상, 하 두권으로 나누어 구 성하였다. 이 책을 통해 독자는 '사도가 전한 참된 복음의 진수에 이르러 구원의 기쁨과 확신 과 소망을 뿜어내는 샘'을 갖게 될 것이다.

청교도신앙사

믿음의 깊은 샘 히브리서 4

선 진 들 의 믿 음 의 행 로

초판 1쇄 펴낸날 2015년 4월 25일
　　　2쇄 펴낸날 2021년 7월 30일

지은이　　아더 핑크
옮긴이　　서문 강
펴낸이　　전수빈
펴낸곳　　청교도신앙사

주소　　서울시 은평구 녹번로 3길 2(녹번동 98-3)]
전화　　02-354-6985(Fax겸용)
전자우편　smkline@naver.com
등록　　제8-75(2010.7.7)

디자인　　백현아
출력,인쇄 예원프린팅

파본이나 잘못된 책은 구입처에서 바꾸어 드립니다.

ISBN 978-89-87472-34-8 94230
　　　978-89-87472-30-0(세트)

책값은 뒤표지에 있습니다.